Schünemann · Lenz
Pflichtenheft Gefahrstoffrecht

Aufgabenkatalog zur Vermeidung von
Ordnungswidrigkeiten und Straftaten

10. Auflage

Schünemann · Lenz

Pflichtenheft Gefahrstoffrecht

AUFGABENKATALOG ZUR VERMEIDUNG VON
ORDNUNGSWIDRIGKEITEN UND STRAFTATEN

Bibliografische Informationen der Deutschen Nationalbibliothek
Die Deutsche Nationalbibliothek verzeichnet diese Publikation in der Deutschen Nationalbibliografie; detaillierte bibliografische Daten sind im Internet über <http://www.dnb.de> abrufbar.

ISBN 978-3-609-68034-7

E-Mail: kundenservice@ecomed-storck.de
Telefon: +49 89/2183-7928
Telefax: +49 89/2183-7620

© 2017 ecomed SICHERHEIT,
ecomed-Storck GmbH,
Landsberg am Lech

www.ecomed-storck.de

Satz: preXtension GbR, 82284 Grafrath
Druck: Druckerei Kessler

Vorwort zum Pflichtenheft

Die Umgestaltung einer naturgemäß wenig aussagekräftigen Auflistung von Ordnungswidrigkeiten der GefStoffV zu einem Pflichtenheft mit einem positiv gewendeten Verordnungstext erlaubt dem Nutzer dieses Fachbuchs einen direkten Zugang zu den vielfältigen Aspekten des Gefahrstoffrechts. Der Querverweis zu den TRGS und BGVR lädt des Weiteren zu einem gezielten Quellenstudium im Dickicht der vielen untergesetzlichen Vorschriften ein, wodurch das Qualitätsniveau bei der Umsetzung der Arbeitsschutzvorschriften im Betrieb angehoben werden kann. Bei der Pflichtenübertragung vom „Unternehmer" auf die in seinem Auftrag gefahrstoffrechtlich handelnden Beschäftigten ist ein solcher, in Einzelpflichten aufgebrochener, lückenloser Pflichtenkatalog sicher eine Hilfe für alle Beteiligten. Ein derartiges Pflichten- bzw. Sicherheitsmanagement wird sich auf das Verantwortungsbewusstsein, das Vertrauen und die Zusammenarbeit aller Beschäftigten positiv auswirken und fördert eine gute Unternehmenskultur.

Erding, Juni 2005   Dipl.-Chemiker Dr. Dietmar Reiner

Vorwort zur 10. Auflage

Kurzdarstellung von Änderungen zu Pflichtenkatalogen sowie zu Abschnitten im Anhang der vorliegenden Auflage dieses Werkes:

Abschnitt	Pflichtenkatalog	Kurzdarstellung (Bezug zur Rechtsquelle/Thematik)
1.2.2	–	Änderungen aufgrund der Novellierung GefStoffV [hauptsächlich zur Terminologie der CLP-VO]
2.1.1	A-1	
2.1.2	A-2	
2.1.4	A-4	
2.1.5	A-5	Neugestaltung des Anhangs der ArbMedVV i. V. m. der novellierten GefStoffV
2.2.1	B-1	Änderungen von Rechtshinweisen zum Sanktionsrecht des ChemG aufgrund der novellierten ChemSanktionsV
2.2.4	B-4	Novellierung der ChemKlimaschutzV
2.2.5	B-5	Novellierung der ChemVerbotsV
2.3	C-1 bis C-10	Anpassungen aufgrund der novellierten ChemSanktionsV
2.3.1.2	C-1-2	Pflichtkatalog zu § 2 (aktualisiert)
2.3.3.1	C-3-1	Pflichtenkatalog zur REACH-VO (kleinere Änderungen)
2.3.8	C-8	Pflichtenkatalog zum neuen Abschnitt 8 betr. die VO (EU) Nr. 528/2012 [Biozid-Verordnung]
2.3.9	C-9	Pflichtenkatalog zum neuen Abschnitt 9 betr. die VO (EU) Nr. 649/2012 [Aus-/Einfuhr gefährlicher Chemikalien]
2.3.10	C-10	Pflichtenkatalog zum neuen Abschnitt 10 betr. die VO (EU) Nr. 517/2014 und andere Vorschriften [Fluorierte Treibhausgase]
2.3A	–	Neugestaltung des Anhangs mit aktualisierten Hinweisen auf die geänderten Sanktionsvorschriften der ChemSanktionsV
2.4.4	D-3	Vorschau auf das novellierte MuSchG: MuSchArbV wird aufgehoben; stattdessen werden in Zukunft wesentliche Pflichtenteilaspekte zur CLP-VO im novellierten MuSchG unmittelbar dargestellt
3.1	–	TRGS-Übersicht (aktualisiert)
3.2	–	redaktionelle Änderungen
3.4.3	–	Anhang V der CLP-VO (3 kleinere Änderungen)

Eitting, Dezember 2016   K. Lenz
                                                     J. Schünemann

Inhaltsübersicht

1 Grundsätzliche Bemerkungen

1.1 Vorbemerkungen

1.1.1 Einführung

Mit Gefahrstoffen wird in vielen Betrieben und Haushalten umgegangen; die Kenntnisse über die Vorschriften der Gefahrstoffverordnung und des zugehörigen untergesetzlichen Technischen Regelwerkes sind nicht überall auf einem hohen Qualitätsniveau. Warum ist das so?

Die komplexen Vorschriften und Regelwerke enthalten zahlreiche Vorgaben zum Umgang mit gefährlichen Stoffen. Jede Rechtsnorm enthält eine Sammlung von Ordnungswidrigkeiten sowie Straf- und Bußgeldvorschriften. Diese angedrohten Sanktionen sind in der jeweiligen Rechtsnorm entsprechend systematisch als Negativliste zusammengestellt; damit ist in der täglichen Betriebspraxis ein Überblick nur sehr schwer möglich.

Der Ansatz dieses Werkes ist betriebs- und organisationsfreundlich, weil hierin auf der Grundlage der in Verordnungen/Gesetzen (GefStoffV, ArbMedVV, ChemVerbotsV, ChemVOCFarbV, ChemOzonSchichtV, ChemKlimaschutzV, ChemSanktionsV, ChemG, SGB VII, MuSchArbV, DGUV-Vorschrift 1 sowie ChemBiozidMeldeV, ChemBiozidZulV und ChemGiftInfoV) genannten Ordnungswidrigkeiten- und Strafvorschriften eine Positivliste der Pflichten – **eine Pflichtenübersicht** – entwickelt wird. Der Nutzer erfährt, was er alles beachten muss; so kann er sicher sein, dass allen rechtlichen Vorgaben entsprochen wird.

1.1.2 Anwendungshinweise

Im Pflichtenkatalog werden die Einzelpflichten zu funktionsbezogenen Bündeln zusammengefasst. Die Einzelpflichten sind in einem standardisierten Format dargestellt:
- Kurzbeschreibung
- Einzelpflichtbeschreibung
- Rechtsquellen
- Weiterführende Quellen/Hinweise
- Verstoß

In der Kurz- bzw. Einzelpflichtbeschreibung wird in verständlicher Sprache Bezug auf die Pflichtengrundlagen genommen, es werden Beschränkungen, Verbote oder zu erfüllende Auflagen bzw. Ausnahmetatbestände dargestellt und den gefährlichen Stoffen verwendungs- oder stoffbezogen oder mit anderen konkreten Hinweisen zugeordnet. Die Rechtsquellen erscheinen sofort in dem nachfolgenden Abschnitt mit zugeordneten Nummerierungen. Zu vielen Einzelpflichten liegen nach dem berufsgenossenschaftlichen Regelwerk sowie Technischen Regelwerk für gefährliche Stoffe weitere Hinweise bzw. Vorgaben für die Durchführung vor; diese wurden im nächstfolgenden Abschnitt, soweit erforderlich, angegeben. Um die Textseiten nicht zu ausschweifend zu gestalten, sind hier nur die numerischen Kurzkodes der Vorschriften (TRGS/DGUV-Vorschriften) zitiert. Sofern es für das Verständnis von Bedeutung ist, sind informatorische Teile in kursiver Schrift dargestellt, um das Gesamtverständnis zu ermöglichen.

Das vorliegende Werk stellt zunächst im Abschnitt 2 die Sanktionsgrundlagen zu den Rechtsquellen dar und leitet hieraus die einzelnen Pflichtenkataloge mit den Einzelpflichten ab.

Vorbemerkungen

Zu jedem Rechtsbereich werden die Sanktionen (d. h. die Straf- und Bußgeldvorschriften) zu den Gesetzen bzw. Verordnungen dargestellt; dabei werden

- den Ordnungswidrigkeiten die Höhe der Bußgelder bzw.
- den Straftaten die Strafhöhe (Freiheits-/Geldstrafe)

zugeordnet.

In den vorausgehend dargestellten Sanktionskatalogen sind die alphanumerischen Kodierungen für die Einzelpflichten der nachfolgenden Pflichtenkataloge dargestellt.

Damit kann der Leser schnell und eindeutig die mögliche Betroffenheit von Sanktionen sowie auch die ggf. verschärfenden/mildernden Umstände für evtl. Rechtsfolgen bei möglichen Verstößen – auf seinen Betrieb bezogen – beurteilen.

Im Rahmen einer FMEA (Fehler-Möglichkeiten-Einfluss-Analyse) kann die Unternehmensleitung durch Methoden und Mittel der Qualitätssicherungsplanung bzw. -überwachung wertvolle Erkenntnisse über mögliche innerbetriebliche Störfaktoren sowie auch geeignete Maßnahmen zu deren Behebung gewinnen.

Das in den Pflichtenkatalogen auf die Einzelpflichten bezogene Kodierungssystem orientiert sich von links her gelesen zunächst am Kurzkode für den betreffenden Pflichtenkatalog; anschließend folgen die aus den Paragrafen, Abschnitten und Nummernaufzählungen der Straf- und Bußgeldvorschriften abgeleiteten weiteren Folgenummern.

Die Herausgeber weisen darauf hin, dass die positiv dargestellten Einzelpflichtbeschreibungen im Zusammenhang mit den vorgenannten Straf-/Bußgeldkatalogen zu interpretieren sind. Darin werden z. T. detaillierte Vorgaben für evtl. Sanktionsauslöser genannt. Ein Beispiel: „Ordnungswidrig handelt der Arbeitgeber, wenn er entgegen § ... vorsätzlich oder fahrlässig die dort geforderten Unterlagen **nicht, nicht richtig, nicht vollständig, nicht rechtzeitig und nicht in der vorgeschriebenen Weise** der zuständigen Behörde vorlegt."

Wird in bestimmten Pflichtenkatalogen bei den Sanktionsquellen auf das Chemikaliengesetz verwiesen (z. B. im Pflichtenkatalog A-1 bis A-4), ist das Strafmaß bzw. der Höchstbetrag der Geldbuße den Straf-/Bußgeldvorschriften nach dem ChemG zu entnehmen; diese Informationen sind im Abschnitt 2.2.1 auszugsweise wiedergegeben.

1.1.3 Welchen Nutzerkreis will das vorliegende Werk ansprechen?

- Betriebe, in denen die Pflichtenübertragung mit dem vorliegenden Werk rechts- und qualitätssicherer durchgeführt werden kann. Der Unternehmer, die Betriebsleiter sowie alle Zwischenvorgesetzten können durch direkte Ableitung der Pflichten für den unterstellten Organisationsbereich die Übertragungsformalitäten straffer gestalten. Für eine bessere Überwachung der unterstellten Bereiche ist das Buch ebenfalls geeignet, da die Gewährleistung der Schutzpflichten (Tragen der persönlichen Schutzausrüstung usw.) für den Unternehmer transparenter wird (z. B. sollte dieser die Überwachung derartiger Pflichten verbindlich mit einer konkreten Rückmeldungsverpflichtung an Zwischenvorgesetzte delegieren).
- Akademiker, die Arbeitnehmer extern in Gefahrstoffrechtsfragen aus- und fortbilden, können bequem Bezug auf die Pflichten nehmen und haben weniger Planungs- und Dokumentationsaufwand für die Vortragenden bzw. Teilnehmer. Diese können das Werk in der Ausbildung wie auch später im Betrieb nutzen, womit eine pädagogische Hürde bei der Übertragung des Wissens von der Lehre in die Betriebspraxis überwunden werden kann.

- Das Werk empfiehlt sich ferner den Beauftragten der Berufsgenossenschaften und Gewerbeaufsichtsämter, den Betriebsmedizinern, den Arbeitssicherheitsingenieuren und -fachkräften sowie Sicherheitsbeauftragten.

- Personalabteilungen können Nutzen aus dem Werk ziehen, da sie darin die Verpflichtung des Unternehmens zur Veranlassung von Vorsorgeuntersuchungen ableiten und zusammen mit den Fachkräften für Arbeitssicherheit – für den Unternehmer handelnd – umsetzen können. Die Notwendigkeit für bestimmte Sachkundequalifikationen und Fortbildungsmaßnahmen gefahrstoffrechtlicher Art wird schneller erkannt, die betroffenen Stelleninhaber können rechtzeitig qualifiziert bzw. fortgebildet werden. Da die Dokumentation des Stellenprofils auch die Aspekte des Gefahrstoff- und Umweltrechtes mitberücksichtigen sollte, ist die Personal- und Sozialabteilung für derartige Aufgaben in den meisten Betrieben die kompetente Stelle für die Planung und Steuerung der Aus- und Fortbildung, die zudem in Fragen der Mitbestimmung – auch bezüglich gefahrstoffrechtlicher Belange – mit der Personalvertretung eng kooperieren muss.

- Hat ein Unternehmen bereits ein Qualitätsmanagementsystem eingeführt, bietet sich die Integration der in diesem Werk dokumentierten Pflichten in das Qualitäts- bzw. Umweltmanagementhandbuch auch nachträglich an; Unternehmen, die sich zertifizieren lassen möchten, können bequem auf die Pflichtenblöcke zurückgreifen, soweit dieses in den Betriebsteilen erforderlich ist, und können über eine Verantwortungsmatrix (vgl. die Fachbroschüre „Qualitätssicherungs-Handbuch und Verfahrensanweisungen – Ein Leitfaden für die Erstellung Aufbau – Einführung – Musterbeispiele", DGQ-Schrift 12-62, Herausgeber Deutsche Gesellschaft für Qualität e. V. 2. Auflage 1991 S. 59-64) die Einzelpflichten aus dem Werk den Funktionsträgern bzw. Leitern von Betriebsteilbereichen zuordnen.

- Die Beschaffung der gefährlichen Stoffe, Gemische und Erzeugnisse sollte nach Einführung eines umweltrechtskonformen Managementsystems ebenfalls einer kritischen Analyse unterzogen werden. Die zentrale Erfassung aller Stoffe in einem Gefahrstoffverzeichnis einerseits und die Beauftragung einer zentralen betriebsinternen Freigabestelle für die Beschaffung/Verwendung von Gefahrstoffen andererseits ergeben die optimale Überwachungsmöglichkeit für den Unternehmer und für das unternehmenseigene Gefahrstoffkontrollsystem (z. B. auf der Basis eines DV-gestützten Gefahrstoff-Managementinformationssystems).

1.2 Übersicht über die Rechtsgrundlagen

1.2.1 Das Chemikalienrecht mit seinen wichtigsten Verordnungen

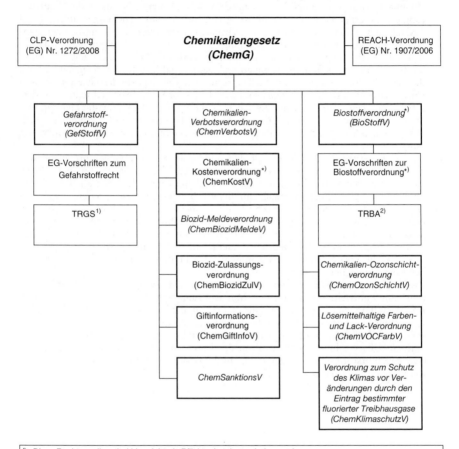

*) Diese Rechtsquellen sind hier nicht als Pflichtenkataloge wiedergegeben.

[1] Technische Regeln für Gefahrstoffe; siehe TRGS-Gliederung in Abschnitt 3.1 dieses Werkes.

[2] Technische Regeln für biologische Arbeitsstoffe.

[3] Zitierte Rechtsquellen in *Kursivschrift* enthalten Sanktionsvorschriften.

1.2.2 Verordnung zum Schutz vor Gefahrstoffen (Gefahrstoffverordnung – GefStoffV)

Inhaltsübersicht

1.2.3 Mit dem Gefahrstoffrecht verbundene Rechtsbereiche

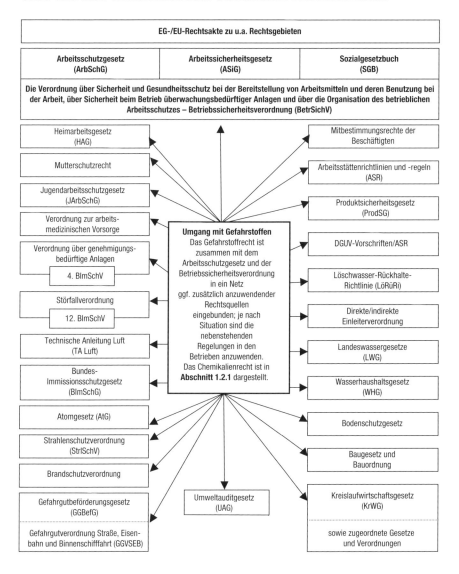

EG-/EU-Rechtsakte zu u.a. Rechtsgebieten		
Arbeitsschutzgesetz (ArbSchG)	Arbeitssicherheitsgesetz (ASiG)	Sozialgesetzbuch (SGB)

Die Verordnung über Sicherheit und Gesundheitsschutz bei der Bereitstellung von Arbeitsmitteln und deren Benutzung bei der Arbeit, über Sicherheit beim Betrieb überwachungsbedürftiger Anlagen und über die Organisation des betrieblichen Arbeitsschutzes – Betriebssicherheitsverordnung (BetrSichV)

Heimarbeitsgesetz (HAG)

Mitbestimmungsrechte der Beschäftigten

Mutterschutzrecht

Arbeitsstättenrichtlinien und -regeln (ASR)

Jugendarbeitsschutzgesetz (JArbSchG)

Verordnung zur arbeitsmedizinischen Vorsorge

Produktsicherheitsgesetz (ProdSG)

Verordnung über genehmigungsbedürftige Anlagen

Umgang mit Gefahrstoffen
Das Gefahrstoffrecht ist zusammen mit dem Arbeitsschutzgesetz und der Betriebssicherheitsverordnung in ein Netz ggf. zusätzlich anzuwendender Rechtsquellen eingebunden; je nach Situation sind die nebenstehenden Regelungen in den Betrieben anzuwenden. Das Chemikalienrecht ist in **Abschnitt 1.2.1** dargestellt.

4. BImSchV

DGUV-Vorschriften/ASR

Störfallverordnung

Löschwasser-Rückhalte-Richtlinie (LöRüRi)

12. BImSchV

Direkte/indirekte Einleiterverordnung

Technische Anleitung Luft (TA Luft)

Landeswassergesetze (LWG)

Bundes-Immissionsschutzgesetz (BImSchG)

Wasserhaushaltsgesetz (WHG)

Atomgesetz (AtG)

Bodenschutzgesetz

Strahlenschutzverordnung (StrlSchV)

Baugesetz und Bauordnung

Brandschutzverordnung

Gefahrgutbeförderungsgesetz (GGBefG)

Umweltauditgesetz (UAG)

Kreislaufwirtschaftsgesetz (KrWG)

Gefahrgutverordnung Straße, Eisenbahn und Binnenschifffahrt (GGVSEB)

sowie zugeordnete Gesetze und Verordnungen

1.3 Pflichtenübertragung gefahrstoffrechtlicher Haupt- und Nebenfunktionen an Funktionsträger im Betrieb

1.3.1 Die „Beauftragte Person" nach dem Ordnungswidrigkeiten- und Strafrecht

Im Ordnungswidrigkeiten- und Strafrecht sind die Handlungsverantwortlichkeiten des Unternehmers bzw. seiner Vertreter (z. B. auch die Führungskräfte bzw. sonstige beauftragte Personen, an welche klar umrissene Unterpflichten aus den Gesamtunternehmerpflichten delegiert wurden) festgelegt:

§ 9

des Gesetzes über Ordnungswidrigkeiten
[Handeln für einen anderen][1]

(1) Handelt jemand
1. als vertretungsberechtigtes Organ einer juristischen Person[2] oder als Mitglied eines solchen Organs,
2. als vertretungsberechtigter Gesellschafter einer rechtsfähigen Personengesellschaft oder
3. als gesetzlicher Vertreter eines anderen,

so ist ein Gesetz, nach dem besondere persönliche Eigenschaften, Verhältnisse oder Umstände (besondere persönliche Merkmale) die Möglichkeit der Ahndung begründen, auch auf den Vertreter anzuwenden, wenn diese Merkmale zwar nicht bei ihm, aber bei dem Vertretenen vorliegen.

(2) Ist jemand von dem Inhaber eines Betriebes oder einem sonst dazu Befugten
1. beauftragt, den Betrieb ganz oder zum Teil zu leiten[3], oder
2. ausdrücklich beauftragt, in eigener Verantwortung Aufgaben[4] wahrzunehmen[5], die dem Inhaber des Betriebes obliegen,

und handelt er auf Grund dieses Auftrages, so ist ein Gesetz, nach dem besondere persönliche Merkmale die Möglichkeit der Ahndung begründen, auch auf den Beauftragten anzuwenden, wenn diese Merkmale zwar nicht bei ihm, aber bei dem Inhaber des Betriebes vorliegen. Dem Betrieb im Sinne des Satzes 1 steht das Unternehmen gleich. Handelt jemand auf Grund eines entsprechenden Auftrages für eine Stelle, die Aufgaben der öffentlichen Verwaltung wahrnimmt, so ist Satz 1 sinngemäß anzuwenden.

---

[1] Liegt ein Straftatbestandsmerkmal vor, ergibt sich die Deliktfähigkeit analog zu § 9 OWiG nach § 14 Absatz 2 StGB (der Wortlaut ist dort grundsätzlich gleichlautend).

[2] Juristische Personen und Personenvereinigungen können in bestimmten Fällen gemäß § 30 OWiG mit einer Geldbuße belegt werden; die Höhe dieser Geldbuße beträgt
  – im Falle einer vorsätzlichen Straftat bis zu einer Million Euro,
  – im Falle einer fahrlässigen Straftat bis zu fünfhunderttausend Euro
  (siehe Gesetz über Ordnungswidrigkeiten).

[3] Z. B. Führungskräfte in einer Aufbauorganisation mit mehreren Leitungsebenen.

[4] Anmerkungen zu „Aufgaben" aus der Sicht der GefStoffV: Aus den Aufgaben des Unternehmers resultieren Handlungen; beim Umgang mit Gefahrstoffen können z. B. folgende Tätigkeiten anfallen, bei denen das Risiko für ein pflichtwidriges Handeln bzw. Unterlassen je nach Stoff, Person, Arbeitsumgebung usw. unterschiedlich hoch ausfallen kann: jede Arbeit, bei der Stoffe, Zubereitungen oder Erzeugnisse im Rahmen eines Prozesses einschließlich Produktion, Handhabung, Lagerung, Beförderung, Entsorgung und Behandlung verwendet werden oder verwendet werden sollen oder bei der Stoffe oder Zubereitungen entstehen oder auftreten (vgl. § 2 Abs. 4 GefStoffV); insbesondere das Verwenden im Sinne von § 3 Nr. 10 ChemG sowie das Herstellen. Tätigkeiten im Sinne der GefStoffV sind auch Bedien- und Überwachungsarbeiten, sofern diese zu einer Gefährdung von Beschäftigten durch Gefahrstoffe führen können.

[5] Z. B. Arbeitsmediziner oder Fachkräfte für Arbeitssicherheit, die vom Unternehmer bestellt werden und nach einschlägigen Rechtsquellen (ASiG) ihre Aufgaben im Allgemeinen für den Gesamt- bzw. Teilbetrieb wahrnehmen bzw. Stelleninhaber, denen z. B. im Gefahrstoffrecht bestimmte Aufgaben für das ganze Unternehmen – Lager, Versand, Annahme, Bestellwesen usw. – übertragen wurden, sei es in Leitungsfunktion mit einem organisatorischen Unterbau oder aber als Einzelfunktionsinhaber mit vorwiegend ausführenden Tätigkeiten.

(3) Die Absätze 1 und 2 sind auch dann anzuwenden, wenn die Rechtshandlung, welche die Vertretungsbefugnis oder das Auftragsverhältnis begründen sollte, unwirksam ist.

Anmerkungen:

Personal ohne Leitungsfunktion ist bei vorschriftswidrigem, schuldhaftem Handeln bzw. Unterlassen ebenfalls durch Ordnungswidrigkeiten- bzw. Strafverfahren (fahrlässigem, vorsätzlichem Handeln) bedroht. Lässt sich aus der Rechtsnorm bzw. dem untergesetzlichen Regelwerk ein Tatbestandsmerkmal ableiten, kann das Ordnungswidrigkeiten-/ Strafverfahren auch das nachgeordnete Personal treffen, insbesondere wenn die Pflichten ursprünglich richtig übertragen und regelmäßig gehörig überwacht wurden und die erforderliche Aus- bzw. Weiterbildung und Unterweisung (verfahrens- bzw. arbeitsplatzbezogen) vorliegen.

Verstöße gegen die Vorschriften der DGUV betreffend den Umgang mit gefährlichen Stoffen sind zusätzlich mit Ordnungswidrigkeiten bewehrt.

Quelle: § 15 Abs. 1 Nr. 1 Siebtes Buch Sozialgesetzbuch:
Die Unfallversicherungsträger erlassen als autonomes Recht Unfallverhütungsvorschriften über ... Einrichtungen, Anordnungen und Maßnahmen, welche die Unternehmer zur Verhütung von Arbeitsunfällen, Berufskrankheiten und arbeitsbedingten Gesundheitsgefahren zu treffen haben, sowie die Form der Übertragung dieser Aufgaben auf andere Personen, ...

Siehe hierzu auch die Ausführungen zum SGB VII (dort: § 209) → Pflichtenkatalog D-1

Der Hauptverband der gewerblichen Berufsgenossenschaften bietet ein Muster für die Bestätigung der Übertragung von Unternehmerpflichten gem. § 9 Abs. 2 Nr. 2 OWiG i. V. m. § 15 Abs. 1 Nr. 1 SGB VII an. Dieses ist in den DGUV-Informationen 211-001 „Übertragung von Unternehmerpflichten" und 211-002 „Bestätigung der Übertragung von Unternehmerpflichten" dargestellt.

1.3.2 Eine gute Betriebsorganisation verhindert Aufsichtspflichtverletzungen

Die Rückfallmöglichkeit der Deliktfähigkeit auf den Aufsichtspflichtigen (z. B. den Unternehmer, Werks- oder Betriebsleiter bzw. andere Führungskräfte) ergibt sich nach § 130 OWiG insbesondere, wenn die notwendigen Organisationsmaßnahmen durch den Unternehmer oder seinen Vertreter nicht vollständig, nicht richtig, nicht bzw. nicht rechtzeitig getroffen wurden.

1.3.2.1 § 130 des Gesetzes über Ordnungswidrigkeiten
[Verletzung der Aufsichtspflicht in Betrieben und Unternehmen]

(1) Wer als Inhaber eines Betriebes oder Unternehmens vorsätzlich oder fahrlässig die Aufsichtsmaßnahmen unterlässt, die erforderlich sind, um in dem Betrieb oder Unternehmen Zuwiderhandlungen gegen Pflichten zu verhindern, die den Inhaber treffen und deren Verletzung mit Strafe oder Geldbuße bedroht ist, handelt ordnungswidrig, wenn eine solche Zuwiderhandlung begangen wird, die durch gehörige Aufsicht verhindert oder wesentlich erschwert worden wäre. Zu den erforderlichen Aufsichtsmaßnahmen gehören auch die Bestellung, sorgfältige Auswahl und Überwachung von Aufsichtspersonen.

(2) Betrieb oder Unternehmen im Sinne des Absatzes 1 ist auch das öffentliche Unternehmen.

(3) Die Ordnungswidrigkeit kann, wenn die Pflichtverletzung mit Strafe bedroht ist, mit einer Geldbuße bis zu einer Million Euro geahndet werden. § 30 Absatz 2 Satz 3 ist anzuwenden. Ist die Pflichtverletzung mit Geldbuße bedroht, so bestimmt sich das Höchstmaß der Geldbuße wegen der Aufsichtspflichtverletzung nach dem für die Pflichtverletzung angedrohten Höchstmaß der Geldbuße. Satz 3 gilt auch im Falle einer Pflichtverletzung, die gleichzeitig mit Strafe und Geldbuße bedroht ist, wenn das für die Pflichtverletzung angedrohte Höchstmaß der Geldbuße das Höchstmaß nach Satz 1 übersteigt.

1.3.2.2 Regelung der innerbetrieblichen Verantwortung nach den Forderungen der Gefahrstoffverordnung und verwandten Rechtsnormen

Um sich nicht dem Risiko eines bußgeld- bzw. strafrechtlichen Ermittlungsverfahrens wegen mangelnder Aufsichtspflicht auszusetzen, müssen durch den Unternehmer bzw. dessen Beauftragte schwerpunktmäßig folgende Organisationspflichten wahrgenommen werden:
1. Sorgfältige Auswahl der Mitarbeiter (Ausbildungs- und Qualifikationsnachweise müssen vorliegen bzw. unmittelbar vor Antritt der Aufgabe erworben werden).
2. In Stellenbeschreibungen, Arbeits- und Verfahrensanweisungen sind alle nach der GefStoffV sowie in diesem Fachbuch aufgezeigten rechtlich eingebundenen Bestimmungen personen-, arbeitsplatz- bzw. verfahrensbezogen festzulegen.
3. Die Aufsichtspflicht über das unterstellte Leitungs- und Durchführungspersonal ist in gehöriger Weise (zeitlich wie umfänglich) sicherzustellen. Schwerpunktmäßig geht es darum, festzustellen, ob von unerfahrenem bzw. unzuverlässigem Personal durch gefahrstoffrechtswidrige oder andere sicherheitsgefährdende Handlungen bzw. Unterlassungen Gefahren für die Gesundheit von Menschen, für die Umwelt oder Sachwertgefährdungen ausgehen bzw. ausgehen könnten. Hierbei hat der Unternehmer die Pflicht zur Abstellung erkannter Mängel. Er soll auf die Beratungskompetenz der Betriebsmediziner sowie Arbeitssicherheitsfachkräfte zurückgreifen (vgl. hierzu Abschnitt 1.3.3 in diesem Werk).
4. Der Unternehmer hat sich durch geeignete Überwachungsmaßnahmen darüber zu vergewissern, dass die Beschäftigten – soweit in Gesetzen oder Verordnungen gefordert aufgrund besonders geforderter körperlicher Leistungsfähigkeit oder wegen der Vorbeugung von Krankheiten, die von der Arbeit ausgehen können – ärztlich untersucht werden. Er gewährleistet die erforderliche Fortbildung. Eine regelmäßig wiederholte Unterweisung über Gefahrenpotenziale ist eine weitere Unternehmerpflicht, deren Unterlassung bei Verfahren in Bezug auf Aufsichtspflichtverletzung entsprechende rechtliche Folgen für die Führungskräfte hat.
5. Die Weisungsrechte sind von der Führungsebene bis zur unteren Leitungsebene klar und überschneidungsfrei zu regeln; dabei sollen sachlich wie zeitlich klare Berichts- und Überwachungspflichten betreffend alle Unternehmens- oder Unternehmensteilbereiche, wie auch für speziell genannte Verfahren oder Arbeitsplätze usw. festgelegt werden. Die Form der Wahrnehmung der Berichts- und Überwachungspflichten ist ebenfalls klar festzulegen.

Ist z. B. ein Überwachungshandbuch für bestimmte Anlagen bzw. Verfahren bereits rechtlich bestimmt, kann dieses durch den Unternehmer oder z. B. seine Fachkräfte für Arbeitssicherheit eingesehen werden. Darin sind z. T. auch Betriebsstörungen dokumentiert, aus denen sich u. U. Mängel in der Umgangspraxis bzw. Forderungen für die Instandhaltung ableiten lassen.

1.3.3 Fachkräfte für Arbeitssicherheit (§ 6 ASiG) sowie Sicherheitsbeauftragte (§ 22 SGB VII) als Unterstützungskräfte des Unternehmers in Fragen der Arbeitssicherheit

Die **Fachkräfte für Arbeitssicherheit** haben die Aufgabe, den Arbeitgeber beim Arbeitsschutz und bei der Unfallverhütung in allen Fragen der Arbeitssicherheit einschließlich der menschengerechten Gestaltung der Arbeit zu unterstützen. Sie haben insbesondere

1. den Arbeitgeber und die sonst für den Arbeitsschutz und die Unfallverhütung verantwortlichen Personen zu beraten, insbesondere bei
   a) der Planung, Ausführung und Unterhaltung von Betriebsanlagen und von sozialen und sanitären Einrichtungen,
   b) der Beschaffung von technischen Arbeitsmitteln und der Einführung von Arbeitsverfahren und Arbeitsstoffen,
   c) der Auswahl und Erprobung von Körperschutzmitteln,
   d) der Gestaltung der Arbeitsplätze, des Arbeitsablaufs, der Arbeitsumgebung und in sonstigen Fragen der Ergonomie,
   e) der Beurteilung der Arbeitsbedingungen,
2. die Betriebsanlagen und die technischen Arbeitsmittel insbesondere vor der Inbetriebnahme und Arbeitsverfahren insbesondere vor ihrer Einführung sicherheitstechnisch zu überprüfen,
3. die Durchführung des Arbeitsschutzes und der Unfallverhütung zu beobachten und im Zusammenhang damit
   a) die Arbeitsstätten in regelmäßigen Abständen zu begehen und festgestellte Mängel dem Arbeitgeber oder der sonst für den Arbeitsschutz und die Unfallverhütung verantwortlichen Person mitzuteilen, Maßnahmen zur Beseitigung dieser Mängel vorzuschlagen und auf deren Durchführung hinzuwirken,
   b) auf die Benutzung der Körperschutzmittel zu achten,
   c) Ursachen von Arbeitsunfällen zu untersuchen, die Untersuchungsergebnisse zu erfassen und auszuwerten und dem Arbeitgeber Maßnahmen zur Verhütung dieser Arbeitsunfälle vorzuschlagen,
4. darauf hinzuwirken, dass sich alle im Betrieb Beschäftigten den Anforderungen des Arbeitsschutzes und der Unfallverhütung entsprechend verhalten, insbesondere sie über die Unfall- und Gesundheitsgefahren, denen sie bei der Arbeit ausgesetzt sind, sowie über die Einrichtungen und Maßnahmen zur Abwendung dieser Gefahren zu belehren und bei der Schulung der Sicherheitsbeauftragten mitzuwirken.

Daneben sind durch den Unternehmer **Sicherheitsbeauftragte** nach dem Sozialgesetzbuch Siebtes Buch zu bestellen. Sie unterstützen den Unternehmer bei der Durchführung von Maßnahmen zur Verhütung von Arbeitsunfällen und Berufskrankheiten, insbesondere haben sie sich vom Vorhandensein und der ordnungsgemäßen Benutzung der vorgeschriebenen Schutzeinrichtungen und persönlichen Schutzausrüstungen zu überzeugen und auf Unfall- und Gesundheitsgefahren für die Versicherten aufmerksam zu machen.

Hinweis auf eine Rechtsquelle, die die Delegation von Arbeitgeberpflichten ermöglicht:

ArbSchG – Zweiter Abschnitt – Pflichten des Arbeitgebers – § 13 Verantwortliche Personen

(1) Verantwortlich für die Erfüllung der sich aus diesem Abschnitt ergebenden Pflichten sind neben dem Arbeitgeber
1. sein gesetzlicher Vertreter,
2. das vertretungsberechtigte Organ einer juristischen Person,

3. der vertretungsberechtigte Gesellschafter einer Personenhandelsgesellschaft,

4. Personen, die mit der Leitung eines Unternehmens oder eines Betriebes beauftragt sind, im Rahmen der ihnen übertragenen Aufgaben und Befugnisse,

5. sonstige nach Absatz 2 oder nach einer auf Grund dieses Gesetzes erlassenen Rechtsverordnung oder nach einer Unfallverhütungsvorschrift beauftragte Personen im Rahmen ihrer Aufgaben und Befugnisse.

(2) Der Arbeitgeber kann zuverlässige und fachkundige Personen schriftlich damit beauftragen, ihm obliegende Aufgaben nach diesem Gesetz in eigener Verantwortung wahrzunehmen.

1.4 Pflichtenblöcke in der Übersicht mit Sanktionshinweisen

[siehe vordere Buchinnenseite]

2 Sanktionsgrundlagen sowie zugeordnete Pflichtenkataloge mit Einzelpflichten – Pflichtenkataloge A bis D

2.1 Sanktions-/Pflichtenkataloge zur Gefahrstoffverordnung/ArbMedVV [Pflichtenkataloge A-1 bis A-5]

2.1.1 Sanktions-/Pflichtenkatalog A-1 gemäß § 21 GefStoffV [ChemG – Anzeigen]

2.1.1.1 Sanktionskatalog A-1

Ordnungswidrigkeiten gem. § 21 GefStoffV [Chemikaliengesetz – Anzeigen]

	Einzelpflicht
Ordnungswidrig im Sinne des § 26 Absatz 1 Nummer 8 Buchstabe b[1] des Chemikaliengesetzes handelt, wer vorsätzlich oder fahrlässig	
1. entgegen § 8 Absatz 8 in Verbindung mit Anhang I Nummer 2.4.2 Absatz 1 Satz 1 oder Absatz 2 eine Anzeige nicht, nicht richtig, nicht vollständig oder nicht rechtzeitig erstattet,	A-1-1
2. entgegen § 8 Absatz 8 in Verbindung mit Anhang I Nummer 3.4 Absatz 1 oder Absatz 2 eine Anzeige nicht, nicht richtig, nicht vollständig oder nicht rechtzeitig erstattet,	A-1-2
3. entgegen § 8 Absatz 8 in Verbindung mit Anhang I Nummer 3.4 Absatz 3 eine Änderung nicht oder nicht rechtzeitig anzeigt,	A-1-3
4. entgegen § 8 Absatz 8 in Verbindung mit Anhang I Nummer 3.6 eine Anzeige nicht, nicht richtig, nicht vollständig oder nicht rechtzeitig erstattet,	A-1-4
5. entgegen § 8 Absatz 8 in Verbindung mit Anhang I Nummer 4.3.2 Absatz 1 Satz 1 oder Absatz 2 in Verbindung mit Absatz 3 eine Anzeige nicht, nicht richtig, nicht vollständig oder nicht rechtzeitig erstattet,	A-1-5
6. entgegen § 8 Absatz 8 in Verbindung mit Anhang I Nummer 4.3.2 Absatz 4 eine Anzeige nicht oder nicht rechtzeitig erstattet,	A-1-6
7. entgegen § 8 Absatz 8 in Verbindung mit Anhang I Nummer 5.4.2.3 Absatz 1 oder Absatz 2 eine Anzeige nicht, nicht richtig, nicht vollständig oder nicht rechtzeitig erstattet,	A-1-7
8. entgegen § 8 Absatz 8 in Verbindung mit Anhang I Nummer 5.4.2.3 Absatz 3 eine Änderung nicht oder nicht rechtzeitig anzeigt,	A-1-8
9. entgegen § 18 Absatz 1 eine Anzeige nicht, nicht richtig, nicht vollständig oder nicht rechtzeitig erstattet oder	A-1-9
10. entgegen § 18 Absatz 2 eine Mitteilung nicht, nicht richtig, nicht vollständig oder nicht rechtzeitig macht.	A-1-10

---

[1] Gem. § 26 Abs. 1 Nr. 8 Buchstabe b ChemG kann die Bußgeldhöhe bis zu 50.000 Euro betragen.

27

2.1.1.2 Pflichtenkatalog A-1 gem. § 21 GefStoffV [Anzeigen]

A-1-1	Anzeigen von Tätigkeiten mit partikelförmigen Gefahrstoffen

Einzelpflichtbeschreibung:

1. Einführende Anmerkungen: Der Arbeitgeber muss gem. Rechtsquelle 1 (↓) bei Tätigkeiten mit partikelförmigen Gefahrstoffen nach Rechtsquelle 3 (↓) sowohl die Rechtsquellen 2 (↓) als auch die betreffenden Vorschriften nach Rechtsquelle 3 (↓) beachten.
2. Insbesondere muss der Arbeitgeber die Anzeigepflichten bzgl. partikelförmiger Gefahrstoffe (hier: Asbest) nach Rechtsquelle 3.1 ff. (↓) richtig, vollständig und rechtzeitig erfüllen:
   Pflichten im Einzelnen:
   I. Tätigkeiten nach Rechtsquelle 3.2 (↓) müssen der zuständigen Behörde gem. Rechtsquelle 3.1.1 (↓) angezeigt werden.
   II. Die Anzeige muss gem. Rechtsquelle 3.1.2 (↓) spätestens sieben Tage vor Beginn der Tätigkeiten durch den Arbeitgeber erfolgen und mindestens folgende Angaben enthalten:
   1. Lage der Arbeitsstätte,
   2. verwendete oder gehandhabte Asbestarten und -mengen,
   3. ausgeübte Tätigkeiten und angewendete Verfahren,
   4. Anzahl der beteiligten Beschäftigten,
   5. Beginn und Dauer der Tätigkeiten,
   6. Maßnahmen zur Begrenzung der Asbestfreisetzung und zur Begrenzung der Asbestexposition der Beschäftigten.

Weiterführende Hinweise: zu Rechtsquelle 3.2 (↓)

Rechtsquelle 3 (↓) gilt für Tätigkeiten mit Exposition gegenüber allen alveolengängigen und einatembaren Stäuben.

Rechtsquellen: GefStoffV
1. § 8 Abs. 8 [Allgemeine Schutzmaßnahmen]
2. §§ 6 bis 18 [...]
3. Anhang I Nr. 2 [Partikelförmige Gefahrstoffe]
3.1 Nr. 2.4.2 [Ergänzende Vorschriften zum Schutz gegen Gefährdung durch Asbest – Anzeige an die Behörde]
3.1.1 Abs. 1 Satz 1
3.1.2 Abs. 2
3.2 Nr. 2.1 [Anwendungsbereich]

Verstoß: ordnungswidrig gem. § 21 Nr. 1 GefStoffV i. V. m. § 26 Abs. 1 Nr. 8b ChemG; die Höhe der Geldbuße kann bis zu 50.000 Euro betragen.

A-1-2	Anzeigen von Tätigkeiten, die der Schädlingsbekämpfung dienen

Einzelpflichtbeschreibung:

1. Einführende Anmerkungen: Der Arbeitgeber muss gem. Rechtsquelle 1 (↓) bei Tätigkeiten mit Gefahrstoffen nach Rechtsquelle 3 (↓) sowohl die Rechtsquelle 2 (↓) als auch die betreffenden Vorschriften der Rechtsquelle 3 (↓) beachten.
2. Insbesondere muss der Arbeitgeber die Anzeigepflichten bei Schädlingsbekämpfung nach Rechtsquelle 3.1 ff. (↓) richtig, vollständig und rechtzeitig wahrnehmen; die Pflichten im Einzelnen:

I. Wer Schädlingsbekämpfungen nach Rechtsquelle 3.2 (↓) erstmals durchführen oder nach mehr als einjähriger Unterbrechung wieder aufnehmen will, hat dies gem. Rechtsquelle 3.1.1 (↓) mindestens sechs Wochen vor Aufnahme der ersten Tätigkeit der zuständigen Behörde anzuzeigen.

II. Die Anzeige muss gem. Rechtsquelle 3.1.2 (↓) insbesondere folgende Angaben enthalten:
1. den Nachweis, dass die personelle, räumliche und sicherheitstechnische Ausstattung des Unternehmens für diese Arbeiten ausreichend geeignet ist,
2. die Zahl der Beschäftigten, die mit den Schädlingsbekämpfungsmitteln umgehen,
3. zu den zur Schädlingsbekämpfung vorgesehenen Schädlingsbekämpfungsmitteln die
    a) Bezeichnungen,
    b) Eigenschaften,
    c) Wirkungsmechanismen,
    d) Anwendungsverfahren und
    e) Dekontaminationsverfahren,
4. die Bereiche der vorgesehenen Schädlingsbekämpfung sowie Zielorganismen, gegen die die Schädlingsbekämpfung durchgeführt werden soll, und
5. das Ergebnis der Substitutionsprüfung nach Rechtsquelle 4 (↓).

Rechtsquellen: GefStoffV
1.   § 8 Abs. 8 [Allgemeine Schutzmaßnahmen]
2.   §§ 6 bis 18 [...]
3.   Anhang I [Besondere Vorschriften für bestimmte Gefahrstoffe und Tätigkeiten]
3.1 Nr. 3.4 [Schädlingsbekämpfung – Anzeigepflicht]
3.1.1 Abs. 1
3.1.2 Abs. 2
3.2 Nr. 3.1 [Anwendungsbereich]
4.   § 6 Abs. 1 Satz 2 Nr. 4 [Informationsermittlung und Gefährdungsbeurteilung]

Verstoß: ordnungswidrig gem. § 21 Nr. 2 GefStoffV i. V. m. § 26 Abs. 1 Nr. 8b ChemG; die Höhe der Geldbuße kann bis zu 50.000 Euro betragen.

A-1-3	Anzeige betr. Änderungen zu Tätigkeiten, die der Schädlingsbekämpfung dienen

Einzelpflichtbeschreibung:

1. **Einführende Anmerkungen:** Der Arbeitgeber muss gem. Rechtsquelle 1 (↓) bei Tätigkeiten mit Gefahrstoffen nach Rechtsquelle 3 (↓) sowohl die Rechtsquelle 2 (↓) als auch die betreffenden Vorschriften der Rechtsquelle 3 (↓) beachten.
2. Insbesondere muss der Arbeitgeber im Falle der Schädlingsbekämpfung nach Rechtsquelle 3.1 ff. (↓) Änderungen der Angaben betr. Rechtsquelle 3.2 (↓) der zuständigen Behörde rechtzeitig (d. h. unverzüglich) anzeigen.

Weiterführende Hinweise: zu Rechtsquelle 3.2 (↓)

Siehe hierzu unter vorgenannter Einzelpflicht A-1-2 (dort: B. II).

Rechtsquellen: GefStoffV
1.   § 8 Abs. 8 [Allgemeine Schutzmaßnahmen]
2.   §§ 6 bis 18 [...]

3. Anhang I Nr. 3.4 [Besondere Vorschriften für bestimmte Gefahrstoffe und Tätigkeiten – Schädlingsbekämpfung – Anzeigepflichten]
3.1 Abs. 3
3.2 Abs. 2 Ziffer 1 bis 5
4. § 6 Abs. 1 Satz 2 Nr. 4 [Informationsermittlung und Gefährdungsbeurteilung]

Verstoß: ordnungswidrig gem. § 21 Nr. 3 GefStoffV i. V. m. § 26 Abs. 1 Nr. 8b ChemG; die Höhe der Geldbuße kann bis zu 50.000 Euro betragen.

A-1-4	**Anzeige von Tätigkeiten i. V. m. Schädlingsbekämpfung in Gemeinschaftseinrichtungen**

Einzelpflichtbeschreibung:

1. Einführende Anmerkungen: Der Arbeitgeber muss gem. Rechtsquelle 1 (↓) bei Tätigkeiten mit Gefahrstoffen i. V. m. Schädlingsbekämpfung nach Rechtsquelle 3 (↓) sowohl die Rechtsquelle 2 (↓) als auch die betreffenden Vorschriften der Rechtsquelle 3 (↓) beachten.
2. Insbesondere muss der Arbeitgeber die Anzeige gem. Rechtsquelle 3.1 ff. (↓) richtig, vollständig und rechtzeitig wahrnehmen; die Anwendung von Schädlingsbekämpfungsmitteln in Gemeinschaftseinrichtungen, insbesondere in Schulen, Kindertagesstätten und Krankenhäusern, ist der zuständigen Behörde schriftlich, in der Regel mindestens 14 Tage im Voraus, anzuzeigen. Dabei sind der Umfang, die Anwendung, die verwendeten Mittel, das Ausbringungsverfahren und die vorgesehenen Schutzmaßnahmen anzugeben.

Rechtsquellen: GefStoffV
1. § 8 Abs. 8 [Allgemeine Schutzmaßnahmen]
2. §§ 6 bis 18 [...]
3. Anhang I – Nr. 3 [Besondere Vorschriften für bestimmte Gefahrstoffe und Tätigkeiten – Schädlingsbekämpfung]
3.1 Nr. 3.6 [Schädlingsbekämpfung in Gemeinschaftseinrichtungen]

Verstoß: ordnungswidrig gem. § 21 Nr. 4 GefStoffV i. V. m. § 26 Abs. 1 Nr. 8b ChemG; die Höhe der Geldbuße kann bis zu 50.000 Euro betragen.

A-1-5	**Anzeige vor Begasungsdurchführung**

Einzelpflichtbeschreibung:

1. Einführende Anmerkungen: Der Arbeitgeber muss gem. Rechtsquelle 1 (↓) bei Tätigkeiten mit Gefahrstoffen nach Rechtsquelle 3 (↓) sowohl die Rechtsquelle 2 (↓) als auch die betreffenden Vorschriften der Rechtsquelle 3 (↓) beachten.
2. Insbesondere muss der Arbeitgeber die Anzeigepflichten betr. Begasungen nach Rechtsquelle 3 ff. (↓) richtig, vollständig und rechtzeitig wahrnehmen; die Pflichten im Einzelnen:
   I. Wer außerhalb einer ortsfesten Sterilisationskammer Begasungen mit Begasungsmitteln nach Rechtsquelle 4 (↓) durchführen will, muss dies gem. Rechtsquelle 3.1 (↓) der zuständigen Behörde spätestens eine Woche vorher schriftlich anzeigen.
   II. In der Anzeige sind gem. Rechtsquelle 3.2 (↓) anzugeben:
   1. die verantwortliche Person,
   2. der Tag der Begasung,

3. ein Lageplan zum Ort der Begasung und das zu begasende Objekt mit Angabe der zu begasenden Güter,
4. das für den Einsatz vorgesehene Begasungsmittel und die vorgesehenen Mengen,
5. der voraussichtliche Beginn der Begasung,
6. das voraussichtliche Ende der Begasung,
7. der voraussichtliche Termin der Freigabe sowie
8. der Zeitpunkt der Dichtheitsprüfung, falls diese erforderlich ist.
III. Rechtsquelle 3.1 (↓) gilt gem. Rechtsquelle 3.3 (↓) nicht für Erdreichbegasungen im Freien mit Phosphorwasserstoff.

Rechtsquellen: GefStoffV
1. § 8 Abs. 8 [Allgemeine Schutzmaßnahmen]
2. §§ 6 bis 18 [...]
3. Anhang I Nr. 4.3.2 [Begasungen – Anzeigen]
3.1 Abs. 1 Satz 1
3.2 Abs. 2
3.3 Abs. 3
4. Anhang I Nr. 4.1 [Begasungen – Anwendungsbereich]

Verstoß: ordnungswidrig gem. § 21 Nr. 5 GefStoffV i. V. m. § 26 Abs. 1 Nr. 8b ChemG; die Höhe der Geldbuße kann bis zu 50.000 Euro betragen.

A-1-6	Anzeige von Änderungen von Angaben zu Befähigungsschein-Inhabern

Einzelpflichtbeschreibung:

1. Einführende Anmerkungen: Der Arbeitgeber muss gem. Rechtsquelle 1 (↓) bei Tätigkeiten mit Gefahrstoffen nach Rechtsquelle 3 (↓) sowohl die Rechtsquelle 2 (↓) als auch die betreffenden Vorschriften der Rechtsquelle 3 (↓) beachten.
2. Insbesondere muss der Arbeitgeber die Anzeigepflichten betr. Begasungen nach Rechtsquelle 3.1 (↓) richtig, vollständig und rechtzeitig (d. h. unverzüglich) sicherstellen; die Anzeigepflicht umfasst das Ausscheiden, den Wechsel und das Hinzutreten von Befähigungsschein-Inhabern, sofern die Tätigkeiten unter dem Erlaubnisvorbehalt nach Rechtsquelle 3.2 (↓) stehen.

Rechtsquellen: GefStoffV
1. § 8 Abs. 8 [Allgemeine Schutzmaßnahmen]
2. §§ 6 bis 18 [...]
3. Anhang I Nr. 4 [Begasungen]
3.1 Nr. 4.3.2 Abs. 4 [Anzeigen]
3.2 Nr. 4.2 Abs. 1 [Verwendungsbeschränkung]

Verstoß: ordnungswidrig gem. § 21 Nr. 6 GefStoffV i. V. m. § 26 Abs. 1 Nr. 8b ChemG; die Höhe der Geldbuße kann bis zu 50.000 Euro betragen.

A-1-7	Anzeige über die Lagerung von ammoniumnitrathaltigen Stoffen/Zubereitungen

Einzelpflichtbeschreibung:

1. Einführende Anmerkungen: Der Arbeitgeber muss gem. Rechtsquelle 1 (↓) bei Tätigkeiten mit Gefahrstoffen nach Rechtsquelle 3 (↓) sowohl die Rechtsquelle 2 (↓) als auch die betreffenden Vorschriften der Rechtsquelle 3 (↓) beachten.

2. Insbesondere muss der Arbeitgeber die Anzeigepflichten betr. Begasungen nach Rechtsquelle 3.1 (↓) richtig, vollständig und rechtzeitig wahrnehmen; die Pflichten im Einzelnen:

  a) Wer beabsichtigt, Stoffe und Gemische der Gruppen und Untergruppen A, D IV und E in Mengen von mehr als 25 Tonnen zu lagern, muss dies gem. Rechtsquelle 3.1.1 (↓) spätestens zwei Wochen vorher der zuständigen Behörde schriftlich anzeigen.

  b) Die Anzeige muss gem. Rechtsquelle 3.1.2 (↓) folgende Angaben enthalten:

   1. Name und Anschrift des Anzeigepflichtigen,
   2. Art und Höchstmenge der zu lagernden Stoffe oder Gemische,
   3. eine Beschreibung der Bauart und Einrichtung des Lagers mit Grundrissen und Schnitten,
   4. einen Lageplan, aus dem die Lage zu Gebäuden und öffentlichen Verkehrswegen im Umkreis von 350 Metern ersichtlich ist,
   5. welche der im Lageplan nach vorgenannter Ziffer 4 eingezeichneten Gebäude dem dauernden Aufenthalt von Menschen oder zu Wohnzwecken dienen.

Rechtsquellen: GefStoffV
1.   § 8 Abs. 8 [Allgemeine Schutzmaßnahmen]
2.   §§ 6 bis 18 [...]
3.   Anhang I Nr. 5 [Ammoniumnitrat]
3.1 Nr. 5.4.2.3 [Zusätzliche Maßnahmen für die Lagerung von mehr als 25 Tonnen]
3.1.1 Abs. 1
3.1.2 Abs. 2

Verstoß: ordnungswidrig gem. § 21 Nr. 7 GefStoffV i. V. m. § 26 Abs. 1 Nr. 8b ChemG; die Höhe der Geldbuße kann bis zu 50.000 Euro betragen.

A-1-8	Anzeige von Änderungen betr. zusätzliche Maßnahmen für die Lagerung von mehr als 25 t [Ammoniumnitrat (...)]

Einzelpflichtbeschreibung:

1. Einführende Anmerkungen: Der Arbeitgeber muss gem. Rechtsquelle 1 (↓) bei Tätigkeiten mit Gefahrstoffen nach Rechtsquelle 3 (↓) sowohl die Rechtsquellen 2 (↓) als auch die betreffenden Vorschriften der Rechtsquelle 3 (↓) beachten.

  a) Wer beabsichtigt, Stoffe und Gemische der Gruppen und Untergruppen A, D IV und E in Mengen von mehr als 25 t zu lagern, muss dies gem. Rechtsquelle 3.1 (↓) spätestens zwei Wochen vorher der zuständigen Behörde anzeigen.

  b) Die Anzeige muss gem. Rechtsquelle 3.2 (↓) folgende Angaben enthalten:

   – Nr. 1: Name und Anschrift des Anzeigepflichtigen,
   – Nr. 2: Art und Höchstmenge der zu lagernden Stoffe und Gemische,
   – Nr. 3: eine Beschreibung der Bauart und Einrichtung des Lagers mit Grundrissen und Schnitten,
   – Nr. 4: einen Lageplan, aus dem die Lage zu Gebäuden und öffentlichen Verkehrswegen im Umkreis von 350 Metern ersichtlich ist,
   – Nr. 5: welche der im Lageplan nach Nummer 4 eingezeichneten Gebäude zum dauerhaften Aufenthalt von Menschen oder zu Wohnzwecken dienen.

2. Änderungen bezüglich der Angaben nach Rechtsquelle 3.2 (↓) sind gem. Rechtsquelle 3.3 (↓) der zuständigen Behörde unverzüglich anzuzeigen.

Rechtsquellen: GefStoffV
1.   § 8 Abs. 8 [Allgemeine Schutzmaßnahmen]
2.   §§ 6 bis 18 [...]

3. Anhang I Nr. 5 [Besondere Vorschriften für bestimmte Gefahrstoffe und Tätigkeiten – Ammoniumnitrat], Nr. 5.4.2.3 [Zusätzliche Maßnahmen für die Lagerung von mehr als 25 Tonnen]
3.1 Abs. 1
3.2 Abs. 2
3.3 Abs. 3

Verstoß: ordnungswidrig gem. § 21 Nr. 8 GefStoffV i. V. m. § 26 Abs. 1 Nr. 8b ChemG; die Höhe der Geldbuße kann bis zu 50.000 Euro betragen.

A-1-9	Anzeige bei bestimmten Anlässen/Zwischenfällen

Einzelpflichtbeschreibung:

Der Arbeitgeber muss gem. Rechtsquelle 1 (↓) richtig, vollständig und rechtzeitig der zuständigen Behörde unverzüglich nachfolgende Anlässe anzeigen:
1. jeden Unfall und jede Betriebsstörung, die bei Tätigkeiten mit Gefahrstoffen zu einer ernsten Gesundheitsschädigung von Beschäftigten geführt haben,
2. Krankheits- und Todesfälle, bei denen konkrete Anhaltspunkte dafür bestehen, dass sie durch die Tätigkeit mit Gefahrstoffen verursacht worden sind, mit der genauen Angabe der Tätigkeit und der Gefährdungsbeurteilung nach Rechtsquelle 2 (↓).

Hinweis: Lassen sich die für die Anzeige nach vorgenanntem Satz erforderlichen Angaben gleichwertig aus Anzeigen nach anderen Rechtsvorschriften entnehmen, kann die Anzeigepflicht auch durch Übermittlung von Kopien dieser Anzeigen an die zuständige Behörde erfüllt werden. Der Arbeitgeber hat den betroffenen Beschäftigten oder ihrer Vertretung Kopien der Anzeigen nach den beiden vorgenannten Sätzen zur Kenntnis zu geben.

Weiterführende Hinweise: Es können ggf. weitere ereignisbedingte Meldepflichten gegenüber den Berufsgenossenschaften/Unfallversicherungsträgern bestehen.

Rechtsquellen: GefStoffV
1. § 18 Abs. 1 [Unterrichtung der Behörde]
2. § 6 [Informationsermittlung und Gefährdungsbeurteilung]

Verstoß: ordnungswidrig gem. § 21 Nr. 9 GefStoffV i. V. m. § 26 Abs. 1 Nr. 8b ChemG; die Höhe der Geldbuße kann bis zu 50.000 Euro betragen.

A-1-10	Anzeige geforderter Informationen auf Verlangen der Behörde

Einzelpflichtbeschreibung:

Unbeschadet der Bestimmungen nach Rechtsquelle 2.1 (↓) muss der Arbeitgeber gem. Rechtsquelle 1 (↓) der zuständigen Behörde auf Verlangen Folgendes mitteilen:
1. das Ergebnis der Gefährdungsbeurteilung nach Rechtsquelle 3 (↓) und die ihr zugrunde liegenden Informationen, einschließlich der Dokumentation der Gefährdungsbeurteilung,
2. die Tätigkeiten, bei denen Beschäftigte tatsächlich oder möglicherweise gegenüber Gefahrstoffen exponiert worden sind, und die Anzahl dieser Beschäftigten,
3. die nach Rechtsquelle 2.2 (↓) verantwortlichen Personen,
4. die durchgeführten Schutz- und Vorsorgemaßnahmen, einschließlich der Betriebsanweisungen.

Der Arbeitgeber muss vorgenannte Mitteilungen richtig, vollständig und rechtzeitig machen.

Rechtsquellen:
1. § 18 Abs. 2 GefStoffV [Unterrichtung der Behörde]
2. ArbSchG
2.1 § 22 [Befugnisse der zuständigen Behörden]
2.2 § 13 [Verantwortliche Personen]
3. § 6 GefStoffV [Informationsermittlung und Gefährdungsbeurteilung]

Verstoß: ordnungswidrig gem. § 21 Nr. 10 GefStoffV i. V. m. § 26 Abs. 1 Nr. 8b ChemG; die Höhe der Geldbuße kann bis zu 50.000 Euro betragen.

2.1.2 Sanktions-/Pflichtenkatalog A-2 gem. § 22 GefStoffV [ChemG – Tätigkeiten]

2.1.2.1 Sanktionskatalog A-2

Ordnungswidrigkeiten gem. § 22 Abs. 1 GefStoffV [Chemikaliengesetz – Tätigkeiten]

(1) Ordnungswidrig im Sinne des § 26 Absatz 1 Nummer 8 Buchstabe b des Chemikaliengesetzes handelt, wer vorsätzlich oder fahrlässig   **Einzelpflicht**

1.	entgegen § 6 Absatz 8 Satz 1 eine Gefährdungsbeurteilung nicht, nicht richtig, nicht vollständig oder nicht rechtzeitig dokumentiert,	A-2-1
2.	entgegen § 6 Absatz 12 Satz 1 ein Gefahrstoffverzeichnis nicht, nicht richtig oder nicht vollständig führt,	A-2-2
3.	entgegen § 7 Absatz 1 eine Tätigkeit aufnehmen lässt,	A-2-3
3a.	entgegen § 7 Absatz 5 Satz 2 das Verwenden von belastender persönlicher Schutzausrüstung als Dauermaßnahme anwendet,	A-2-3a
4.	entgegen § 7 Absatz 7 Satz 1 die Funktion und die Wirksamkeit der technischen Schutzmaßnahmen nicht oder nicht rechtzeitig überprüft,	A-2-4
5.	entgegen § 8 Absatz 2 Satz 3 eine Tätigkeit ausüben lässt,	A-2-5
6.	entgegen § 8 Absatz 3 Satz 2 einen Bereich nicht oder nicht rechtzeitig einrichtet,	A-2-6
7.	entgegen § 8 Absatz 5 Satz 3 Gefahrstoffe aufbewahrt oder lagert,	A-2-7
8.	entgegen § 8 Absatz 8 in Verbindung mit Anhang I Nummer 2.4.2 Absatz 3 Satz 2 nicht dafür sorgt, dass eine weisungsbefugte sachkundige Person vor Ort tätig ist,	A-2-8
9.	entgegen § 8 Absatz 8 in Verbindung mit Anhang I Nummer 2.4.4 Satz 1 einen Arbeitsplan nicht oder nicht rechtzeitig aufstellt,	A-2-9
10.	entgegen § 8 Absatz 8 in Verbindung mit Anhang I Nummer 3.3 Satz 2 eine Schädlingsbekämpfung durchführt,	A-2-10
11.	entgegen § 8 Absatz 8 in Verbindung mit Anhang I Nummer 5.4.2.1 Absatz 2 Stoffe oder Gemische der Gruppe A lagert oder befördert,	A-2-11
12.	entgegen § 8 Absatz 8 in Verbindung mit Anhang I Nummer 5.4.2.1 Absatz 3 brennbare Materialien lagert,	A-2-12
13.	entgegen § 8 Absatz 8 in Verbindung mit Anhang I Nummer 5.4.2.2 Absatz 3 Stoffe oder Gemische nicht oder nicht rechtzeitig in Teilmengen unterteilt,	A-2-13
14.	entgegen § 8 Absatz 8 in Verbindung mit Anhang I Nummer 5.4.2.3 Absatz 5 Stoffe oder Gemische lagert,	A-2-14

15. entgegen § 9 Absatz 3 Satz 2 oder § 9 Absatz 4 eine persönliche Schutzausrüstung nicht oder nicht rechtzeitig bereitstellt, — A-2-15

15a. entgegen § 9 Absatz 5 nicht gewährleistet, dass getrennte Aufbewahrungsmöglichkeiten zur Verfügung stehen, — A-2-15a

16. entgegen § 10 Absatz 4 Satz 2 Schutzkleidung oder ein Atemschutzgerät nicht zur Verfügung stellt, — A-2-16

17. entgegen § 10 Absatz 5 Satz 1 abgesaugte Luft in einen Arbeitsbereich zurückführt, — A-2-17

18. entgegen § 11 Absatz 1 Satz 3 in Verbindung mit Anhang I Nummer 1.3 Absatz 2 Satz 1 das Rauchen oder die Verwendung von offenem Feuer oder offenem Licht nicht verbietet, — A-2-18

19. entgegen § 11 Absatz 1 Satz 3 in Verbindung mit Anhang I Nummer 1.5 Absatz 4 oder Nummer 1.6 Absatz 5 einen dort genannten Bereich nicht oder nicht richtig kennzeichnet, — A-2-19

19a. entgegen § 11 Absatz 4 Satz 2 in Verbindung mit Anhang III Nummer 2.3 Absatz 1 Satz 1 eine Tätigkeit mit einem organischen Peroxid ausüben lässt, — A-2-19a

19b. entgegen § 11 Absatz 4 Satz 2 in Verbindung mit Anhang III Nummer 2.6 Satz 2 Buchstabe a nicht sicherstellt, dass ein dort genanntes Gebäude oder ein dort genannter Raum in Sicherheitsbauweise errichtet wird, — A-2-19b

19c. entgegen § 11 Absatz 4 Satz 2 in Verbindung mit Anhang III Nummer 2.7 einen dort genannten Bereich nicht oder nicht rechtzeitig festlegt, — A-2-19c

20. entgegen § 13 Absatz 2 Satz 1 eine dort genannte Maßnahme nicht oder nicht rechtzeitig ergreift, — A-2-20

21. entgegen § 13 Absatz 3 Satz 1 einen Beschäftigten nicht oder nicht rechtzeitig ausstattet, — A-2-21

22. entgegen § 13 Absatz 4 Warn- und sonstige Kommunikationseinrichtungen nicht zur Verfügung stellt, — A-2-22

23 entgegen § 13 Absatz 5 Satz 1 nicht sicherstellt, dass Informationen über Notfallmaßnahmen zur Verfügung stehen, — A-2-23

24. entgegen § 14 Absatz 1 Satz 1 nicht sicherstellt, dass den Beschäftigten eine schriftliche Betriebsanweisung in der vorgeschriebenen Weise zugänglich gemacht wird, — A-2-24

25. entgegen § 14 Absatz 2 Satz 1 nicht sicherstellt, dass die Beschäftigten über auftretende Gefährdungen und entsprechende Schutzmaßnahmen mündlich unterwiesen werden, — A-2-25

26. entgegen § 14 Absatz 3 Nummer 2 nicht oder nicht rechtzeitig sicherstellt, dass die Beschäftigten und ihre Vertretung unterrichtet und informiert werden, — A-2-26

27. entgegen § 14 Absatz 3 Nummer 3 nicht sicherstellt, dass ein aktualisiertes Verzeichnis geführt wird, oder — A-2-27

28. entgegen § 14 Absatz 3 Nummer 4 nicht sicherstellt, dass ein aktualisiertes Verzeichnis 40 Jahre nach Ende der Exposition aufbewahrt wird. — A-2-28

2.1.2.2 Pflichtenkatalog A-2 gem. § 22 GefStoffV [Tätigkeiten]

A-2-1	Dokumentierung der Gefährdungsbeurteilung

Einzelpflichtbeschreibung:

Der Arbeitgeber hat gem. Rechtsquelle 1.1 (↓) die Gefährdungsbeurteilung unabhängig von der Zahl der Beschäftigten erstmals vor Aufnahme der Tätigkeit richtig, rechtzeitig und vollständig zu dokumentieren.

Gem. Rechtsquelle 1.2 (↓) ist dabei Folgendes anzugeben:
1. die Gefährdungen bei Tätigkeiten mit Gefahrstoffen,
2. das Ergebnis der Prüfung auf Möglichkeiten einer Substitution nach Rechtsquelle 1.3 (↓),
3. eine Begründung für einen Verzicht auf eine technisch mögliche Substitution, sofern Schutzmaßnahmen nach Rechtsquelle 2 oder 3 (↓) zu ergreifen sind,
4. die durchzuführenden Schutzmaßnahmen einschließlich derer,
   a) die wegen der Überschreitung eines Arbeitsplatzgrenzwerts zusätzlich ergriffen wurden sowie der geplanten Schutzmaßnahmen, die zukünftig ergriffen werden sollen, um den Arbeitsplatzgrenzwert einzuhalten, oder
   b) die unter Berücksichtigung eines Beurteilungsmaßstabs für krebserzeugende Gefahrstoffe, der nach Rechtsquelle 4 (↓) bekannt gegeben worden ist, zusätzlich getroffen worden sind oder zukünftig getroffen werden sollen (Maßnahmenplan),
5. eine Begründung, wenn von den nach Rechtsquelle 4 (↓) bekannt gegebenen Regeln und Erkenntnissen abgewichen wird, und
6. die Ermittlungsergebnisse, die belegen, dass der Arbeitsplatzgrenzwert eingehalten wird oder, bei Stoffen ohne Arbeitsplatzgrenzwert, die ergriffenen technischen Schutzmaßnahmen wirksam sind.

Weiterführende Hinweise: gemäß Rechtsquelle 1.3 (↓)

Im Rahmen der Dokumentation der Gefährdungsbeurteilung können auch vorhandene Gefährdungsbeurteilungen, Dokumente oder andere gleichwertige Berichte verwendet werden, die auf Grund von Verpflichtungen nach anderen Rechtsvorschriften erstellt worden sind.

Rechtsquellen: GefStoffV
1. § 6 Abs. 8 [Informationsermittlung und Gefährdungsbeurteilung]
1.1 Satz 1
1.2 Satz 2
1.3 Satz 3
2. § 9 [Zusätzliche Schutzmaßnahmen]
3. § 10 [Besondere Schutzmaßnahmen bei Tätigkeiten mit krebserzeugenden, keimzellmutagenen und reproduktionstoxischen Gefahrstoffen der Kategorie 1A und 1B]
4. § 20 Abs. 4 [Ausschuss für Gefahrstoffe]

Hinweis zu Regelwerken:
1. TRGS 400 Gefährdungsbeurteilung für Tätigkeiten mit Gefahrstoffen
1.1 Nr. 4 Informationsermittlung – Nr. 4.1 Informationsquellen
1.2 Nr. 5 Gefährdungsbeurteilung bei vorgegebenen Maßnahmen (standardisierte Arbeitsverfahren)
1.2.1 Nr. 5.1 Standardisierte Arbeitsverfahren
1.2.2 Nr. 5.2 Anwendung einer stoff- oder tätigkeitsbezogenen TRGS oder eines VSK

1.2.3 Nr. 5.3 Anwendung einer branchen- oder tätigkeitsspezifischen Hilfestellung eines Expositionsszenarios nach REACH oder einer mitgelieferten Gefährdungsbeurteilung
1.3 Nr. 6 Gefährdungsbeurteilung ohne vorgegebene Maßnahmen
1.3.1 Nr. 6.1 Vorgehen
1.3.2 Nr. 6.2 Tätigkeiten mit geringer Gefährdung
1.3.3 Nr. 6.3 Gefährdung durch Hautkontakt mit Gefahrstoffen (Dermale Gefährdung)
1.3.4 Nr. 6.4 Gefährdung durch Einatmen von Gefahrstoffen (Inhalative Exposition)
1.3.5 Nr. 6.5 Physikalisch-chemische und sonstige durch Gefahrstoffe bedingte Gefährdungen
1.3.6 Nr. 6.6 Festlegung von Schutzmaßnahmen
1.4 Nr. 7 [Festlegungen zur Überprüfung der Wirksamkeit von Schutzmaßnahmen]
1.5 Nr. 8 [Dokumentation]
2. Anwendungshinweise zur Gefahrstoffverordnung in Anhang 3.2 Nr. 2 dieses Werkes
3. BekGS 408 Nr. 4.1 Gefährdungsbeurteilung
4. Struktur des Sicherheitsdatenblattes; vgl. Anhang 3.4.1 dieses Werkes
5. Einfaches Maßnahmenkonzept Gefahrstoffe (EMKG) Version 2.2; eine Handlungsanleitung zur Gefährdungsbeurteilung für Sicherheitsfachkräfte und andere fachkundige Personen, Dortmund/Berlin/Dresden 2012; erstellt von der Projektgruppe „Einfaches Maßnahmenkonzept Gefahrstoffe" der Bundesanstalt für Arbeitsschutz und Arbeitsmedizin (BAuA); Stand: Mai 2012. Autoren: A. Kahl, A. Wilmes, Ch. Guhe, R. Packroff, G. Lotz, M. Tischer.

Verstoß: ordnungswidrig gem. § 22 Abs. 1 Nr. 1 GefStoffV i. V. m. § 26 Abs. 1 Nr. 8 Buchstabe b ChemG; ggf. strafbar gem. § 22 Abs. 2 GefStoffV i. V. m. § 27 Abs. 2 bis 4 ChemG; die Höhe der Geldbuße kann bis zu 50.000 Euro betragen; wegen der Höhe des Strafmaßes siehe unter Abschnitt 2.2.1 dieses Werkes.

| A-2-2 | Führung eines Gefahrstoffverzeichnisses |

Einzelpflichtbeschreibung:

Der Arbeitgeber muss gem. nachstehender Rechtsquelle 1 ff. (↓) ein Verzeichnis der im Betrieb verwendeten Gefahrstoffe führen, in dem auf die entsprechenden Sicherheitsdatenblätter verwiesen wird.

Das Verzeichnis muss richtig und vollständig geführt werden und mindestens folgende Angaben enthalten:
1. Bezeichnung des Gefahrstoffs,
2. Einstufung des Gefahrstoffs oder Angaben zu den gefährlichen Eigenschaften,
3. Angaben zu den im Betrieb verwendeten Mengenbereichen,
4. Bezeichnung der Arbeitsbereiche, in denen Beschäftigte dem Gefahrstoff ausgesetzt sein können.

Hinweis:

Die beiden vorgenannten Sätze gelten nicht, wenn nur Tätigkeiten mit geringer Gefährdung nach Rechtsquelle 2 (↓) ausgeübt werden. Die Angaben nach vorgenanntem Satz Nummer 1, 2 und 4 müssen allen betroffenen Beschäftigten und ihrer Vertretung zugänglich sein.

Rechtsquellen: § 6 GefStoffV [Informationsermittlung und Gefährdungsbeurteilung]
1. Abs. 12

1.1 Satz 1
1.2 Satz 2
2. Abs. 13

Technisches Regelwerk:

1. TRGS 400 Gefährdungsbeurteilung für Tätigkeiten mit Gefahrstoffen; Nr. 4 Informationsermittlung – Nr. 4.7 Gefahrstoffverzeichnis
2. Anwendungshinweise zur Gefahrstoffverordnung in Anhang 3.2 Nr. 3.4 dieses Werkes
3. BekGS 408 Nr. 4.2 [Gefahrstoffverzeichnis]

Anschrift des Betreibers: erstellt am: Ersteller:

Nr.	Arbeits-bereich im Be-trieb	Bezeichnung des Arbeits-/Gefahr-stoffes (Handels-name, Produkt-Nr.)	Sicher-heitsda-tenblatt vorhan-den?	Anschrift des Her-stellers/ Lieferan-ten	Kenn-zeich-nung, Einstu-fung, H-/ P-Sätze	Verwendungs-zweck/Ar-beitsverfahren im Betrieb	Ver-brauch im Be-trieb pro Jahr (l, kg, t)	Verwen-dungs-zeit im Betrieb (seit)

Vgl. auch ähnliche Beispiele der verschiedenen Berufsgenossenschaften

Verstoß: ordnungswidrig gem. § 22 Abs. 2 Nr. 1 GefStoffV i. V. m. § 26 Abs. 1 Nr. 8 Buchstabe b ChemG; ggf. **strafbar** gem. § 22 Abs. 2 GefStoffV i. V. m. § 27 Abs. 2 bis 4 ChemG; die Höhe der Geldbuße kann bis zu 50.000 Euro betragen; wegen der Höhe des Strafmaßes siehe unter Abschnitt 2.2.1 dieses Werkes.

A-2-3	**Tätigkeitsaufnahme erst nach Vorliegen einer Gefährdungsbeurteilung sowie erforderlicher Schutzmaßnahmen**

Einzelpflichtbeschreibung:

Der Arbeitgeber darf eine Tätigkeit mit Gefahrstoffen gem. nachstehender Rechtsquelle 1 (↓) erst aufnehmen lassen, nachdem eine Gefährdungsbeurteilung gem. Rechtsquelle 2 (↓) durchgeführt und die erforderlichen Schutzmaßnahmen nach Rechtsquelle 3 (↓) getroffen wurden.

Rechtsquellen: GefStoffV
1. § 7 Abs. 1 [Grundpflichten]
2. § 6 [Informationsermittlung und Gefährdungsbeurteilung][1]
3. Abschnitt 4 [Schutzmaßnahmen] → §§ 8 bis 15

Verstoß: ordnungswidrig gem. § 22 Abs. 1 Nr. 3 GefStoffV i. V. m. § 26 Abs. 1 Nr. 8 Buchstabe b ChemG; ggf. **strafbar** gem. § 22 Abs. 2 GefStoffV i. V. m. § 27 Abs. 2 bis 4 ChemG; die Höhe der Geldbuße kann bis zu 50.000 Euro betragen; wegen der Höhe des Strafmaßes siehe unter Abschnitt 2.2.1 dieses Werkes.

---

[1] Vgl. hierzu auch unter „Hinweise zu Regelwerken" die Nrn. 1.2, 1.3 und 1.4 bei Einzelpflicht A-2-1.

A-2-3a	Verwendung belastender persönlicher Schutzausrüstung nicht als Dauermaßnahme durchführen

Einzelpflichtbeschreibung:

Die Verwendung von belastender persönlicher Schutzausrüstung darf gem. nachstehender Rechtsquelle 1 (↓) keine Dauermaßnahme sein.

Weiterführende Hinweise: zu Rechtsquelle 2 (↓)

Sie ist für jeden Beschäftigten auf das unbedingt erforderliche Minimum zu beschränken.

Rechtsquellen: § 7 Abs. 5 GefStoffV [Grundpflichten]
1. Satz 2
2. Satz 3

Verstoß: ordnungswidrig gem. § 22 Abs. 2 Nr. 3a. GefStoffV i. V. m. § 26 Abs. 1 Nr. 8 Buchstabe b ChemG; ggf. **strafbar** gem. § 22 Abs. 2 GefStoffV i. V. m. § 27 Abs. 2 bis 4 ChemG; die Höhe der Geldbuße kann bis zu 50.000 Euro betragen; wegen der Höhe des Strafmaßes siehe unter Abschnitt 2.2.1 dieses Werkes.

A-2-4	Überprüfung der Funktion und Wirksamkeit der technischen Schutzmaßnahmen

Einzelpflichtbeschreibung:

Gem. nachstehender Rechtsquelle (↓) muss der Arbeitgeber die Funktion und Wirksamkeit der technischen Schutzmaßnahmen regelmäßig, mindestens jedoch jedes dritte Jahr überprüfen (lassen).

Hinweis: vgl. auch Anhang 3.2 [dort Nr. 6] dieses Werkes; siehe auch TRGS 400 Nr. 4.5 [Informationen über Schutzmaßnahmen und deren Wirksamkeit]

Rechtsquelle: GefStoffV
§ 7 Abs. 7 Satz 1 [Grundpflichten]

Verstoß: ordnungswidrig gem. § 22 Abs. 1 Nr. 4 GefStoffV i. V. m. § 26 Abs. 1 Nr. 8 Buchstabe b ChemG; ggf. **strafbar** gem. § 22 Abs. 2 GefStoffV i. V. m. § 27 Abs. 2 bis 4 ChemG; die Höhe der Geldbuße kann bis zu 50.000 Euro betragen; wegen der Höhe des Strafmaßes siehe unter Abschnitt 2.2.1 dieses Werkes.

A-2-5	Ausübung bestimmter Tätigkeit mit Gefahrstoffen erst nach Vorliegen der allgemeinen Schutzmaßnahmen

Einzelpflichtbeschreibung:

Solange der Arbeitgeber die allgemeinen Schutzmaßnahmen nach Rechtsquelle 1.2 (↓) nicht erfüllt, darf er gem. Rechtsquelle 1.1 (↓) Tätigkeiten mit den dort genannten Stoffen und Zubereitungen nicht ausüben lassen.

Weiterführende Hinweise: zu Rechtsquelle 1.2 (↓)

Der Arbeitgeber hat sicherzustellen, dass
1. alle verwendeten Stoffe und Gemische identifizierbar sind,
2. gefährliche Stoffe und Gemische innerbetrieblich mit einer Kennzeichnung versehen sind, die ausreichende Informationen über die Einstufung, über die Gefahren bei der

Handhabung und über die zu beachtenden Sicherheitsmaßnahmen enthält; vorzugsweise ist eine Kennzeichnung zu wählen, die der Rechtsquelle 2 (↓) entspricht,
3. Apparaturen und Rohrleitungen so gekennzeichnet sind, dass mindestens die enthaltenen Gefahrstoffe sowie die davon ausgehenden Gefahren eindeutig identifizierbar sind.

Rechtsquellen:
1. § 8 GefStoffV [Allgemeine Schutzmaßnahmen]
1.1 Abs. 2 Satz 3
1.2 Abs. 2 Satz 1
2. Verordnung (EG) Nr. 1272/2008 (CLP-VO)

Weiterführende Hinweise: Muster einer Checkliste zu den Grundsätzen bei Tätigkeiten mit Gefahrstoffen

Die Checkliste zur TRGS 500 bezieht sich auf wesentliche Punkte der Grundsätze nach § 8 GefStoffV und ist für den konkreten Anwendungsfall auf die betrieblichen Verhältnisse anzupassen.

Wenn eine Tätigkeit mit geringer Gefährdung nach der Gefahrstoffverordnung vorliegt, sind ggf. nicht alle Punkte der Checkliste anzuwenden (anzumerken in der Spalte „Nur ger. Gef."). Damit stellen solche Punkte keinen abzustellenden Mangel dar.

Checklisteninhalte (eigene Anmerkung)	Mängel/Bemerkungen	Nur ger. Gef.
Informationsermittlung und innerbetriebliche Kennzeichnung		
☐ Gefahrstoffe im Betrieb sind bekannt		
☐ gekaufte Stoffe oder Produkte mit Gefahrenkennzeichnung		
☐ gekaufte Stoffe oder Produkte ohne Gefahrenkennzeichnung		
☐ identifizierbare Stoffe oder Produkte, die im Betrieb hergestellt werden (Zwischenprodukte)		
☐ Gefahrstoffe sind gut zu erkennen		
☐ Behälter, Verpackung und Umverpackungen eindeutig beschriftet		
☐ Gefahrenkennzeichnung (auch Apparaturen, Rohrleitungen)		
☐ keine ungültigen Beschriftungen/Kennzeichnungen		
☐ Behältnisse zur Abfallbeseitigung eindeutig beschriftet		
☐ Sammlung der Sicherheitsdatenblätter		
☐ vollständig		
☐ aktuell		
☐ für alle Beschäftigten zugänglich		
☐ Gefahrstoffverzeichnis		
☐ wird geführt und aktuell gehalten		
☐ verweist auf das Sicherheitsdatenblatt		

Technisches Regelwerk:

1. TRGS 500 Schutzmaßnahmen; Anlage 1 „Muster einer Checkliste zu den Grundsätzen bei Tätigkeiten mit Gefahrstoffen"
2. Anwendungshinweise zur Gefahrstoffverordnung in Anhang 3.2 dieses Werkes
3. TRGS 400 [Gefährdungsbeurteilung für Tätigkeiten mit Gefahrstoffen] – Nr. 7 [Überprüfung der Wirksamkeit von Schutzmaßnahmen]
4. BekGS 409 Nr. 2 [Begriffsbestimmungen] bzw. 4 [Informationsermittlung]

Verstoß: ordnungswidrig gem. § 22 Abs. 1 Nr. 5 GefStoffV i. V. m. § 26 Abs. 1 Nr. 8 Buchstabe b ChemG; ggf. **strafbar** gem. § 22 Abs. 2 GefStoffV i. V. m. § 27 Abs. 2 bis 4 ChemG; die Höhe der Geldbuße kann bis zu 50.000 Euro betragen; wegen der Höhe des Strafmaßes siehe unter Abschnitt 2.2.1 dieses Werkes.

A-2-6	Einrichtung geeigneter Bereiche für die Aufnahme von Nahrungs-/Genussmitteln

Einzelpflichtbeschreibung:

1. Einführende Anmerkungen: Der Arbeitgeber muss aufgrund Rechtsquelle 1.1 (↓) gemäß den Ergebnissen der Gefährdungsbeurteilung nach Rechtsquelle 2 (↓) sicherstellen, dass die Beschäftigten in Arbeitsbereichen, in denen sie Gefahrstoffen ausgesetzt sein können, keine Nahrungs- oder Genussmittel zu sich nehmen.
2. Für die Einnahme von Nahrungs- und Genussmitteln muss der Arbeitgeber gem. Rechtsquelle 1.2 (↓) rechtzeitig vor Aufnahme der Tätigkeiten geeignete Bereiche einrichten.

Weiterführende Hinweise: Auszüge aus Regelwerken i.V.m. der GefStoffV

I ASR A4.2 – Pausen- und Bereitschaftsräume [gekürzt dargestellt] – Rechtsquelle 3 (↓)

   ...

   4. Pausenräume und Pausenbereiche

   4.1 Allgemeine Anforderungen [Abs. 1, 2 Satz 1, 3]

   ...

   7. Abweichende/ergänzende Anforderungen für Baustellen

II TRGS 500 Schutzmaßnahmen [gekürzt dargestellt] – Rechtsquelle 4 (↓)

   ...

   4.2 Schutzmaßnahmen bei Tätigkeiten mit geringer Gefährdung [Abs. 3 Nrn. 8 und 9]

   4.4 Organisatorische Grundsätze

   4.4.1 Gestaltung des Arbeitsplatzes [Abs. 5]

   ...

   4.5 Persönliche Grundsätze [Abs. 3 Nrn. 10 und 11]

   ...

   5.3 Organisatorische Grundmaßnahmen

   ...

   5.3.1 Pausenbereiche und Pausenräume
   Pausenräume sind möglichst in der Nähe zum Arbeitsplatz zur Verfügung zu stellen. Der Pausenraum muss von den Arbeitsbereichen vollständig räumlich getrennt sein. Dies ist vorrangig bei Tätigkeiten erforderlich, bei denen die Gefahr einer Kontamination besteht oder bei Tätigkeiten mit geruchsbelästigenden Stoffen. Der Pausenbereich muss mit einer eigenen

Frischluftzufuhr versorgt werden. Diese kann durch eine technische Lüftungsanlage oder auch durch natürliche Lüftung (z. B. Fensterlüftung) erfolgen. Im Rahmen seiner organisatorischen Pflichten hat der Arbeitgeber dafür zu sorgen, dass außerhalb der Pausenräume Nahrungs- und Genussmittel nicht aufgenommen werden.

...
5.4 Abs. 4 Persönliche Grundmaßnahmen
Persönliche Schutzausrüstung ist in einem ordnungsgemäßen hygienischen Zustand an einem hygienisch einwandfreien Ort aufzubewahren. Die Beschäftigten dürfen in Arbeitsbereichen, in denen die Gefahr einer Kontamination durch Gefahrstoffe besteht, keine Nahrungs- oder Genussmittel zu sich nehmen.

III   Hinweis auf Regelwerke: siehe Anhang 3.2 dieses Werkes

Rechtsquellen:
1.   § 8 Abs. 3 GefStoffV [Allgemeinen Schutzmaßnahmen]
1.1 Satz 1
1.2 Satz 2
2.   § 6 GefStoffV [Informationsermittlung und Gefährdungsbeurteilung]
3.   ASR A4.2 [Pausen- und Bereitschaftsräume]
4.   TRGS 500 [Schutzmaßnahmen]

Verstoß: ordnungswidrig gem. § 22 Abs. 1 Nr. 6 GefStoffV i. V. m. § 26 Abs. 1 Nr. 8 Buchstabe b ChemG; ggf. **strafbar** gem. § 22 Abs. 2 GefStoffV i. V. m. § 27 Abs. 2 bis 4 ChemG; die Höhe der Geldbuße kann bis zu 50.000 Euro betragen; wegen der Höhe des Strafmaßes siehe unter Abschnitt 2.2.1 dieses Werkes. Die ArbStättV beinhaltet weitere Bußgeldvorschriften in Verbindung mit der LASI-Veröffentlichung LV-56, in der länderübergreifend sanktionsrechtliche Standards für Tatbestände durch leicht fahrlässig verursachte Handlungen festgelegt sind.

A-2-7	Aufbewahrung/Lagerung von Gefahrstoffen in verwechslungssicheren Behältern

Einzelpflichtbeschreibung:

Gefahrstoffe dürfen gem. nachstehender Rechtsquelle (↓) nicht in solchen Behältern aufbewahrt oder gelagert werden, durch deren Form oder Bezeichnung der Inhalt mit Lebensmitteln verwechselt werden kann.

Rechtsquelle: § 8 Abs. 5 Satz 3 GefStoffV [Allgemeine Schutzmaßnahmen]

Technische Regeln: TRGS 510

Verstoß: ordnungswidrig gem. § 22 Abs. 1 Nr. 7 GefStoffV i. V. m. § 26 Abs. 1 Nr. 8 Buchstabe b ChemG; ggf. **strafbar** gem. § 22 Abs. 2 GefStoffV i. V. m. § 27 Abs. 2 bis 4 ChemG; die Höhe der Geldbuße kann bis zu 50.000 Euro betragen; wegen der Höhe des Strafmaßes siehe unter Abschnitt 2.2.1 dieses Werkes.

A-2-8	Gewährleistung, dass weisungsbefugte sachkundige Personen bei ASI-Arbeiten mit partikelförmigen Gefahrstoffen anwesend sind

Einzelpflichtbeschreibung:

1. Einführende Anmerkungen: Der Arbeitgeber muss gem. Rechtsquelle 1 (↓) bei Tätigkeiten mit partikelförmigen Gefahrstoffen nach Rechtsquelle 3 (↓) sowohl die Rechtsquelle 2 (↓) als auch die betreffenden Vorschriften der Rechtsquelle 3 (↓) beachten.
2. Insbesondere muss der Arbeitgeber bei ASI-Arbeiten mit asbesthaltigen Stoffen die Schutzvorschriften nach Rechtsquelle 3.1 (↓) sicherstellen. Bei Abbruch-, Sanierungs- und Instandhaltungsarbeiten mit Asbest ist dafür zu sorgen, dass mindestens eine weisungsbefugte sachkundige Person vor Ort tätig ist.

Rechtsquellen: GefStoffV
1. § 8 Abs. 8 [Allgemeine Schutzmaßnahmen]
2. §§ 6 bis 18
3. Anhang I Nr. 2 [Besondere Vorschriften für bestimmte Gefahrstoffe und Tätigkeiten – Partikelförmige Gefahrstoffe]
3.1 Nr. 2.4.2 Abs. 3 Satz 2 [Ergänzende Vorschriften zum Schutz gegen Gefährdung durch Asbest]

Technisches Regelwerk:
1. TRGS 519
2. TRGS 300
3. TRGS 500
4. Anwendungshinweise zur Gefahrstoffverordnung in Anhang 3.2 [dort Nr. 8.2] dieses Werkes

Verstoß: ordnungswidrig gem. § 22 Abs. 1 Nr. 8 GefStoffV i. V. m. § 26 Abs. 1 Nr. 8 Buchstabe b ChemG; ggf. strafbar gem. § 22 Abs. 2 GefStoffV i. V. m. § 27 Abs. 2 bis 4 ChemG; die Höhe der Geldbuße kann bis zu 50.000 Euro betragen; wegen der Höhe des Strafmaßes siehe unter Abschnitt 2.2.1 dieses Werkes.

A-2-9	Aufstellung eines Arbeitsplanes bei Asbest-ASI-Arbeiten vor Arbeitsbeginn

Einzelpflichtbeschreibung:

1. Einführende Anmerkungen: Der Arbeitgeber muss gem. Rechtsquelle 1 (↓) bei Tätigkeiten mit Gefahrstoffen nach Rechtsquelle 3 (↓) sowohl die Rechtsquelle 2 (↓) als auch die betreffenden Vorschriften der Rechtsquelle 3 (↓) beachten.
2. Insbesondere muss der Arbeitgeber gem. Rechtsquelle 3.1.1 (↓) vor Aufnahme von Abbruch-, Sanierungs- und Instandhaltungsarbeiten mit Asbest einen Arbeitsplan aufstellen.

Weiterführende Hinweise: hier Rechtsquelle 3.1.2 (↓) [Inhalt des Arbeitsplanes]

Der Arbeitsplan muss Folgendes vorsehen:
1. eine Beschreibung des Arbeitsverfahrens und der verwendeten Arbeitsmittel zum Entfernen und Beseitigen von Asbest und asbesthaltigen Materialien,
2. Angaben zur persönlichen Schutzausrüstung,
3. eine Beschreibung, wie überprüft wird, dass im Arbeitsbereich nach Abschluss der Abbruch- oder Sanierungsarbeiten keine Gefährdung durch Asbest mehr besteht.

43

Rechtsquellen: GefStoffV
1.   § 8 Abs. 8 [Allgemeine Schutzmaßnahmen]
2.   §§ 6 bis 18 [...]
3.   Anhang I Nr. 2 [Besondere Vorschriften für bestimmte Gefahrstoffe und Tätigkeiten – Partikelförmige Gefahrstoffe]
3.1 Nr. 2.4.4 [Ergänzende Vorschriften zum Schutz gegen Gefährdung durch Asbest – Arbeitsplan]
3.1.1 Satz 1
3.1.2 Satz 2

Technische Regeln:
1. TRGS 519
2. TRGS 300
3. TRGS 500
4. DGUV-Regel 101-004 [Kontaminierte Bereiche]
5. Anwendungshinweise zur Gefahrstoffverordnung in Anhang 3.2 [dort Nr. 8.2] dieses Werkes

Verstoß: ordnungswidrig gem. § 22 Abs. 1 Nr. 9 GefStoffV i. V. m. § 26 Abs. 1 Nr. 8 Buchstabe b ChemG; ggf. **strafbar** gem. § 22 Abs. 2 GefStoffV i. V. m. § 27 Abs. 2 bis 4 ChemG; die Höhe der Geldbuße kann bis zu 50.000 Euro betragen; wegen der Höhe des Strafmaßes siehe unter Abschnitt 2.2.1 dieses Werkes.

A-2-10	Verwendung nur zugelassener Schädlingsbekämpfungsmittel

Einzelpflichtbeschreibung

1. Einführende Anmerkungen: Der Arbeitgeber muss gem. Rechtsquelle 1 (↓) bei Tätigkeiten mit Gefahrstoffen – hier: Schädlingsbekämpfung – nach Rechtsquelle 3 (↓) sowohl die Rechtsquelle 2 (↓) als auch die betreffenden Vorschriften der Rechtsquelle 3 (↓) beachten.
2. Insbesondere muss der Arbeitgeber [... die Schädlingsbekämpfung so durchführen, dass Mensch und Umwelt nicht gefährdet werden]; die Schädlingsbekämpfung darf gem. Rechtsquelle 3.1 (↓) nur mit Schädlingsbekämpfungsmitteln durchgeführt werden, die verkehrsfähig sind:
   1. als Biozid-Produkte nach Rechtsquelle 4 (↓) oder
   2. als Pflanzenschutzmittel nach Rechtsquelle 5 (↓).

Hinweis: vgl. auch Anhang 3.2 [dort Nr. 8.3] dieses Werkes.

Rechtsquellen:
1.   § 8 Abs. 8 GefStoffV [Allgemeine Schutzmaßnahmen]
2.   §§ 6 bis 18 GefStoffV [...]
3.   Anhang I Nr. 3 GefStoffV [Besondere Vorschriften für bestimmte Gefahrstoffe und Tätigkeiten – Schädlingsbekämpfung]
3.1 Nr. 3.3 Satz 2 [Allgemeine Anforderungen]
4.   Abschnitt IIa ChemG [Abschnitt IIa – Durchführung der Verordnung (EU) Nr. 528/2012[1)]]
5.   PflSchG

Verstoß: ordnungswidrig gem. § 22 Abs. 1 Nr. 10 GefStoffV i. V. m. § 26 Abs. 1 Nr. 8 Buchstabe b ChemG; ggf. **strafbar** gem. § 22 Abs. 2 GefStoffV i. V. m. § 27

[1)] Verordnung (EU) Nr. 528/2012 des Europäischen Parlaments und des Rates vom 22. Mai 2012 über die Bereitstellung auf dem Markt und die Verwendung von Biozidprodukten.

Abs. 2 bis 4 ChemG; die Höhe der Geldbuße kann bis zu 50.000 Euro betragen; wegen der Höhe des Strafmaßes siehe unter Abschnitt 2.2.1 dieses Werkes.

A-2-11	Einhaltung von Verpackungs- und Beförderungsauflagen für ammoniumnitrathaltige Stoffe/Zubereitungen (Gruppe A)

Einzelpflichtbeschreibung:

1. Einführende Anmerkungen: Der Arbeitgeber muss gem. Rechtsquelle 1 (↓) bei Tätigkeiten mit Gefahrstoffen nach Rechtsquelle 3 (↓) sowohl die Rechtsquelle 2 (↓) als auch die betreffenden Vorschriften der Rechtsquelle 3 (↓) beachten.
2. Insbesondere muss der Arbeitgeber die Lagervorschriften für ammoniumnitrathaltige Stoffe/Gemische der Gruppe A gem. Rechtsquelle 3.1 (↓) beachten; die Stoffe und Gemische der Gruppe A dürfen nur verpackt gelagert und befördert werden.

Hinweis: vgl. auch Anhang 3.2 [dort Nr. 8.5] dieses Werkes.

Rechtsquellen: GefStoffV
1. § 8 Abs. 8 [Allgemeine Schutzmaßnahmen]
2. §§ 6 bis 18 [...]
3. Anhang I Nr. 5 [Besondere Vorschriften für bestimmte Gefahrstoffe und Tätigkeiten – Ammoniumnitrat]
3.1 Nr. 5.4.2.1 Abs. 2 [Zusätzliche Maßnahmen für Stoffe und Gemische der Gruppen und Untergruppen A, D IV und E – Allgemeine Maßnahmen]

Verstoß: ordnungswidrig gem. § 22 Abs. 1 Nr. 11 GefStoffV i. V. m. § 26 Abs. 1 Nr. 8 Buchstabe b ChemG; ggf. strafbar gem. § 22 Abs. 2 GefStoffV i. V. m. § 27 Abs. 2 bis 4 ChemG; die Höhe der Geldbuße kann bis zu 50.000 Euro betragen; wegen der Höhe des Strafmaßes siehe unter Abschnitt 2.2.1 dieses Werkes.

A-2-12	Lagerungsverbot brennbarer Stoffe nahe ammoniumnitrathaltiger Stoffe/Zubereitungen (Gruppe A)

Einzelpflichtbeschreibung:

1. Einführende Anmerkungen: Der Arbeitgeber muss gem. Rechtsquelle 1 (↓) bei Tätigkeiten mit ammoniumnitrathaltigen Gefahrstoffen nach Rechtsquelle 3 (↓) sowohl die Rechtsquelle 2 (↓) als auch die betreffenden Vorschriften der Rechtsquelle 3 (↓) beachten.
2. Insbesondere muss der Arbeitgeber sicherstellen, dass bei ammoniumnitrathaltigen Stoffen/Gemischen der Gruppe A gem. Rechtsquelle 3.1 (↓) im Lagerraum oder in einem Umkreis von 10 Metern um den Ort der Lagerung von Stoffen und Gemischen der Gruppe A keine brennbaren Materialien gelagert werden.

Hinweis: vgl. auch Anhang 3.2 [dort Nr. 8.5] dieses Werkes.

Rechtsquellen: GefStoffV
1. § 8 Abs. 8 [Allgemeine Schutzmaßnahmen]
2. §§ 6 bis 18 [...]
3. Anhang I Nr. 5 [Besondere Vorschriften für bestimmte Gefahrstoffe und Tätigkeiten – Ammoniumnitrat]
3.1 Nr. 5.4.2.1 Abs. 3 [Zusätzliche Maßnahmen für Stoffe und Gemische der Gruppen und Untergruppen A, D IV und E – Allgemeine Maßnahmen]

Technische Regeln:
1. TRGS 511 – Abschnitt 6 [Ammoniumnitrat]
2. Konzept des VCI für die Zusammenlagerung von Chemikalien

Verstoß: ordnungswidrig gem. § 22 Abs. 1 Nr. 12 GefStoffV i. V. m. § 26 Abs. 1 Nr. 8 Buchstabe b ChemG; ggf. **strafbar** gem. § 22 Abs. 2 GefStoffV i. V. m. § 27 Abs. 2 bis 4 ChemG; die Höhe der Geldbuße kann bis zu 50.000 Euro betragen; wegen der Höhe des Strafmaßes siehe unter Abschnitt 2.2.1 dieses Werkes.

A-2-13	Unterteilung ammoniumnitrathaltiger Stoffe/Zubereitungen der Gruppe A/E in Teilmengen

Einzelpflichtbeschreibung:

1. Einführende Anmerkungen: Der Arbeitgeber muss gem. Rechtsquelle 1 (↓) bei Tätigkeiten mit Gefahrstoffen nach Rechtsquelle 3 (↓) sowohl die Rechtsquelle 2 (↓) als auch die betreffenden Vorschriften der Rechtsquelle 3 (↓) beachten.
2. Insbesondere muss der Arbeitgeber bei ammoniumnitrathaltigen Stoffen/Gemischen der Gruppe A/E gem. Rechtsquelle 3.1 (↓) die Stoffe und Gemische der Gruppe A und Gemische der Gruppe E vor der Lagerung in Teilmengen von bis zu 25 Tonnen unterteilen.

Hinweis: vgl. auch Anhang 3.2 [dort Nr. 8.5] dieses Werkes.

Rechtsquellen: GefStoffV
1. § 8 Abs. 8 [Allgemeine Schutzmaßnahmen]
2. §§ 6 bis 18 [...]
3. Anhang I Nr. 5 [Besondere Vorschriften für bestimmte Gefahrstoffe und Tätigkeiten – Ammoniumnitrat]
3.1 Nr. 5.4.2.2 Abs. 3 [Zusätzliche Maßnahmen für die Lagerung von Mengen über 1 Tonne]

Technische Regeln: TRGS 511 [Ammoniumnitrat]

Verstoß: ordnungswidrig gem. § 22 Abs. 1 Nr. 13 GefStoffV i. V. m. § 26 Abs. 1 Nr. 8 Buchstabe b ChemG; ggf. **strafbar** gem. § 22 Abs. 2 GefStoffV i. V. m. § 27 Abs. 2 bis 4 ChemG; die Höhe der Geldbuße kann bis zu 50.000 Euro betragen; wegen der Höhe des Strafmaßes siehe unter Abschnitt 2.2.1 dieses Werkes.

A-2-14	Lagerung ammoniumnitrathaltiger Stoffe/Zubereitungen (Gruppe A) nur in eingeschossigen Gebäuden

Einzelpflichtbeschreibung:

1. Einführende Anmerkungen: Der Arbeitgeber muss gem. Rechtsquelle 1 (↓) bei Tätigkeiten mit ammoniumnitrathaltigen Gefahrstoffen nach Rechtsquelle 3 (↓) sowohl die Rechtsquelle 2 (↓) als auch die betreffenden Vorschriften der Rechtsquelle 3 (↓) beachten.
2. Insbesondere muss der Arbeitgeber gem. Rechtsquelle 3.1 (↓) sicherstellen, dass Stoffe und Zubereitungen der Gruppe A nur in eingeschossigen Gebäuden gelagert werden.

Hinweis: vgl. auch Anhang 3.2 [dort Nr. 8.5] dieses Werkes.

Rechtsquellen: GefStoffV
1. § 8 Abs. 8 [Allgemeine Schutzmaßnahmen]
2. §§ 6 bis 18 [...]

3. Anhang I Nr. 5 [Besondere Vorschriften für bestimmte Gefahrstoffe und Tätigkeiten –
Ammoniumnitrat]
3.1 Nr. 5.4.2.3 Abs. 5 [Zusätzliche Maßnahmen für die Lagerung von mehr als 25 Tonnen]

Technische Regeln: TRGS 511 [Ammoniumnitrat]

Verstoß: ordnungswidrig gem. § 22 Abs. 1 Nr. 14 GefStoffV i. V. m. § 26 Abs. 1 Nr. 8
Buchstabe b ChemG; ggf. **strafbar** gem. § 22 Abs. 2 GefStoffV i. V. m. § 27
Abs. 2 bis 4 ChemG; die Höhe der Geldbuße kann bis zu 50.000 Euro betragen;
wegen der Höhe des Strafmaßes siehe unter Abschnitt 2.2.1 dieses Werkes.

A-2-15	Bereitstellung von PSA unter bestimmten Bedingungen

Einzelpflichtbeschreibung:

1. Einführende Anmerkung: Bei Überschreitung eines AGW muss der Arbeitgeber gem.
Rechtsquelle 1.1.2 (↓) unverzüglich nach Rechtsquelle 2 (↓) die Gefährdungsbeurteilung erneut durchführen und geeignete zusätzliche Schutzmaßnahmen treffen, um den
AGW einzuhalten.
2. Nachfolgend die Teilpflichten:
   a) Wird trotz Ausschöpfung aller technischen und organisatorischen Schutzmaßnahmen der AGW nicht eingehalten, muss der Arbeitgeber gem. Rechtsquelle 1.1.1 (↓)
   unverzüglich persönliche Schutzausrüstung bereitstellen.
   *Anm.: Dies gilt gem. Rechtsquelle 1.1.3 (↓) insbesondere für Abbruch-, Sanie-
   rungs- und Instandhaltungsarbeiten.*
   b) Besteht trotz Ausschöpfung aller technischen und organisatorischen Schutzmaßnahmen bei hautresorptiven, haut- oder augenschädigenden Gefahrstoffen eine Gefährdung durch Haut- oder Augenkontakt, muss der Arbeitgeber gem. Rechtsquelle 1.2
   (↓) unverzüglich persönliche Schutzausrüstung bereitstellen.

Rechtsquellen: GefStoffV
1.   § 9 [Zusätzliche Schutzmaßnahmen]
1.1   Abs. 3
1.1.1   Satz 2
1.1.2   Satz 1
1.1.3   Satz 3
1.2   Abs. 4
2.   § 6 [Informationsermittlung und Gefährdungsbeurteilung]

Weiterführende Hinweise:
1. PSA-BV
2. Anwendungshinweise zur Gefahrstoffverordnung in Anhang 3.2 [dort Nr. 5.3] dieses
Werkes

Verstoß: ordnungswidrig gem. § 22 Abs. 1 Nr. 15 GefStoffV i. V. m. § 26 Abs. 1 Nr. 8
Buchstabe b ChemG; ggf. **strafbar** gem. § 22 Abs. 2 GefStoffV i. V. m. § 27
Abs. 2 bis 4 ChemG; die Höhe der Geldbuße kann bis zu 50.000 Euro betragen;
wegen der Höhe des Strafmaßes siehe unter Abschnitt 2.2.1 dieses Werkes.

A-2-15a	Sicherstellung getrennter Aufbewahrungsmöglichkeiten für Arbeits-/Schutzkleidung sowie Straßenkleidung

Einzelpflichtbeschreibung:

Der Arbeitgeber muss gem. Rechtsquelle 1 (↓) getrennte Aufbewahrungsmöglichkeiten für die Arbeits- oder Schutzkleidung einerseits und die Straßenkleidung andererseits zur Verfügung stellen.

Weiterführende Hinweise: Der Arbeitgeber hat die durch Gefahrstoffe verunreinigte Arbeitskleidung gem. Rechtsquelle 2 (↓) zu reinigen.

Rechtsquellen: § 9 Abs. 5 GefStoffV [Zusätzliche Schutzmaßnahmen]
1. Satz 1
2. Satz 2

Verstoß: ordnungswidrig gem. § 22 Abs. 1 Nr. 15a. GefStoffV i. V. m. § 26 Abs. 1 Nr. 8 Buchstabe b ChemG; ggf. **strafbar** gem. § 22 Abs. 2 GefStoffV i. V. m. § 27 Abs. 2 bis 4 ChemG; die Höhe der Geldbuße kann bis zu 50.000 Euro betragen; wegen der Höhe des Strafmaßes siehe unter Abschnitt 2.2.1 dieses Werkes.

A-2-16	Bereitstellung von Schutzkleidung/Atemschutzgerät

Einzelpflichtbeschreibung:

1. **Einführende Anmerkung:** Bei Tätigkeiten, bei denen eine beträchtliche Erhöhung der Exposition der Beschäftigten durch krebserzeugende, keimzellmutagene und reproduktionstoxische Gefahrstoffe der Kategorie 1A und 1B zu erwarten ist und bei denen jede Möglichkeit weiterer technischer Schutzmaßnahmen zur Begrenzung dieser Exposition bereits ausgeschöpft wurde, muss der Arbeitgeber gem. Rechtsquelle 1 (↓) nach Beratung mit den Beschäftigten oder mit ihrer Vertretung Maßnahmen ergreifen, um die Dauer der Exposition der Beschäftigten so weit wie möglich zu verkürzen und den Schutz der Beschäftigten während dieser Tätigkeiten zu gewährleisten.
2. Der Arbeitgeber muss den betreffenden Beschäftigten gem. Rechtsquelle 2 (↓) persönliche Schutzausrüstung zur Verfügung stellen, die sie während der gesamten Dauer der erhöhten Exposition tragen müssen.

Rechtsquellen: GefStoffV
§ 10 Abs. 4 [Besondere Schutzmaßnahmen bei Tätigkeiten mit krebserzeugenden, keimzellmutagenen und reproduktionstoxischen Gefahrstoffen der Kategorie 1A und 1B]
1. Satz 1
2. Satz 2

Verstoß: ordnungswidrig gem. § 22 Abs. 1 Nr. 16 GefStoffV i. V. m. § 26 Abs. 1 Nr. 8 Buchstabe b ChemG; ggf. **strafbar** gem. § 22 Abs. 2 GefStoffV i. V. m. § 27 Abs. 2 bis 4 ChemG; die Höhe der Geldbuße kann bis zu 50.000 Euro betragen; wegen der Höhe des Strafmaßes siehe unter Abschnitt 2.2.1 dieses Werkes.

A-2-17	Keine Rückführung abgesaugter/nicht hinreichend gereinigter Luft in einen Arbeitsbereich [bei Tätigkeiten mit CMR-Stoffen der Kategorie 1A oder 1B] bzw. alternativ: Reinigung abgesaugter Luft mittels anerkannter Verfahren/Geräte

Einzelpflichtbeschreibung:

Werden in einem Arbeitsbereich Tätigkeiten mit krebserzeugenden, keimzellmutagenen und reproduktionstoxischen Gefahrstoffen der Kategorie 1A und 1B ausgeübt, darf die dort abgesaugte Luft gem. nachstehender Rechtsquelle 1 (↓) nicht in den Arbeitsbereich zurückgeführt werden.

Weiterführende Hinweise: zu den Rechtsquellen 2 (↓) und 3 (↓)
1. Dies gilt gem. Rechtsquelle 2 (↓) nicht, wenn die Luft unter Anwendung behördlich oder von den Trägern der gesetzlichen Unfallversicherung anerkannter Verfahren oder Geräte ausreichend von solchen Stoffen gereinigt ist.
2. Die Luft muss dann gem. Rechtsquelle 3 (↓) so geführt oder gereinigt werden, dass krebserzeugende, keimzellmutagene und reproduktionstoxische Gefahrstoffe der Kategorie 1A und 1B nicht in die Atemluft anderer Beschäftigter gelangen.

Rechtsquellen: GefStoffV
§ 10 Abs. 5 [Besondere Schutzmaßnahmen bei Tätigkeiten mit krebserzeugenden, keimzellmutagenen und reproduktionstoxischen Gefahrstoffen der Kategorie 1A und 1B]
1. Satz 1
2. Satz 2
3. Satz 3

Hinweis: vgl. auch Anhang 3.2 dieses Werkes.

Verstoß: ordnungswidrig gem. § 22 Abs. 1 Nr. 17 GefStoffV i. V. m. § 26 Abs. 1 Nr. 8 Buchstabe b ChemG; ggf. **strafbar** gem. § 22 Abs. 2 GefStoffV i. V. m. § 27 Abs. 2 bis 4 ChemG; die Höhe der Geldbuße kann bis zu 50.000 Euro betragen; wegen der Höhe des Strafmaßes siehe unter Abschnitt 2.2.1 dieses Werkes.

A-2-18	Rauch- bzw. Verwendungsverbots betr. offenes Feuer/Licht

Einzelpflichtbeschreibung:

Vorbemerkungen: gem. Rechtsquelle 1 (↓)

Der Arbeitgeber hat auf der Grundlage der Gefährdungsbeurteilung Maßnahmen zum Schutz der Beschäftigten und anderer Personen vor physikalisch-chemischen Einwirkungen bei Tätigkeiten mit Gefahrstoffen zu ergreifen. Er hat die Maßnahmen so festzulegen, dass Gefährdungen vermieden oder so weit wie möglich verringert werden. Dies gilt insbesondere bei Tätigkeiten, einschließlich Lagerung, bei denen es zu Brand- und Explosionsgefährdungen kommen kann. Dabei hat der Arbeitgeber die Rechtsquellen 2.1 bis 2.5 (↓) zu beachten. Die Vorschriften des Sprengstoffgesetzes und der darauf gestützten Rechtsvorschriften bleiben unberührt.

Pflicht im Detail:

Der Arbeitgeber muss das Rauchen und die Verwendung von offenem Feuer oder offenem Licht in den in Rechtsquelle 2.1.1 (↓) genannten Bereichen verbieten.

Weiterführende Hinweise:

1. gem. Rechtsquelle 2.1.1 (↓):
   In Arbeitsbereichen mit Brand- oder Explosionsgefährdungen sind das Rauchen und das Verwenden von offenem Feuer und offenem Licht zu verbieten.[1]
2. vgl. auch Rechtsquelle 3 (↓) „Arbeitssicherheit zum vorbeugenden Brandschutz".
3. Hinweis:
   Unbefugten ist das Betreten von Bereichen mit Brand- oder Explosionsgefährdungen zu verbieten. Auf die Verbote muss deutlich erkennbar und dauerhaft hingewiesen werden.

Rechtsquellen: GefStoffV

1.   § 11 Abs. 1 Satz 1 bis 3 [Besondere Maßnahmen gegen physikalisch-chemische Einwirkungen, insbesondere gegen Brand- und Explosionsgefahren]
2.   Anhang I [Besondere Vorschriften für bestimmte Gefahrstoffe und Tätigkeiten]
2.1   Nr. 1 [Brand- und Explosionsgefährdungen]
2.1.1 Nr. 1.3 Abs. 2 Satz 1 [Schutzmaßnahmen in Arbeitsbereichen mit Brand- und Explosionsgefährdungen]
2.2   Nr. 2 [Partikelförmige Gefahrstoffe]
2.3   Nr. 3 [Schädlingsbekämpfung]
2.4   Nr. 4 [Begasungen]
2.5   Nr. 5 [Ammoniumnitrat]
3.   DGUV-Information 205-001 [Arbeitssicherheit durch vorbeugenden Brandschutz]

Verstoß: ordnungswidrig gem. § 22 Abs. 1 Nr. 18 GefStoffV i. V. m. § 26 Abs. 1 Nr. 8 Buchstabe b ChemG; ggf. **strafbar** gem. § 22 Abs. 2 GefStoffV i. V. m. § 27 Abs. 2 bis 4 ChemG; die Höhe der Geldbuße kann bis zu 50.000 Euro betragen; wegen der Höhe des Strafmaßes siehe unter Abschnitt 2.2.1 dieses Werkes.

A-2-19	Kennzeichnung von Bereichen mit Brand-/Explosionsgefährdung

Einzelpflichtbeschreibung:

Vorbemerkungen: gem. Rechtsquelle 1 (↓)

[Siehe Vorbemerkungen bei Einzelpflicht A-2-18 dieses Pflichtenblockes].

Pflicht im Detail:

Der Arbeitgeber muss die in den Rechtsquellen 2.1 ff. (↓) genannten Bereiche vorschriftsgemäß im Sinne der Vorschriften nach den Rechtsquellen 2.1.1 bzw. 2.1.2 (↓) richtig kennzeichnen.

Weiterführende Hinweise:

1. zu Rechtsquelle 2.1 (↓)
   Bereiche, in denen brennbare Gefahrstoffe in solchen Mengen gelagert werden, dass eine erhöhte Brandgefährdung besteht, sind mit dem Warnzeichen „Warnung vor feuergefährlichen Stoffen oder hoher Temperatur" nach Rechtsquelle 3 (↓) zu kennzeichnen.[2]

---

[1]   Siehe Warnzeichen P002/P003 auf der Umschlaginnenseite (hinten) in diesem Werk.
[2]   Siehe Warnzeichen W021 auf der Umschlaginnenseite (hinten) in diesem Werk. In Rechtsquelle 3 (↓) ist die Beschreibung zu diesem Warnzeichen gegenüber der DGUV-Vorschrift 10 ausführlicher beschrieben. Dort wird die Beschreibung des Warnzeichens wie folgt fortgesetzt: „… und hoher Temperatur".

2. zu Rechtsquelle 2.2 (↓)
Arbeitsbereiche, in denen gefährliche explosionsfähige Atmosphäre auftreten kann, sind an ihren Zugängen zu kennzeichnen mit dem Warnzeichen nach Rechtsquelle 4 (↓).[1]

Rechtsquellen:
1. § 11 Abs. 1 Satz 1 bis 3 GefStoffV [Besondere Maßnahmen gegen physikalisch-chemische Einwirkungen, insbesondere gegen Brand- und Explosionsgefahren]
2. Anhang I GefStoffV [Besondere Vorschriften für bestimmte Gefahrstoffe und Tätigkeiten] Nr. 1 [Brand- und Explosionsgefährdungen]
2.1 Nr. 1.5 Abs. 4 [Schutzmaßnahmen für die Lagerung]
2.2 Nr. 1.6 Abs. 5 [Mindestvorschriften für den Explosionsschutz bei Tätigkeiten in Bereichen mit gefährlichen explosionsfähigen Gemischen]
3. Richtlinie 92/58/EWG [...] über Mindestvorschriften für die Sicherheits- und/oder Gesundheitsschutzkennzeichnung am Arbeitsplatz [...] – Anhang II Nummer 3.2 [Mindestvorschriften für Sicherheitskennzeichen]
4. Richtlinie 1999/92/EG [...] über Mindestvorschriften zur Verbesserung des Gesundheitsschutzes und der Sicherheit der Arbeitnehmer, die durch explosionsfähige Atmosphären gefährdet werden können [...] – Anhang III [Warnzeichen zur Kennzeichnung von Bereichen, in denen explosionsfähige Atmosphären auftreten können, gemäß Art. 7 Abs. 3]

Verstoß: ordnungswidrig gem. § 22 Abs. 1 Nr. 19 GefStoffV i. V. m. § 26 Abs. 1 Nr. 8 Buchstabe b ChemG; ggf. **strafbar** gem. § 22 Abs. 2 GefStoffV i. V. m. § 27 Abs. 2 bis 4 ChemG; die Höhe der Geldbuße kann bis zu 50.000 Euro betragen; wegen der Höhe des Strafmaßes siehe unter Abschnitt 2.2.1 dieses Werkes.

A-2-19a	Ausübung einer Tätigkeit mit organischen Peroxiden nur nach Bekanntgabe der erforderlichen Gefahrgruppe durch die BAM

Einzelpflichtbeschreibung:

A. Einführende Anmerkungen: *zu Rechtsquelle 1.1.1* (↓)
Bei Tätigkeiten mit organischen Peroxiden hat der Arbeitgeber über die Bestimmungen der Rechtsquelle 1.2 und 1.3 (↓) sowie der Rechtsquelle 3 ff. (↓) hinaus insbesondere Maßnahmen zu treffen, die
1. die Gefahr einer unbeabsichtigten Explosion minimieren und
2. Auswirkungen von Bränden und Explosionen beschränken.

B. Pflicht im Detail: gem. Rechtsquelle 1.1.2 (↓)
Der Arbeitgeber muss die besonderen Schutzmaßnahmen gem. der in Rechtsquelle 2.1.1.1 (↓) i. V. m. 2.1.2 (↓) dargestellten Vorschriften auch i. V. m. Rechtsquelle 3 ff. (↓) gegen die dort näher bezeichneten Einwirkungen beachten.

Weiterführende Hinweise: zu Rechtsquelle 2.1 (↓)
1. Der Arbeitgeber darf eine Tätigkeit mit einem organischen Peroxid gem. Rechtsquelle 2.1.1.1 (↓) nur ausüben lassen, wenn die Bundesanstalt für Materialforschung und -prüfung für dieses organische Peroxid eine Gefahrgruppe nach Rechtsquelle 2.1.2 (↓) bekannt gegeben hat. [...]

---

[1] Siehe Warnzeichen D-W021 auf der Umschlaginnenseite (hinten) in diesem Werk. Es empfiehlt sich desweiteren die Vorschriften der TRBS 2152 Teil 3, Nr. 2 bis 5 dahingehend zu prüfen, ob ggf. Gefahrenbeurteilungen die Erstellung eines Explosionsschutzdokuments gem. § 6 BetrSichV (alt) erfordern, wodurch ggf. weitere Schutzmaßnahmen – hier: Arbeitsplatzkennzeichnung – erforderlich werden könnten.

Hinweis: gem. Rechtsquelle 2.1.1.2 (↓)
Vorgenannter Satz findet keine Anwendung auf organische Peroxide in Form von Zubereitungen, die organische Peroxide mit einem Massengehalt unter 10 Prozent und Wasserstoffperoxid mit einem Massengehalt unter 5 Prozent enthalten.

2. Für die Einteilung in Gefahrgruppen gelten gem. Rechtsquelle 2.1.2 (↓) folgende Kriterien:

a) Gefahrgruppe OP I: Organische Peroxide dieser Gruppe brennen sehr heftig unter starker Wärmeentwicklung ab; der Brand breitet sich rasch aus; Packungen organischer Peroxide können auch vereinzelt mit geringer Druckwirkung explodieren; dabei kann sich der gesamte Inhalt einer Packung umsetzen; einzelne brennende Packungen können fortgeschleudert werden; die Gefährdung der Umgebung durch Wurfstücke ist gering; Gebäude in der Umgebung sind im Allgemeinen durch Druckwirkung nicht gefährdet; diese Gefahrgruppe wird in die Untergruppen Ia und Ib unterteilt; die Gefahrgruppe OP Ia umfasst die organischen Peroxide mit einem korrigierten Stoffdurchsatz Ak größer oder gleich 300 Kilogramm/Minute; die Gefahrgruppe OP Ib umfasst die organischen Peroxide mit einem korrigierten Stoffdurchsatz Ak größer oder gleich 140 Kilogramm/Minute, jedoch kleiner 300 Kilogramm/Minute,

b) Gefahrgruppe OP II: Organische Peroxide dieser Gruppe brennen heftig unter starker Wärmeentwicklung ab; der Brand breitet sich rasch aus; die Packungen organischer Peroxide können auch vereinzelt mit geringer Druckwirkung explodieren; dabei setzt sich jedoch nicht der gesamte Inhalt einer Packung um; die Umgebung ist hauptsächlich durch Flammen und Wärmestrahlung gefährdet; Bauten in der Umgebung sind durch Druckwirkung nicht gefährdet; die Gefahrgruppe OP II umfasst die organischen Peroxide mit einem korrigierten Stoffdurchsatz Ak größer oder gleich 60 Kilogramm/Minute, jedoch kleiner 140 Kilogramm/Minute,

c) Gefahrgruppe OP III: Organische Peroxide dieser Gruppe brennen ab, wobei die Auswirkungen des Brandes denen brennbarer Stoffe vergleichbar sind; die Gefahrgruppe OP III umfasst die organischen Peroxide mit einem korrigierten Stoffdurchsatz Ak kleiner 60 Kilogramm/Minute,

d) Gefahrgruppe OP IV: Organische Peroxide dieser Gruppe sind schwer entzündbar und brennen so langsam ab, dass die Umgebung durch Flammen und Wärmestrahlung praktisch nicht gefährdet ist; die Angabe eines korrigierten Stoffdurchsatzes Ak ist für diese Gefahrgruppe nicht möglich.

Rechtsquellen: GefStoffV

1. § 11 [Besondere Schutzmaßnahmen gegen physikalisch-chemische Einwirkungen, insbesondere gegen Brand- und Explosionsgefährdungen]
1.1 Abs. 4
1.1.1 Satz 1
1.1.2 Satz 2
1.2 Abs. 1
1.3 Abs. 2
2. Anhang III [Spezielle Anforderungen an Tätigkeiten mit organischen Peroxiden]
2.1 Nr. 2 [Tätigkeiten mit organischen Peroxiden]; dort: Nr. 2.3 [Zuordnung organischer Peroxide zu Gefahrgruppen]
2.1.1 Abs. 1
2.1.1.1 Satz 1
2.1.1.2 Satz 3
2.1.2 Abs. 2
3. Anhang I GefStoffV [Besondere Vorschriften für bestimmte Gefahrstoffe und Tätigkeiten] – Nr. 1 [Brand- und Explosionsgefährdungen]

1.1 Anwendungsbereich
1.2 Grundlegende Anforderungen zum Schutz vor Brand- und Explosionsgefähr-
dungen
1.3 Schutzmaßnahmen in Arbeitsbereichen mit Brand- und Explosionsgefährdun-
gen
1.4 Organisatorische Maßnahmen
1.5 Schutzmaßnahmen für die Lagerung
1.6 Mindestvorschriften für den Explosionsschutz bei Tätigkeiten in Bereichen
mit gefährlichen explosionsfähigen Gemischen
1.7 Zoneneinteilung explosionsgefährdeter Bereiche
1.8 Mindestvorschriften für Einrichtungen in explosionsgefährdeten Bereichen
sowie für Einrichtungen in nicht explosionsgefährdeten Bereichen, die für den
Explosionsschutz in explosionsgefährdeten Bereichen von Bedeutung sind

Verstoß: **ordnungswidrig** gem. § 22 Abs. 1 Nr. 19a GefStoffV i. V. m. § 26 Abs. 1 Nr. 8
Buchstabe a ChemG, die Höhe des Bußgeldes kann bis zu 50.000 Euro betragen; ggf. **strafbar** gem. § 22 Abs. 2 GefStoffV i. V. m. § 27 Abs. 2 bis 4 ChemG;
wegen der Höhe des Strafmaßes siehe unter Abschnitt 2.2.1.1.2 dieses Werkes.

A-2-19b	Gebäude und Räume bei Tätigkeiten mit organischen Peroxiden nur in Sicherheitsbauweise, wenn durch mögliche Zersetzung eine Gefährdung besteht

Einzelpflichtbeschreibung:

I.   Hinführende Anmerkung: zu Rechtsquelle 1.1.1 (↓)
     Bei Tätigkeiten mit organischen Peroxiden hat der Arbeitgeber über die Bestimmun-
     gen der Rechtsquelle 1.2 und 1.3 (↓) sowie der Rechtsquelle 3 (↓) hinaus insbeson-
     dere Maßnahmen zu treffen, die
     1. die Gefahr einer unbeabsichtigten Explosion minimieren und
     2. Auswirkungen von Bränden und Explosionen beschränken.
II. Darstellung der Pflicht im Detail: zu Rechtsquelle 1.1.2 (↓)
     Der Arbeitgeber muss die besonderen Schutzmaßnahmen gem. der in Rechtsquelle 2.1
     (↓) dargestellten Vorschriften gegen die dort näher bezeichneten Einwirkungen be-
     achten. Die Vorschriften gem. Rechtsquelle 3 ff. (↓) sind ebenfalls zu beachten.

Weiterführende Hinweise: zu Rechtsquelle 2.1 (↓)

Der Arbeitgeber hat Gebäude, in denen Tätigkeiten mit organischen Peroxiden durchge-
führt werden, so zu errichten, dass eine Gefährdung der Beschäftigten und anderer Perso-
nen bei Betriebsstörungen oder Unfällen auf ein Minimum reduziert wird.

Kann durch eine eintretende Zersetzung eine Gefährdung auftreten, hat er gem. Rechtsquelle 2.1.2 (↓) sicherzustellen, dass insbesondere Gebäude und Räume zum Herstellen,
Bearbeiten, Verarbeiten, Abfüllen oder Vernichten organischer Peroxide in Sicherheitsbauweise errichtet werden.

Rechtsquellen: GefStoffV
1.   § 11 [Besondere Schutzmaßnahmen gegen physikalisch-chemische Einwirkun-
         gen, insbesondere gegen Brand- und Explosionsgefährdungen]
1.1   Abs. 4
1.1.1   Satz 1
1.1.2   Satz 2

1.2	Abs. 1
1.3	Abs. 2
2.	Anhang III [Spezielle Anforderungen an Tätigkeiten mit organischen Peroxiden]
2.1	Nr. 2 [Tätigkeiten mit organischen Peroxiden]; <u>dort</u>: Nr. 2.6 [Bauliche Anforderungen]
2.1.1	Satz 1
2.1.2	Satz 2 Buchstabe a
3.	Anhang I [Besondere Vorschriften für bestimmte Gefahrstoffe und Tätigkeiten] Nr. 1 – [Brand- und Explosionsgefährdungen][1]

Verstoß: ordnungswidrig gem. § 22 Abs. 1 Nr. 19b GefStoffV i. V. m. § 26 Abs. 1 Nr. 8 Buchstabe a ChemG, die Höhe des Bußgeldes kann bis zu 50.000 Euro betragen; ggf. **strafbar** gem. § 22 Abs. 2 GefStoffV i. V. m. § 27 Abs. 2 bis 4 ChemG; wegen der Höhe des Strafmaßes siehe unter Abschnitt 2.2.1.1.2 dieses Werkes.

A-2-19c	**Festlegung und Kennzeichnung von Bereichen, in denen Zündquellen vermieden werden müssen, und Ergreifung der erforderlichen Schutzmaßnahmen**

Einzelpflichtbeschreibung:

I. <u>Hinführende Anmerkung</u>: zu Rechtsquelle 1.1.1 (↓)
Bei Tätigkeiten mit organischen Peroxiden hat der Arbeitgeber über die Bestimmungen der Rechtsquelle 1.2 und 1.3 (↓) sowie der Rechtsquelle 3 ff. (↓) hinaus insbesondere Maßnahmen zu treffen, die
1. die Gefahr einer unbeabsichtigten Explosion minimieren und
2. Auswirkungen von Bränden und Explosionen beschränken.

II. <u>Darstellung der Pflicht im Detail</u>: zu Rechtsquelle 1.1.2 (↓)
Der Arbeitgeber muss die besonderen Schutzmaßnahmen gegen die in Rechtsquelle 2.1 (↓) bezeichneten Einwirkungen ergreifen. Die Vorschriften gem. Rechtsquelle 3 (↓) sind ebenfalls zu beachten.

Weiterführende Hinweise: zu Rechtsquelle 2.1 (↓)

Der Arbeitgeber hat die Bereiche, in denen Zündquellen vermieden werden müssen, im Rahmen der Gefährdungsbeurteilung rechtzeitig festzulegen und hierfür die erforderlichen Schutzmaßnahmen, einschließlich der Kennzeichnung dieser Bereiche, zu ergreifen.

Rechtsquellen: GefStoffV

1.	§ 11 Abs. 4 [Besondere Schutzmaßnahmen gegen physikalisch-chemische Einwirkungen, insbesondere gegen Brand- und Explosionsgefährdungen]
1.1	Abs. 4
1.1.1	*Satz 1*
1.1.2	Satz 2
1.2	Abs. 1
1.3	Abs. 2
2.	Anhang III [Spezielle Anforderungen an Tätigkeiten mit organischen Peroxiden]
2.1	Nr. 2 [Tätigkeiten mit organischen Peroxiden]; <u>dort</u>: Nr. 2.7 [Zündquellen]
3.	Anhang I – [Besondere Vorschriften für bestimmte Gefahrstoffe und Tätigkeiten] Nr. 1 [Brand- und Explosionsgefährdungen][1]

---
[1] Siehe auch Einzelpflicht A-2-19a, Rechtsquelle 3 (Nr. 1.1 bis 1.8).

Verstoß: ordnungswidrig gem. § 22 Abs. 1 Nr. 19c GefStoffV i. V. m. § 26 Abs. 1 Nr. 8 Buchstabe a ChemG, die Höhe des Bußgeldes kann bis zu 50.000 Euro betragen; ggf. **strafbar** gem. § 22 Abs. 2 GefStoffV i. V. m. § 27 Abs. 2 bis 4 ChemG; wegen der Höhe des Strafmaßes siehe unter Abschnitt 2.2.1.1.2 dieses Werkes.

A-2-20	**Schutzmaßnahmen bei bestimmten Ereignissen (Zweck: Schadensminimierung/Rückkehr zu normaler Betriebssituation)**

Einzelpflichtbeschreibung:

1. Einführende Anmerkungen:
   Um die Gesundheit und die Sicherheit der Beschäftigten bei Betriebsstörungen, Unfällen oder Notfällen zu schützen, muss der Arbeitgeber gem. Rechtsquelle 2 (↓) rechtzeitig die Notfallmaßnahmen festlegen, die beim Eintreten eines derartigen Ereignisses zu ergreifen sind. [...]
2. Tritt eines der in o. a. Nr. 1 genannten Ereignisse ein, so muss der Arbeitgeber gem. Rechtsquelle 1 (↓) unverzüglich die gemäß Absatz 1 festgelegten Maßnahmen ergreifen, um
   a) betroffene Beschäftigte über die durch das Ereignis hervorgerufene Gefahrensituation im Betrieb zu informieren,
   b) die Auswirkungen des Ereignisses zu mindern und
   c) wieder einen normalen Betriebsablauf herbeizuführen.

Neben den Rettungskräften dürfen nur die Beschäftigten im Gefahrenbereich verbleiben, die Tätigkeiten zur Erreichung der Ziele nach vorgenanntem Satz Nr. 2 und 3 ausüben.

Rechtsquellen: GefStoffV
§ 13 [Betriebsstörungen, Unfälle und Notfälle]
1. Abs. 2 Satz 1
2. Abs. 1 Satz 1

Verstoß: ordnungswidrig gem. § 22 Abs. 1 Nr. 20 GefStoffV i. V. m. § 26 Abs. 1 Nr. 8 Buchstabe b ChemG; ggf. **strafbar** gem. § 22 Abs. 2 GefStoffV i. V. m. § 27 Abs. 2 bis 4 ChemG; die Höhe der Geldbuße kann bis zu 50.000 Euro betragen; wegen der Höhe des Strafmaßes siehe unter Abschnitt 2.2.1 dieses Werkes.

A-2-21	**Ausstattung der Beschäftigten bestimmter Bereiche mit Schutzkleidung/PSA und weiteren Einrichtungen/Mitteln**

Der Arbeitgeber hat Beschäftigten, die im Gefahrenbereich tätig werden, gem. nachstehender Rechtsquelle (↓) rechtzeitig (d. h. unverzüglich) vor Aufnahme ihrer Tätigkeit geeignete Schutzkleidung und persönliche Schutzausrüstung sowie gegebenenfalls erforderliche spezielle Sicherheitseinrichtungen und besondere Arbeitsmittel zur Verfügung zu stellen.

Rechtsquellen: GefStoffV
§ 13 [Betriebsstörungen, Unfälle und Notfälle]
1. Abs. 3 Satz 1 [Betriebsstörungen, Unfälle und Notfälle]
2. Abs. 1
2.1 Satz 1

Weiterführende Hinweise:

1. PSA-BV
2. TRGS 401, 402 und 500

3. DGUV-Vorschrift 1 – Grundsätze der Prävention
4. DGUV-Regel 112-195 – Benutzung von Schutzhandschuhen
5. DGUV-Regel 112-189 – Benutzung von Schutzkleidung
6. DGUV-Regel 112-190 – Benutzung von Atemschutzgeräten
7. DGUV-Regel 112-191 – Benutzung von Fuß- und Knieschutz
8. DGUV-Regel 112-192 – Benutzung von Augen- und Gesichtsschutz
9. Anwendungshinweise zur Gefahrstoffverordnung in Anhang 3.2 Nr. 5.3 dieses Werkes

Verstoß: **ordnungswidrig** gem. § 22 Abs. 1 Nr. 21 GefStoffV i. V. m. § 26 Abs. 1 Nr. 8 Buchstabe b ChemG; ggf. **strafbar** gem. § 22 Abs. 2 GefStoffV i. V. m. § 27 Abs. 2 bis 4 ChemG; die Höhe der Geldbuße kann bis zu 50.000 Euro betragen; wegen der Höhe des Strafmaßes siehe unter Abschnitt 2.2.1 dieses Werkes.

A-2-22	Bereitstellung von Warn-/Kommunikationseinrichtungen

Einzelpflichtbeschreibung:

Der Arbeitgeber muss gem. nachstehender Rechtsquelle (↓) Warn- und sonstige Kommunikationssysteme, die eine erhöhte Gefährdung der Gesundheit und Sicherheit anzeigen, zur Verfügung stellen, sodass eine angemessene Reaktion möglich ist und unverzüglich Abhilfemaßnahmen sowie Hilfs-, Evakuierungs- und Rettungsmaßnahmen eingeleitet werden können.

Rechtsquelle: GefStoffV
§ 13 Abs. 4 [Betriebsstörungen, Unfälle und Notfälle]

Verstoß: **ordnungswidrig** gem. § 22 Abs. 1 Nr. 22 GefStoffV i. V. m. § 26 Abs. 1 Nr. 8 Buchstabe b ChemG; ggf. **strafbar** gem. § 22 Abs. 2 GefStoffV i. V. m. § 27 Abs. 2 bis 4 ChemG; die Höhe der Geldbuße kann bis zu 50.000 Euro betragen; wegen der Höhe des Strafmaßes siehe unter Abschnitt 2.2.1 dieses Werkes.

A-2-23	Bereitstellung von Informationen zu Notfallmaßnahmen i. V. m. Gefahrstoffen

Einzelpflichtbeschreibung:

Der Arbeitgeber muss gem. nachstehender Rechtsquelle 1 (↓) sicherstellen, dass Informationen über Maßnahmen bei Notfällen mit Gefahrstoffen zur Verfügung stehen.

Weiterführende Hinweise: zu Rechtsquelle 1 (↓)

Die zuständigen innerbetrieblichen und betriebsfremden Unfall- und Notfalldienste müssen Zugang zu diesen Informationen erhalten. Zu diesen Informationen zählen:
1. eine Vorabmitteilung über einschlägige Gefahren bei der Arbeit, über Maßnahmen zur Feststellung von Gefahren sowie über Vorsichtsmaßregeln und Verfahren, damit die Notfalldienste ihre eigenen Abhilfe- und Sicherheitsmaßnahmen vorbereiten können,
2. alle verfügbaren Informationen über spezifische Gefahren, die bei einem Unfall oder Notfall auftreten oder auftreten können, einschließlich der Informationen über die Verfahren nach Rechtsquelle 2 (↓).

Rechtsquellen: GefStoffV
1. § 13 Abs. 1 [Betriebsstörungen, Unfälle und Notfälle]
1.1 Satz 1

1.2 Satz 2
2. Abs. 1 bis 4

Verstoß: ordnungswidrig gem. § 22 Abs. 1 Nr. 23 GefStoffV i. V. m. § 26 Abs. 1 Nr. 8 Buchstabe b ChemG; ggf. **strafbar** gem. § 22 Abs. 2 GefStoffV i. V. m. § 27 Abs. 2 bis 4 ChemG; die Höhe der Geldbuße kann bis zu 50.000 Euro betragen; wegen der Höhe des Strafmaßes siehe unter Abschnitt 2.2.1 dieses Werkes.

A-2-24	Zugänglichmachung schriftlicher Betriebsanweisungen für Beschäftigte

Einzelpflichtbeschreibung:

Der Arbeitgeber muss gem. nachstehender Rechtsquelle 1 (↓) sicherstellen, dass den Beschäftigten eine schriftliche Betriebsanweisung, die der Gefährdungsbeurteilung nach Rechtsquelle 2 (↓) [auch i. V. m. Rechtsquelle 3 (↓)] Rechnung trägt, in einer für die Beschäftigten verständlichen Form und Sprache zugänglich gemacht wird.

Rechtsquellen:
1. § 14 Abs. 1 Satz 1 GefStoffV [Unterrichtung und Unterweisung der Beschäftigten]
2. § 6 GefStoffV [Informationsermittlung und Gefährdungsbeurteilung]
3. Art. 35 VO (EG) Nr. 1907/2006 (REACH) [Zugang der Arbeitnehmer zu Informationen]

Hinweis zu Regelwerken:
1. TRGS 555 [Betriebsanweisung]
2. DGUV-Information 211-005 [Unterweisung – Bestandteil des betrieblichen Arbeitsschutzes]
3. Anwendungshinweise zur Gefahrstoffverordnung in Anhang 3.2 Nr. 1.3 dieses Werkes
4. BekGS 408 Nr. 4.3 [Betriebsanweisung und Information der Beschäftigten]

Weiterführende Hinweise: vom Sicherheitsdatenblatt zur Betriebsanweisung (siehe Anhang 3.4.2 dieses Werkes)

Verstoß: ordnungswidrig gem. § 22 Abs. 1 Nr. 24 GefStoffV i. V. m. § 26 Abs. 1 Nr. 8 Buchstabe b ChemG; ggf. **strafbar** gem. § 22 Abs. 2 GefStoffV i. V. m. § 27 Abs. 2 bis 4 ChemG; die Höhe der Geldbuße kann bis zu 50.000 Euro betragen; wegen der Höhe des Strafmaßes siehe unter Abschnitt 2.2.1 dieses Werkes.

A-2-25	Unterweisung der Beschäftigten über auftretende Gefährdungen/Schutzmaßnahmen

Einzelpflichtbeschreibung:

Der Arbeitgeber muss gem. Rechtsquelle 1.1 (↓) sicherstellen, dass die Beschäftigten anhand der Betriebsanweisung nach Rechtsquelle 1.2 (↓) über alle auftretenden Gefährdungen und entsprechende Schutzmaßnahmen mündlich unterwiesen werden.

Weiterführende Hinweise: zu Rechtsquelle 1.2 (↓)
I. Der Arbeitgeber hat sicherzustellen, dass den Beschäftigten eine schriftliche Betriebsanweisung, die der Gefährdungsbeurteilung nach Rechtsquelle 2 (↓) Rechnung trägt, in einer für die Beschäftigten verständlichen Form und Sprache zugänglich gemacht wird. Die Betriebsanweisung muss mindestens Folgendes enthalten:
    1. Informationen über die am Arbeitsplatz vorhandenen oder entstehenden Gefahrstoffe, wie beispielsweise die Bezeichnung der Gefahrstoffe, ihre Kennzeichnung sowie mögliche Gefährdungen der Gesundheit und der Sicherheit,

2. Informationen über angemessene Vorsichtsmaßregeln und Maßnahmen, die die Beschäftigten zu ihrem eigenen Schutz und zum Schutz der anderen Beschäftigten am Arbeitsplatz durchzuführen haben; dazu gehören insbesondere
   a) Hygienevorschriften,
   b) Informationen über Maßnahmen, die zur Verhütung einer Exposition zu ergreifen sind,
   c) Informationen zum Tragen und Verwenden von persönlicher Schutzausrüstung und Schutzkleidung,
3. Informationen über Maßnahmen, die bei Betriebsstörungen, Unfällen und Notfällen und zur Verhütung dieser von den Beschäftigten, insbesondere von Rettungsmannschaften, durchzuführen sind.

II. Die Betriebsanweisung muss bei jeder maßgeblichen Veränderung der Arbeitsbedingungen aktualisiert werden. Der Arbeitgeber hat ferner sicherzustellen, dass die Beschäftigten
   1. Zugang haben zu allen Informationen nach Rechtsquelle 3 (↓) über die Stoffe und Gemische, mit denen sie Tätigkeiten ausüben, insbesondere zu Sicherheitsdatenblättern, und
   2. über Methoden und Verfahren unterrichtet werden, die bei der Verwendung von Gefahrstoffen zum Schutz der Beschäftigten angewendet werden müssen.

Rechtsquellen:
1. § 14 GefStoffV [Unterrichtung und Unterweisung der Beschäftigten]
1.1 Abs. 2 Satz 1
1.2 Abs. 1
2. § 6 GefStoffV [Informationsermittlung und Gefährdungsbeurteilung]
3. Art. 35 VO (EG) Nr. 1907/2006 [Zugang der Arbeitnehmer zu Informationen]

Technisches Regelwerk: BekGS 408 Nr. 4.3 [Betriebsanweisung und Information der Beschäftigten]

Hinweis zu Regelwerken: Anwendungshinweise zur Gefahrstoffverordnung in Anhang 3.2 [dort Nr. 5.2] dieses Werkes

Verstoß: ordnungswidrig gem. § 22 Abs. 1 Nr. 25 GefStoffV i. V. m. § 26 Abs. 1 Nr. 8 Buchstabe b ChemG; ggf. **strafbar** gem. § 22 Abs. 2 GefStoffV i. V. m. § 27 Abs. 2 bis 4 ChemG; die Höhe der Geldbuße kann bis zu 50.000 Euro betragen; wegen der Höhe des Strafmaßes siehe unter Abschnitt 2.2.1 dieses Werkes.

A-2-26	Unterrichtung/Informierung der Beschäftigten bzw. deren Vertreter bei erhöhter Exposition und in bestimmten Fällen

Einzelpflichtbeschreibung:

Der Arbeitgeber muss bei Tätigkeiten mit krebserzeugenden, keimzellmutagenen und reproduktionstoxischen Gefahrstoffen der Kategorie 1A und 1B gem. Rechtsquelle 1 (↓) sicherstellen, dass die Beschäftigten und ihre Vertretung bei einer erhöhten Exposition, einschließlich der in Rechtsquelle 2 (↓) genannten Fälle, unverzüglich unterrichtet und über die Ursachen sowie über die bereits ergriffenen oder noch zu ergreifenden Gegenmaßnahmen informiert werden.

Weiterführende Hinweise: zu Rechtsquelle 2 (↓)

Bei Tätigkeiten, bei denen eine beträchtliche Erhöhung der Exposition der Beschäftigten durch krebserzeugende, keimzellmutagene und reproduktionstoxische Gefahrstoffe der

Kategorie 1A und 1B zu erwarten ist und bei denen jede Möglichkeit weiterer technischer Schutzmaßnahmen zur Begrenzung dieser Exposition bereits ausgeschöpft wurde, hat der Arbeitgeber nach Beratung mit den Beschäftigten oder mit ihrer Vertretung Maßnahmen zu ergreifen, um die Dauer der Exposition der Beschäftigten so weit wie möglich zu verkürzen und den Schutz der Beschäftigten während dieser Tätigkeiten zu gewährleisten.

Rechtsquellen: GefStoffV
1. § 14 Abs. 3 Nr. 2 [Unterrichtung und Unterweisung der Beschäftigten]
2. § 10 Abs. 4 Satz 1 [Besondere Schutzmaßnahmen bei Tätigkeiten mit krebserzeugenden, keimzellmutagenen und reproduktionstoxischen Gefahrstoffen der Kategorie 1A und 1B]

Hinweis zu Regelwerken:
1. Anwendungshinweise zur Gefahrstoffverordnung in Anhang 3.2 [Nr. 1.3] dieses Werkes
2. TRGS 555 [Betriebsanweisung]

Verstoß: ordnungswidrig gem. § 22 Abs. 1 Nr. 26 GefStoffV i. V. m. § 26 Abs. 1 Nr. 8 Buchstabe b ChemG; ggf. **strafbar** gem. § 22 Abs. 2 GefStoffV i. V. m. § 27 Abs. 2 bis 4 ChemG; die Höhe der Geldbuße kann bis zu 50.000 Euro betragen; wegen der Höhe des Strafmaßes siehe unter Abschnitt 2.2.1 dieses Werkes.

A-2-27	Führung eines aktualisierten Verzeichnisses über Beschäftigte

Einzelpflichtbeschreibung:

Der Arbeitgeber muss gem. Rechtsquelle 1 (↓) bei Tätigkeiten mit krebserzeugenden oder keimzellmutagenen Gefahrstoffen der Kategorie 1A oder 1B sicherstellen, dass ein aktualisiertes Verzeichnis über die Beschäftigten geführt wird, die Tätigkeiten ausüben, bei denen die Gefährdungsbeurteilung nach Rechtsquelle 2 (↓) eine Gefährdung der Gesundheit oder der Sicherheit der Beschäftigten ergibt; soweit ermittelt, ist in dem Verzeichnis auch die Höhe und die Dauer der Exposition anzugeben, der die Beschäftigten ausgesetzt waren.

Hinweis: vgl. auch Anhang 3.2 [Nr. 6.4] dieses Werkes.

Rechtsquellen: GefStoffV
1. § 14 Abs. 3 Nr. 3 [Unterrichtung und Unterweisung der Beschäftigten]
2. § 6 [Informationsermittlung und Gefährdungsbeurteilung]

Verstoß: ordnungswidrig gem. § 22 Abs. 1 Nr. 27 GefStoffV i. V. m. § 26 Abs. 1 Nr. 8 Buchstabe b ChemG; ggf. **strafbar** gem. § 22 Abs. 2 GefStoffV i. V. m. § 27 Abs. 2 bis 4 ChemG; die Höhe der Geldbuße kann bis zu 50.000 Euro betragen; wegen der Höhe des Strafmaßes siehe unter Abschnitt 2.2.1 dieses Werkes.

A-2-28	Aufbewahrung aktualisierter Verzeichnisse nach Expositionsende – 40 Jahre

Einzelpflichtbeschreibung:

1. Einführende Anmerkungen: Der Arbeitgeber muss bei Tätigkeiten mit krebserzeugenden, keimzellmutagenen und reproduktionstoxischen Gefahrstoffen der Kategorie 1A und 1B gem. Rechtsquelle 1.1 (↓) sicherstellen, dass [...] ein aktualisiertes Verzeichnis über die Beschäftigten geführt wird, die Tätigkeiten ausüben, bei denen die Gefährdungsbeurteilung nach Rechtsquelle 2 (↓) eine Gefährdung der Gesundheit oder der

Sicherheit der Beschäftigten ergibt; soweit ermittelt, ist in dem Verzeichnis auch die Höhe und die Dauer der Exposition anzugeben, der die Beschäftigten ausgesetzt waren.
2. Der Arbeitgeber muss das vorgenannte Verzeichnis gem. Rechtsquelle 1.2 (↓) nach Ende der Exposition bis zu 40 Jahre aufbewahren.

Rechtsquellen:
GefStoffV
1. § 14 Abs. 3 [Unterrichtung und Unterweisung der Beschäftigten]
1.1 Nr. 3
1.2 Nr. 4
2. § 6 [Informationsermittlung und Gefährdungsbeurteilung]

Verstoß: ordnungswidrig gem. § 22 Abs. 1 Nr. 28 GefStoffV i. V. m. § 26 Abs. 1 Nr. 8 Buchstabe b ChemG; ggf. **strafbar** gem. § 22 Abs. 2 GefStoffV i. V. m. § 27 Abs. 2 bis 4 ChemG; die Höhe der Geldbuße kann bis zu 50.000 Euro betragen; wegen der Höhe des Strafmaßes siehe unter Abschnitt 2.2.1 dieses Werkes.

2.1.3 *– nicht belegt –*

2.1.4 Sanktions-/Pflichtenkatalog A-4 gem. § 24 GefStoffV [ChemG – Herstellungs- und Verwendungsbeschränkungen]

2.1.4.1 Pflichtenkatalog A-4.1 gem. § 24 Abs. 1 GefStoffV [Herstellungs- und Verwendungsbeschränkungen]

2.1.4.1.1 Sanktionskatalog A-4.1 gem. § 24 Abs. 1 GefStoffV

Ordnungswidrigkeiten gem. § 24 Abs. 1 GefStoffV [ChemG – Herstellungs- und Verwendungsbeschränkungen]

	Einzelpflicht
(1) Ordnungswidrig im Sinne des § 26 Absatz 1 Nummer 7 Buchstabe a[1] des Chemikaliengesetzes handelt, wer vorsätzlich oder fahrlässig	
1. entgegen § 16 Absatz 2 in Verbindung mit Anhang II Nummer 6 Absatz 1 einen dort aufgeführten Stoff verwendet,	A-4.1-1
2. entgegen § 16 Absatz 3 Satz 2 in Verbindung mit Satz 3 Nummer 1, auch in Verbindung mit Satz 4, ein Biozid-Produkt für einen nicht in der Kennzeichnung ausgewiesenen Verwendungszweck einsetzt oder	A-4.1-2
3. entgegen § 16 Absatz 3 Satz 2 in Verbindung mit Satz 3 Nummer 2, auch in Verbindung mit Satz 4, eine sich aus der Kennzeichnung oder der Zulassung ergebende Verwendungsbedingung nicht einhält.	A-4.1-3

2.1.4.1.2 Pflichtenkatalog A-4.1 gem. § 24 Abs. 1 GefStoffV [betr. vorwiegend Biozid-Produkte]

A-4.1-1	**Herstellen/Verwenden bestimmter besonders gefährlicher krebserzeugender Stoffe nur in geschlossenen Anlagen**

Einzelpflichtbeschreibung:

Gem. Rechtsquelle 1 (↓) müssen die Herstellungs- und Verwendungsbeschränkungen für die in Rechtsquelle 2.1 (↓) genannte Stoffe eingehalten werden.

---

[1] Gem. § 24 Abs. 1 GefStoffV i. V. m. § 26 Abs. 1 Nr. 7 Buchstabe a ChemG kann die Höhe des Bußgeldes bis zu 50.000 Euro betragen.

Weiterführende Hinweise: zu Rechtsquelle 2 ff. (↓)
I. Gem. Rechtsquelle 2.1 (↓) dürfen die dort genannten besonders gefährlichen krebserzeugenden Stoffe nur in geschlossenen Anlagen hergestellt oder verwendet werden:
1. 6-Amino-2-ethoxynaphthalin,
2. Bis(chlormethyl)ether,
3. Cadmiumchlorid (in einatembarer Form),
4. Chlormethyl-methylether,
5. Dimethylcarbamoylchlorid,
6. Hexamethylphosphorsäuretriamid,
7. 1,3-Propansulton,
8. N-Nitrosaminverbindungen, ausgenommen solche N-Nitrosaminverbindungen, bei denen sich in entsprechenden Prüfungen kein Hinweis auf krebserzeugende Wirkungen ergeben hat,
9. Tetranitromethan,
10. 1,2,3-Trichlorpropan sowie
11. Dimethyl- und Diethylsulfat.
Hinweis: Die vorgenannten Herstellungs- und Verwendungsbeschränkungen gelten auch für o-Toluidin.
II. Hinweis gem. Rechtsquelle 2.2 (↓):
Die unter o. a. I. beschriebene Herstellungs- und Verwendungsbeschränkung gilt nicht für Forschungs- und Analysezwecke sowie für wissenschaftliche Lehrzwecke in den dafür erforderlichen Mengen.

Rechtsquellen: GefStoffV
1. § 16 Abs. 2 [Herstellungs- und Verwendungsbeschränkungen]
2. Anhang II [Besondere Herstellungs- und Verwendungsbeschränkungen für bestimmte Stoffe, Gemische und Erzeugnisse] – Nr. 6 [Besonders gefährliche krebserzeugende Stoffe]
2.1 Abs. 1 Satz 1 i. V. m. Satz 2
2.2 *Abs. 2*

Verstoß: ordnungswidrig gem. § 24 Abs. 1 Nr. 1 GefStoffV i. V. m. § 26 Abs. 1 Nr. 7 Buchstabe a ChemG, die Höhe des Bußgeldes kann bis zu 50.000 Euro betragen.

A-4.1-2	Beachtung des in der Kennzeichnung von Biozid-Produkten angegebenen Verwendungszweckes

Einzelpflichtbeschreibung:

1. Wer Biozid-Produkte verwendet, muss dies gem. Rechtsquelle 1.1.1 (↓) ordnungsgemäß auch i. V. m. den Bestimmungen gem. nachfolgendem Abschnitt Nr. 2 tun.
2. Zur ordnungsgemäßen Verwendung gehört es gem. Rechtsquelle 1.1.2 (↓) insbesondere, dass ein Biozid-Produkt nur für die in der Kennzeichnung ausgewiesenen Verwendungszwecke eingesetzt wird.

Hinweis: Die Vorschriften der Rechtsquelle 1.1 (↓) gelten auch für private Haushalte.

Weiterführende Hinweise: Rechtsquelle 1.2 (↓)

(1) Herstellungs- und Verwendungsbeschränkungen für bestimmte Stoffe, Zubereitungen und Erzeugnisse ergeben sich gem. Rechtsquelle 3.2 (↓) i. V. m. Rechtsquelle 3.1 (↓).

(2) Nach Maßgabe der Rechtsquelle 2 (↓) bestehen weitere Herstellungs- und Verwendungsbeschränkungen für dort genannte Stoffe, Zubereitungen und Erzeugnisse.

Rechtsquellen:
1. § 16 GefStoffV [Herstellungs- und Verwendungsbeschränkungen]
1.1 Abs. 3 (Satz 1 bis 3)
1.1.1 Satz 2
1.1.2 Satz 3 Nr. 1
1.1.3 Satz 4
1.2 Abs. 1 und 2
2. Anhang II GefStoffV [Besondere Herstellungs- und Verwendungsbeschränkungen für bestimmte Stoffe, Gemische und Erzeugnisse]
3. VO (EG) Nr. 1907/2006 [REACH]
3.1 Anhang XVII [Beschränkungen der Herstellung, des Inverkehrbringens und der Verwendung bestimmter gefährlicher Stoffe, Gemische und Erzeugnisse]
3.2 Art. 67 [Allgemeine Bestimmungen]

Verstoß: ordnungswidrig gem. § 24 Abs. 1 Nr. 2 GefStoffV i. V. m. § 26 Abs. 1 Nr. 7 Buchstabe a ChemG; die Höhe des Bußgeldes kann bis zu 50.000 Euro betragen.

A-4.1-3	Einhaltung der in der Kennzeichnung/Zulassung von Biozid-Produkten enthaltenen Verwendungsbedingungen

Einzelpflichtbeschreibung:

Wer Biozid-Produkte verwendet, hat dies gem. Rechtsquelle 1.1 (↓) ordnungsgemäß zu tun. Gem. Rechtsquelle 1.2 (↓) gehört zur ordnungsgemäßen Verwendung insbesondere, dass die sich aus der Kennzeichnung und der Zulassung ergebenden Verwendungsbedingungen eingehalten werden. Dies gilt gem. Rechtsquelle 1.3 (↓) auch für private Haushalte.

Rechtsquellen:
§ 16 Abs. 3 GefStoffV [Herstellungs- und Verwendungsbeschränkungen]
1. Satz 2
2. Satz 3 Nr. 2
3. Satz 4

Verstoß: ordnungswidrig gem. § 24 Abs. 1 Nr. 3 GefStoffV i. V. m. § 26 Abs. 1 Nr. 7 Buchstabe a ChemG; die Höhe des Bußgeldes kann bis zu 50.000 Euro betragen.

2.1.4.2 Pflichtenkatalog A-4.2 gem. § 24 Abs. 2 GefStoffV (strafbewehrte Pflichten)

2.1.4.2.1 Sanktionskatalog A-4.2 gem. § 24 Abs. 2 GefStoffV

Straftaten gem. § 24 Abs. 2 GefStoffV [ChemG – Herstellungs- und Verwendungsbeschränkungen]

(2) Nach § 27 Absatz 1 Nummer 1, Absatz 2 bis 4 des Chemikaliengesetzes[1] wird bestraft, wer vorsätzlich oder fahrlässig   **Einzelpflicht**
1. entgegen § 8 Absatz 8 in Verbindung mit Anhang I Nummer 2.4.2   **A-4.2-1**
Absatz 3 Satz 1 oder Absatz 4 Satz 1 Abbruch-, Sanierungs- oder Instandhaltungsarbeiten durchführt,

---

[1] Gem. § 24 Abs. 2 GefStoffV i. V. m. § 27 Abs. 1 Nummer 1, Abs. 2 bis 4 des Chemikaliengesetzes strafbar, wegen der Strafhöhe siehe unter Abschnitt 2.2.1 dieses Werkes.

2. entgegen § 8 Absatz 8 in Verbindung mit Anhang I Nummer 3.5   **A-4.2-2**
Satz 1 Schädlingsbekämpfungen durchführt,
3. ohne Erlaubnis nach § 8 Absatz 8 in Verbindung mit Anhang I Num-   **A-4.2-3**
mer 4.2 Absatz 1 Begasungen durchführt,
4. entgegen § 8 Absatz 8 in Verbindung mit Anhang I Nummer 4.2 Ab-   **A-4.2-4**
satz 7 Satz 1 Begasungen durchführt,
5. entgegen § 16 Absatz 2 in Verbindung mit Anhang II Nummer 1 Ab-   **A-4.2-5**
satz 1 Satz 1 auch in Verbindung mit Satz 3 Arbeiten durchführt,
6. entgegen § 16 Absatz 2 in Verbindung mit Anhang II Nummer 1 Ab-   **A-4.2-6**
satz 1 Satz 4 Überdeckungs-, Überbauungs-, Aufständerungs-, Reini-
gungs- oder Beschichtungsarbeiten durchführt,
7. entgegen § 16 Absatz 2 in Verbindung mit Anhang II Nummer 1 Ab-   **A-4.2-7**
satz 1 Satz 5 asbesthaltige Gegenstände oder Materialien zu anderen
Zwecken weiterverwendet,
8. entgegen § 16 Absatz 2 in Verbindung mit Anhang II Nummer 2 Ab-   **A-4.2-8**
satz 1 die dort aufgeführten Stoffe oder Gemische herstellt,
9. entgegen § 16 Absatz 2 in Verbindung mit Anhang II Nummer 3 Ab-   **A-4.2-9**
satz 1 die dort aufgeführten Erzeugnisse verwendet,
10. entgegen § 16 Absatz 2 in Verbindung mit Anhang II Nummer 4 Ab-   **A-4.2-10**
satz 1, Absatz 3 Satz 1 oder Absatz 4 die dort aufgeführten Kühlschmierstoffe oder Korrosionsschutzmittel verwendet oder
11. entgegen § 16 Absatz 2 in Verbindung mit Anhang II Nummer 5 Ab-   **A-4.2-11**
satz 1 die dort aufgeführten Stoffe, Gemische oder Erzeugnisse herstellt oder verwendet.

2.1.4.2.2 Pflichtenkatalog A-4.2 gem. § 24 Abs. 2 GefStoffV (strafbewehrte Pflichten)

A-4.2-1	**Eignungs-/Zulassungsvoraussetzungen bei Asbest-ASI-Arbeiten**

Einzelpflichtbeschreibung:

1. Einführende Anmerkungen: Der Arbeitgeber muss gem. Rechtsquelle 1 (↓) bei Tätigkeiten mit partikelförmigen (hier: asbesthaltigen) Gefahrstoffen nach Rechtsquelle 3
(↓) sowohl die Rechtsquelle 2 (↓) als auch die betreffenden Vorschriften der Rechtsquelle 3 (↓) beachten.
2. Insbesondere muss der Arbeitgeber gem. Rechtsquelle 3.1 (↓) sicherstellen, dass
a) Abbruch-, Sanierungs- und Instandhaltungsarbeiten mit Asbest gem. Rechtsquelle 3.1.1 (↓) nur von Fachbetrieben durchgeführt werden, deren personelle und sicherheitstechnische Ausstattung für diese Tätigkeiten geeignet ist.
b) Abbruch- und Sanierungsarbeiten bei Vorhandensein von Asbest in schwach gebun-
dener Form dürfen gem. Rechtsquelle 3.1.2 (↓) nur von Fachbetrieben durchgeführt werden, die von der zuständigen Behörde zur Ausführung dieser Tätigkeiten
zugelassen worden sind.

Rechtsquellen: GefStoffV
1.   § 8 Abs. 8 [Allgemeine Schutzmaßnahmen]
2.   §§ 6 bis 18 […]
3.   Anhang I Nr. 2 [Besondere Vorschriften für bestimmte Gefahrstoffe und Tätigkeiten – Partikelförmige Stoffe]
3.1   Nr. 2.4.2 [Ergänzende Vorschriften zum Schutz gegen Gefährdung durch Asbest –
Anzeige an die Behörde]

3.1.1 Abs. 3 Satz 1
3.1.2 Abs. 4 Satz 1

Verstoß: **strafbar** gem. § 24 Abs. 2 Nr. 1 GefStoffV i. V. m. § 27 Abs. 1 Nr. 1, Abs. 2 bis 4 ChemG; wegen der Strafandrohung siehe unter Abschnitt 2.2.1 dieses Werkes.

A-4.2-2	**Anforderungen an Personen, die Schädlingsbekämpfungs-maßnahmen durchführen; Personal beim Einsatz sachkundig beaufsichtigen**

Einzelpflichtbeschreibung:

1. Einführende Anmerkungen: Der Arbeitgeber muss gem. Rechtsquelle 1 (↓) bei Tätigkeiten mit Gefahrstoffen nach Rechtsquelle 3 (↓) sowohl die Rechtsquelle 2 (↓) als auch die betreffenden Vorschriften der Rechtsquelle 3 (↓) beachten.
2. Insbesondere muss der Arbeitgeber beim Einsatz von Hilfskräften bei der Schädlingsbekämpfung gem. Rechtsquelle 3.2 (↓) sicherstellen, dass gem. Rechtsquelle 3.1 (↓) nur solche Personen Schädlingsbekämpfung durchführen, die die Anforderungen nach Rechtsquelle 3.3 (↓) erfüllen.

Weiterführende Hinweise: zu Rechtsquelle 3.3 (↓)
I. Geeignet im Sinne von Rechtsquelle 3.4 (↓) ist, wer
    1. mindestens 18 Jahre alt ist,
    2. die für den Umgang mit Schädlingsbekämpfungsmitteln erforderliche Zuverlässigkeit besitzt und
    3. durch das Zeugnis einer Ärztin oder eines Arztes nach § 7 Abs. 1 der Verordnung zur arbeitsmedizinischen Vorsorge nachweist, dass keine Anhaltspunkte vorliegen, die ihn für den Umgang mit Schädlingsbekämpfungsmitteln körperlich oder geistig ungeeignet erscheinen lassen; das Zeugnis darf nicht älter als fünf Jahre sein.
II. Sachkundig im Sinne von Rechtsquelle 3.4 (↓) ist, wer sich regelmäßig fortbildet und
    1. die Prüfung nach der Verordnung über die Berufsausbildung zum Schädlingsbekämpfer/zur Schädlingsbekämpferin vom 15. Juli 2004 (BGBl. I S. 1638) abgelegt hat,
    2. die Prüfung nach der Verordnung über die Prüfung zum anerkannten Abschluss Geprüfter Schädlingsbekämpfer/Geprüfte Schädlingsbekämpferin vom 19. März 1984 (BGBl. I S. 468) abgelegt hat oder
    3. die Prüfung zum Gehilfen oder Meister für Schädlingsbekämpfung nach nicht mehr geltendem Recht in der Bundesrepublik Deutschland oder nach dem Recht der Deutschen Demokratischen Republik abgelegt hat.
    Sachkundig ist auch, wer eine Prüfung abgelegt oder eine Ausbildung erfolgreich abgeschlossen hat, die von der zuständigen Behörde als den Prüfungen nach Satz 1 gleichwertig anerkannt worden ist. Beschränkt sich die vorgesehene Schädlingsbekämpfung auf bestimmte Anwendungsbereiche, ist sachkundig auch, wer eine Prüfung abgelegt oder eine Ausbildung erfolgreich abgeschlossen hat, die von der zuständigen Behörde für diese Tätigkeiten als geeignet anerkannt worden ist.

Rechtsquellen: GefStoffV
1. § 8 Abs. 8 [Allgemeine Schutzmaßnahmen]
2. §§ 6 bis 18
3. Anhang I Nr. 3 [Besondere Vorschriften für bestimmte Gefahrstoffe und Tätigkeiten – Schädlingsbekämpfung]
3.1 Nr. 3.5 Satz 1 [Einsatz von Hilfskräften]

3.2 Nr. 3.1 [Anwendungsbereich]
3.3 Nr. 3.4 Abs. 5 [Anzeigepflicht]
3.4 Nr. 3.4 Abs. 6 [Anzeigepflicht]

Technisches Regelwerk: TRGS 523

Verstoß: strafbar gem. § 24 Abs. 2 Nr. 2 GefStoffV i. V. m. § 27 Abs. 1 Nr. 1 Abs. 2 bis 4 ChemG; wegen der Strafandrohung siehe unter Abschnitt 2.2.1 dieses Werkes.

A-4.2-3	Durchführung von Begasungen mit bestimmten Mitteln nur mit Erlaubnis

Einzelpflichtbeschreibung:

1. Einführende Anmerkungen: Der Arbeitgeber muss gem. Rechtsquelle 1 (↓) bei Tätigkeiten mit Gefahrstoffen – hier: Begasungen – nach Rechtsquelle 3 (↓) sowohl die Rechtsquelle 2 (↓) als auch die betreffenden Vorschriften der Rechtsquelle 3 (↓) beachten.
2. Insbesondere muss der Arbeitgeber vor Ausübung von Tätigkeiten mit Begasungsmitteln nach Rechtsquelle 3.2 (↓) gem. Rechtsquelle 3.1 (↓) die Erlaubnis der zuständigen Behörde einholen.

Weiterführende Hinweise: zu Rechtsquelle 3.2 (↓)
(1) Nummer 4 gilt für Tätigkeiten mit folgenden Stoffen und Gemischen, sofern sie als Begasungsmittel zugelassen sind und als solche eingesetzt werden:
   1. Hydrogencyanid (Cyanwasserstoff, Blausäure) sowie Stoffe und Gemische, die zum Entwickeln oder Verdampfen von Hydrogencyanid oder leicht flüchtigen Hydrogencyanidverbindungen dienen,
   2. Phosphorwasserstoff sowie Stoffe und Gemische, die Phosphorwasserstoff entwickeln,
   3. Ethylenoxid und Gemischen, die Ethylenoxid enthalten,
   4. Sulfuryldifluorid (Sulfurylfluorid).
(2) Nummer 4 gilt auch für Tätigkeiten bei Raumdesinfektionen mit Formaldehydlösungen, einschließlich Stoffen und Gemischen, aus denen sich Formaldehyd entwickelt oder verdampft oder bei denen Formaldehyd sich gasförmig oder in Form schwebfähiger Flüssigkeitströpfchen verteilt, um die Desinfektion sämtlicher Flächen eines Raumes zu erreichen.
(3) Nummer 4 gilt auch für Begasungstätigkeiten mit anderen Stoffen oder Gemischen, die als akut toxisch Kategorie 1, 2 oder 3 oder spezifisch zielorgantoxisch Kategorie 1 einzustufen und für diese Tätigkeiten zugelassen sind.

Dies gilt auch für Biozid-Produkte, auf die die Übergangsbestimmungen der Rechtsquelle 4 (↓) anzuwenden sind.

Rechtsquellen:
1. § 8 Abs. 8 GefStoffV [Allgemeine Schutzmaßnahmen]
2. §§ 6 bis 18 GefStoffV [...]
3. Anhang I Nr. 4 GefStoffV [Besondere Vorschriften für bestimmte Gefahrstoffe und Tätigkeiten – Begasungen]
3.1 Nr. 4.2 Abs. 1 [Verwendungsbeschränkung]
3.2 Nr. 4.1 Abs. 1 bis 3 [Anwendungsbereich]
4. § 28 Abs. 8 ChemG [Übergangsregelung]

Hinweis zu Regelwerken: siehe Anwendungshinweise zur Gefahrstoffverordnung in Anhang 3.2 [Nr. 8.4] dieses Werkes

Verstoß: strafbar gem. § 24 Abs. 2 Nr. 3 GefStoffV i. V. m. § 27 Abs. 1 Nr. 1, Abs. 2 bis 4 ChemG; wegen der Strafandrohung siehe unter Abschnitt 2.2.1 dieses Werkes.

A-4.2-4	Begasungen nur mit zugelassenen Stoffen/Zubereitungen

Einzelpflichtbeschreibung:

1. Einführende Anmerkungen: Der Arbeitgeber muss gem. Rechtsquelle 1 (↓) bei Tätigkeiten mit Gefahrstoffen nach Rechtsquelle 3 (↓) sowohl die Rechtsquelle 2 (↓) als auch die betreffenden Vorschriften der Rechtsquelle 3 (↓) beachten.
2. Insbesondere muss der Arbeitgeber gem. Rechtsquelle 3.1 (↓) sicherstellen, dass Begasungen nicht mit anderen als akut toxisch Kategorie 1, 2 oder 3 oder spezifisch zielorgantoxisch Kategorie 1 eingestuften Stoffen und Gemischen als den in Rechtsquelle 3.2 (↓) bezeichneten, durchgeführt werden.

Rechtsquellen: GefStoffV
1. § 8 Abs. 8 [Allgemeine Schutzmaßnahmen]
2. §§ 6 bis 18 [...]
3. Anhang I Nr. 4 [Besondere Vorschriften für bestimmte Gefahrstoffe und Tätigkeiten – Begasungen]
3.1 Nr. 4.2 Abs. 7 Satz 1 [Verwendungsbeschränkung]
3.2 Nr. 4.1 Abs. 1 bis 3 [siehe unter „Weiterführende Hinweise" bei Einzelpflicht A-4.2-3]

Technisches Regelwerk:
1. TRGS 512
2. TRGS 513
3. Anwendungshinweise zur Gefahrstoffverordnung in Anhang 3.2 [Nr. 8.4] dieses Werkes

Verstoß: strafbar gem. § 24 Abs. 2 Nr. 4 GefStoffV i. V. m. § 27 Abs. 1 Nr. 1, Abs. 2 bis 4 ChemG; wegen der Strafandrohung siehe unter Abschnitt 2.2.1 dieses Werkes.

A-4.2-5	Unterlassung von Tätigkeiten mit bestimmten asbestfaserhaltigen Produkten

Einzelpflichtbeschreibung:

1. Einführende Anmerkungen: Der Arbeitgeber muss gem. Rechtsquelle 1 (↓) bei der Herstellung bzw. Verwendung bestimmter Stoffe, Gemische und Erzeugnisse bestehende Beschränkungen nach Rechtsquelle 2 ff. (↓) beachten.
2. Arbeiten an asbesthaltigen Teilen von Gebäuden, Geräten, Maschinen, Anlagen, Fahrzeugen und sonstigen Erzeugnissen sind verboten. Vorgenannter Satz gilt nicht für
   a) Abbrucharbeiten,
   b) Sanierungs- und Instandhaltungsarbeiten mit Ausnahme von Arbeiten, die zu einem Abtrag der Oberfläche von Asbestprodukten führen, es sei denn, es handelt sich um emissionsarme Verfahren, die behördlich oder von den Trägern der gesetzlichen Unfallversicherung anerkannt sind. Zu den Verfahren, die zum verbotenen Abtrag von asbesthaltigen Oberflächen führen, zählen insbesondere Abschleifen, Druckreinigen, Abbürsten und Bohren.

c) Tätigkeiten mit messtechnischer Begleitung, die zu einem Abtrag der Oberfläche von Asbestprodukten führen und die notwendigerweise durchgeführt werden müssen, um eine Anerkennung als emissionsarmes Verfahren zu erhalten.

Zu den nach Satz 1 verbotenen Arbeiten zählen auch Überdeckungs-, Überbauungs- und Aufständerungsarbeiten an Asbestzementdächern und -wandverkleidungen sowie Reinigungs- und Beschichtungsarbeiten an unbeschichteten Asbestzementdächern und -wandverkleidungen.

Rechtsquellen: GefStoffV
1. § 16 Abs. 2 [Herstellungs- und Verwendungsbeschränkungen]
2. Anhang II Nr. 1 [Besondere Herstellungs- und Verwendungsbeschränkungen für bestimmte Stoffe, Gemische und Erzeugnisse – Asbest]
2.1 Abs. 1
2.1.1 Satz 1
2.1.2 Satz 3

Verstoß: strafbar gem. § 24 Abs. 2 Nr. 5 GefStoffV i. V. m. § 27 Abs. 1 Nr. 1, Abs. 2 bis 4 ChemG; wegen der Strafandrohung siehe unter Abschnitt 2.2.1 dieses Werkes.

A-4.2-6	Unterlassung von Überdeckungs-, Überbauungs- und Aufständerungsarbeiten an Asbestzementdächern und -wandverkleidungen sowie Reinigungs- und Beschichtungsarbeiten an unbeschichteten Asbestzementdächern und -wandverkleidungen

Einzelpflichtbeschreibung:

1. Einführende Anmerkungen: Der Arbeitgeber muss gem. Rechtsquelle 1 (↓) bei [...] Verwendung bestimmter asbesthaltiger Stoffe, Gemische und Erzeugnisse Beschränkungen nach Rechtsquelle 2 (↓) beachten.
2. Insbesondere muss der Arbeitgeber gem. Rechtsquelle 2.1 (↓) sicherstellen, dass keine Überdeckungs-, Überbauungs- und Aufständerungsarbeiten an Asbestzementdächern und -wandverkleidungen sowie Reinigungs- und Beschichtungsarbeiten an unbeschichteten Asbestzementdächern und -wandverkleidungen durchgeführt werden.

Rechtsquellen: GefStoffV
1. § 16 Abs. 2 [Herstellungs- und Verwendungsbeschränkungen]
2. Anhang II Nr. 1 [Besondere Herstellungs- und Verwendungsbeschränkungen für bestimmte Stoffe, Gemische und Erzeugnisse – Asbest]
2.1 Abs. 1 Satz 4

Verstoß: strafbar gem. § 24 Abs. 2 Nr. 6 GefStoffV i. V. m. § 27 Abs. 1 Nr. 1, Abs. 2 bis 4 ChemG; wegen der Strafandrohung siehe unter Abschnitt 2.2.1 dieses Werkes.

A-4.2-7	Verwendungsbeschränkungen betr. asbesthaltige Gegenstände/ Materialien

Einzelpflichtbeschreibung:

1. Einführende Anmerkungen: Der Arbeitgeber muss gem. Rechtsquelle 1 (↓) [...] Verwendungsbeschränkungen für asbesthaltige Gegenstände und Materialien nach Rechtsquelle 2 (↓) beachten.

2. Insbesondere muss der Arbeitgeber gem. Rechtsquelle 2.1 (↓) sicherstellen, dass er die bei Arbeiten anfallenden asbesthaltigen Gegenstände und Materialien nicht zu anderen Zwecken als der Abfallentsorgung oder Abfallverwertung weiterverwendet.

Rechtsquellen: GefStoffV
1. § 16 Abs. 2 [Herstellungs- und Verwendungsbeschränkungen]
2. Anhang II Nr. 1 [Besondere Herstellungs- und Verwendungsbeschränkungen für bestimmte Stoffe, Gemische und Erzeugnisse – Asbest]
2.1 Abs. 1 Satz 5

Verstoß: strafbar gem. § 24 Abs. 2 Nr. 7 GefStoffV i. V. m. § 27 Abs. 1 Nr. 1, Abs. 2 bis 4 ChemG; wegen der Strafandrohung siehe unter Abschnitt 2.2.1 dieses Werkes.

A-4.2-8	**Herstellungsbeschränkungen betr. bestimmte Derivate des Biphenyls bzw. Naphtalins**

Einzelpflichtbeschreibung:

1. Einführende Anmerkungen: Der Arbeitgeber muss gem. Rechtsquelle 1 (↓) bei der Herstellung bestimmter Stoffe oder Gemische [siehe hierzu unter nachfolgender Nr. 2] Beschränkungen nach Rechtsquelle 2 (↓) beachten.
2. Insbesondere muss der Arbeitgeber gem. Rechtsquelle 2.1 (↓) sicherstellen, dass er die folgenden Stoffe sowie Gemische, die diese Stoffe mit einem Massengehalt von mehr als 0,1 Prozent enthalten, nicht herstellt:
   a) 2-Naphthylamin und seine Salze[1],
   b) 4-Aminobiphenyl und seine Salze,
   c) Benzidin und seine Salze und
   d) 4-Nitrobiphenyl.

Hinweis: vgl. auch Anhang 3.2 [Nr. 8.10] dieses Werkes.

Rechtsquellen: GefStoffV
1. § 16 Abs. 2 [Herstellungs- und Verwendungsbeschränkungen]
2. Anhang II Nr. 2 [Besondere Herstellungs- und Verwendungsbeschränkungen für bestimmte Stoffe, Gemische und Erzeugnisse; hier: 2-Naphthylamin, 4-Aminobiphenyl, Benzidin, 4-Nitrobiphenyl]
2.1 Abs. 1

Verstoß: strafbar gem. § 24 Abs. 2 Nr. 8 GefStoffV i. V. m. § 27 Abs. 1 Nr. 1, Abs. 2 bis 4 ChemG; wegen der Strafandrohung siehe unter Abschnitt 2.2.1 dieses Werkes.

A-4.2-9	**Verwendungsbeschränkungen für Erzeugnisse (behandelt mit einer Zubereitung, die Pentachlorphenol und seine Verbindungen in überschreitenden Mengen enthält)**

Einzelpflichtbeschreibung:

1. Einführende Anmerkungen: Der Arbeitgeber muss gem. Rechtsquelle 1 (↓) bei der Herstellung bzw. Verwendung bestimmter Stoffe, Gemische und Erzeugnisse Beschränkungen nach Rechtsquelle 2 (↓) beachten.
2. Insbesondere muss der Arbeitgeber gem. Rechtsquelle 2.1 (↓) sicherstellen, dass er das Verwendungsverbot nach Rechtsquelle 3.1 (↓) i. V. m. 3.2 (↓) für solche Erzeugnisse

---

[1] Siehe DGUV-Information 213-509 [Verfahren zur Bestimmung von 2-Naphtylamin]

beachtet, die mit einem Gemisch behandelt worden sind, die Pentachlorphenol, Pentachlorphenolnatrium oder eine der übrigen Pentachlorphenolverbindungen enthält und deren von der Behandlung erfasste Teile mehr als 5 Milligramm pro Kilogramm dieser Stoffe enthalten.

Rechtsquellen:
1. § 16 Abs. 2 GefStoffV [Herstellungs- und Verwendungsbeschränkungen]
2. Anhang II Nr. 3 [Besondere Herstellungs- und Verwendungsbeschränkungen für bestimmte Stoffe, Gemische und Erzeugnisse – Pentachlorphenol und seine Verbindungen]
2.1 Abs. 1
3. VO (EG) Nr. 1907/2006 [REACH]
3.1 Anhang XVII Nr. 22 [Beschränkungen der Herstellung, des Inverkehrbringens und der Verwendung bestimmter gefährlicher Stoffe, Gemische und Erzeugnisse – hier: Pentachlorphenol und seine Salze und Ester]
3.2 Art. 67 [Allgemeine Bestimmungen]

Verstoß: strafbar gem. § 24 Abs. 2 Nr. 9 GefStoffV i. V. m. § 27 Abs. 1 Nr. 1, Abs. 2 bis 4 ChemG; wegen der Strafandrohung siehe unter Abschnitt 2.2.1 dieses Werkes.

A-4.2-10	Verwendungsbeschränkungen betr. bestimmte Kühlschmierstoffe/Korrosionsschutzmittel

Einzelpflichtbeschreibung:

1. Einführende Anmerkungen: Der Arbeitgeber muss gem. Rechtsquelle 1 (↓) bei der Herstellung bzw. Verwendung bestimmter Stoffe, Gemische und Erzeugnisse Beschränkungen nach Rechtsquelle 2 ff. (↓) beachten.
2. Insbesondere muss der Arbeitgeber gem. Rechtsquelle 2.1 (↓) bis 2.3 (↓) die Verwendungsbeschränkungen bestimmter Kühlschmierstoffe bzw. Korrosionsschutzmittel einhalten:
   a) Kühlschmierstoffe, denen nitrosierende Agenzien als Komponenten zugesetzt worden sind, dürfen gem. Rechtsquelle 2.1 (↓) nicht verwendet werden.
   b) Korrosionsschutzmittel, die gleichzeitig nitrosierende Agenzien oder deren Vorstufen, beispielsweise Nitrit, und sekundäre Amine, einschließlich verkappter sekundärer Amine, enthalten, dürfen gem. Rechtsquelle 2.2 (↓) nicht verwendet werden.
   c) Wassermischbare und wassergemischte Korrosionsschutzmittel, die im Anlieferzustand nitrosierende Agenzien oder deren Vorstufen, beispielsweise Nitrit, enthalten, dürfen gem. Rechtsquelle 2.3 (↓) nicht verwendet werden.

Rechtsquellen: GefStoffV
1. § 16 Abs. 2 [Herstellungs- und Verwendungsbeschränkungen]
2. Anhang II Nr. 4 [Besondere Herstellungs- und Verwendungsbeschränkungen für bestimmte Stoffe, Gemische und Erzeugnisse – Kühlschmierstoffe und Korrosionsschutzmittel]
2.1 Abs. 1
2.2 Abs. 3 Satz 1
2.3 Abs. 4

Verstoß: strafbar gem. § 24 Abs. 2 Nr. 10 GefStoffV i. V. m. § 27 Abs. 1 Nr. 1, Abs. 2 bis 4 ChemG; wegen der Strafandrohung siehe unter Abschnitt 2.2.1 dieses Werkes.

A-4.2-11	Verwendungs-/Herstellungsbeschränkungen betr. biopersistente Fasern

Einzelpflichtbeschreibung:

1. <u>Einführende Anmerkungen</u>: Der Arbeitgeber muss gem. Rechtsquelle 1 (↓) bei der Herstellung bzw. Verwendung bestimmter Stoffe, Gemische und Erzeugnisse mit biopersistenten Fasern Beschränkungen nach Rechtsquelle 2 (↓) beachten.
2. Insbesondere muss der Arbeitgeber gem. Rechtsquelle 2 (↓) sicherstellen, dass folgende mineralfaserhaltige Gefahrstoffe weder für die Wärme- und Schalldämmung im Hochbau, einschließlich technischer Isolierungen, noch für Lüftungsanlagen hergestellt oder verwendet werden dürfen:
   a) künstliche Mineralfasern (künstlich hergestellte ungerichtete glasige [Silikat-]Fasern mit einem Massengehalt von in der Summe über 18 Prozent der Oxide von Natrium, Kalium, Calcium, Magnesium und Barium),
   b) Gemische und Erzeugnisse, die künstliche Mineralfasern mit einem Massengehalt von insgesamt mehr als 0,1 Prozent enthalten.

Rechtsquellen: GefStoffV
1. § 16 Abs. 2 [Herstellungs- und Verwendungsbeschränkungen]
2. Anhang II Nr. 5 Abs. 1 [Besondere Herstellungs- und Verwendungsbeschränkungen für bestimmte Stoffe, Gemische und Erzeugnisse – Biopersistente Fasern]

Verstoß: strafbar gem. § 24 Abs. 2 Nr. 11 GefStoffV i. V. m. § 27 Abs. 1 Nr. 1, Abs. 2 bis 4 ChemG; wegen der Strafandrohung siehe unter Abschnitt 2.2.1 dieses Werkes.

2.1.5 Sanktions-/Pflichtenkatalog A-5 gem. Verordnung zur arbeitsmedizinischen Vorsorge (ArbMedVV)

2.1.5.1 Sanktionskatalog A-5 gem. § 10 ArbMedVV
→ vgl. auch § 1 ArbMedVV [Ziel und Anwendungsbereich]

Ordnungswidrigkeiten gem. § 10 Abs. 1 ArbMedVV

(1) Ordnungswidrig im Sinne des § 25 Abs. 1 Nr. 1 des Arbeitsschutzgesetzes[1] handelt, wer vorsätzlich oder fahrlässig   **Einzelpflicht**
1. entgegen § 4 Abs. 1 eine Pflichtvorsorge nicht oder nicht rechtzeitig   A-5.1
veranlasst,
2. entgegen § 4 Abs. 2 eine Tätigkeit ausüben lässt,   A-5.2
3. entgegen § 3 Absatz 4 Satz 1 Halbsatz 1 eine Vorsorgekartei nicht,   A-5.3
nicht richtig oder nicht vollständig führt oder
4. entgegen § 5 Abs. 1 Satz 1 eine Angebotsvorsorge nicht oder nicht   A-5.4
rechtzeitig anbietet.

Erläuterungen zu Sanktionen betr. § 10 Abs. 2 ArbMedVV:

(2) Wer durch eine in Absatz 1 bezeichnete vorsätzliche Handlung Leben oder Gesundheit eines oder einer Beschäftigten gefährdet, ist nach § 26 Nr. 2 des Arbeitsschutzgesetzes[2] strafbar.

---
[1] Das Bußgeld kann nach § 25 Abs. 2 ArbSchG bis zu 5.000 Euro betragen.
[2] Die Straftat kann mit Freiheitsstrafe bis zu einem Jahr oder mit Geldstrafe geahndet werden.

2.1.5.2 Pflichtenkatalog A-5 gem. § 10 ArbMedVV

A-5.1	Veranlassung einer Pflichtvorsorge

Einzelpflichtbeschreibung:

Der Arbeitgeber muss gem. nachstehender Rechtsquelle (↓) nach Maßgabe des Anhangs Pflichtvorsorge für die Beschäftigten veranlassen. Pflichtvorsorge muss vor Aufnahme der Tätigkeit und anschließend in regelmäßigen Abständen veranlasst werden.

Rechtsquelle: § 4 Abs. 1 ArbMedVV [Pflichtvorsorge]

Verstoß: ordnungswidrig gem. § 10 Abs. 1 Nr. 1 ArbMedVV i. V. m. § 25 Abs. 1 Nr. 1 ArbSchG – die Geldbuße kann bis zu 5.000 Euro betragen; ggf. strafbar gem. § 10 Abs. 2 ArbMedVV i. V. m. § 26 Nr. 2 ArbSchG – Freiheitsstrafe bis zu einem Jahr oder Geldstrafe

A-5.2	Beschäftigungsaufnahme erst nach Teilnahme an der Pflichtvorsorge

Einzelpflichtbeschreibung:

Der Arbeitgeber darf gem. nachstehender Rechtsquelle (↓) eine Tätigkeit nur ausüben lassen, wenn der oder die Beschäftigte an der Pflichtvorsorge teilgenommen hat.

Rechtsquelle: § 4 Abs. 2 ArbMedVV [Pflichtvorsorge]

Verstoß: ordnungswidrig gem. § 10 Abs. 1 Nr. 2 ArbMedVV i. V. m. § 25 Abs. 1 Nr. 1 ArbSchG – die Geldbuße kann bis zu 5.000 Euro betragen; ggf. strafbar gem. § 10 Abs. 2 ArbMedVV i. V. m. § 26 Nr. 2 ArbSchG – Freiheitsstrafe bis zu einem Jahr oder Geldstrafe

A-5.3	Führung der Vorsorgekartei mit Angaben zur arbeitsmedizinischen Vorsorge

Einzelpflichtbeschreibung:

Der Arbeitgeber muss gem. Rechtsquelle 1.1 (↓) eine Vorsorgekartei führen mit Angaben, dass, wann und aus welchen Anlässen arbeitsmedizinische Vorsorge stattgefunden hat; die Kartei kann automatisiert geführt werden.

Weiterführende Hinweise: gem. Rechtsquelle 1.2 (↓)

Die Angaben sind bis zur Beendigung des Beschäftigungsverhältnisses aufzubewahren und anschließend zu löschen, es sei denn, dass Rechtsvorschriften oder die nach Rechtsquelle 2 (↓) bekannt gegebenen Regeln etwas anderes bestimmen. Der Arbeitgeber hat der zuständigen Behörde auf Anordnung eine Kopie der Vorsorgekartei zu übermitteln. Bei Beendigung des Beschäftigungsverhältnisses hat der Arbeitgeber der betroffenen Person eine Kopie der sie betreffenden Angaben auszuhändigen; Rechtsquelle 3 (↓) bleibt unberührt.

Rechtsquellen:
1. § 3 Abs. 4 ArbMedVV [Allgemeine Pflichten des Arbeitgebers]
1.1 Satz 1
1.2 Satz 2 bis 4
2. § 9 Abs. 4 ArbMedVV [Ausschuss für Arbeitsmedizin]
3. § 34 BDSG [Auskunft an den Betroffen]

Verstoß: **ordnungswidrig** gem. § 10 Abs. 1 Nr. 3 ArbMedVV i. V. m. § 25 Abs. 1 Nr. 1 ArbSchG – die Geldbuße kann bis zu 5.000 Euro betragen; ggf. **strafbar** gem. § 10 Abs. 2 ArbMedVV i. V. m. § 26 Nr. 2 ArbSchG – Freiheitsstrafe bis zu einem Jahr oder Geldstrafe

A-5.4	Anbietung einer Angebotsvorsorge

Einzelpflichtbeschreibung:

Der Arbeitgeber muss den Beschäftigten gem. nachstehender Rechtsquelle (↓) Angebotsvorsorge nach Maßgabe des Anhangs anbieten.

Rechtsquelle: § 5 Abs. 1 Satz 1 ArbMedVV [Angebotsvorsorge]

Verstoß: **ordnungswidrig** gem. § 10 Abs. 1 Nr. 4 ArbMedVV i. V. m. § 25 Abs. 1 Nr. 1 ArbSchG – die Geldbuße kann bis zu 5.000 Euro betragen; ggf. **strafbar** gem. § 10 Abs. 2 ArbMedVV i. V. m. § 26 Nr. 2 ArbSchG – Freiheitsstrafe bis zu einem Jahr oder Geldstrafe

2.1.5.3 Anlage zu Pflichtenkatalog A-5

2.1.5.3.1 ArbMedVV, Anhang: Arbeitsmedizinische Pflicht- und Angebotsvorsorge

Teil 1 – Tätigkeiten mit Gefahrstoffen

(1) Pflichtvorsorge bei:

1. Tätigkeiten mit den Gefahrstoffen:
   - Acrylnitril,
   - Alkylquecksilberverbindungen,
   - Alveolengängiger Staub (A-Staub),
   - Aromatische Nitro- und Aminoverbindungen,
   - Arsen und Arsenverbindungen,
   - Asbest,
   - Benzol,
   - Beryllium,
   - Bleitetraethyl und Bleitetramethyl,
   - Cadmium und Cadmiumverbindungen,
   - Chrom-VI-Verbindungen,
   - Dimethylformamid,
   - Einatembarer Staub (E-Staub),
   - Fluor und anorganische Fluorverbindungen,
   - Glycerintrinitrat und Glykoldinitrat (Nitroglycerin/Nitroglykol),
   - Hartholzstaub,
   - Kohlenstoffdisulfid,
   - Kohlenmonoxid,
   - Methanol,
   - Nickel und Nickelverbindungen,
   - Polycyclische aromatische Kohlenwasserstoffe (Pyrolyseprodukte aus organischem Material),
   - weißer Phosphor (Tetraphosphor),
   - Platinverbindungen,
   - Quecksilber und anorganische Quecksilberverbindungen,
   - Schwefelwasserstoff,
   - Silikogener Staub,
   - Styrol,
   - Tetrachlorethen,
   - Toluol,
   - Trichlorethen,
   - Vinylchlorid,
   - Xylol (alle Isomere),

wenn
a) der Arbeitsplatzgrenzwert für den Gefahrstoff nach der Gefahrstoffverordnung nicht eingehalten wird,
b) eine wiederholte Exposition nicht ausgeschlossen werden kann und der Gefahrstoff ein krebserzeugender oder keimzellmutagener Stoff der Kategorie 1A oder 1B oder ein krebserzeugendes oder keimzellmutagenes Gemisch der Kategorie 1A oder 1B im Sinne der Gefahrstoffverordnung ist oder die Tätigkeiten mit dem Gefahrstoff als krebserzeugende Tätigkeiten oder Verfahren Kategorie 1A oder 1B im Sinne der Gefahrstoffverordnung bezeichnet werden oder
c) der Gefahrstoff hautresorptiv ist und eine Gesundheitsgefährdung durch Hautkontakt nicht ausgeschlossen werden kann;

2. *Sonstige Tätigkeiten mit Gefahrstoffen:*
   a) Feuchtarbeit von regelmäßig vier Stunden oder mehr je Tag,
   b) Schweißen und Trennen von Metallen bei Überschreitung einer Luftkonzentration von 3 Milligramm pro Kubikmeter Schweißrauch,
   c) Tätigkeiten mit Exposition gegenüber Getreide- und Futtermittelstäuben bei Überschreitung einer Luftkonzentration von 4 Milligramm pro Kubikmeter einatembarem Staub,
   d) Tätigkeiten mit Exposition gegenüber Isocyanaten, bei denen ein regelmäßiger Hautkontakt ausgeschlossen werden kann oder eine Luftkonzentration von 0,05 Milligramm pro Kubikmeter überschritten wird,
   e) Tätigkeiten mit einer Exposition mit Gesundheitsgefährdung durch Labortierstaub in Tierhaltungsräumen und -anlagen,
   f) Tätigkeiten mit Benutzung von Naturgummilatexhandschuhen mit mehr als 30 Mikrogramm Protein je Gramm im Handschuhmaterial,
   g) Tätigkeiten mit dermaler Gefährdung oder inhalativer Exposition mit Gesundheitsgefährdung, verursacht durch Bestandteile unausgehärteter Epoxidharze, insbesondere durch Versprühen von Epoxidharzen.
   h) Tätigkeiten mit Exposition gegenüber Blei und anorganischen Bleiverbindungen bei Überschreitung einer Luftkonzentration von 0,075 Milligramm pro Kubikmeter,
   i) Tätigkeiten mit Hochtemperaturwollen, soweit dabei als krebserzeugend Kategorie 1 oder 2 im Sinne der Gefahrstoffverordnung eingestufte Faserstäube freigesetzt werden können,
   j) Tätigkeiten mit Exposition gegenüber Mehlstaub bei Überschreitung einer Mehlstaubkonzentration von 4 Milligramm pro Kubikmeter Luft.

(2) **Angebotsvorsorge bei:**

1. Tätigkeiten mit den in Absatz 1 Nr. 1 genannten Gefahrstoffen, wenn eine Exposition nicht ausgeschlossen werden kann und der Arbeitgeber keine Pflichtvorsorge zu veranlassen hat;

2. Sonstige Tätigkeiten mit Gefahrstoffen:
   a) Schädlingsbekämpfung nach der Gefahrstoffverordnung,
   b) Begasungen nach der Gefahrstoffverordnung,
   c) Tätigkeiten mit folgenden Stoffen oder deren Gemischen: n-Hexan, n-Heptan, 2-Butanon, 2-Hexanon, Methanol, Ethanol, 2-Methoxyethanol, Benzol, Toluol, Xylol, Styrol, Dichlormethan, 1,1,1-Trichlorethan, Trichlorethen, Tetrachlorethen,
   d) Tätigkeiten mit einem Gefahrstoff, sofern der Gefahrstoff nicht in Absatz 1 Nummer 1 genannt ist, eine wiederholte Exposition nicht ausgeschlossen werden kann und
      aa) der Gefahrstoff ein krebserzeugender oder keimzellmutagener Stoff der Kategorie 1A oder 1B oder ein krebserzeugendes oder keimzellmutagenes Gemisch der Kategorie 1A oder 1B im Sinne der Gefahrstoffverordnung ist oder
      bb) die Tätigkeiten mit dem Gefahrstoff als krebserzeugende Tätigkeiten oder Verfahren Kategorie 1A oder 1B im Sinne der Gefahrstoffverordnung bezeichnet werden,
   e) Feuchtarbeit von regelmäßig mehr als zwei Stunden je Tag,
   f) Schweißen und Trennen von Metallen bei Einhaltung einer Luftkonzentration von 3 Milligramm pro Kubikmeter Schweißrauch,
   g) Tätigkeiten mit Exposition gegenüber Getreide- und Futtermittelstäuben bei Überschreitung einer Luftkonzentration von 1 Milligramm je Kubikmeter einatembarem Staub,
   h) Tätigkeiten mit Exposition gegenüber Isocyanaten, bei denen ein Hautkontakt nicht ausgeschlossen werden kann oder eine Luftkonzentration von 0,05 Milligramm pro Kubikmeter eingehalten wird,
   i) Tätigkeiten mit Exposition gegenüber Blei und anorganischen Bleiverbindungen bei Einhaltung einer Luftkonzentration von 0,075 Milligramm pro Kubikmeter,
   j) Tätigkeiten mit Exposition gegenüber Mehlstaub bei Einhaltung einer Mehlstaubkonzentration von 4 Milligramm pro Kubikmeter Luft,
   k) Tätigkeiten mit Exposition gegenüber sonstigen atemwegssensibilisierend oder hautsensibilisierend wirkenden Stoffen, für die nach Absatz 1, Nummer 1 oder Buchstabe a bis j keine arbeitsmedizinische Vorsorge vorgesehen ist.

Sanktions-/Pflichtenkataloge gem. ArbMedVV

(3)	**Anlässe für nachgehende Vorsorge:**
1.	Tätigkeiten mit Exposition gegenüber einem Gefahrstoff, sofern a) der Gefahrstoff ein krebserzeugender oder keimzellmutagener Stoff der Kategorie 1A oder 1B oder ein krebserzeugendes oder keimzellmutagenes Gemisch der Kategorie 1A oder 1B im Sinne der Gefahrstoffverordnung ist oder b) die Tätigkeiten mit dem Gefahrstoff als krebserzeugende Tätigkeiten oder Verfahren Kategorie 1A oder 1B im Sinne der Gefahrstoffverordnung bezeichnet werden;
2.	Tätigkeiten mit Exposition gegenüber Blei oder anorganischen Bleiverbindungen;
3.	Tätigkeiten mit Hochtemperaturwollen nach Absatz 1 Nummer 2 Buchstabe i.
(4)	**Abweichungen:** Vorsorge nach den Absätzen 1 bis 3 muss nicht veranlasst oder angeboten werden, wenn und soweit die auf der Grundlage von § 9 Absatz 3 Satz 1 Nummer 1 ermittelten und nach § 9 Absatz 4 bekannt gegebenen Regeln etwas anderes bestimmen.

2.1.5.3.2 DGUV-Informationen betr. Untersuchungen gem. ArbMedVV

Handlungsanleitungen für die arbeitsmedizinische Vorsorge nach dem Berufsgenossenschaftlichen Grundsatz für Stoffe der DGUV-Informationsserie 250-400 ff.		DGUV-Information
1,3-Butadien	G 40[1]	250-444
1-Chlor-2,3-epoxypropan (Epichlorhydrin)	G 40[1]	250-445
Acrylnitril	G 40[1]	250-441
Aromatische Nitro- oder Aminoverbindungen	G 33	250-434
Arsen oder seine Verbindungen (mit Ausnahme Arsenwasserstoff)	G 16	250-416
Atemwegsensibilisierende Stoffe und Stoffgruppen	G 23[2]	250-426
Atemwegreizende Stoffe (chemisch-irritative und chemisch-toxische)	G 23[2]	250-425
Benzolhomologe (Toluol, Xylole)	G 29	250-430
Benzol	G 8	250-409
Beryllium	G 40[1]	250-443
Blei oder seine Verbindungen (mit Ausnahme der Bleialkyle)	G 2	250-404
Bleialkyle	G 3	250-405
Cadmium oder seine Verbindungen	G 32	250-433
Chrom-VI-Verbindungen	G 15	250-415
Cobalt oder seine Verbindungen (bioverfügbar, in Form atembarer Aerosole)	G 40[1]	250-446
Dimethylformamid	G 19	250-417
Dimethylsulfat	G 40[1]	250-447
Fluor oder seine anorganischen Verbindungen	G 34	250-435
Glykoldinitrat oder Glycerintrinitrat (Nitroglykol oder Nitroglycerin)	G 5	250-406
Hartholzstäube	G 44	250-451
Hydrazin	G 40[1]	250-448
Isocyanate	G 27	250-429
Kohlendisulfid (Schwefelkohlenstoff)	G 6	250-407
Kohlenmonoxid	G 7	250-408
Methanol	G 10	250-411
Mineralischer Staub: Teil 1: Quarzhaltiger Staub	G 1.1	250-401
Mineralischer Staub: Teil 2: Asbesthaltiger Straub	G 1.2	250-402
Nickel oder seine Verbindungen	G 38	250-439
Phosphor (weißer)	G 12	250-413

[1] krebserzeugende und keimzellmutagene Stoffe allgemein
[2] obstruktive Atemwegserkrankungen

Sanktions-/Pflichtenkataloge gem. ArbMedVV

Handlungsanleitungen für die arbeitsmedizinische Vorsorge nach dem Berufsgenossenschaftlichen Grundsatz für Stoffe der DGUV-Informationsserie 250-400 ff.		DGUV-Information
Polycyclische aromatische Kohlenwasserstoffe	G 40[1]	250-442
Quecksilber oder seine Verbindungen	G 9	250-410
Schwefelwasserstoff	G 11	250-412
Schweißrauche	G 39	250-440
Staubbelastung	G 1.4	250-403
Styrol	G 45	250-452
Trichlorethen (Trichlorethylen) und andere Chlorkohlenwasserstoff-Lösungsmittel	G 14	250-414
Unausgehärtete Epoxidharze	G 23[2]	250-424
Vinylchlorid	G 36	250-437

2.1.5.3.3 Übersicht der Arbeitsmedizinische Richtlinien (AMR)

AMR Nr. 2.1	Fristen für die Veranlassung/das Angebot von arbeitsmedizinischen Vorsorgeuntersuchungen
AMR Nr. 3.1	Erforderliche Auskünfte/Informationsbeschaffung über die Arbeitsplatzverhältnisse
AMR Nr. 5.1	Anforderungen an das Angebot von arbeitsmedizinischer Vorsorge
AMR Nr. 6.1	Fristen für die Aufbewahrung ärztlicher Unterlagen
AMR Nr. 6.2	Biomonitoring
AMR Nr. 6.3	Vorsorgebescheinigung
AMR Nr. 6.4	Mitteilungen an den Arbeitgeber nach § 6 Abs. 4 ArbMedVV
AMR Nr. 13.1	Tätigkeiten mit extremer Hitzebelastung, die zu einer besonderen Gefährdung führen können
AMR Nr. 14.1	Angemessene Untersuchung der Augen und des Sehvermögens
AMR Nr. 14.2	Einteilung von Atemschutzgeräten in Gruppen

---

[1] krebserzeugende und keimzellmutagene Stoffe allgemein
[2] obstruktive Atemwegserkrankungen

2.2 Sanktions- und Pflichtenkataloge zum ChemG und zu weiteren Verordnungen zum ChemG [Pflichtenkataloge B-1 bis B-8]

2.2.1 Sanktions- und Pflichtenkatalog B-1 gem. § 26 ChemG [Bußgeldvorschriften]

Vorbemerkungen

Nachfolgend werden die Sanktionsvorschriften zum ChemG vorgestellt; anschließend sind die daraus abzuleitenden Einzelpflichten mit Kurzschlagwort dargestellt. Auf die in diesem Werk behandelten Pflichtenkataloge zu den chemikalienrechtlichen Verordnungen, die sanktionsrechtlich mit dem ChemG verbunden sind, wird in Fußnoten verwiesen.

2.2.1.1 Sanktionskatalog B-1 – ChemG

2.2.1.1.1 Sanktionskatalog B-1-1 gem. § 26 ChemG [Bußgeldvorschriften]

(1) Ordnungswidrig handelt, wer vorsätzlich oder fahrlässig | Einzelpflicht
1. – *weggefallen* – | k. A.
1a. – *weggefallen* – | k. A.
1b. – *weggefallen* – | k. A.
2. – *weggefallen* – | k. A.
3. – *weggefallen* – | k. A.
4. einer vollziehbaren Anordnung nach § 12g Absatz 1 Satz 1 zuwiderhandelt, | B-1-1.4[1]
5. a) entgegen § 13 Absatz 2 in Verbindung mit einer Rechtsverordnung nach § 14 Absatz 1 Nummer 1, 2 oder Nummer 3 Buchstabe c, jeweils auch in Verbindung mit § 14 Absatz 3, einen Stoff oder ein Gemisch nicht, nicht richtig, nicht vollständig, nicht in der vorgeschriebenen Weise oder nicht rechtzeitig einstuft, | B-1-1.5.a)
b) entgegen § 13 Absatz 3 Satz 1 in Verbindung mit einer Rechtsverordnung nach § 14 Absatz 1 Nummer 3 Buchstabe a, d oder Buchstabe e, jeweils auch in Verbindung mit § 14 Absatz 3, einen Stoff oder ein Gemisch nicht, nicht richtig, nicht vollständig, nicht in der vorgeschriebenen Weise oder nicht rechtzeitig kennzeichnet oder nicht, nicht richtig, nicht vollständig, nicht in der vorgeschriebenen Weise oder nicht rechtzeitig verpackt oder | B-1-1.5.b)
c) einer Rechtsverordnung nach § 14 Absatz 1 Nummer 3 Buchstabe a, b, d, e oder Buchstabe f oder Absatz 2 Satz 2 zuwiderhandelt, soweit sie für einen bestimmten Tatbestand auf diese Bußgeldvorschrift verweist, | B-1-1.5.c)[2]
5a. – *weggefallen* – | –
6. einer Rechtsverordnung nach § 16d zuwiderhandelt, soweit sie für einen bestimmten Tatbestand auf diese Bußgeldvorschrift verweist, | B-1-1.6
6a. entgegen § 16e Absatz 1 Satz 1 oder Satz 3, jeweils auch in Verbindung mit einer Rechtsverordnung nach Absatz 5 Nummer 2 oder | B-1-1.6a[3]

---

[1] In Verbindung mit B-7
[2] In Verbindung mit B-2-1, B-4-1-1 und B-6
[3] In Verbindung mit B-8

Nummer 3, eine Mitteilung nicht, nicht richtig, nicht vollständig oder nicht rechtzeitig macht,

6b. – *weggefallen* –   –

7. einer Rechtsverordnung nach
   a) § 17 Absatz 1 Nummer 1 Buchstabe b oder Nummer 2 Buchsta-   **B-1-1.7.a)**[1]
      be a, c oder d, jeweils auch in Verbindung mit Abs. 3 Satz 1,
   b) § 17 Absatz 1 Nummer 1 Buchstabe c, auch in Verbindung mit   **B-1-1.7.b)**[2]
      Absatz 3 Satz 1, oder
   c) § 17 Absatz 5   **B-1-1.7.c)**[3]
   zuwiderhandelt, soweit sie für einen bestimmten Tatbestand auf diese Bußgeldvorschrift verweist,

8. einer Rechtsverordnung nach
   a) § 18 Absatz 1 über giftige Tiere und Pflanzen,   **B-1-1.8.a)**[4]
   b) § 19 Absatz 1 in Verbindung mit Abs. 3 über Maßnahmen zum   **B-1-1.8.b)**[4]
      Schutz von Beschäftigten
   zuwiderhandelt, soweit sie für einen bestimmten Tatbestand auf diese Bußgeldvorschrift verweist,

8a. – *weggefallen* –   –

9. entgegen § 21 Absatz 3 eine Auskunft trotz Anmahnung nicht er-   **B-1-1.9**
   teilt, entgegen § 21 Absatz 4 Satz 1 Nummer 2 Unterlagen nicht vorlegt oder einer Pflicht nach § 21 Absatz 4 Satz 3 nicht nachkommt,

10. einer vollziehbaren Anordnung
    a) nach § 23 Absatz 1 oder   **B-1-1.10.a)**
    b) nach § 23 Absatz 2 Satz 3 in Verbindung mit Satz 1 über das **B-1-1.10.b)**
       Herstellen, das Inverkehrbringen oder das Verwenden von Stoffen, Gemischen oder Erzeugnissen
    zuwiderhandelt,

10a. einer Rechtsverordnung nach § 28 Absatz 11 über Zulassungs-   **B-1-1.10a**
     oder Meldepflichten für bestimmte Biozid-Produkte zuwiderhandelt, soweit sie für einen bestimmten Tatbestand auf diese Bußgeldvorschrift verweist, oder

11. einer unmittelbar geltenden Vorschrift in Rechtsakten der Europä-   **B-1-1.11**[5]
    ischen Gemeinschaften oder der Europäischen Union zuwiderhandelt, die Sachbereiche dieses Gesetzes betrifft, soweit eine Rechtsverordnung nach Satz 2 für einen bestimmten Tatbestand auf diese Bußgeldvorschrift verweist und die Zuwiderhandlung nicht nach § 27 Absatz. 1 Nummer 3 oder Absatz 2 als Straftat geahndet werden kann. Die Bundesregierung wird ermächtigt, durch Rechtsverordnung mit Zustimmung des Bundesrates die einzelnen Tatbestände der Rechtsakte, die nach Satz 1 als Ordnungswidrigkeiten mit Geldbuße geahndet werden können, zu bezeichnen, soweit dies zur Durchführung der Rechtsakte erforderlich ist.

(2) Die Ordnungswidrigkeit kann in den Fällen des Absatzes 1 Nummer 7 Buchstabe b mit einer Geldbuße bis zu zweihunderttausend Euro, in den Fällen des Absatzes 1 Nummer 4, 5, 6, 7 Buchstabe a, Nummer 8 Buchstabe b, Nummer 10 und 11 mit einer Geld-

---

[1] In Verbindung mit A-4-1, B-3-1, B-4-1-2 und B-5-1
[2] In Verbindung mit B-5.2
[3] In Verbindung mit B-3-2 und B-5.3
[4] In Verbindung mit A-1, A-2-1 und D-3-3
[5] In Verbindung mit C-1-2, C-3-2, C-5-2, C-6, C-7-2, C-8, C-9-2 und C-10-2

buße bis zu fünfzigtausend Euro und in den übrigen Fällen mit einer Geldbuße bis zu zehntausend Euro geahndet werden.

(3) Verwaltungsbehörde im Sinne des § 36 Absatz 1 Nummer 1 des Gesetzes über Ordnungswidrigkeiten ist
1. in den Fällen des Absatzes 1 Nummer 9 in Verbindung mit § 21 Absatz 3 Satz 2
   a) die Bundesstelle für Chemikalien für ihren Geschäftsbereich gemäß § 21 Absatz 2 Satz 2 oder
   b) die in der Rechtsverordnung nach § 21 Absatz 2a bezeichnete Bundesbehörde, soweit ihr die in § 21 Absatz 3 Satz 1 bezeichneten Befugnisse zustehen,
2. – *weggefallen* –
3. im Übrigen die nach Landesrecht zuständige Behörde.

2.2.1.1.2 Sanktionskatalog B-1-2 gem. § 27 ChemG [Strafvorschriften]

(1) Mit Freiheitsstrafe bis zu zwei Jahren oder mit Geldstrafe wird bestraft, wer	Einzelpflicht
1. einer Rechtsverordnung nach § 17 Absatz 1 Nummer 1 Buchstabe a, Nummer 2 Buchstabe b oder Nummer 3, jeweils auch in Verbindung mit Absatz 2, 3 Satz 1, Absatz 4 oder 6 über das Herstellen, das Inverkehrbringen oder das Verwenden dort bezeichneter Stoffe, Gemische, Erzeugnisse, Biozid-Wirkstoffe oder Biozid-Produkte zuwiderhandelt, soweit sie für einen bestimmten Tatbestand auf diese Strafvorschrift verweist,	B-1-2.1[1)]
2. einer vollziehbaren Anordnung nach § 23 Absatz 2 Satz 1 über das Herstellen, das Inverkehrbringen oder das Verwenden gefährlicher Stoffe, Gemische oder Erzeugnisse zuwiderhandelt oder	B-1-2.2
3. einer unmittelbar geltenden Vorschrift in Rechtsakten der Europäischen Gemeinschaften oder der Europäischen Union zuwiderhandelt, die inhaltlich einer Regelung entspricht, zu der die in Nummer 1 genannten Vorschriften ermächtigen, soweit eine Rechtsverordnung nach Satz 2 für einen bestimmten Tatbestand auf diese Strafvorschrift verweist.	B-1-2.3[2)]

Die Bundesregierung wird ermächtigt, soweit dies zur Durchsetzung der Rechtsakte der Europäischen Gemeinschaften oder der Europäischen Union erforderlich ist, durch Rechtsverordnung mit Zustimmung des Bundesrates die Tatbestände zu bezeichnen, die als Straftat nach Satz 1 zu ahnden sind.

(1a) Mit Freiheitsstrafe bis zu drei Jahren oder mit Geldstrafe wird bestraft, wer eine in Absatz 1 Nummer 3 Satzteil vor Satz 2 bezeichnete Handlung dadurch begeht, dass er einen Bedarfsgegenstand im Sinne des § 2 Absatz 6 des Lebensmittel- und Futtermittelgesetzbuches herstellt oder in Verkehr bringt.

(2) Mit Freiheitsstrafe bis zu fünf Jahren oder mit Geldstrafe wird bestraft, wer durch eine in Absatz 1 oder Absatz 1a oder eine in § 26 Absatz 1 Nummer 4, 5, 7 Buchstabe b, Nummer 8 Buchstabe b, Nummer 10 oder Nummer 11 bezeichnete vorsätzliche Handlung das Leben oder die Gesundheit eines anderen oder fremde Sachen von bedeutendem Wert gefährdet.

[1)] In Verbindung mit A-4-2 und B-2-2
[2)] In Verbindung mit C-1-1, C-3-1, C-5-1, C-7-1, C-9-1 und C-10-1

(3) Der Versuch ist strafbar.

(4) Handelt der Täter fahrlässig, so ist die Strafe
1. in den Fällen des Absatzes 1 oder Absatzes 1a Freiheitsstrafe bis zu einem Jahr oder Geldstrafe,
2. in den Fällen des Absatzes 2 Freiheitsstrafe bis zu zwei Jahren oder Geldstrafe.

(5) Das Gericht kann von Strafe nach Absatz 2 absehen, wenn der Täter freiwillig die Gefahr abwendet, bevor ein erheblicher Schaden entsteht. Unter denselben Voraussetzungen wird der Täter nicht nach Absatz 4 Nummer 2 bestraft. Wird ohne Zutun des Täters die Gefahr abgewendet, so genügt sein freiwilliges und ernsthaftes Bemühen, dieses Ziel zu erreichen.

(6) Die Absätze 1 bis 5 gelten nicht, wenn die Tat nach den §§ 328, 330 oder 330a des Strafgesetzbuches mit gleicher oder schwererer Strafe bedroht ist.

2.2.1.1.3 Sanktionskatalog B-1-3 gem. § 27a ChemG
[Unwahre GLP-Erklärungen, Erschleichen der GLP-Bescheinigung]

(1) Wer zur Täuschung im Rechtsverkehr die Erklärung nach § 19a Absatz 2 Satz 2 Nummer 2 der Wahrheit zuwider abgibt oder eine unwahre Erklärung gebraucht, wird mit Freiheitsstrafe bis zu fünf Jahren oder mit Geldstrafe bestraft.

Einzelpflicht
B-1-3.1

(2) Ein Amtsträger, der innerhalb seiner Zuständigkeit eine unwahre Bescheinigung nach § 19b Absatz 1 oder eine unwahre Bestätigung nach § 19b Absatz 2 Nummer 3 erteilt, wird mit Freiheitsstrafe bis zu fünf Jahren oder mit Geldstrafe bestraft.

B-1-3.2

(3) Wer bewirkt, dass eine unwahre Bescheinigung oder Bestätigung nach § 19b erteilt wird, oder wer eine solche Bescheinigung oder Bestätigung zur Täuschung im Rechtsverkehr gebraucht, wird mit Freiheitsstrafe bis zu einem Jahr oder mit Geldstrafe bestraft.

B-1-3.3

(4) Der Versuch ist strafbar.

2.2.1.1.4 Sanktionskatalog B-1-4 gem. § 27b ChemG
[Zuwiderhandlungen gegen die Verordnung (EG) Nr. 1907/2006]

(1) Mit Freiheitsstrafe bis zu zwei Jahren oder mit Geldstrafe wird bestraft, wer gegen die Verordnung (EG) Nr. 1907/2006 des Europäischen Parlaments und des Rates vom 18. Dezember 2006 zur Registrierung, Bewertung, Zulassung und Beschränkung chemischer Stoffe (REACH), zur Schaffung einer Europäischen Chemikalienagentur, zur Änderung der Richtlinie 1999/45/EG und zur Aufhebung der Verordnung (EWG) Nr. 793/93 des Rates, der Verordnung (EG) Nr. 1488/94 der Kommission, der Richtlinie 76/769/EWG des Rates sowie der Richtlinien 91/155/EWG, 93/67/EWG, 93/105/EG und 2000/21/EG der Kommission (ABl. EU Nr. L 396 S. 1, 2007 Nr. L 136 S. 3) verstößt, indem er
1. entgegen Artikel 5 einen Stoff als solchen, in einem Gemisch oder in einem Erzeugnis herstellt oder in Verkehr bringt,
2. in einem Registrierungsdossier nach Artikel 6 Absatz 1 oder Absatz 3 oder Artikel 7 Absatz 1 Satz 1 oder Absatz 5 Satz 1 oder in einem Zulassungsantrag nach Artikel 62 Absatz 1 in Verbindung mit Absatz 4 eine Angabe nicht richtig oder nicht vollständig macht,

Einzelpflicht

B-1-4.1

B-1-4.2

3. entgegen Artikel 37 Absatz 4 in Verbindung mit Artikel 39 Absatz 1   **B-1-4.3**
   einen Stoffsicherheitsbericht nicht, nicht richtig, nicht vollständig
   oder nicht rechtzeitig erstellt oder
4. entgegen Artikel 56 Absatz 1 einen dort genannten Stoff zur Verwen-   **B-1-4.4**
   dung in Verkehr bringt oder selbst verwendet.

(2) Der Versuch ist strafbar.

(3) Mit Freiheitsstrafe bis zu fünf Jahren oder mit Geldstrafe wird bestraft, wer durch eine in Absatz 1 bezeichnete Handlung das Leben oder die Gesundheit eines anderen oder fremde Sachen von bedeutendem Wert gefährdet.

(4) Handelt der Täter in den Fällen des Absatzes 1 Nummer 4 fahrlässig, so ist die Strafe Freiheitsstrafe bis zu einem Jahr oder Geldstrafe.

(5) Ordnungswidrig handelt, wer eine in Absatz 1 Nummer 1, 2 oder Nummer 3 bezeichnete Handlung fahrlässig begeht. Die Ordnungswidrigkeit kann mit einer Geldbuße bis zu hunderttausend Euro geahndet werden.

2.2.1.1.5 Sanktionskatalog B-1-5 gem. § 27c ChemG
[Strafbewehrte Zuwiderhandlungen gegen Abgabevorschriften]

(1) Mit Freiheitsstrafe bis zu zwei Jahren oder mit Geldstrafe wird be-   **Einzelpflicht**
straft, wer eine in § 26 Absatz 1 Nummer 7 Buchstabe b bezeichnete vor-   **B-1-5**
sätzliche Handlung begeht, obwohl er weiß, dass der gefährliche Stoff, das
gefährliche Gemisch oder das Erzeugnis für eine rechtswidrige Tat, die den
Tatbestand eines Strafgesetzes verwirklicht, verwendet werden soll.

(2) Erkennt der Täter in den Fällen des Absatzes 1 leichtfertig nicht, dass der gefährliche Stoff, das gefährliche Gemisch oder das Erzeugnis für eine rechtswidrige Tat, die den Tatbestand eines Strafgesetzes verwirklicht, verwendet werden soll, so ist die Strafe Freiheitsstrafe bis zu einem Jahr oder Geldstrafe.

2.2.1.1.6 Weitere Sanktionsfolgen gem. § 27d ChemG
[Einziehung]

Gegenstände, auf die sich eine Straftat nach den §§ 27, 27b Absatz 1 bis 4 oder § 27c oder eine Ordnungswidrigkeit nach § 26 Absatz 1 Nummer 4, 5, 7 Buchstabe a oder Buchstabe b, Nummer 10 oder Nummer 11 oder § 27b Absatz 5 Satz 1 bezieht, können eingezogen werden. § 74a des Strafgesetzbuches und § 23 des Gesetzes über Ordnungswidrigkeiten sind anzuwenden.

2.2.1.2 Pflichtenkatalog B-1 – ChemG [Kurzfassung]

2.2.1.2.1 Pflichtenblock B-1: bußgeldbewehrte Pflichten gem. § 26 Abs. 1 ChemG

B-1-1.1 B-1-1.1a B-1-1.1b B-1-1.2 B-1-1.3	*(nicht besetzt)*
B-1-1.4	**Bestehen auf der Grundlage neuer Tatsachen berechtigte Gründe zu der Annahme, dass ein Biozid-Produkt, das nach der Verordnung (EU) Nr. 528/2012 zugelassen wurde, ein unmittelbares oder langfristiges gravierendes Risiko für die Gesundheit von Menschen**

	oder Tieren, insbesondere für gefährdete Gruppen, oder für die Umwelt darstellt, können vollziehbare Anordnungen mit folgendem Inhalt erlassen werden: – Untersagung der Bereitstellung des Biozid-Produkts auf dem Markt bzw. – Auflagen betr. Einhaltung bestimmter Voraussetzungen Diese Anordnungen sind zu beachten.
B-1-1.5.a)	Beachtung der Einstufungs-, Verpackungs- und Kennzeichnungsvorschriften betr. Stoffe, Gemische, Biozid-Wirkstoffe, Biozid-Produkte bzw. Erzeugnisse
B-1-1.5.b)	Beachtung der Verpackungs- und Kennzeichnungsvorschriften betr. Stoffe, Gemische, Biozid-Wirkstoffe, Biozid-Produkte bzw. Erzeugnisse beim Inverkehrbringen
B-1-1.5.c)	Beachtung von Vorschriften nach Rechtsverordnungen über die Verpackung/Kennzeichnung über die Mitlieferung bestimmter Angaben/Empfehlungen
B-1-1.6	Beachtung von Mitteilungspflichten aufgrund von Rechtsverordnungen bei Gemischen, soweit mit Sanktionen belegt
B-1-1.6a	Beachtung von Mitteilungspflichten aufgrund von Rechtsverordnungen für die Informations- und Behandlungszentren für Vergiftungen, soweit mit Sanktionen belegt
B-1-1.7.a)	Beachtung von Verbotsvorschriften und Beschränkungen betr. bestimmte gefährliche Stoffe, gefährliche Gemische oder Erzeugnisse aufgrund von Rechtsverordnungen
B-1-1.7.b)	Beachtung von Verbotsvorschriften und Beschränkungen zur Abgabe bestimmter gefährlicher Stoffe, Gemische oder Erzeugnisse aufgrund von Rechtsverordnungen
B-1-1.7.c)	Beachtung von in Verbotsvorschriften/Beschränkungen festgelegten Methoden zur Überprüfung der Einhaltung von Bestimmungen aufgrund von Rechtsverordnungen
B-1-1.8.a)	Beachtung von Vorschriften zum Schutz von Leben oder Gesundheit des Menschen unter Berücksichtigung der Belange des Natur- und Tierschutzes aufgrund von Rechtsverordnungen
B-1-1.8.b)	Beachtung von Vorschriften betr. Maßnahmen zum Schutz von Beschäftigten aufgrund von Rechtsverordnungen
B-1-1.9	Auskunftserteilung/Vorlage von Unterlagen zur Durchführung bestehender chemikalienrechtlicher Gesetze, verbundener Rechtsverordnungen sowie EG-Verordnungen
B-1-1.10.a)	Befolgung vollziehbarer behördlicher Anordnungen zur Beseitigung festgestellter oder zur Verhütung künftiger Verstöße
B-1-1.10.b)	Befolgung vollziehbarer Anordnungen betr. das Herstellen, Inverkehrbringen oder Verwenden von Stoffen, Gemischen oder Erzeugnissen
B-1-1.10a	Beachtung der Zulassungs- oder Meldepflichten für bestimmte Biozid-Produkte

B-1-1.11	Beachtung chemikalienrechtlicher Vorschriften aufgrund von EU-Rechtsakten (soweit sanktioniert)

2.2.1.2.2 Pflichtenblock B-1-2: strafbewehrte Pflichten gem. § 27 ChemG [Strafvorschriften]

2.2.1.2.2.1 § 27 Abs. 1 ChemG

B-1-2.1	Verbote und Beschränkungen über das Herstellen, das Inverkehrbringen oder das Verwenden bestimmter Stoffe, Gemische, Erzeugnisse, Biozid-Wirkstoffe oder Biozid-Produkte aufgrund von Rechtsverordnungen
B-1-2.2	Beachtung vollziehbarer Anordnungen betr. das Herstellen, Inverkehrbringen oder Verwenden gefährlicher Stoffe, Gemische oder Erzeugnisse
B-1-2.3	Beachtung von Vorschriften betr. Verbote und Beschränkungen über das Herstellen, Inverkehrbringen oder Verwenden bestimmter Stoffe, Gemische, Erzeugnisse, Biozid-Wirkstoffe oder Biozid-Produkte aufgrund von Rechtsverordnungen [betr. die Durchsetzung von EG-Rechtsakten]

2.2.1.2.2.2 Pflichtenblock B-1-2a: strafbewehrte Pflichten gem. § 27 Abs. 1a ChemG[1)]

B-1-2a	Beachtung der in Einzelpflicht B-1-2-3 genannten Rechtsvorschriften und Rechtsfolgen grundsätzlich auch beim Herstellen und Inverkehrbringen von Bedarfsgegenständen nach § 2 Abs. 6 Lebensmittel- und Futtermittelgesetzbuch

2.2.1.2.3 Pflichtenblock B-1-3: strafbewehrte Pflichten gem. § 27a Abs. 1 bis Abs. 2 ChemG [Unwahre GLP-Erklärungen, Erschleichen der GLP-Bescheinigung]

B-1-3.1	Abgabe richtiger (wahrer) Erklärungen zur Erlangung einer GLP-Bescheinigung (GLP – Gute Laborpraxis) durch den Antragsteller
B-1-3.2	Erteilung einer richtigen (wahren) GLP-Bescheinigung bzw. GLP-Bestätigung (GLP – Gute-Laborpraxis)

[1)] zu Einzelpflicht B1-2a: dort: „Bedarfsgegenstände" gem. § 2 Abs. 6 [Begriffsbestimmungen] Lebensmittel- und Futtermittelgesetzbuch:
  1. Materialien und Gegenstände im Sinne des Art. 1 Abs. 2 der VO (EG) Nr. 1935/2004 [...] über Materialien und Gegenstände, die dazu bestimmt sind, mit Lebensmitteln in Berührung zu kommen [...]
  2. Packungen, Behältnisse oder sonstige Umhüllungen, die dazu bestimmt sind, mit kosmetischen Mitteln in Berührung zu kommen,
  3. Gegenstände, die dazu bestimmt sind, mit den Schleimhäuten des Mundes in Berührung zu kommen,
  4. Gegenstände, die zur Körperpflege bestimmt sind,
  5. Spielwaren und Scherzartikel,
  6. Gegenstände, die dazu bestimmt sind, nicht nur vorübergehend mit dem menschlichen Körper in Berührung zu kommen, wie Bekleidungsgegenstände, Bettwäsche, Masken, Perücken, Haarteile, künstliche Wimpern, Armbänder,
  7. Reinigungs- und Pflegemittel, die für den häuslichen Bedarf oder für Bedarfsgegenstände im Sinne der Nummer 1 bestimmt sind,
  8. Imprägnierungsmittel und sonstige Ausrüstungsmittel für Bedarfsgegenstände im Sinne der Nummer 6, die für den häuslichen Bedarf bestimmt sind,
  9. Mittel und Gegenstände zur Geruchsverbesserung in Räumen, die zum Aufenthalt von Menschen bestimmt sind. [...]

B-1-3.3	Antragstellung auf Erteilung einer GLP-Bescheinigung bzw. GLP-Bestätigung mit wahren Inhalten sowie keine missbräuchliche Verwendung der Bescheinigung/Bestätigung

2.2.1.2.4 Pflichtenblock B-1-4: strafbewehrte Pflichten gem. § 27b Abs. 1 ChemG zur Verordnung (EG) Nr. 1907/2006 (REACH)
[Zuwiderhandlungen gegen dieVerordnung (EG) Nr. 1907/2006 (REACH)]

B-1-4.1	Registrierungspflicht vor Herstellung/vor dem Inverkehrbringen
B-1-4.2	Angabe erforderlicher Daten betr. Registrierungsdossier/Zulassungsantrag
B-1-4.3	Einhaltung der Vorschriften betr. die Erstellung eines Stoffsicherheitsberichts
B-1-4.4	Einhaltung von Bedingungen für das Inverkehrbringen/Verwenden zulassungspflichtiger Stoffe

2.2.1.2.5 Pflichtenblock B-1-5; strafbewehrte Pflichten gem. § 27c ChemG
[Zuwiderhandlungen gegen Abgabevorschriften]

B-1-5	Beachtung der Abgabevorschriften für gefährliche Stoffe, Gemische oder Erzeugnisse

2.2.2 Sanktions-/Pflichtenkatalog B-2 gem. Lösemittelhaltige Farben- und Lack-Verordnung (ChemVOCFarbV)

2.2.2.1 Sanktionskatalog B-2 gem. ChemVOCFarbV

Ordnungswidrigkeiten gem. § 6 ChemVOCFarbV[1]

Ordnungswidrig im Sinne des § 26 Abs. 1 Nr. 5 Buchstabe c des Chemikaliengesetzes handelt, wer vorsätzlich oder fahrlässig entgegen § 4 ein Produkt nicht, nicht richtig, nicht vollständig oder nicht rechtzeitig mit einem Etikett versieht.

Einzelpflicht B-2-1

Straftaten gem. § 7 ChemVOCFarbV[2]

Nach § 27 Abs. 1 Nr. 1, Abs. 2 bis 4 des Chemikaliengesetzes wird bestraft, wer entgegen § 3 Abs. 1 eine Farbe, einen Lack oder ein Produkt in den Verkehr bringt.

Einzelpflicht B-2-2

2.2.2.2 Pflichtenkatalog B-2 gem. ChemVOCFarbV

B-2-1	Kennzeichnung gebrauchsfertiger Produkte mittels Etikett

Einzelpflichtbeschreibung:

Hersteller bzw. Einführer müssen gem. Rechtsquelle 1 (↓) die in Rechtsquelle 2 (↓) aufgeführten gebrauchsfertigen Produkte vor dem Inverkehrbringen, unbeschadet anderer Kennzeichnungsvorschriften, rechtzeitig mit einem Etikett versehen, auf dem die Angaben gem. Rechtsquelle 1 (↓) (2. Halbsatz) waagrecht und deutlich lesbar angebracht sind.

---

[1] Wegen der Höhe des Bußgeldes siehe Abschnitt 2.2.1.1.1 (ChemG) dieses Werkes.
[2] Wegen der Höhe des Strafmaßes siehe Abschnitt 2.2.1.1.2 (ChemG) dieses Werkes.

Weiterführende Hinweise: zu Rechtsquelle 1 (2. Halbsatz)

Folgende Angaben sind anzubringen:
a) die Produktionskategorie des gebrauchsfertigen Produktes und die entsprechenden Grenzwerte für flüchtige Verbindungen in g/l gemäß Rechtsquelle 3 (↓);
b) den maximalen Gehalt an flüchtigen organischen Verbindungen des gebrauchsfertigen Produktes in g/l

Rechtsquellen: ChemVOCFarbV
1. § 4 [Kennzeichnung]
2. Anhang I [Geregelte gebrauchsfertige Produkte]
3. Anhang II [Grenzwerte für den VOC-Höchstgehalt]

Verstoß: ordnungswidrig gem. § 6 ChemVOCFarbV i. V. m. § 26 Abs. 1 Nr. 5 Buchstabe c ChemG; wegen der Bußgeldhöhe siehe unter Abschnitt 2.2.1 dieses Werkes.

B-2-2	Unterlassen des Inverkehrbringens bei Grenzwertüberschreitung

Einzelpflichtbeschreibung:

Inverkehrbringer von Farben, Lacken oder Produkten, die gem. Rechtsquelle 1 (↓) den Vorschriften gem. Rechtsquelle 2 (↓) unterliegen, dürfen die in Rechtsquelle 2.1 und 2.2 (↓) aufgeführten Farben, Lacke, Bauteile und dekorativen Bauelemente bzw. Produkte mit einem Gehalt an flüchtigen organischen Verbindungen des gebrauchsfertigen Produkts oberhalb der in Rechtsquelle 3 (↓) festgelegten Grenzwerte ab den dort genannten Zeitpunkten in der EU nicht in Verkehr bringen.

Rechtsquellen: ChemVOCFarbV
1. § 3 Abs. 1 [Verbote]
2. Anhang I – Geregelte gebrauchsfertige Produkte
2.1 Farben und Lacke zur Beschichtung von Gebäuden, ihren Bauteilen und dekorativen Bauelementen
2.2 Produkte für die Fahrzeugreparaturlackierung
3. Anhang II – Grenzwerte für den VOC-Höchstgehalt

Verstoß: strafbar gem. § 7 ChemVOCFarbV i. V. m. § 27 Abs. 1 Nr. 1, Abs. 2 bis 4 ChemG; zum Strafmaß siehe Abschnitt 2.2.1 dieses Werkes.

2.2.3 Sanktions-/Pflichtenkatalog B-3 gem. Chemikalien-Ozonschichtverordnung (ChemOzonSchichtV)

2.2.3.1 Sanktionskatalog B-3 gem. ChemOzonSchichtV

B-3	Chemikalien-Ozonschichtverordnung (ChemOzonSchichtV)

Anwendungsbereich: § 1 ChemOzonSchichtV

Ordungswidrigkeiten: § 6 Abs. 1 bis 5 ChemOzonSchichtV

(1) Ordnungswidrig im Sinne des § 26 Absatz 1 Nummer 7 Buchstabe a[1] des Chemikaliengesetzes handelt, wer vorsätzlich oder fahrlässig
1. entgegen § 2 eine Anzeige nicht, nicht richtig, nicht vollständig, nicht in der vorgeschriebenen Weise oder nicht rechtzeitig erstattet,

Einzelpflicht

B-3-1.1

---

[1] Die Höhe des Bußgeldes nach dem ChemG kann bis zu 50.000 Euro betragen.

2. entgegen § 4 Absatz 1 Satz 1 ein Austreten eines dort genannten Stoffes nicht verhindert,   B-3-1.2

3. entgegen § 4 Absatz 1 Satz 2 ein Austreten eines dort genannten Stoffes nicht reduziert,   B-3-1.3

4. entgegen § 4 Absatz 2 Satz 1 nicht dafür sorgt, dass eine Einrichtung oder ein Produkt inspiziert und gewartet wird,   B-3-1.4

5. entgegen § 4 Absatz 2 Satz 3 nicht sicherstellt, dass eine Einrichtung oder ein Produkt überprüft und eine Undichtigkeit repariert wird oder   B-3-1.5

6. entgegen § 5 Absatz 1 Satz 1 Nummer 1 eine dort genannte Tätigkeit durchführt.   B-3-1.6

(2) Ordnungswidrig im Sinne des § 26 Absatz 1 Nummer 7 Buchstabe c[1] des Chemikaliengesetzes handelt, wer vorsätzlich oder fahrlässig entgegen § 4 Absatz 3 Satz 1 nicht sicherstellt, dass eine dort genannte Aufzeichnung geführt, vorgelegt und aufbewahrt wird.   B-3-2

(3) Ordnungswidrig im Sinne des § 69 Absatz 1 Nummer 8 des Kreislaufwirtschaftsgesetzes[2] handelt, wer vorsätzlich oder fahrlässig entgegen § 3 Absatz 2 Satz 1 einen dort genannten Stoff nicht zurücknimmt und die Rücknahme durch einen Dritten nicht sicherstellt.   B-3-3

(4) – *nicht belegt* –   –

(5) Ordnungswidrig im Sinne des § 69 Absatz 2 Nummer 15 des Kreislaufwirtschaftsgesetzes[3] handelt, wer vorsätzlich oder fahrlässig entgegen § 3 Absatz 3 Satz 1 oder Satz 2 eine dort genannte Aufzeichnung nicht, nicht richtig oder nicht vollständig führt, nicht oder nicht mindestens drei Jahre aufbewahrt oder nicht oder nicht rechtzeitig vorlegt.   B-3-5

2.2.3.2 Pflichtenkatalog B-3 gem. ChemOzonSchichtV

B-3-1.1	Anzeigepflicht bei Verwendung von Halonen

Einzelpflichtbeschreibung:

Wer nach Maßgabe der Rechtsquelle 2.1 (↓) für die in Rechtsquelle 2.3 (↓) aufgeführten kritischen Verwendungszwecke Einrichtungen, die Halone enthalten, installiert, Halone in Verkehr bringt, verwendet oder lagert oder das Inverkehrbringen oder die Verwendung von Halonen einstellt, hat dies gem. Rechtsquelle 1 (↓) der zuständigen Behörde jährlich zum 31. März für das vorangegangene Kalenderjahr jeweils unter Angabe von Menge und Art der eingesetzten Halone sowie der zur Verringerung ihrer Emissionen ergriffenen Maßnahmen schriftlich richtig, vollständig, in der vorgeschriebenen Weise und rechtzeitig anzuzeigen, soweit nicht der zuständigen Behörde diese Angaben bereits auf Grund der Berichte gemäß Rechtsquelle 2.2 (↓) in Durchschrift zugehen oder zugegangen sind.

Rechtsquellen:

1. § 2 ChemOzonSchichtV [Anzeige der Verwendung von Halonen]
2. VO (EG) Nr. 1005/2009 [über Stoffe, die zum Abbau der Ozonschicht führen]
2.1 Art. 13 Abs. 1 [Kritische Verwendungszwecke von Halonen und Außerbetriebnahme von Einrichtungen, die Halon enthalten]
2.2 Art. 27 [Berichterstattung der Unternehmen]
2.3 Anhang VI [Kritische Verwendungszwecke von Halonen]

---
[1] Die Höhe des Bußgeldes nach dem ChemG kann bis zu 10.000 Euro betragen.
[2] Die Höhe des Bußgeldes nach dem KrWG kann bis zu 100.000 Euro betragen.
[3] Die Höhe des Bußgeldes nach dem KrWG kann bis zu 10.000 Euro betragen.

Verstoß: **ordnungswidrig** gem. § 6 Abs. 1 Nr. 1 ChemOzonSchichtV auch i. V. m. § 26 Abs. 1 Nr. 7 Buchstabe a ChemG; die Höhe des Bußgeldes kann bis zu 50.000 Euro betragen.

B-3-1.2	Verhinderung des Austritts geregelter Stoffe

Einzelpflichtbeschreibung:

Wer Einrichtungen oder Produkte, die geregelte Stoffe im Sinne der Rechtsquelle 2.1 (↓) als Kältemittel, Treibmittel in Schaumstoffen oder Löschmittel enthalten, betreibt, wartet, außer Betrieb nimmt oder entsorgt oder geregelte Stoffe als Ausgangsstoff oder Verarbeitungshilfsstoff verwendet oder geregelte Stoffe bei der Herstellung anderer chemischer Stoffe unbeabsichtigt erzeugt, hat gem. Rechtsquelle 1 (↓) ein Austreten dieser Stoffe mittels der nach Rechtsquelle 2.2 (↓) durch die Kommission festgelegten Techniken oder Praktiken in die Atmosphäre zu verhindern.

Weiterführende Hinweise: zu Rechtsquelle 1.2 (↓)

Satz 1 gilt nicht für die bestimmungsgemäße Verwendung von Löschmitteln unter Ausschluss von Übungszwecken.

Rechtsquellen:

1. § 4 Abs. 1 ChemOzonSchichtV [Verhinderung des Austritts in die Atmosphäre; Dichtheitsprüfungen; Aufzeichnungs- und Aufbewahrungspflicht]
1.1 Satz 1
1.2 Satz 3
2. VO (EG) Nr. 1005/2009 [über Stoffe, die zum Abbau der Ozonschicht führen]
2.1 Art. 3 Nr. 4 [Begriffsbestimmungen]
2.2 Art. 23 Abs. 7 [Undichtigkeiten und Emissionen geregelter Stoffe]

Verstoß: **ordnungswidrig** gem. § 6 Abs. 1 Nr. 2 ChemOzonSchichtV auch i. V. m. § 26 Abs. 1 Nr. 7 Buchstabe a ChemG; die Höhe des Bußgeldes kann bis zu 50.000 Euro betragen.

B-3-1.3	Reduzierung des Austritts geregelter Stoffe

Einzelpflichtbeschreibung:

Sofern die Kommission eine Technik oder Praktik nicht nach Rechtsquelle 2 (↓) festgelegt hat und die Verhinderung des Austretens geregelter Stoffe nach dem Stand der Technik nicht möglich ist, ist gem. Rechtsquelle 1 (↓) das Austreten geregelter Stoffe auf das dem Stand der Technik entsprechende Maß zu reduzieren.

Rechtsquellen:

1. § 4 Abs. 1 Satz 2 ChemOzonSchichtV [Verhinderung des Austritts in die Atmosphäre; Dichtheitsprüfungen; Aufzeichnungs- und Aufbewahrungspflicht]
2. Art. 23 Abs. 7 [Undichtigkeiten und Emissionen geregelter Stoffe] – VO (EG) Nr. 1005/2009 [über Stoffe, die zum Abbau der Ozonschicht führen]

Verstoß: **ordnungswidrig** gem. § 6 Abs. 1 Nr. 3 ChemOzonSchichtV auch i. V. m. § 26 Abs. 1 Nr. 7 Buchstabe a ChemG; die Höhe des Bußgeldes kann bis zu 50.000 Euro betragen.

B-3-1.4	**Inspizierung/Wartung für Betreiber von Einrichtungen/Produkten mit geregelten Stoffen**

Einzelpflichtbeschreibung:

Wer Einrichtungen oder Produkte betreibt, die drei Kilogramm oder mehr der geregelten Stoffe im Sinne der Rechtsquelle 2 (↓) als Kältemittel enthalten, hat gem. Rechtsquelle 1 (↓) dafür zu sorgen, dass die Einrichtungen oder Produkte regelmäßig fachgerecht inspiziert und gewartet werden.

Rechtsquellen:

1. § 4 Abs. 2 Satz 1 ChemOzonSchichtV [Verhinderung des Austritts in die Atmosphäre; Dichtheitsprüfungen; Aufzeichnungs- und Aufbewahrungspflicht]
2. Art. 3 Nr. 4 VO (EG) Nr. 1005/2009 [Begriffsbestimmungen]

Verstoß: ordnungswidrig gem. § 6 Abs. 1 Nr. 4 ChemOzonSchichtV auch i. V. m. § 26 Abs. 1 Nr. 7 Buchstabe a ChemG; die Höhe des Bußgeldes kann bis zu 50.000 Euro betragen.

B-3-1.5	**Überprüfung von Einrichtungen/Produkten auf Undichtigkeiten**

Einzelpflichtbeschreibung:

Soweit nicht Dichtheitskontrollen und Reparaturen nach Rechtsquelle 2 (↓) vorgeschrieben sind, hat der Betreiber gem. Rechtsquelle 1.1 (↓) sicherzustellen, dass Einrichtungen und Produkte nach Rechtsquelle 1.2 (↓) mindestens einmal alle zwölf Monate mittels geeigneten Geräts auf Undichtigkeiten überprüft und festgestellte Undichtigkeiten sofort repariert werden.

Rechtsquellen:

1. § 4 Abs. 2 ChemOzonSchichtV [Verhinderung des Austritts in die Atmosphäre; Dichtheitsprüfungen; Aufzeichnungs- und Aufbewahrungspflicht]
1.1 Satz 3
1.2 Satz 1 [vgl. Einzelpflicht B-3-1.4]
2. Art. 23 Abs. 2 VO (EG) Nr. 1005/2009 [Undichtigkeiten und Emissionen geregelter Stoffe]

Verstoß: ordnungswidrig gem. § 6 Abs. 1 Nr. 5 ChemOzonSchichtV auch i. V. m. § 26 Abs. 1 Nr. 7 Buchstabe a ChemG; die Höhe des Bußgeldes kann bis zu 50.000 Euro betragen.

B-3-1.6	**Sachkundenachweis bei Rückgewinnung/Rücknahme geregelter Stoffe und bei Inspektion/Wartung sowie Dichtheitskontrollen und Reparaturen**

Einzelpflichtbeschreibung:

Die Rückgewinnung von geregelten Stoffen im Sinne von Rechtsquelle 2.1 (↓), 2.2.1 (↓) oder 2.2.2 (↓), die Rücknahme solcher Stoffe oder von Gemischen, die diese Stoffe mit einem Massengehalt von insgesamt mehr als 1 Prozent enthalten nach Rechtsquelle 1.2 (↓), die Inspektion und Wartung von sie enthaltenden Einrichtungen oder Produkten nach Rechtsquelle 1.3.1 (↓) sowie Dichtheitskontrollen und Reparaturen nach Rechtsquellen 2.3 (↓) und 1.3.2 (↓) dürfen gem. Rechtsquelle 1.1 (↓) nur von Personen durchgeführt werden, die die erforderliche Sachkunde nachgewiesen haben.

Rechtsquellen:

1.   ChemOzonSchichtV
1.1   § 5 Abs. 1 Satz 1 Nr. 1 [Persönliche Voraussetzungen für bestimmte Arbeiten]
1.2   § 3 Abs. 2 [Rückgewinnung und Rücknahme verwendeter Stoffe]
1.3   § 4 Abs. 2 [Verhinderung des Austritts in die Atmosphäre; Dichtheitsprüfungen; Aufzeichnungs- und Aufbewahrungspflicht]
1.3.1 Satz 1
1.3.2 Satz 3
2.   VO (EG) Nr. 1005/2009 [über Stoffe, die zum Abbau der Ozonschicht führen]
2.1   Art. 3 Nr. 4 [Begriffsbestimmungen]
2.2   Art. 22 [Rückgewinnung und Zerstörung bereits verwendeter geregelter Stoffe]
2.2.1 Abs. 1
2.2.2 Abs. 4
2.3   Art. 23 Abs. 2 [Undichtigkeiten und Emissionen geregelter Stoffe]

Verstoß: ordnungswidrig gem. § 6 Abs. 1 Nr. 6 ChemOzonSchichtV auch i. V. m. § 26 Abs. 1 Nr. 7 Buchstabe a ChemG; die Höhe des Bußgeldes kann bis zu 50.000 Euro betragen.

B-3-2	**Nachweispflicht über Inspektionen/Wartungen sowie Dichtheitsprüfungen und Reparaturen im Betriebshandbuch mit bestimmten Angaben und dessen Aufbewahrungs-/Vorlagepflicht**

Einzelpflichtbeschreibung:

Der Betreiber hat gem. Rechtsquelle 1 (↓) sicherzustellen, dass über die Inspektionen und Wartungen nach Rechtsquelle 1.2.1 (↓) sowie die Dichtheitsprüfungen und etwaigen Reparaturen nach Rechtsquelle 1.2.2 (↓) im Betriebshandbuch unter Angabe von Art und Menge eingesetzter oder rückgewonnener Kältemittel Aufzeichnungen geführt und der zuständigen Behörde auf Verlangen vorgelegt werden und dass diese Aufzeichnungen sowie die Aufzeichnungen nach Rechtsquelle 2 (↓) nach ihrer Erstellung mindestens fünf Jahre lang aufbewahrt werden.

Rechtsquellen:

1.   § 4 ChemOzonSchichtV [Verhinderung des Austritts in die Atmosphäre; Dichtheitsprüfungen; Aufzeichnungs- und Aufbewahrungspflicht]
1.1   Abs. 3 Satz 1
1.2   Abs. 2
1.2.1 Satz 1
1.2.2 Satz 3
2.   Art. 23 Abs. 3 VO (EG) Nr. 1005/2009 [Undichtigkeiten und Emissionen geregelter Stoffe]

Verstoß: ordnungswidrig gem. § 6 Abs. 2 ChemOzonSchichtV auch i. V. m. § 26 Abs. 1 Nr. 7 Buchstabe c ChemG; die Höhe des Bußgeldes kann bis zu 10.000 Euro betragen.

B-3-3	Rücknahme geregelter Stoffe nach Gebrauch durch Hersteller/ Vertreiber bzw. von diesen bestimmten Dritten

Einzelpflichtbeschreibung:

Hersteller und Vertreiber der in Rechtsquelle 1 (↓) genannten Stoffe sind verpflichtet, diese gem. Rechtsquelle 2 (↓) nach Gebrauch zurückzunehmen und die Rücknahme durch einen von ihnen bestimmten Dritten sicherzustellen.

Rechtsquellen: § 3 ChemOzonSchichtV [Rückgewinnung und Rücknahme verwendeter Stoffe]
1. Abs. 1
2. Abs. 2 Satz 1

Verstoß: ordnungswidrig gem. § 6 Abs. 3 ChemOzonSchichtV auch i. V. m. § 69 Absatz 1 Nummer 8 KrWG; die Höhe des Bußgeldes kann bis zu 100.000 Euro betragen.

B-3-4	*– nicht belegt –*

B-3-5	Nachweispflicht über Rücknahme bzw. Entsorgung geregelter Stoffe als Betreiber einer Entsorgungsanlage sowie Aufbewahrungs-/Vorlagepflicht über Aufzeichnungen

Einzelpflichtbeschreibung:

1. Wer nach Rechtsquelle 1.2 (↓) Stoffe zurücknimmt oder als Betreiber einer Entsorgungsanlage in Rechtsquelle 1.3 (↓) genannte Stoffe entsorgt, hat gem. Rechtsquelle 1.1.1 (↓) über Art und Menge der zurückgenommenen oder entsorgten Stoffe sowie über deren Verbleib richtig und vollständig Aufzeichnungen zu führen.
2. Die Aufzeichnungen sind gem. Rechtsquelle 1.1.2 (↓) nach ihrer Erstellung mindestens drei Jahre lang aufzubewahren und der zuständigen Behörde rechtzeitig auf Verlangen vorzulegen.

Rechtsquellen:

1. § 3 ChemOzonSchichtV [Rückgewinnung und Rücknahme verwendeter Stoffe]
1.1 Abs. 3
1.1.1 Satz 1
1.1.2 Satz 2
1.2 Abs. 2
1.3 Abs. 1

Verstoß: ordnungswidrig gem. § 6 Abs. 5 ChemOzonSchichtV auch i. V. m. § 69 Absatz 2 Nummer 15 KrWG; die Höhe des Bußgeldes kann bis zu 10.000 Euro betragen.

2.2.4 Sanktions-/Pflichtenkatalog B-4 gem. Chemikalien-Klimaschutzverordnung (ChemKlimaschutzV) – Grundlage BR/DS Nr. 580/16 vom 25.11.2016

2.2.4.1 Sanktionskatalog B-4 gem. ChemKlimaschutzV

Ordnungswidrigkeiten gem. § 10 ChemKlimaschutzV

(1) Ordnungswidrig im Sinne des § 26 Abs. 1 Nr. 5 Buchstabe c des Chemikaliengesetzes handelt, wer vorsätzlich oder fahrlässig   Einzelpflicht

1. entgegen § 7 Absatz 1 nicht sicherstellt, dass eine dort genannte Information enthalten ist, oder   B-4-1-1.1
2. entgegen § 7 Absatz 2 Satz 1 nicht sicherstellt, dass ein dort genannter Behälter gekennzeichnet ist.   B-4-1-1.2

(2) Ordnungswidrig im Sinne des § 26 Abs. 1 Nr. 7 Buchstabe a des Chemikaliengesetzes handelt, wer vorsätzlich oder fahrlässig

1. entgegen § 3 Abs. 1 Satz 1 nicht sicherstellt, dass der Kältemittelverlust einen dort genannten Grenzwert nicht überschreitet,   B-4-1-2.1
2. entgegen § 3 Abs. 1 Satz 2 den Zugang zu einer Verbindungsstelle nicht sicherstellt,   B-4-1-2.2
3. entgegen § 3 Abs. 2 Satz 1 eine Einrichtung nicht oder nicht rechtzeitig überprüft,   B-4-1-2.3
4. entgegen § 3 Abs. 3 eine Klimaanlage befüllt,   B-4-1-2.4
5. entgegen § 5 Abs. 1 Satz 1 oder § 6 Absatz 1 Satz 1, auch in Verbindung mit Satz 2, eine dort genannte Tätigkeit durchführt,   B-4-1-2.5
6. entgegen § 8 Absatz 1 Satz 1 ein dort genanntes Unternehmen beauftragt,   B-4-1-2.6
7. entgegen § 8 Absatz 1 Satz 2 oder Absatz 2 nicht sicherstellt, dass eine dort genannte Tätigkeit durch dort genannte Personen durchgeführt wird,   B-4-1-2.7
8. entgegen § 9 Absatz 2 fluorierte Treibhausgase verkauft oder kauft oder,   B-4-1-2.8
9. entgegen § 9 Absatz 3 eine dort genannte Einrichtung verkauft.   B-4-1-2.9

(3) Ordnungswidrig im Sinne des § 26 Absatz 1 Nummer 7 Buchstabe c des Chemikaliengesetzes handelt, wer vorsätzlich oder fahrlässig

1. entgegen § 3 Absatz 2 Satz 3 eine dort genannte Aufzeichnung nicht, nicht richtig oder nicht vollständig führt oder   B-4-1-3.1
2. entgegen § 3 Absatz 2 Satz 4 eine dort genannte Aufzeichnung nicht oder nicht mindestens fünf Jahre aufbewahrt oder nicht oder nicht rechtzeitig vorlegt.   B-4-1-3.2

(4) Ordnungswidrig im Sinne des § 69 Absatz 1 Nummer 8 des Kreislaufwirtschaftsgesetzes handelt, wer vorsätzlich oder fahrlässig entgegen § 4 Absatz 2 Satz 1 fluorierte Treibhausgase nicht zurücknimmt oder die Rücknahme durch einen Dritten nicht sicherstellt.   B-4-1-4

(5) Ordnungswidrig im Sinne des § 69 Absatz 2 Nummer 15 des Kreislaufwirtschaftsgesetzes handelt, wer vorsätzlich oder fahrlässig entgegen § 4 Absatz 3 Satz 1 oder Satz 2 eine dort genannte Aufzeichnung nicht, nicht richtig oder nicht vollständig führt, nicht oder nicht mindestens fünf Jahre aufbewahrt oder nicht oder nicht rechtzeitig vorlegt.   B-4-1-5

Straftaten gem. § 11 ChemKlimaschutzV

Nach § 27 Absatz 1 Nummer 1, Absatz 2 bis 4 des Chemikaliengesetzes   **Einzelpflicht**
wird bestraft, wer ohne Zuteilung oder Übertragung nach § 9 Absatz 1   **B-4-2**
Satz 1 teilfluorierte Kohlenwasserstoffe in Verkehr bringt.

2.2.4.2 Pflichtenkataloge B-4-1-1.1 – B-4-1-5 (Ordnungswidrigkeiten)

B-4-1-1.1	Inverkehrbringer kennzeichnungspflichtiger Erzeugnisse oder Einrichtungen für den Einsatz in Deutschland stellen sicher, dass die in Bedienungsanleitungen und in zu Werbezwecken genutzten Beschreibungen genannten Informationen in deutscher Sprache enthalten sind

Einzelpflichtbeschreibung:

Wer nach Rechtsquelle 2.1 (↓) in Verbindung mit Rechtsquelle 3 (↓) kennzeichnungspflichtige Erzeugnisse oder Einrichtungen für den Einsatz in Deutschland in Verkehr bringt, muss gem. Rechtsquelle 1 (↓) sicherstellen, dass in Bedienungsanleitungen und in zu Werbezwecken genutzten Beschreibungen die nach Rechtsquelle 2.2 (↓) genannten Informationen in deutscher Sprache enthalten sind.

Rechtsquellen:

1.   § 7 Absatz 1 ChemKlimaschutzV [Kennzeichnung]
2.   VO (EU) Nr. 517/2014
2.1   Art. 12 [Kennzeichnung und Informationen über Erzeugnisse und Einrichtungen]
2.1.1 Abs. 3
2.1.2 Abs. 5 Satz 1 und 2
3.   Durchführungsverordnung (EU) 2015/2068 [... zur Festlegung – gem. der Verordnung (EU) Nr. 517/2014 ... – der Form der Kennzeichnung von Erzeugnissen und Einrichtungen, die fluorierte Treibhausgase enthalten] – Art. 2 [Form der Kennzeichnung]

Verstoß: ordnungswidrig gem. § 10 Absatz 1 Nr. 1 ChemKlimaschutzV i. V. m. § 26 Abs. 1 Nr. 5 Buchstabe c ChemG; die Bußgeldhöhe kann bis zu 10.000 Euro betragen.

B-4-1-1.2	Abfüller bzw. Abgeber aufgearbeiteter oder recycelter fluorierter Treibhausgase stellen sicher, dass Behälter, in denen die Treibhausgase abgegeben werden, vorschriftgemäß gekennzeichnet sind

Einzelpflichtbeschreibung:

Wer aufgearbeitete oder recycelte fluorierte Treibhausgase abfüllt oder abgibt, muss gem. Rechtsquelle 1 (↓) sicherstellen, dass die Behälter, in denen die Treibhausgase abgegeben werden, gemäß Rechtsquelle 2 (↓) gekennzeichnet sind.

Rechtsquellen: § 7 Abs. 2 ChemKlimaschutzV [Kennzeichnung]
1. Satz 1
2. Satz 2

Verstoß: ordnungswidrig gem. § 10 Abs. 1 Nr. 2 ChemKlimaschutzV i. V. m. § 26 Abs. 1 Nr. 5 Buchstabe c ChemG; die Bußgeldhöhe kann bis zu 10.000 Euro betragen.

B-4-1-2.1	Betreiber ortsfester Einrichtungen stellen sicher, dass der spezifische Kältemittelverlust der Einrichtung während des Normalbetriebs die bezeichneten Grenzwerte nicht überschreitet

Einzelpflichtbeschreibung:

Gem. Rechtsquelle 1 (↓) müssen Betreiber ortsfester Einrichtungen im Sinne der Rechtsquelle 2.1 (↓) sicherstellen, dass zusätzlich zu den Anforderungen der Rechtsquelle 2.2 (↓) der spezifische Kältemittelverlust der Einrichtung während des Normalbetriebs die folgenden Grenzwerte nicht überschreitet:

Fallgruppen	Kältemittel-Füllmenge in kg	%
Kältesätze	≥ 3	1
nach dem 30. Juni 2008 am Aufstellungsort errichtete Anwendungen	< 10	3
	10-100	2
	> 100	1
nach dem 30. Juni 2005 und bis zum 30. Juni 2008 am Aufstellungsort errichtete Anwendungen	< 10	6
	10-100	4
	> 100	2
bis zum 30. Juni 2005 am Aufstellungsort errichtete Anwendungen	< 10	8
	10-100	6
	> 100	4

Rechtsquellen:

1. § 3 Abs. 1 Satz 1 ChemKlimaschutzV [Verhinderung des Austrittes von fluorierten Treibhausgasen in die Atmosphäre]
2. VO (EU) Nr. 517/2014
2.1 Art. 4 Abs. 2 Buchstabe a bis d [Dichtheitskontrollen]
2.2 Art. 3 Abs. 1 und 2 [Vermeidung von Emissionen fluorierter Treibhausgase]

Verstoß: ordnungswidrig gem. § 10 Abs. 2 Nr. 1 ChemKlimaschutzV i. V. m. § 26 Abs. 1 Nr. 7 Buchstabe a ChemG; die Bußgeldhöhe kann bis zu 50.000 Euro betragen.

B-4-1-2.2	Betreiber ortsfester Einrichtungen stellen den Zugang zu allen lösbaren Verbindungsstellen sicher, sofern dies technisch möglich und zumutbar ist

Einzelpflichtbeschreibung:

Die Betreiber von Einrichtungen gem Rechtsquelle 2 (↓) – vgl. Einzelpflicht B-4-1-2.1 – müssen gem. Rechtsquelle 1 (↓) den Zugang zu allen lösbaren Verbindungsstellen sicherstellen, sofern dies technisch möglich und zumutbar ist.

Rechtsquellen: § 3 Abs. 1 ChemKlimaschutzV [Verhinderung des Austrittes von fluorierten Treibhausgasen in die Atmosphäre]
1. Satz 2
2. Satz 1

Verstoß: ordnungswidrig gem. § 10 Abs. 2 Nr. 2 ChemKlimaschutzV i. V. m. § 26 Abs. 1 Nr. 7 Buchstabe a ChemG; die Bußgeldhöhe kann bis zu 50.000 Euro betragen.

B-4-1-2.3	Betreiber mobiler Einrichtungen, die der Kühlung von Gütern beim Transport dienen und die die Mindestmenge fluorierter Treibhausgase als Kältemittel enthalten, müssen im vorgeschriebenem Intervall auf Dichtheit überprüft werden

Einzelpflichtbeschreibung:

Wer mobile Einrichtungen betreibt, die der Kühlung von Gütern beim Transport dienen und mindestens drei Kilogramm fluorierte Treibhausgase als Kältemittel enthalten, muss gem. nachstehender Rechtsquelle (↓) die Einrichtungen rechtzeitig, d. h. mindestens einmal alle zwölf Monate mittels geeigneten Geräts auf Dichtheit überprüfen.

Rechtsquelle: § 3 Abs. 2 Satz 1 ChemKlimaschutzV [Verhinderung des Austrittes von fluorierten Treibhausgasen in die Atmosphäre]

Verstoß: ordnungswidrig gem. § 10 Abs. 2 Nr. 3 ChemKlimaschutz i. V. m. § 26 Abs. 1 Nr. 7 Buchstabe a ChemG; die Bußgeldhöhe kann bis zu 50.000 Euro betragen.

B-4-1-2.4	Anbieter von Wartungs-/Reparaturdiensten zur Wartung oder Reparatur von Klimaanlagen in Fahrzeugen dürfen solche Klimaanlagen, aus denen eine über das gewöhnliche Maß hinausgehende Menge des Kältemittels entwichen ist, nur mit fluorierten Treibhausgasen befüllen, wenn die Undichtigkeit zuvor beseitigt wurde

Einzelpflichtbeschreibung:

Wer gem. Rechtsquelle 1 (↓) Dienste zur Wartung oder Reparatur von Klimaanlagen in Fahrzeugen im Sinne der Rechtsquelle 2 (↓) anbietet, darf solche Klimaanlagen, aus denen eine über das gewöhnliche Maß hinausgehende Menge des Kältemittels entwichen ist, nur mit fluorierten Treibhausgasen befüllen, wenn die Undichtigkeit zuvor beseitigt wurde.

Rechtsquellen:

1. § 3 Abs. 3 ChemKlimaSchutzV [Verhinderung des Austrittes von fluorierten Treibhausgasen in die Atmosphäre]
2. RL 2006/40/EG [... über Emissionen aus Klimaanlagen in Kraftfahrzeugen] – Art. 3 Nr. 1 und 3 [Zertifizierung natürlicher Personen]

Verstoß: ordnungswidrig gem. § 10 Abs. 2 Nr. 4 ChemKlimaschutz i. V. m. § 26 Abs. 1 Nr. 7 Buchstabe a ChemG; die Bußgeldhöhe kann bis zu 50.000 Euro betragen.

B-4-1-2.5	Tätigkeiten mit fluorierten Stoffen dürfen nur durchgeführt werden, wenn die persönlichen Voraussetzungen hierfür und Anforderungen an die Zertifizierung von Unternehmen vorliegen

Einzelpflichtbeschreibung:

Tätigkeiten mit fluorierten Stoffen dürfen gem. Rechtsquelle 1.1.1 (↓) bzw. Rechtsquelle 2.1.1 (↓) auch i. V. m. Rechtsquelle 2.1.2 (↓) nur durchgeführt werden, wenn die persönlichen Voraussetzungen für bestimmte Tätigkeiten und die Anforderungen an die Zertifizierung von Unternehmen gegeben sind.

Weiterführende Hinweise: hier Pflichten betreffend Anforderungen an Voraussetzungen für bestimmte Tätigkeiten bzw. Zertifizierungen von Unternehmen

I. zu Rechtsquelle 1.1 (↓):

Für eine der in Rechtsquelle 3.1.1 (↓) aufgeführten Tätigkeiten sowie die Rückgewinnung aus Klimaanlagen in Kraftfahrzeugen, die nicht in Rechtsquelle 3.2.1 (↓) aufgeführt sind, oder die Rückgewinnung aus anderen mobilen Kälte- und Klimaanlagen müssen folgende Voraussetzungen erfüllt sein:
1. eine die betreffende Tätigkeit abdeckende Sachkundebescheinigung nach Rechtsquelle 1.2.1 bzw. 1.2.2 (↓) oder ein entsprechendes in einem anderen Mitgliedstaat der Europäischen Gemeinschaft oder in einem Vertragsstaat des Abkommens über den Europäischen Wirtschaftsraum erworbenes Zertifikat nach Rechtsquelle 3.1.2 bzw. 3.1.3 (↓) vorweisen können,
2. über die zu der Tätigkeit erforderliche technische Ausstattung verfügen,
3. zuverlässig sind und,
4. im Falle der Dichtheitskontrolle nach Rechtsquelle 3.3.1, 3.3.2 bzw. 3.3.3 (↓) hinsichtlich dieser Tätigkeit keinen Weisungen unterliegen.

II. zu Rechtsquelle 2.1 (↓):

Unternehmer dürfen Tätigkeiten nach Rechtsquelle 3.4 (↓) nur durchführen, wenn sie eines der nachstehenden Dokumente vorweisen können:
1. ein nach Rechtsquelle 2.2 (↓) ausgestelltes Unternehmenszertifikat,
2. ein nach Rechtsquelle 4 (↓), 5 (↓) oder 3.1.3 (↓) in einem anderen Mitgliedstaat der Europäischen Union oder in einem Vertragsstaat des Abkommens über den Europäischen Wirtschaftsraum ausgestelltes Unternehmenszertifikat oder
3. eine nach Rechtsquelle 2.1 (↓) in der jeweils geltenden Fassung ausgestellte Bescheinigung.

Rechtsquellen:

1.   § 5 ChemKlimaschutzV [Persönliche Voraussetzungen für bestimmte Tätigkeiten]
1.1   Abs. 1
1.1.1 Satz 1
1.2   Abs. 2
1.2.1 Satz 1
1.2.2 Satz 4
2.   § 6 ChemKlimaschutzV [Zertifizierung von Unternehmen]
2.1   Abs. 1
2.1.1 Satz 1
2.1.2 Satz 2
2.2   Abs. 2
3.   VO (EU) Nr. 517/2014 [...]
3.1   Art. 10 [Ausbildung und Zertifizierung]
3.1.1 Abs. 1 Buchstabe a bis c
3.1.2 Abs. 1
3.1.3 Abs. 7
3.2   Art. 8 [Rückgewinnung]
3.2.1 Abs. 1
3.3   Art. 4 [Dichtheitskontrollen]
3.3.1 Abs. 1
3.3.2 Abs. 2 Unterabs. 1 bzw. 2

3.3.3 Abs. 3
3.4   Art. 3 Abs. 4 Unterabs. 2 [Vermeiden von Emissionen fluorierter Treibhausgase]
4.   VO (EU) Nr. 2067/2015 [...] Art. 6 [Zertifikate für Unternehmen]
5.   VO (EG) Nr. 304/2008 – Art. 8 [Unternehmenszertifikate]

Verstoß: ordnungswidrig gem. § 10 Abs. 2 Nr. 5 ChemKlimaschutz i. V. m. § 26 Abs. 1 Nr. 7 Buchstabe a ChemG; die Bußgeldhöhe kann bis zu 50.000 Euro betragen.

B-4-1-2.6	Der Betreiber einer stationärer Einrichtung darf ein anderes Unternehmen mit der Durchführung von bestimmter Tätigkeiten nur beauftragen, wenn das beauftragte Unternehmen hierfür die erforderliche Bescheinigung oder das erforderliche Unternehmenszertifikat vorweisen kann

Einzelpflichtbeschreibung:

Betreiber einer stationären Einrichtung nach Rechtsquelle 3.1 (↓) dürfen ein anderes Unternehmen mit der Durchführung von in Rechtsquelle 3.2 (↓) genannten Tätigkeiten gem. Rechtsquelle 1 (↓) nur beauftragen, wenn das beauftragte Unternehmen die für die Ausführung der betreffenden Tätigkeit erforderliche Bescheinigung oder das erforderliche Unternehmenszertifikat nach Rechtsquelle 2 (↓) vorweisen kann.

Rechtsquellen: ChemKlimaschutzV
1.   § 8 Abs. 1 Satz 1 [Sonstige Betreiberpflichten]
2.   § 6 Abs. 1 [Zertifizierung von Unternehmen]
3.   VO (EU) Nr. 517/2014 [...]
3.1 Art. 4 Abs. 2 Buchstabe a bis d [Dichtheitskontrollen]
3.2 Art. 10 Abs. 1 Satz 2 [Ausbildung und Zertifizierung]

Verstoß: ordnungswidrig gem. § 10 Abs. 2 Nr. 6 ChemKlimaschutzV i. V. m. § 26 Abs. 1 Nr. 7 Buchstabe a ChemG; die Bußgeldhöhe kann bis zu 50.000 Euro betragen.

B-4-1-2.7	Betreiber von nachfolgend bezeichneten Anlagen stellen sicher, dass die jeweils genannten Tätigkeiten von natürlichen Personen mit der erforderlichen Sachkunde durchgeführt werden

Einzelpflichtbeschreibung:

1. Beauftragt der Betreiber kein anderes Unternehmen mit der Rückgewinnung fluorierter Treibhausgase, muss er gem. Rechtsquelle 1.1 (↓) sicherstellen, dass diese Tätigkeiten [...]
2. Betreiber von Kälteanlagen in Kühllastkraftfahrzeugen oder -anhängern nach Rechtsquelle 3.1 (↓) müssen gem. Rechtsquelle 1.2 (↓) sicherstellen, dass Tätigkeiten nach Rechtsquelle 3.2 (↓) [...]
3. Betreiber von Klimaanlagen in Kraftfahrzeugen oder anderen mobilen Kälte- und Klimaanlagen, die nicht in Rechtsquelle 1.2 (↓) erfasst sind, müssen gem. Rechtsquelle 1.3 (↓) sicherstellen, dass die Rückgewinnung fluorierter Treibhausgase aus solchen Anlagen [...]
4. Betreiber von elektrischen Schaltanlagen nach Rechtsquelle 3.3 (↓) müssen gem. Rechtsquelle 1.4 (↓) sicherstellen, dass Tätigkeiten nach Rechtsquelle 3.4 (↓) [...]

... von natürlichen Personen durchgeführt werden, die eine Sachkundebescheinigung nach Rechtsquelle 2 (↓) vorweisen können.

95

Rechtsquellen: ChemKlimaschutzV
1. § 8 [Sonstige Betreiberpflichten]
1.1 Abs. 1 Satz 2
1.2 Abs. 2
1.3 Abs. 3
1.4 Abs. 4
2. § 5 Abs. 1 Satz 1 Nr. 1 [Persönliche Voraussetzungen für bestimmte Tätigkeiten]
3. VO (EU) Nr. 517/2014 [...]
3.1 Art. 4 Abs. 2 Buchstabe e [Dichtheitskontrollen]
3.2 Art. 10 Abs. 1 Satz 2 [Ausbildung und Zertifizierung]
3.3 Art. 4 Abs. 2 Buchstabe f [Dichtheitskontrollen]
3.4 Art. 10 Abs. 1 Satz 2 Buchstabe a und c [Ausbildung und Zertifizierung]

Verstoß: ordnungswidrig gem. § 10 Abs. 2 Nr. 7 ChemKlimaschutzV i. V. m. § 26 Abs. 1 Nr. 7 Buchstabe a ChemG; die Bußgeldhöhe kann bis zu 50.000 Euro betragen.

B-4-1-2.8	Fluorierte Treibhausgase dürfen für bestimmte Zwecke an Unternehmen verkauft oder von Unternehmen gekauft werden, die ein(e) vorgeschriebene Bescheinigung bzw. Unternehmenszertifikat vorweisen; ist eine Bescheinigung/ein solches Zertifikat nicht vorgeschrieben, müssen sie Personen beschäftigen, die eine Sachkundebescheinigung vorweisen

Einzelpflichtbeschreibung:

Fluorierte Treibhausgase dürfen gem. Rechtsquelle 1.1 (↓) für die in Rechtsquelle 4 (↓) genannten Zwecke nur an Unternehmen verkauft und von Unternehmen gekauft werden, die eine in Rechtsquelle 2 (↓) genannte Bescheinigung oder ein dort genanntes Unternehmenszertifikat vorweisen können oder, sofern eine Bescheinigung oder ein solches Zertifikat nicht vorgeschrieben ist, Personen beschäftigen, die eine Sachkundebescheinigung nach Rechtsquelle 3 (↓) vorweisen können.

Weiterführende Hinweise: zu Rechtsquelle 1.2 (↓)

Rechtsquelle 1.2 (↓) gilt bis zum 1. Juli 2017 nicht für den Verkauf an Unternehmen und den Kauf durch Unternehmen, die die in Rechtsquelle 5 (↓) aufgeführten Tätigkeiten durchführen.

Rechtsquellen:
1. § 9 ChemKlimaschutzV [Inverkehrbringen, Verkauf und Kauf fluorierter Treibhausgase]
1.1 Abs. 2
1.2 Abs. 4
2. § 6 Abs. 1 ChemKlimaschutzV [Zertifizierung von Unternehmen]
3. § 5 Abs. 1 Satz 1 Nr. 1 ChemKlimaschutzV [Persönliche Voraussetzungen für bestimmte Tätigkeiten]
4. Verordnung (EU) Nr. 517/2014 – Art. 11 Abs. 4 Satz 1 [Beschränkung des Inverkehrbringens]
5. Durchführungsverordnung (EU) 2015/2066 – Art. 9 [Inkrafttreten]

Verstoß: ordnungswidrig gem. § 10 Abs. 2 Nr. 8 ChemKlimaschutzV i. V. m. § 26 Abs. 1 Nr. 7 Buchstabe a ChemG; die Bußgeldhöhe kann bis zu 50.000 Euro betragen.

B-4-1-2.9	Nicht hermetisch geschlossene Einrichtungen, die mit fluorierten Treibhausgasen befüllt sind, dürfen nur an Endverbraucher verkauft werden, die dem Verkäufer schriftlich nachweisen, dass die Installation der Einrichtung durch ein Unternehmen erfolgt, das ein Unternehmenszertifikat vorweisen kann

Einzelpflichtbeschreibung:

Nicht hermetisch geschlossene Einrichtungen, die mit fluorierten Treibhausgasen gemäß Rechtsquelle 3.1 (↓) befüllt sind (↓), dürfen gem. Rechtsquelle 1 (↓) nur an Endverbraucher verkauft werden, die dem Verkäufer schriftlich nachweisen, dass die Installation der Einrichtung durch ein Unternehmen erfolgt, das ein Unternehmenszertifikat nach Rechtsquelle 2 (↓) i. V. m. Rechtsquelle 3.2 (↓) vorweisen kann.

Rechtsquellen:

1. § 9 Abs. 3 ChemKlimaschutzV [Inverkehrbringen, Verkauf und Kauf fluorierter Treibhausgase]
2. § 6 Abs. 1 ChemKlimaschutzV [Zertifizierung von Unternehmen]
3. VO (EU) Nr. 517/2014 [...]
3.1 Art. 11 Abs. 5 [Beschränkungen des Inverkehrbringens]
3.2 Art. 10 [Ausbildung und Zertifizierung]

Verstoß: ordnungswidrig gem. § 10 Abs. 2 Nr. 10 ChemKlimaschutzV i. V. m. § 26 Abs. 1 Nr. 7 Buchstabe a ChemG; die Bußgeldhöhe kann bis zu 50.000 Euro betragen.

B-4-1-3.1	Betreiber müssen über Dichtheitsprüfungen Aufzeichnungen führen, wobei mindestens Art und Menge nachgefüllter oder rückgewonnener fluorierter Treibhausgase zu dokumentieren sind

Einzelpflichtbeschreibung:

Über die Dichtheitsprüfungen nach Rechtsquelle 2 (↓) muss der Betreiber gem. Rechtsquelle 1 (↓) Aufzeichnungen richtig und vollständig führen, wobei mindestens Art und Menge nachgefüllter oder rückgewonnener fluorierter Treibhausgase zu dokumentieren sind.

Weiterführende Hinweise: gem. Rechtsquelle 1.2 (↓)

Wer mobile Einrichtungen betreibt, die der Kühlung von Gütern beim Transport dienen und mindestens drei Kilogramm fluorierte Treibhausgase als Kältemittel enthalten, hat die Einrichtungen mindestens einmal alle zwölf Monate mittels geeigneten Geräts auf Dichtheit zu überprüfen.

Rechtsquellen: § 3 Abs. 2 ChemKlimaschutzV [Verhinderung des Austrittes von fluorierten Treibhausgasen in die Atmosphäre]
1. Satz 3
2. Satz 1

Verstoß: ordnungswidrig gem. § 10 Abs. 3 Nr. 1 ChemKlimaschutzV i. V. m. § 26 Abs. 1 Nr. 7 Buchstabe c ChemG; die Bußgeldhöhe kann bis zu 10.000 Euro betragen.

B-4-1-3.2	**Betreiber von bestimmten mobilen Einrichtungen, die fluorierte Treibhausgase enthalten, die eine Grenzmenge überschreiten, müssen erstellte Aufzeichnungen mindestens fünf Jahre aufbewahren und diese der zuständigen Behörde auf Verlangen vorlegen**

I. Vorbemerkungen:
1. zu Rechtsquelle 2 (↓)
   Wer mobile Einrichtungen betreibt, die der Kühlung von Gütern beim Transport dienen und mindestens drei Kilogramm fluorierte Treibhausgase als Kältemittel enthalten, muss die Einrichtungen mindestens einmal alle zwölf Monate mittels geeigneten Geräts auf Dichtheit überprüfen.
2. zu Rechtsquelle 3 (↓)
   Über die Dichtheitsprüfungen nach Satz 1 hat der Betreiber Aufzeichnungen zu führen, wobei mindestens Art und Menge nachgefüllter oder rückgewonnener fluorierter Treibhausgase zu dokumentieren sind.

II. Pflicht im Detail: gem. Rechtsquelle 1 (↓)

Der Betreiber muss die Aufzeichnungen nach Rechtsquelle 3 (↓) nach ihrer Erstellung mindestens fünf Jahre aufbewahren und der zuständigen Behörde auf Verlangen rechtzeitig vorlegen.

Rechtsquellen: § 3 Abs. 2 ChemKlimaschutzV [Verhinderung des Austrittes von fluorierten Treibhausgasen in die Atmosphäre]
1. Satz 4
2. Satz 1
3. Satz 3

Verstoß: ordnungswidrig gem. § 10 Abs. 3 Nr. 2 ChemKlimaschutzV i. V. m. § 26 Abs. 1 Nr. 7 Buchstabe c ChemG; die Bußgeldhöhe kann bis zu 10.000 Euro betragen.

B-4-1-4	**Hersteller und Vertreiber fluorierter Treibhausgase müssen diese nach Gebrauch zurücknehmen oder die Rücknahme durch einen von ihnen bestimmten Dritten sicherstellen**

Einzelpflichtbeschreibung:

Hersteller und Vertreiber fluorierter Treibhausgase sind gem. Rechtsquelle 1.1 (↓) verpflichtet, diese nach Gebrauch zurückzunehmen oder die Rücknahme durch einen von ihnen bestimmten Dritten sicherzustellen.

Hinweis: Gem. Rechtsquelle 1.2 (↓) gilt die in vorgenanntem Satz genannte Regel nicht, soweit die Vorschriften gem. Rechtsquelle 2 (↓) anzuwenden sind.

Rechtsquellen:

1. § 4 Abs. 2 ChemKlimaschutzV [Rückgewinnung und Rücknahme verwendeter Stoffe]
1.1 Satz 1
1.2 Satz 2
2. HKWAbfV

Verstoß: ordnungswidrig gem. § 10 Abs. 4 ChemKlimaschutzV i.V.m § 69 Abs. 1 Nr. 8 KrWG; die Bußgeldhöhe kann bis zu 100.000 Euro betragen.

B-4-1-5	Wer fluorierte Treibhausgase zurücknimmt oder Betreiber einer Entsorgungsanlage für fluorierte Treibhausgase ist, muss über Art und Menge der zurückgenommenen oder entsorgten Stoffe und Zubereitungen sowie über deren Verbleib Aufzeichnungen führen; die Aufzeichnungen sind für die Dauer der vorgeschriebenen Frist aufzubewahren und auf Verlangen der zuständigen Behörde vorzulegen

Einzelpflichtbeschreibung:

Wer
1. nach Rechtsquelle 1.2 (↓) [vgl. Einzelpflicht B-4-1-4] fluorierte Treibhausgase zurücknimmt oder
2. als Betreiber einer Entsorgungsanlage fluorierte Treibhausgase entsorgt,

muss gem. Rechtsquelle 1.1.1 (↓) über Art und Menge der zurückgenommenen oder entsorgten Stoffe und Zubereitungen sowie über deren Verbleib Aufzeichnungen führen. Die Aufzeichnungen sind nach ihrer Erstellung gem. Rechtsquelle 1.1.2 (↓) mindestens fünf Jahre lang aufzubewahren und der zuständigen Behörde rechtzeitig auf Verlangen vorzulegen.

Rechtsquellen:

1.   § 4 ChemKlimaschutzV [Rückgewinnung und Rücknahme verwendeter Stoffe]
1.1   Abs. 3
1.1.1 Satz 1
1.1.2 Satz 2
1.2   Abs. 2
2.   HKWAbfV

Verstoß: ordnungswidrig gem. § 10 Abs. 5 ChemKlimaschutzV i.V.m § 69 Abs. 2 Nr. 15 KrWG; die Bußgeldhöhe kann bis zu 10.000 Euro betragen.

2.2.4.3 Pflichtenkatalog B-4-2 (Straftaten)

B-4-2	Das Inverkehrbringen teilfluorierter Kohlenwasserstoffe ist verbunden mit der vorherigen Zuteilung bzw. der Übertragung einer Quote hierfür

Einzelpflichtbeschreibung:

Wer teilfluorierte Kohlenwasserstoffe in Verkehr bringt, bedarf gem. Rechtsquelle 1 (↓) der vorherigen Zuteilung einer Quote nach Rechtsquelle 2.1 (↓) oder der Übertragung einer solchen Quote nach Rechtsquelle 2.2 (↓)

Hinweis: In Rechtsquelle 1.2 (↓) ist festgelegt, unter welchen Umständen die vorgenannte Vorschrift nicht gilt.

Rechtsquellen:

1.   § 9 Abs. 1 Satz 1 ChemKlimaschutzV [Inverkehrbringen, Verkauf und Kauf fluorierter Treibhausgase]
1.1   Satz 1
1.2   Satz 2

2. VO (EU) Nr. 517/2014 [...]
2.1 Art. 16 Abs. 5 Satz 1 [Zuweisung von Quoten für das Inverkehrbringen von teilfluorierten Kohlenwasserstoffen]
2.2 Art. 18 Abs. 1 [Übertragung von Quoten und Genehmigung der Nutzung der Quoten für das Inverkehrbringen von teilfluorierten Kohlenwasserstoffen in eingeführten Einrichtungen]

Verstoß: strafbar gem. § 11 ChemKlimaschutzV i. V. m. § 27 Abs. 1 Nr. 1, Abs. 2 bis 4 ChemG; das Strafmaß kann eine Freiheitsstrafe von 2 bis zu 5 Jahren oder Geldstrafe umfassen.

2.2.5 Sanktions-/Pflichtenkatalog B-5 gem. Chemikalien-Verbotsverordnung (ChemVerbotsV) – Grundlage BR/DS Nr. 559/16 vom 16.12.2016

2.2.5.1 Sanktionskatalog B-5 gem. ChemVerbotsV

Ordnungswidrigkeiten gem. § 12 ChemVerbotsV

(1) Ordnungswidrig im Sinne des § 26 Absatz 1 Nummer 7 Buchstabe a des Chemikaliengesetzes handelt, wer vorsätzlich oder fahrlässig entgegen § 7 Absatz 1 Satz 1 oder Absatz 2 Satz 2, auch in Verbindung mit § 14 Absatz 2, eine Anzeige nicht, nicht richtig, nicht vollständig, nicht in der vorgeschriebenen Weise oder nicht rechtzeitig erstattet. — Einzelpflicht B-5.1

(2) Ordnungswidrig im Sinne des § 26 Absatz 1 Nummer 7 Buchstabe b des Chemikaliengesetzes handelt, wer vorsätzlich oder fahrlässig entgegen § 8 Absatz 1, 2, 3 Nummer 1 oder 3 oder Absatz 4 Satz 1 oder § 10 Absatz 1, auch in Verbindung mit Absatz 2, einen Stoff oder ein Gemisch abgibt. — B-5.2

(3) Ordnungswidrig im Sinne des § 26 Absatz 1 Nummer 7 Buchstabe c des Chemikaliengesetzes handelt, wer vorsätzlich oder fahrlässig
1. entgegen § 6 Absatz 3 Satz 2 eine Anzeige nicht, nicht richtig, nicht vollständig, nicht in der vorgeschriebenen Weise oder nicht rechtzeitig erstattet, — B-5.3.1
2. entgegen § 9 Absatz 1 Satz 1 ein Abgabebuch nicht führt, — B-5.3.2
3. entgegen § 9 Absatz 2 abgibt, — B-5.3.3
4. entgegen § 9 Absatz 3 das Abgabebuch oder einen Empfangsschein nicht oder nicht mindestens fünf Jahre aufbewahrt oder — B-5.3.4
5. entgegen § 9 Absatz 4 die Angaben nicht oder nicht mindestens fünf Jahre nachweisen kann. — B-5.3.5

Straftaten gem. § 13 ChemVerbotsV

(1) Nach § 27 Absatz 1 Nummer 1, Absatz 2 bis 4 des Chemikaliengesetzes wird bestraft, wer vorsätzlich oder fahrlässig — Einzelpflicht
1. entgegen § 3 Absatz 2 einen Stoff, ein Gemisch oder ein Erzeugnis in den Verkehr bringt oder — B-5.4.1
2. ohne Erlaubnis nach § 6 Absatz 1 Satz 1 einen Stoff oder ein Gemisch abgibt oder bereitstellt. — B-5.4.2

(2) Nach § 27 Absatz 2, 3, 4 Nummer 2 des Chemikaliengesetzes ist strafbar, wer durch eine in § 12 Absatz 2 bezeichnete vorsätzliche Handlung das Leben oder die Gesundheit eines anderen oder fremde Sachen von bedeutendem Wert gefährdet.

(3) Nach § 27c Absatz 1 des Chemikaliengesetzes ist strafbar, wer eine in § 12 Absatz 2 bezeichnete vorsätzliche Handlung begeht, obwohl er weiß, dass der Stoff oder das Gemisch für eine rechtswidrige Tat, die den Tatbestand eines Strafgesetzes verwirklicht, verwendet werden soll.

(4) Erkennt der Täter in den Fällen des Absatzes 3 leichtfertig nicht, dass der Stoff oder das Gemisch für eine rechtswidrige Tat, die den Tatbestand eine Strafgesetzes verwirklicht, verwendet werden soll, ist er nach § 27c Absatz 2 des Chemikaliengesetzes strafbar.

2.2.5.2 Pflichtenkataloge B-5.1 – B-5.3 (Ordnungswidrigkeiten)

B-5.1	Bei erstmaliger Abgabe/Bereitstellung von Stoffen/Gemischen an den bezeichneten Empfängerkreis, ist gegenüber der zuständigen Behörde vor Aufnahme dieser Tätigkeit dieses schriftlich oder elektronisch anzuzeigen

Einzelpflichtbeschreibung:

Gem. Rechtsquelle 6 (↓) sind die Vorschriften der
- Rechtsquelle 1.1 (↓) bzw. 1.2 (↓), auch in Verbindung mit
- Rechtsquelle 2 (↓),

für die dort geforderte Anzeigen richtig, vollständig, in der vorgeschriebenen Weise und rechtzeitig zu erstatten.

Weiterführende Hinweise:

I. zu den Rechtsquellen 1 ff. (↓)

(1) Wer Stoffe oder Gemische, für die in Rechtsquelle 5 (↓) auf diese Vorschrift verwiesen wird, an den in Rechtsquelle 3 (↓) genannten Empfängerkreis abgibt oder für diesen bereitstellt, muss der zuständigen Behörde die erstmalige Abgabe oder Bereitstellung der Stoffe oder Gemische vor Aufnahme dieser Tätigkeit schriftlich anzeigen.

(2) In der Anzeige ist mindestens eine Person zu benennen, die die Anforderungen nach Rechtsquelle 4.1 (↓) erfüllt. Jeder Wechsel dieser Person sowie die endgültige Aufgabe der Tätigkeit ist der zuständigen Behörde unverzüglich schriftlich anzuzeigen.

II. zu Rechtsquelle 2 (↓)

Eine nach früheren Rechtsvorschriften erteilte Erlaubnis, die einer Erlaubnis nach Rechtsquelle 1.1 (↓) entspricht, gilt im erteilten Umfang gem. Rechtsquelle 1.2.1 (↓) fort.

Rechtsquellen: ChemVerbotsV
1.   § 7 [Anzeigepflicht]
1.1   Abs. 1 Satz 1
1.2   Abs. 2
1.2.1   Satz 2
1.2.2   *Satz 1*
2.   § 14 Abs. 2 [Übergangsvorschriften]
3.   § 5 Abs. 2 [Anforderungen und Bereichsausnahmen]
4.   § 6 [Erlaubnispflicht]
4.1   Abs. 2
5.   Anlage 2 [Anforderungen in Bezug auf die Abgabe] (zu §§ 5 – 11) – Spalte 3 [*betr. erleichterte Anforderungen ...*]
6.   § 12 Abs. 1 [Ordnungswidrigkeiten]

Verstoß: ordnungswidrig gem. § 12 Abs. 1 ChemVerbotsV i. V. m. § 26 Abs. 1 Nr. 7 Buchstabe a ChemG; die maximale Höhe des Bußgeldes kann bis zu 50.000 Euro betragen; ggf. strafbar; zum Strafmaß siehe Anhang 1 – Fallgruppen A bis C – zu diesem Pflichtenkatalog wegen der möglichen Fallsituationen.

B-5.2	Die Abgabe von Stoffen oder Gemischen darf nur von einer im Betrieb beschäftigten/beauftragten Person durchgeführt werden, die den gestellten Anforderungen entspricht

Einzelpflichtbeschreibung:

Gem. Rechtsquelle 7 (↓) darf die Abgabe von Stoffen oder Gemischen, die in
– Rechtsquelle 1.1, 1.2, 1.3.1 oder 1.3.2 oder 1.4 (↓) bzw.
– Rechtsquelle 2.1 (↓), auch in Verbindung mit Rechtsquelle 2.2 (↓),

näher bezeichnet sind, nur unter Beachtung der dort genannten Vorschriften erfolgen.

Weiterführende Hinweise:

I. zu Rechtsquelle 1 ff. (↓)

(1) Die Abgabe von Stoffen oder Gemischen, für die in Rechtsquelle 3 (↓) auf diese Vorschrift verwiesen wird, darf nur von einer im Betrieb beschäftigten Person durchgeführt werden, die die Anforderungen nach Rechtsquelle 5.1 (↓) erfüllt.

(2) Soweit in Rechtsquelle 3.1 (↓) auf diesen Absatz verwiesen wird, darf die Abgabe abweichend von Rechtsquelle 1.1 (↓) an den in Rechtsquelle 4 (↓) genannten Empfängerkreis auch durch eine beauftragte Person erfolgen, die
1. zuverlässig ist,
2. mindestens 18 Jahre alt ist und
3. von einer Person, die die Anforderungen nach Rechtsquelle 5.1 (↓) erfüllt, über die wesentlichen Eigenschaften der abzugebenden Stoffe und Gemische, über die mit ihrer Verwendung verbundenen Gefahren und über die einschlägigen Vorschriften belehrt worden ist.

Die Belehrung muss jährlich wiederholt werden und ist jeweils schriftlich zu bestätigen.

(3) Die Abgabe darf nur durchgeführt werden, wenn
1. der abgebenden Person bekannt ist oder sie sich vom Erwerber hat bestätigen oder durch Vorlage entsprechender Unterlagen nachweisen lassen, dass dieser die Stoffe oder Gemische in erlaubter Weise verwenden oder weiterveräußern will und die rechtlichen Voraussetzungen hierfür erfüllt, und keine Anhaltspunkte für eine unerlaubte Verwendung oder Weiterveräußerung vorliegen,
2. [...]
3. im Fall der Abgabe an eine natürliche Person, diese mindestens 18 Jahre alt ist.

(4) Im Einzelhandel darf die Abgabe oder die Bereitstellung für Dritte nicht durch Automaten oder durch andere Formen der Selbstbedienung erfolgen. Das Selbstbedienungsverbot nach Rechtsquelle 6 (↓) bleibt unberührt.

II. zu Rechtsquelle 2.2 (↓)

(1) Stoffe und Gemische, für die in Rechtsquelle 3 (↓) auf diese Vorschrift verwiesen wird, dürfen außerhalb des in Rechtsquelle 4 (↓) bezeichneten Empfängerkreises nicht im Wege des Versandhandels abgegeben werden.

(2) O.a. Abs. gilt auch für die nicht gewerbsmäßige Abgabe.

Rechtsquellen:

1.   § 8 ChemVerbotsV [Grundanforderungen zur Durchführung der Abgabe]
1.1   Abs. 1

1.2   Abs. 2
1.3   Abs. 3
1.3.1 Nr. 1
1.3.2 Nr. 3
1.4   Abs. 4 Satz 1
2.   § 10 ChemVerbotsV [Versand]
2.1   Abs. 1
2.2   Abs. 2
3.   Anlage 2 [Anforderungen in Bezug auf die Abgabe] (zu §§ 5 – 11)
3.1   Spalte 3 [*betr. erleichterte Anforderungen ...*]
4.   § 5 Abs. 2 ChemVerbotsV [Anforderungen und Ausnahmen]
5.   § 6 ChemVerbotsV [Erlaubnispflicht]
5.1   Abs. 2
5.2   Abs. 1
6.   § 23 Abs. 2 PflSchG [Abgabe von Pflanzenschutzmitteln]
7.   § 12 Abs. 2 ChemVerbotsV [Ordnungswidrigkeiten]

Verstoß: ordnungswidrig gem. § 12 Abs. 2 ChemVerbotsV i. V. m. § 26 Abs. 1 Nr. 7 Buchstabe b ChemG ; die maximale Höhe des Bußgeldes kann bis zu 200.000 Euro betragen; ggf. strafbar; zum Strafmaß siehe Anhang 1 – Fallgruppen **A** bis **C** – zu diesem Pflichtenkatalog wegen der möglichen Fallsituationen.

B-5.3.1	**Der Wechsel der nachfolgend bezeichneten [sachkundigen] Personen muss der zuständigen Behörde angezeigt werden**

Einzelpflichtbeschreibung:

I. Einführende Anmerkung: zu Rechtsquelle 1.1.1 (↓)

Unternehmen erhalten gem. Rechtsquelle 1.2 (↓) die Erlaubnis für die dort bezeichneten Stoffe/ Gemische (↓), wenn sie in jeder Betriebsstätte, in der diese abgegeben bzw. bereitgestellt werden, Personen beschäftigen, die die Anforderungen nach Rechtsquelle 1.3 (↓) erfüllen.

II. Pflicht im Detail: zu Rechtsquelle 1.1.2 (↓)

Jeder Wechsel einer solchen Person ist der zuständigen Behörde richtig, vollständig, vorschriftgemäß (d. h. schriftlich) und rechtzeitig (d. h. unverzüglich) anzuzeigen.

Rechtsquellen: ChemVerbotsV
1.   § 6 [Erlaubnispflicht]
1.1   Abs. 3
1.1.1 Satz 1
1.1.2 Satz 2
1.2   Abs. 1
1.3   Abs. 2
2.   § 11 Abs. 1[Sachkunde]

Verstoß: ordnungswidrig gem. § 12 Abs. 3 Nr. 1 ChemVerbotsV i. V. m. § 26 Abs. 1 Nr. 7 Buchstabe c ChemG; die maximale Höhe des Bußgeldes kann bis zu 10.000 Euro betragen.

B-5.3.2	Beachten der Pflicht zur Führung eines Abgabebuches (betr. Stoffe/Gemische)

Einzelpflichtbeschreibung:

Über die Abgabe von Stoffen und Gemischen, für die in Rechtsquelle 2 (↓) auf diese Vorschrift verwiesen wird, ist gem. Rechtsquelle 1 (↓) ein Abgabebuch zu führen. Das Abgabebuch kann auch in elektronischer Form geführt werden.

Rechtsquellen: ChemVerbotsV
1. § 9 Abs. 1 [Identitätsfeststellung und Dokumentation]
2. Anlage 2 [Anforderungen in Bezug auf die Abgabe] (zu §§ 5 – 11) – Spalte 3 [betr. erleichterte Anforderungen ...]

Verstoß: ordnungswidrig gem. § 12 Abs. 3 Nr. 2 ChemVerbotsV i. V. m. § 26 Abs. 1 Nr. 7 Buchstabe c ChemG; die maximale Höhe des Bußgeldes kann bis zu 10.000 Euro betragen.

B-5.3.3	Beachten der Vorschriften zur Identitätsfeststellung und Dokumentation bei der Abgabe von Stoffen/Gemischen

Einzelpflichtbeschreibung:

Gem. nachfolgender Rechtsquelle (↓) muss die abgebende Person bei der Abgabe
1. die Identität des Erwerbers, im Falle der Entgegennahme durch eine Empfangsperson, die Identität der Empfangsperson und das Vorhandensein der Auftragsbestätigung, aus der der Verwendungszweck und die Identität des Erwerbers hervorgehen, feststellen,
2. in dem Abgabebuch für jede Abgabe dokumentieren:
   a) die Art und Menge der abgegebenen Stoffe oder Gemische,
   b) das Datum der Abgabe,
   c) den Verwendungszweck,
   d) den Namen der abgebenden Person,
   e) den Namen und die Anschrift des Erwerbers,
   f) im Fall der Entgegennahme durch eine Empfangsperson zusätzlich den Namen und die Anschrift der Empfangsperson und
   g) im Fall der Abgabe an öffentliche Forschungs-, Untersuchungs- oder Lehranstalten zusätzlich die Angabe, ob die Abgabe zu Forschungs-, Analyse- oder Lehrzwecken erfolgt, und
3. dafür sorgen, dass der Erwerber oder die Empfangsperson den Empfang des Stoffes oder Gemisches im Abgabebuch oder auf einem gesonderten Empfangsschein durch Unterschrift oder durch eine handschriftliche elektronische Unterschrift bestätigt.

Rechtsquellen: § 9 Abs. 2 ChemVerbotsV [Identitätsfeststellung und Dokumentation]

Verstoß: ordnungswidrig gem. § 12 Abs. 3 Nr. 3 ChemVerbotsV i. V. m. § 26 Abs. 1 Nr. 7 Buchstabe c ChemG; die maximale Höhe des Bußgeldes kann bis zu 10.000 Euro betragen.

B-5.3.4	Betriebsinhaber müssen die Aufbewahrungszeit für Abgabebücher/Empfangsscheine einhalten

Einzelpflichtbeschreibung:

Das Abgabebuch und die Empfangsscheine müssen gem. nachfolgender Rechtsquelle (↓) vom Betriebsinhaber mindestens fünf Jahre nach der letzten Eintragung aufbewahrt werden.

Rechtsquellen: § 9 Abs. 3 ChemVerbotsV [Identitätsfeststellung und Dokumentation]

Verstoß: ordnungswidrig gem. § 12 Abs. 3 Nr. 4 ChemVerbotsV i. V. m. § 26 Abs. 1 Nr. 7 Buchstabe c ChemG; die maximale Höhe des Bußgeldes kann bis zu 10.000 Euro betragen.

B-5.3.5	Alternative Nachweismöglichkeiten zur Abgabe von Stoffen und Gemischen (betr. Identitätsfeststellung und Dokumentation) sind analog Einzelpflicht B-5.3.4 mindestens fünf Jahre nachzuweisen

Einzelpflichtbeschreibung:

Soweit in Rechtsquelle 2 (↓) auf die Rechtsquelle 1.1 (↓) verwiesen wird, gelten die Anforderungen nach Rechtsquelle 1.2, 1.3.1 und 1.3.2 und 1.4 (↓) bei der Abgabe an den in Rechtsquelle 3 (↓) genannten Empfängerkreis nicht, wenn der Betriebsinhaber die Angaben in anderer Weise mindestens fünf Jahre nachweisen kann.

Rechtsquellen: ChemVerbotsV
1.   § 9 [Identitätsfeststellung und Dokumentation]
1.1   Abs. 4
1.2   Abs. 1[1]
1.3   Abs. 2[1]
1.3.1 Nr. 2
1.3.2 Nr. 3
1.4   Abs. 3
2.   Anlage 2 [Anforderungen in Bezug auf die Abgabe] (zu §§ 5-11) – Spalte 3 [*betr. erleichterte Anforderungen ...*]
3.   § 5 Abs. 2 [Anforderungen und Ausnahmen]

Verstoß: ordnungswidrig gem. § 12 Abs. 3 Nr. 5 ChemVerbotsV i. V. m. § 26 Abs. 1 Nr. 7 Buchstabe c ChemG; die maximale Höhe des Bußgeldes kann bis zu 10.000 Euro betragen.

2.2.5.3 Pflichtenkatalog B-5.4 (Straftaten)

B-5.4.1	Ausnahmen zu den in Anlage 1 der ChemVerbotsV näher genannten Stoffe/ Gemische, sowie Stoffe, Gemische und Erzeugnisse, die diese freisetzen können/enthalten, dürfen in dem dort genannten Umfang nur unter Einhaltung der dort genannten Beschränkungen in Verkehr gebracht werden

Einzelpflichtbeschreibung:

Gem. Rechtsquelle 1 (↓) ist das Inverkehrbringen von Stoffen und Gemischen, die in Rechtsquelle 2.1 (↓) bezeichnet sind, sowie von Stoffen, Gemischen und Erzeugnissen, die

---

[1] vgl. hierzu unter den Einzelpflichten B-5.3.2, B-5.3.3 und B-5.3.4

diese freisetzen können oder enthalten, in dem in Rechtsquelle 2.2 (↓) genannten Umfang nach Maßgabe der in Rechtsquelle 2.3 (↓) aufgeführten Ausnahmen verboten.

Rechtsquellen: ChemVerbotsV
1. § 3 Abs. 2 [Verbote und Beschränkungen des Inverkehrbringens]
2. Anlage 1 [Inverkehrbringensverbote] (zu § 3) – für Formaldehyd, Dioxine und Furane, Pentachlorphenol und Biopersistente Fasern
2.1 Spalte 1 [Stoffe/Gemische]
2.2 Spalte 2 [Verbote]
2.3 Spalte 3 [Ausnahmen]

Verstoß: strafbar gem. § 13 Abs. 1 Nr. 1 ChemVerbotsV i. V. m. § 27 Abs. 1 Nr. 1, Abs. 2 bis 4 ChemG; zum Strafmaß siehe Anhang 1 – Fallgruppen A bis C – zu diesem Pflichtenkatalog wegen der möglichen Fallsituationen.

B-5.4.2	Abgebende/Bereitstellende von Stoffen/Gemischen auf die in Anlage 2 dieser Vorschrift verwiesen wird, bedürfen der behördlichen Erlaubnis

Einzelpflichtbeschreibung:

Wer Stoffe oder Gemische, für die in Rechtsquelle 2 (↓) auf diese Vorschrift verwiesen wird, abgibt oder für Dritte bereitstellt, bedarf gem. Rechtsquelle 1 (↓) der Erlaubnis der zuständigen Behörde.

Rechtsquellen: ChemVerbotsV
1. § 6 Abs. 1 Satz 1 [Erlaubnispflicht]
2. Anlage 2 [Anforderungen in Bezug auf die Abgabe] (zu §§ 5 – 11) – Spalte 3 [*betr. erleichterte Anforderungen ...*]

Verstoß: strafbar gem. § 13 Abs. 1 Nr. 2 ChemVerbotsV i. V. m. § 27 Abs. 1 Nr. 1, Abs. 2 bis 4 ChemG; zum Strafmaß siehe Anhang 1 – Fallgruppen A bis C – zu diesem Pflichtenkatalog wegen der möglichen Fallsituationen.

2.2.5.4 Anhang 1 zu Pflichtenkatalog B-5

Sanktionsregelungen zur ChemVerbotsV § 13 [Straftaten] [vereinfachte/verkürzte Darstellung]	Strafmaß	Fallgruppen
(2) Nach § 27 Abs. 2, 3, 4 Nr. 2 ChemG ist strafbar, wer durch eine in § 12 Abs. 2 bezeichnete vorsätzliche Handlung das Leben oder die Gesundheit eines anderen oder fremde Sachen von bedeutendem Wert gefährdet.	vgl. unter Abschnitt 2.2.1.1.2	A
(3) Nach § 27c Abs. 1 ChemG ist strafbar, wer eine in § 12 Absatz 2 bezeichnete vorsätzliche Handlung begeht, obwohl er weiß, dass der Stoff oder das Gemisch für eine rechtswidrige Tat, die den Tatbestand eines Strafgesetzes verwirklicht, verwendet werden soll.	vgl. unter Abschnitt 2.2.1.1.5 [dort: Abs. 1]	B
(4) Erkennt der Täter in den Fällen des Abs. 3 leichtfertig nicht, dass der Stoff oder das Gemisch für eine rechtswidrige Tat, die den Tatbestand eines Strafgesetzes verwirklicht, verwendet werden soll, ist er nach § 27c Abs. 2 ChemG strafbar.	vgl. unter Abschnitt 2.2.1.1.5 [dort: Abs. 2]	C

2.2.6 Sanktions-/Pflichtenkatalog B-6 gem. Verordnung über die Meldung von Biozid-Produkten nach dem Chemikaliengesetz (Biozid-Meldeverordnung – ChemBiozidMeldeV)

2.2.6.1 Sanktionskatalog B-6 gem. ChemBiozidMeldeV

Ordnungswidrigkeiten gem. § 5 ChemBiozidMeldeV

	Einzelpflicht
Ordnungswidrig im Sinne des § 26 Absatz 1 Nummer 5 Buchstabe c des Chemikaliengesetzes handelt, wer vorsätzlich oder fahrlässig	
1. entgegen § 2 Absatz 1 Satz 1, auch in Verbindung mit Satz 3, ein Biozid-Produkt in den Verkehr bringt oder	B-6-1
2. entgegen § 2 Absatz 2 Satz 2 nicht sicherstellt, dass eine Registriernummer rechtzeitig aufgebracht wird.	B-6-2

2.2.6.2 Pflichtenkatalog B-6 gem. ChemBiozidMeldeV

B-6-1	Inverkehrbringen von Biozid-Produkten nur bei aufgebrachter Registriernummer

Einzelpflichtbeschreibung:

Biozid-Produkte nach Rechtsquelle 2.1 (↓) dürfen nur in den Verkehr gebracht werden, wenn eine Registriernummer auf dem betreffenden Biozid-Produkt aufgebracht ist.

Satz 1 gilt für Biozid-Produkte, für die bereits eine Registriernummer nach Rechtsquelle 2.4 (↓) erteilt wurde, mit der Maßgabe, dass diese Registriernummer aufzubringen ist.

Weiterführende Hinweise: zu Rechtsquelle 1.3 (↓)

Die Registriernummer ist von Herstellern, Einführern oder unter Verwendung eines eigenen Handelsnamens Tätigen nach dem Verfahren der Rechtsquelle 2.2 (↓) bei der Zulassungsstelle nach Rechtsquelle 2.3 (↓) zu beantragen.

Rechtsquellen:

1. § 2 Abs. 1 ChemBiozidMeldeV [Pflicht zur Aufbringung der Registriernummer]
1.1 Satz 1
1.2 Satz 3
1.3 Satz 2
2. sonstige mitgeltende Rechtsquellen:
2.1 § 1 ChemBiozidMeldeV [Anwendungsbereich]
2.2 § 3 Abs. 1 ChemBiozidMeldeV [Verfahren zur Erteilung der Registriernummer]
2.3 § 12j Abs. 1 ChemG [Zulassungsstelle, Bewertung, Verordnungsermächtigung]
2.4 Biozid-Meldeverordnung vom 24. Mai 2005 (BGBl. I S. 1410)

Verstoß: ordnungswidrig gem. § 5 Nr. 1 ChemBiozidMeldeV i. V. m. § 26 Abs. 1 Nr. 5 Buchstabe c ChemG; die Höhe des Bußgeldes kann bis zu 50.000 Euro betragen.

B-6-2	Beantragung von Registriernummern für Biozid-Produkte

Einzelpflichtbeschreibung:

1. *Für bis zum 17. Juni 2011 in den Verkehr gebrachte Biozid-Produkte ist gem. Rechtsquelle 1.1.2 (↓) die Registriernummer bis zum 1. August 2011 nach dem Verfahren der Rechtsquelle 2.1 (↓) bei der Zulassungsstelle zu beantragen.*

2. Für Biozid-Produkte nach Rechtsquelle 1.1.2 (↓) haben die in Rechtsquelle 1.1.1 (↓) genannten Personen sicherzustellen, dass die Registriernummer bis zum 1. November 2011 aufgebracht wird. O.a. Satz 1 gilt nicht für Biozid-Produkte, für die bereits eine Registriernummer nach Rechtsquelle 2.2 (↓) erteilt wurde.

Weiterführende Hinweise: zu Rechtsquelle 1.2 (↓)

Biozid-Produkte nach Rechtsquelle 2.3 (↓) dürfen nur in den Verkehr gebracht werden, wenn eine Registriernummer auf dem betreffenden Biozid-Produkt aufgebracht ist. Die Registriernummer ist von Herstellern, Einführern oder unter Verwendung eines eigenen Handelsnamens Tätigen nach dem Verfahren der Rechtsquelle 2.1 (↓) bei der Zulassungsstelle nach Rechtsquelle 2.4 (↓) zu beantragen. O.a. Satz 1 gilt für Biozid-Produkte, für die bereits eine Registriernummer nach Rechtsquelle 2.2 (↓) erteilt wurde, mit der Maßgabe, dass diese Registriernummer aufzubringen ist.

Rechtsquellen:

1. § 2 ChemBiozidMeldeV [Pflicht zur Aufbringung der Registriernummer]
1.1 Abs. 2
1.1.1 Satz 2
1.1.2 Satz 1
1.2 Abs. 1
2. sonstige mitgeltenden Rechtsquellen:
2.1 § 3 Abs. 1 ChemBiozidMeldeV [Verfahren zur Erteilung der Registriernummer]
2.2 Biozid-Meldeverordnung vom 24. Mai 2005
2.3 § 1 ChemBiozidMeldeV [Anwendungsbereich]
2.4 § 12j Abs. 1 ChemG [Zulassungsstelle, Bewertung, Verordnungsermächtigung]

Verstoß: ordnungswidrig gem. § 5 Nr. 2 ChemBiozidMeldeV i. V. m. § 26 Abs. 1 Nr. 5 Buchstabe c ChemG; die Höhe des Bußgeldes kann bis zu 50.000 Euro betragen.

2.2.7 Pflichtenkatalog B-7 gem. Verordnung über die Zulassung von Biozid-Produkten und sonstige chemikalien-rechtliche Verfahren zu Biozid-Produkten und Biozid-Wirkstoffen (Biozid-Zulassungsverordnung – ChemBiozidZulV) [Kurzfassung][1)]

Einführende Anmerkungen: zu § 1 ChemBiozidZulV [Anwendungsbereich, Zweck]
Bezug zu Einzelpflichten im Pflichtenkatalog zum ChemG/B-1:
Diese Verordnung gilt für
1. die Zulassung von Biozid-Produkten nach § 12a Satz 1 und § 12c des   –
   Chemikaliengesetzes,
2. die Feststellung zum Entfallen der Zulassungsbedürftigkeit nach   –
   § 12a Satz 2 Nr. 4 des Chemikaliengesetzes,
3. die Registrierung von Biozid-Produkten nach § 12f des Chemikalien-   –
   gesetzes,
4. die Anerkennung ausländischer Zulassungen und Registrierungen   –
   nach § 12g des Chemikaliengesetzes,
5. die Prüfung von Biozid-Wirkstoffen nach § 12h des Chemikalienge-   –
   setzes,

[1)] Die §§ 12a bis 12i ChemG wurden bereits im Abschnitt IIa des zuletzt geänderten ChemG i. V. m. der Anpassung an das EU-Recht [VO (EU) Nr. 528/2012] neu gefasst. Die Rechtsanpassung der ChemBiozidZulV steht diesbezüglich noch aus.

6. die Vorlage von Unterlagen einschließlich Aufzeichnungen und Mit-   –
teilung von Änderungen in Fällen wissenschaftlicher oder verfahrens-
orientierter Forschung und Entwicklung nach § 12i Abs. 2 des Chemikaliengesetzes,
7. die Genehmigung von Versuchen, bei denen es zu einer Freisetzung in   –
die Umwelt kommen kann, nach § 12i Abs. 3 des Chemikaliengesetzes,
8. die Mitteilung von Änderungen und neuen Erkenntnissen nach § 16f   B-1-1.6a
Abs. 1 Satz 1 Nr. 1 und 2 des Chemikaliengesetzes.

Sie dient der Regelung näherer Einzelheiten dieser Verfahren, die die gesetzlichen Regelungen in Teilbereichen konkretisieren.

Hinweis auf Sanktionen:

Siehe hierzu auch unter in Abschnitt 2.2.1 dieses Werkes.

Soweit im ChemG Tatbestände mit Bußgeld-/Strafvorschriften in Bezug auf die vorliegende Verordnung dokumentiert sind, gilt nach dem Rechtsgrundsatz der Akzessorietät [mit-
geltendes Sanktionsrecht nach der übergeordneten Rechtsquelle (hier: ChemG)], dass bei
einer Pflichtverletzung nach der vorliegenden Verordnung eine nach dem ChemG bestehende Sanktionsregelung zu dem dort benannten Tatbestand mitgeltendes Recht i. V. m.
der vorliegenden Verordnung ist.

Pflichtenkatalog B-7

B-7-1	Vorlage von Unterlagen

Rechtsquelle: § 2 ChemBiozidZulV [Allgemeine Vorschriften zur Vorlage von Unterlagen]

B-7-2	Bestimmungen zur Vorlage von Prüfnachweisen und Prüfmethoden

Rechtsquelle: § 3 ChemBiozidZulV [Vorlage von Prüfnachweisen, Prüfmethoden]

B-7-3	Beschränkungen betr. die Zulassungsfähigkeit bei bestimmten Biozid-Produkten

Rechtsquelle: § 4 ChemBiozidZulV [Beschränkungen der Zulassungsfähigkeit bei bestimmten Biozid-Produkten]

B-7-4	Beantragung der Feststellung zum Entfallen der Zulassungsbedürftigkeit nach § 12a Satz 2 Nr. 4 ChemG

Rechtsquelle: § 5 ChemBiozidZulV [Feststellung zum Entfallen der Zulassungsbedürftigkeit nach § 12a Satz 2 Nr. 4 ChemG]

B-7-5	Probenvorlage auf Verlangen der Zulassungsstelle

Rechtsquelle: § 6 ChemBiozidZulV [Proben]

2.2.8 Pflichtenkatalog B-8 gem. Verordnung über die Mitteilungspflichten nach § 16e des Chemikaliengesetzes zur Vorbeugung und Information bei Vergiftungen (Giftinformationsverordnung – ChemGiftInfoV) [Kurzfassung]

Einführende Anmerkungen: zu § 1 [Anwendungsbereich] ChemGiftInfoV

Bezug zu Einzelpflichten im Pflichtenkatalog zum ChemG/B-1:

Diese Verordnung trifft nähere Bestimmungen über Art, Umfang, Inhalt und Form von Mitteilungen an das Bundesinstitut für Risikobewertung,

1. die derjenige, der bestimmte Zubereitungen oder ein Biozid-Produkt in den Verkehr bringt, nach § 16e Abs. 1 des Chemikaliengesetzes abzugeben hat,   B-1-1.6a

2. die ein Arzt nach § 16e Abs. 2 des Chemikaliengesetzes bei Vergiftungsfällen abzugeben hat.   –

Hinweis auf Sanktionen:

Siehe insbesondere auch unter **Einzelpflicht B-1-1.10a** im Abschnitt 2.2.1 dieses Werkes.

Soweit im ChemG Tatbestände mit Bußgeld-/Strafvorschriften in Bezug auf die vorliegende Verordnung dokumentiert sind, gilt nach dem Rechtsgrundsatz der Akzessorietät [mitgeltendes Sanktionsrecht nach der übergeordneten Rechtsquelle (hier: ChemG)], dass bei einer Pflichtverletzung nach der vorliegenden Verordnung eine nach dem ChemG bestehende Sanktionsregelung zu dem dort benannten Tatbestand mitgeltendes Recht i. V. m. der vorliegenden Verordnung ist.

Pflichtenkatalog B-8 gem. ChemGiftInfoV

B-8-1	Mitteilungspflicht beim Inverkehrbringen von Zubereitungen (Gemischen) und Biozid-Produkten

Rechtsquelle: § 2 ChemGiftInfoV [Mitteilungspflicht beim Inverkehrbringen von Zubereitungen und Biozid-Produkten (§ 16e Abs. 1 ChemG)]

B-8-2	Ärztliche Mitteilungspflicht bei Vergiftungen

Rechtsquelle: § 3 ChemGiftInfoV [Ärztliche Mitteilungspflicht bei Vergiftungen (§ 16e Abs. 2 ChemG)]

B-8-3	Vertrauliche Behandlung übermittelter Daten

Rechtsquelle: § 4 ChemGiftInfoV [Vertraulichkeit]

Anlagen zur ChemGiftInfoV

Anlage 1 (zu § 2 Abs. 1 Satz 1 Nr. 1); (Fundstelle: BGBl. I 2002, 2519–2521)
– Mitteilung einer Zubereitung / eines Biozid-Produkts
   (Erstmalige Mitteilung nach § 16e Abs. 1 des Chemikaliengesetzes)

Anlage 2 (zu § 2 Abs. 1 Satz 1 Nr. 2); (Fundstelle: BGBl. I 2002, 2522)
– Änderungsmitteilung einer Zubereitung / eines Biozid-Produkts
   (Änderungsmitteilung nach § 16e Abs. 1 ChemG)

Anlage 3 (zu § 3 Abs. 1) (Fundstelle: BGBl. I 2002, 2523)
– Mitteilung bei Vergiftungen (nach § 16e Abs. 2 ChemG)

2.3 Sanktions-/Pflichtenkataloge zum Chemikalienrecht mit EU-Rechtsbezug [Pflichtenkataloge C-1 bis C-10]

2.3.1 Pflichtenblöcke C-1 zu Abschnitt 1 ChemSanktionsV [Zuwiderhandlungen gegen die Verordnung (EG) Nr. 850/2004]

2.3.1.1 Pflichtenblock C-1-1 gem. § 1 Straftaten nach der Verordnung (EG) Nr. 850/2004 [über persistente organische Schadstoffe]

Nach § 27 Absatz 1 Nummer 3 Satzteil vor Satz 2, Absatz 1a bis 4 des Chemikaliengesetzes wird bestraft, wer vorsätzlich oder fahrlässig entgegen Artikel 3 Absatz 1 der Verordnung (EG) Nr. 850/2004 [...], einen dort genannten Stoff herstellt, in Verkehr bringt oder verwendet.

C-1-1	Unterlassung von Herstellung, Inverkehrbringen und Verwendung verbotener Stoffe

Einzelpflichtbeschreibung:

Die Herstellung, das Inverkehrbringen und die Verwendung von in Rechtsquelle 2 ff. (↓) aufgelisteten Stoffen als solche, in Gemischen oder als Bestandteile von Artikeln sind gem. Rechtsquelle 1 (↓) verboten.

Rechtsquellen: VO (EG) Nr. 850/2004 [...]
1. Art. 3 Abs. 1 [Kontrolle von Herstellung, Inverkehrbringen und Verwendung]
2. Anhang I [Liste der verbotenen Stoffe]
2.1 Teil A: Stoffe, die im Übereinkommen und im Protokoll aufgelistet sind
2.2 Teil B: Stoffe, die nur im Protokoll aufgelistet sind

Verstoß: strafbar – siehe Sanktionsübersicht zu C-1-1, dort Sanktionsgruppe A.1; je nach der Art der Tatbegehung/-folge ggf. auch A.2 bzw. A.3.1

2.3.1.2 Pflichtenblock C-1-2 gem. § 2 Ordnungswidrigkeiten nach der Verordnung (EG) Nr. 850/2004 [über persistente organische Schadstoffe]

Ordnungswidrig im Sinne des § 26 Absatz 1 Nummer 11 Satzteil vor Satz 2 des Chemikaliengesetzes handelt, wer gegen die Verordnung (EG) Nr. 850/2004 verstößt, indem er vorsätzlich oder fahrlässig
1. entgegen Artikel 5 Absatz 2 Unterabsatz 1 eine Unterrichtung nicht, nicht richtig, nicht vollständig oder nicht rechtzeitig vornimmt oder
2. als Hersteller oder Besitzer entgegen Artikel 7 Absatz 2 Unterabsatz 1 dort genannte Abfälle nicht, nicht richtig, nicht vollständig oder nicht rechtzeitig beseitigt und nicht, nicht richtig, nicht vollständig oder nicht rechtzeitig verwertet.

Einzelpflicht

C-1-2.1

C-1-2.2

Pflichtenkatalog zu Pflichtenblock C-1-2

C-1-2.1	Überschreiten die Lagerbestände eine bestimmte Menge nachfolgend bezeichneter „aufgelisteter Stoffe", müssen deren Besitzer die zuständige Behörde des Mitgliedstaats, in dem die Lagerbestände vorhanden sind, vorschriftsgemäß unterrichten

Einzelpflichtbeschreibung:

Besitzer von Lagerbeständen von über 50 kg, die aus in Rechtsquelle 2 bzw. 3 (↓) aufgelisteten Stoffen
– bestehen oder
– solche Stoffe enthalten und
– deren Verwendungszweck zugelassen ist,

unterrichten die zuständige Behörde des Mitgliedstaats, in dem die Lagerbestände vorhanden sind, gem. Rechtsquelle 1 (↓) richtig, vollständig und rechtzeitig über Beschaffenheit und Größe dieser Bestände.

Rechtsquellen: VO (EG) Nr. 850/2004 [...]
1. Art. 5 Abs. 2 Unterabs. 1 [Lagerbestände]
2. Anhang I [Liste der verbotenen Stoffe]
3. Anhang II [Liste der Stoffe, die Beschränkungen unterliegen]

Verstoß: ordnungswidrig – siehe Sanktionsübersicht zu C-1-2; dort Sanktionsgruppe B

C-1-2.2	Hersteller oder Besitzer müssen die bezeichneten Abfälle vorschriftsgemäß beseitigen oder verwerten

Einzelpflichtbeschreibung:

Ungeachtet der Rechtsquelle 2 (↓) müssen Abfälle, die aus in Rechtsquelle 1.2 (↓) aufgelisteten Stoffen
– bestehen,
– sie enthalten oder
– durch sie verunreinigt sind,

gem. Rechtsquelle 1.1 (↓) durch die Hersteller oder Besitzer richtig, vollständig und rechtzeitig ohne unnötige Verzögerung und in Übereinstimmung mit Rechtsquelle 1.3 (↓) so beseitigt oder rechtzeitig verwertet werden, so dass die darin enthaltenen persistenten organischen Schadstoffe zerstört oder unumkehrbar umgewandelt werden, damit die verbleibenden Abfälle und Freisetzungen nicht die Eigenschaften persistenter organischer Schadstoffe aufweisen.

Rechtsquellen:

1. VO (EG) Nr. 850/2004 [...]
1.1 Art. 7 Abs. 2 Unterabs. 1 [Abfallbewirtschaftung]
1.2 Anhang IV [Liste der Stoffe, die Abfallwirtschaftsbestimmungen gem. Art. 7 unterliegen]
1.3 Anhang V – Teil I [Behandlung von Abfällen – Beseitigung und Verwertung gem. Art. 7 Abs. 2]
2. Richtlinie 96/59/EG [... über die Beseitigung polychlorierter Biphenyle und polychlorierter Terphenyle (PCB/PCT)]

Verstoß: ordnungswidrig – siehe Sanktionsübersicht zu C-1-2; dort Sanktionsgruppe B

2.3.2 (weggefallen)

2.3.3 Pflichtenblöcke C-3 zu Abschnitt 3 ChemSanktionsV [Zuwiderhandlungen gegen die Verordnung (EG) Nr. 1907/2006]

2.3.3.1 Pflichtenblock C-3-1 gem. § 5 Straftaten nach Artikel 67 in Verbindung mit Anhang XVII der Verordnung (EG) Nr. 1907/2006 [REACH-Verordnung]

Nach § 27 Absatz 1 Nummer 3 Satzteil vor Satz 2, Absatz 1a bis 4 des Chemikaliengesetzes wird bestraft, wer gegen Artikel 67 Absatz 1 Satz 1 in Verbindung mit Anhang XVII der Verordnung (EG) Nr. 1907/2006 des Europäischen Parlaments und des Rates vom 18. Dezember 2006 zur Registrierung, Bewertung, Zulassung und Beschränkung chemischer Stoffe (REACH), zur Schaffung einer Europäischen Chemikalienagentur, zur Änderung der Richtlinie 1999/45/EG und zur Aufhebung der Verordnung (EWG) Nr. 793/93 des Rates, der Verordnung (EG) Nr. 1488/94 der Kommission, der Richtlinie 76/769/EWG des Rates sowie der Richtlinien 91/155/EWG, 93/67/EWG, 93/105/EG und 2000/21/EG der Kommission (ABl. L 396 vom 30.12.2006, S. 1, L 136 vom 29.5.2007, S. 3, L 141 vom 31.5.2008, S. 22, L 36 vom 5.2.2009, S. 84, L 260 vom 2.10.2010, S. 22, L 49 vom 24.2.2011, S. 52, L 136 vom 24.5.2011, S. 105), L 185 vom 4.7.2013, S. 18, die zuletzt durch die Verordnung (EU) 2016/217 (ABl. L 40 vom 17.2.2016, S. 5) geändert worden ist, verstößt, indem er vorsätzlich oder fahrlässig

Einzelpflicht

1. entgegen Nummer 1 der Spalte 1 des Anhangs XVII in Verbindung mit der zugehörigen Spalte 2 Polychloriertes Terphenyl in Verkehr bringt oder verwendet, — C-3-1.1

2. entgegen Nummer 2 der Spalte 1 des Anhangs XVII in Verbindung mit der zugehörigen Spalte 2 Chlorethen verwendet oder eine dort genannte Aerosolpackung in Verkehr bringt, — C-3-1.2

3. entgegen Nummer 3 der Spalte 1 des Anhangs XVII in Verbindung mit Absatz 1, 2, 3 oder Absatz 4 der zugehörigen Spalte 2 einen dort genannten Stoff oder ein dort genanntes Gemisch verwendet oder in Verkehr bringt oder ein Erzeugnis in Verkehr bringt, — C-3-1.3

4. entgegen Nummer 4, 7 oder Nummer 8 der Spalte 1 des Anhangs XVII, jeweils in Verbindung mit Absatz 1 oder Absatz 2 der zugehörigen Spalte 2, Tri-(2,3-Dibrompropyl)-Phosphat, Tris-(-aziridinyl)-phosphinoxid, Polybrombiphenyl oder polybromiertes Biphenyl oder ein dort genanntes Erzeugnis in Verkehr bringt, — C-3-1.4

5. entgegen Nummer 5 der Spalte 1 des Anhangs XVII in Verbindung mit Absatz 1, 2 oder Absatz 3 der zugehörigen Spalte 2 Benzol verwendet oder in Verkehr bringt oder Spielwaren oder Teile von Spielwaren in Verkehr bringt, — C-3-1.5

6. entgegen Nummer 6 der Spalte 1 des Anhangs XVII in Verbindung mit Absatz 1 Unterabsatz 1 der zugehörigen Spalte 2 Asbestfasern, ein dort genanntes Erzeugnis oder ein dort genanntes Gemisch herstellt, in Verkehr bringt oder verwendet, — C-3-1.6

7. entgegen Nummer 9, 10 oder Nummer 11 der Spalte 1 des An-   C-3-1.7
    hangs XVII, jeweils in Verbindung mit Absatz 1 oder Absatz 2 der
    zugehörigen Spalte 2, einen dort genannten Stoff oder eine dort
    genannte Stoffgruppe verwendet oder einen dort genannten
    Scherzartikel, ein dort genanntes Gemisch oder ein dort genanntes
    Erzeugnis in Verkehr bringt,

8. entgegen Nummer 12, 13, 14 oder Nummer 15 der Spalte 1 des   C-3-1.8
    Anhangs XVII, jeweils in Verbindung mit der zugehörigen Spal-
    te 2, einen dort genannten Stoff oder ein dort genanntes Salz in
    Verkehr bringt oder verwendet,

9. entgegen Nummer 16 oder Nummer 17 der Spalte 1 des An-   C-3-1.9
    hangs XVII, jeweils in Verbindung mit Satz 1 der zugehörigen
    Spalte 2, ein dort genanntes Bleicarbonat oder ein dort genanntes
    Bleisulfat in Verkehr bringt oder verwendet,

10. entgegen Nummer 18 der Spalte 1 des Anhangs XVII in Verbin-   C-3-1.10
    dung mit der zugehörigen Spalte 2 eine Quecksilberverbindung in
    Verkehr bringt oder verwendet,

11. entgegen Nummer 18a der Spalte 1 des Anhangs XVII in Verbin-   C-3-1.11
    dung mit Absatz 1, 5 oder Absatz 7 der zugehörigen Spalte 2 dort
    genanntes Quecksilber oder ein dort genanntes Messinstrument in
    Verkehr bringt,

12. entgegen Nummer 19 der Spalte 1 des Anhangs XVII in Verbin-   C-3-1.12
    dung mit Absatz 1, 2, 3 oder Absatz 4 Buchstabe d der zugehöri-
    gen Spalte 2 eine Arsenverbindung oder behandeltes Holz in Ver-
    kehr bringt oder verwendet,

13. entgegen Nummer 20 der Spalte 1 des Anhangs XVII in Verbin-   C-3-1.13
    dung mit Absatz 1, 2, 3, 4, 5 Buchstabe a oder b erster Halbsatz
    oder Absatz 6 der zugehörigen Spalte 2 eine dort genannte zinnor-
    ganische Verbindung, eine Dibutylzinnverbindung oder ein dort
    genanntes Erzeugnis verwendet oder in Verkehr bringt,

14. entgegen Nummer 21 der Spalte 1 des Anhangs XVII in Verbin-   C-3-1.14
    dung mit Satz 1 der zugehörigen Spalte 2 Di-μ-oxo-di-n-butylstan-
    niohydroxyboran oder Dibutylzinnhydrogenborat in Verkehr
    bringt oder verwendet,

15. entgegen Nummer 22 der Spalte 1 des Anhangs XVII in Verbin-   C-3-1.15
    dung mit der zugehörigen Spalte 2 Pentachlorphenol oder seine
    Salze oder Ester in Verkehr bringt oder verwendet,

16. entgegen Nummer 23 der Spalte 1 des Anhangs XVII in Verbin-   C-3-1.16
    dung mit

    a) Absatz 1 Unterabsatz 1, Absatz 2 Unterabsatz 1, Absatz 5 Un-   C-3-1.16.a)
       terabsatz 2, Absatz 6, Absatz 8 Unterabsatz 1 oder Absatz 10
       der zugehörigen Spalte 2 Cadmium oder eine seiner Verbindun-
       gen in einem Gemisch, einem Erzeugnis, in einem Bestandteil
       eines Erzeugnisses oder in einem gewerblichen Erzeugnis ver-
       wendet oder

    b) Absatz 1 Unterabsatz 2, Absatz 2 Unterabsatz 1 oder 3, Ab-   C-3-1.16.b)
       satz 5 Unterabsatz 3, Absatz 6, Absatz 8 Unterabsatz 2 oder
       Absatz 10 der zugehörigen Spalte 2 ein Gemisch, ein Erzeugnis,
       einen Bestandteil eines Erzeugnisses oder ein gewerbliches Er-
       zeugnis in Verkehr bringt,

115

17. entgegen Nummer 24 der Spalte 1 des Anhangs XVII in Verbindung mit Absatz 1 der zugehörigen Spalte 2 Monomethyl-tetrachlordiphenylmethan in Verkehr bringt oder verwendet oder ein dort genanntes Erzeugnis in Verkehr bringt, C-3-1.17

18. entgegen Nummer 25 oder Nummer 26 der Spalte 1 des Anhangs XVII, jeweils in Verbindung mit der zugehörigen Spalte 2, einen dort genannten Stoff in Verkehr bringt oder verwendet oder ein dort genanntes Erzeugnis in Verkehr bringt, C-3-1.18

19. entgegen Nummer 27 der Spalte 1 des Anhangs XVII in Verbindung mit Absatz 1 oder Absatz 2 der zugehörigen Spalte 2 Nickel oder eine seiner Verbindungen verwendet oder ein Erzeugnis in Verkehr bringt, C-3-1.19

20. entgegen Nummer 28, 29 oder Nummer 30 der Spalte 1 des Anhangs XVII, jeweils in Verbindung mit Absatz 1 Unterabsatz 1 der zugehörigen Spalte 2, einen dort genannten Stoff in Verkehr bringt oder verwendet, C-3-1.20

21. entgegen Nummer 31 der Spalte 1 des Anhangs XVII in Verbindung mit Absatz 1 oder Absatz 3 der zugehörigen Spalte 2 einen dort genannten Stoff oder dort genanntes behandeltes Holz in Verkehr bringt oder verwendet, C-3-1.21

22. entgegen Nummer 32, 34, 35, 36, 37 oder Nummer 38 der Spalte 1 des Anhangs XVII, jeweils in Verbindung mit Absatz 1 der zugehörigen Spalte 2, einen dort genannten Stoff in Verkehr bringt oder verwendet, C-3-1.22

23. entgegen Nummer 40 der Spalte 1 des Anhangs XVII in Verbindung mit Absatz 1 oder Absatz 4 in Verbindung mit Absatz 1 der zugehörigen Spalte 2 einen dort genannten Stoff verwendet oder eine dort genannte Aerosolpackung in Verkehr bringt, C-3-1.23

24. entgegen Nummer 41 der Spalte 1 des Anhangs XVII in Verbindung mit der zugehörigen Spalte 2 Hexachlorethan in Verkehr bringt oder verwendet, C-3-1.24

25. – aufgehoben – C-3-1.25

26. entgegen Nummer 43 der Spalte 1 des Anhangs XVII in Verbindung mit Absatz 1, 2 oder Absatz 3 der zugehörigen Spalte 2 einen dort genannten Azofarbstoff verwendet oder in Verkehr bringt oder ein dort genanntes Textil- oder Ledererzeugnis in Verkehr bringt, C-3-1.26

27. entgegen Nummer 45 der Spalte 1 des Anhangs XVII in Verbindung mit Absatz 1 oder Absatz 2 der zugehörigen Spalte 2 Diphenylether-Octabromderivat in Verkehr bringt oder verwendet oder ein Erzeugnis in Verkehr bringt, C-3-1.27

28. entgegen Nummer 46 der Spalte 1 des Anhangs XVII in Verbindung mit der zugehörigen Spalte 2 Nonylphenol oder Nonylphenolethoxylat in Verkehr bringt oder verwendet, C-3-1.28

29. entgegen Nummer 47 der Spalte 1 des Anhangs XVII in Verbindung mit Absatz 1 der zugehörigen Spalte 2 Zement oder ein zementhaltiges Gemisch verwendet oder in Verkehr bringt, C-3-1.29

29a. entgegen Nummer 47 der Spalte 1 des Anhangs XVII in Verbindung mit Absatz 5 oder Absatz 6 der zugehörigen Spalte 2 ein dort genanntes Ledererzeugnis oder ein dort genanntes Erzeugnis, das dort genannte Lederanteile enthält, in Verkehr bringt, C-3-1.29a

30. entgegen Nummer 48 der Spalte 1 des Anhangs XVII in Verbindung mit der zugehörigen Spalte 2 Toluol in Verkehr bringt oder verwendet,   C-3-1.30

31. entgegen Nummer 49 der Spalte 1 des Anhangs XVII in Verbindung mit der zugehörigen Spalte 2 Trichlorbenzol in Verkehr bringt oder verwendet,   C-3-1.31

32. entgegen Nummer 50 der Spalte 1 des Anhangs XVII in Verbindung mit Absatz 1 Satz 1 oder Absatz 2 Unterabsatz 1 der zugehörigen Spalte 2 ein Weichmacheröl in Verkehr bringt oder verwendet oder einen dort genannten Reifen oder ein dort genanntes Profil in Verkehr bringt,   C-3-1.32

32a. entgegen Nummer 50 der Spalte 1 des Anhangs XVII in Verbindung mit Absatz 5 Unterabsatz 1 oder Absatz 6 der zugehörigen Spalte 2 ein dort genanntes Erzeugnis, ein dort genanntes Spielzeug oder einen dort genannten Artikel in Verkehr bringt,   C-3-1.32a

33. entgegen Nummer 51 oder Nummer 52 der Spalte 1 des Anhangs XVII, jeweils in Verbindung mit Absatz 1 oder Absatz 2 der zugehörigen Spalte 2, ein dort genanntes Phthalat verwendet oder ein Phthalat enthaltendes Spielzeug oder einen Phthalat enthaltenden Babyartikel in Verkehr bringt,   C-3-1.33

34. entgegen Nummer 54 der Spalte 1 des Anhangs XVII in Verbindung mit der zugehörigen Spalte 2 2-(2-Methoxyethoxy)ethanol in Verkehr bringt,   C-3-1.34

35. entgegen Nummer 55 der Spalte 1 des Anhangs XVII in Verbindung mit Absatz 1 oder Absatz 2 der zugehörigen Spalte 2 2-(2-Butoxyethoxy)ethanol erstmalig in Verkehr bringt oder eine dort genannte Spritzfarbe oder ein dort genanntes Reinigungsspray in Verkehr bringt,   C-3-1.35

36. entgegen Nummer 56 der Spalte 1 des Anhangs XVII in Verbindung mit Absatz 1 erster Halbsatz der zugehörigen Spalte 2 Methylendiphenyl-Diisocyanat oder ein dort genanntes Isomer in Verkehr bringt,   C-3-1.36

37. entgegen Nummer 57 der Spalte 1 des Anhangs XVII in Verbindung mit Absatz 1 oder Absatz 2 der zugehörigen Spalte 2 Cyclohexan erstmalig in Verkehr bringt oder einen genannten Kontaktklebstoff in Verkehr bringt,   C-3-1.37

38. entgegen Nummer 58 der Spalte 1 des Anhangs XVII in Verbindung mit Absatz 1 oder Absatz 2 der zugehörigen Spalte 2 Ammoniumnitrat zur Verwendung als festen Ein- oder Mehrstoffdünger erstmalig in Verkehr bringt oder als Stoff oder in einem Gemisch in Verkehr bringt,   C-3-1.38

39. entgegen Nummer 59 der Spalte 1 des Anhangs XVII in Verbindung mit Absatz 1 Unterabsatz 1 oder Absatz 4 der zugehörigen Spalte 2 einen dort genannten Dichlormethan enthaltenden Farbabbeizer in Verkehr bringt, benutzt oder verwendet,   C-3-1.39

40. entgegen Nummer 60 der Spalte 1 des Anhangs XVII in Verbindung mit der zugehörigen Spalte 2 Acrylamid in Verkehr bringt oder verwendet,   C-3-1.40

41. entgegen Nummer 61 der Spalte 1 des Anhangs XVII in Verbindung mit der zugehörigen Spalte 2 Dimethylfumarat verwendet   C-3-1.41

117

oder ein dort genanntes Erzeugnis oder einen seiner Bestandteile in den Verkehr bringt,

42. entgegen Nummer 62 der Spalte 1 des Anhangs XVII in Verbin-   C-3-1.42
dung mit Absatz 1 oder Absatz 2 der zugehörigen Spalte 2 Phenylquecksilberacetat, -propionat, - -2-ethylhexanoat, -octanoat oder
Phenylquecksilberneodecanoat als Stoff oder in einem Gemisch
herstellt, in Verkehr bringt oder verwendet oder ein dort genanntes Erzeugnis oder einen seiner Bestandteile in Verkehr bringt,

43. entgegen Nummer 63 der Spalte 1 des Anhangs XVII in Verbin-   C-3-1.43
dung mit Absatz 1, auch in Verbindung mit Absatz 3 oder Absatz 7 Unterabsatz 1 der zugehörigen Spalte 2, Blei oder eine seiner Verbindungen in Verkehr bringt oder verwendet oder

44. entgegen Nummer 64 der Spalte 1 des Anhangs XVII in Verbin-   C-3-1.44
dung mit der zugehörigen Spalte 2 1,4-Dichlorbenzol in Verkehr
bringt oder verwendet.

Pflichtenkatalog zu Pflichtenblock C-3-1

Vorbemerkungen zu Pflichtenblock C-3-1 auch i. V. m. Pflichtenblock C-3-2

Artikel 67 Abs. 1 REACH-VO
[Allgemeine Bestimmungen]

Ein Stoff als solcher, in einem Gemisch oder in einem Erzeugnis, für den eine Beschränkung nach Anhang XVII gilt, darf nur hergestellt, in Verkehr gebracht oder verwendet werden, wenn die Maßgaben dieser Beschränkung beachtet werden. Dies gilt nicht für die Herstellung, das Inverkehrbringen oder die Verwendung von Stoffen im Rahmen der wissenschaftlichen Forschung und Entwicklung. In Anhang XVII wird festgelegt, ob die Beschränkung für produkt- und verfahrensorientierte Forschung und Entwicklung nicht gilt und für welche Mengen die Ausnahme höchstens gilt.

Verwendung des Anhangs XVII REACH-VO
[Beschränkungen der Herstellung, des Inverkehrbringens und der Verwendung bestimmter gefährlicher Stoffe, Gemische und Erzeugnisse]

Bei Stoffen, die aufgrund von im Rahmen der Richtlinie 76/769/EWG erlassenen Beschränkungen in Anhang XVII der Verordnung (EG) Nr. 1907/2006 aufgenommen worden sind (Einträge 1 bis 58), gelten die Beschränkungen nicht für das *Lagern, Bereithalten, Behandeln, Abfüllen in Behältnisse oder Umfüllen der Stoffe von einem Behältnis in ein anderes zum Zweck der Ausfuhr,* es sei denn, die Herstellung der Stoffe ist verboten.

C-3-1.1	Einhaltung der Beschränkungsbestimmungen für das Inverkehrbringen und die Verwendung von Polychlorierten Terphenylen (PCT)

Einzelpflichtbeschreibung:

Gem. Rechtsquelle 1 (↓) i. V. m. Rechtsquelle 2 (↓) dürfen polychlorierte Terphenyle nur unter Beachtung der Beschränkungsbedingungen in Verkehr gebracht oder verwendet werden.

Stoffliste [Quelle: REACH-VO, Anhang XVII, Spalte 1; hier: Nr. 1]

Polychlorierte Terphenyle (PCT)

Beschränkungsbedingungen [Quelle: REACH-VO, Anhang XVII, Spalte 2]

[Die vorstehend bezeichneten Stoffe] dürfen nicht in Verkehr gebracht oder verwendet werden:
- als Stoffe,
- in Gemischen, einschließlich Altölen, die mehr als 0,005 Gew.-% PCT enthalten.

Rechtsquellen: VO (EG) Nr. 1907/2006 [...]
1. Art. 67 [Allgemeine Bestimmungen] siehe o. a. Vorbemerkung zu Pflichtenblock C-3-1
2. Anhang XVII [Beschränkungen der Herstellung, des Inverkehrbringens und der Verwendung bestimmter gefährlicher Stoffe, Gemische und Erzeugnisse] – Nr. 1

Verstoß: strafbar – siehe Sanktionsübersicht zu C-1-1, dort Sanktionsgruppe A.1; je nach der Art der Tatbegehung/-folge ggf. auch A.2 bzw. A.3.1

C-3-1.2	**Einhaltung der Beschränkungsbestimmungen für die Verwendung von Chlorethen oder dessen Inverkehrverbringen in Aerosolpackungen**

Einzelpflichtbeschreibung:

Gem. Rechtsquelle 1 (↓) i. V. m. Rechtsquelle 2 (↓)
1. darf Chlorethen nur unter Beachtung der Beschränkungsbedingungen verwendet werden;
2. dürfen Aerosolpackungen mit diesem Stoff nur unter Beachtung der Beschränkungsbedingungen in Verkehr gebracht werden.

Stoffliste [Quelle: REACH-VO, Anhang XVII, Spalte 1; hier: Nr. 2]

Chlorethen (Vinylchlorid)

Beschränkungsbedingungen [Quelle: REACH-VO, Anhang XVII, Spalte 2]

[Chlorethen] darf für keinen Verwendungszweck als Treibgas für Aerosole verwendet werden. Aerosolpackungen, die diesen Stoff als Treibgas enthalten, dürfen nicht in Verkehr gebracht werden.

Rechtsquellen: VO (EG) Nr. 1907/2006 [...]
1. Art. 67 [Allgemeine Bestimmungen] siehe o. a. Vorbemerkung zu Pflichtenblock C-3-1
2. Anhang XVII [Beschränkungen der Herstellung, des Inverkehrbringens und der Verwendung bestimmter gefährlicher Stoffe, Gemische und Erzeugnisse] – Nr. 2

Verstoß: strafbar – siehe Sanktionsübersicht zu C-1-1, dort Sanktionsgruppe A.1; je nach der Art der Tatbegehung/-folge ggf. auch A.2 bzw. A.3.1

C-3-1.3	**Einhaltung der Beschränkungsbestimmungen für das Inverkehrbringen oder die Verwendung von flüssigen Stoffen oder Gemischen, die bestimmte in Anhang I der Verordnung (EG) Nr. 1272/2008 dargelegten Gefahrenklassen oder -kategorien erfüllen**

Einzelpflichtbeschreibung:

Gem. Rechtsquelle 1 (↓) i. V. m. Rechtsquelle 2 (↓) dürfen die nachfolgend genannten Stoffe bzw. Gemische nur unter Beachtung der Beschränkungsbedingungen verwendet oder in Verkehr gebracht bzw. als dort genanntes Erzeugnis in Verkehr gebracht werden.

Stoffliste [Quelle: REACH-VO, Anhang XVII, Spalte 1; hier: Nr. 3]

Flüssige Stoffe oder Gemische, die die Kriterien für eine der folgenden in Anhang I, Verordnung (EG) Nr. 1272/2008 dargelegten Gefahrenklassen oder -kategorien erfüllen:
a) Gefahrenklasse 2.1 bis 2.4, 2.6 und 2.7, 2.8 Typen A und B, 2.9, 2.10, 2.12, 2.13 Kategorien 1 und 2, 2.14 Kategorien 1 und 2, 2.15 Typen A bis F;
b) Gefahrenklasse 3.1 bis 3.6, 3.7 Beeinträchtigung der Sexualfunktion und Fruchtbarkeit sowie der Entwicklung, 3.8 ausgenommen narkotisierende Wirkungen, 3.9 und 3.10;
c) Gefahrenklasse 4.1;
d) Gefahrenklasse 5.1.

Beschränkungsbedingungen [Quelle: REACH-VO, Anhang XVII, Spalte 2; hier: Abs. 1 bis 4]

Kurzfassung: Verwendungsverbote betr. bestimmte Dekorationsgegenstände, Scherz- und andere Spiele, Erzeugnisse, die Farbstoffe/Parfüm enthalten bzw. bestimmte Öllampen.

Rechtsquellen: VO (EG) Nr. 1907/2006 [...]
1. Art. 67 [Allgemeine Bestimmungen] siehe o. a. Vorbemerkung zu Pflichtenblock C-3-1
2. Anhang XVII [Beschränkungen der Herstellung, des Inverkehrbringens und der Verwendung bestimmter gefährlicher Stoffe, Gemische und Erzeugnisse] – Nr. 3

Verstoß: strafbar – siehe Sanktionsübersicht zu C-1-1, dort Sanktionsgruppe A.1; je nach der Art der Tatbegehung/-folge ggf. auch A.2 bzw. A.3.1

C-3-1.4	Einhaltung der Beschränkungsbestimmungen für die Verwendung oder das Inverkehrbringen von Tri-(2,3-dibrompropyl)-phosphat, Tris(aziridinyl)-phosphinoxid, Polybrombiphenyl oder polybromierten Biphenylen

Einzelpflichtbeschreibung:

Gem. Rechtsquelle 1 (↓) i. V. m. Rechtsquelle 2 (↓) dürfen die nachfolgend genannten Stoffe oder ein dort genanntes Erzeugnis nur unter Beachtung der Beschränkungsbedingungen in Verkehr gebracht oder verwendet werden.

Stoffliste [Quelle: REACH-VO, Anhang XVII, Spalte 1; hier: Nr. 4, 7, und 8]

Nr. 4: Tri-(2,3-dibrompropyl)-phosphat

Nr. 7: Tris(aziridinyl)-phosphinoxid

Nr. 8: Polybrombiphenyle; polybromierte Biphenyle (PBB)

Beschränkungsbedingungen [Quelle: REACH-VO, Anhang XVII, Spalte 2; hier: Abs. 1 und 2]
1. [Die vorstehend bezeichneten Stoffe] dürfen nicht verwendet werden in Textilerzeugnissen, die dazu bestimmt sind, mit der Haut in Kontakt zu kommen, beispielsweise in Oberbekleidung, Unterwäsche und Wäsche.
2. Erzeugnisse, die Abs. 1 nicht erfüllen, dürfen nicht in Verkehr gebracht werden.

Rechtsquellen: VO (EG) Nr. 1907/2006 [...]
1. Art. 67 [Allgemeine Bestimmungen] siehe o. a. Vorbemerkung zu Pflichtenblock C-3-1
2. Anhang XVII [Beschränkungen der Herstellung, des Inverkehrbringens und der Verwendung bestimmter gefährlicher Stoffe, Gemische und Erzeugnisse] – Nrn. 4, 7 und 8

Verstoß: strafbar – siehe Sanktionsübersicht zu C-1-1, dort Sanktionsgruppe A.1; je nach der Art der Tatbegehung/-folge ggf. auch A.2 bzw. A.3.1

C-3-1.5	Einhaltung der Beschränkungsbestimmungen für das Inverkehrbringen und die Verwendung von Benzol

Einzelpflichtbeschreibung:

Gem. Rechtsquelle 1 (↓) i. V. m. Rechtsquelle 2 (↓) darf Benzol als Stoff, in Gemischen oder in Erzeugnissen (Spielwaren) nur unter Beachtung der folgenden Beschränkungsbedingungen in Verkehr gebracht oder verwendet werden.

Stoffliste [Quelle: REACH-VO, Anhang XVII, Spalte 1: Nr. 5]

Benzol

Beschränkungsbedingungen [Quelle: REACH-VO, Anhang XVII, Spalte 2; hier: Abs. 1 bis 3]
1. [Benzol] darf nicht verwendet werden in Spielwaren oder Teilen von Spielwaren, wenn die Konzentration an frei verfügbarem Benzol höher als 5 mg/kg (0,0005 %) des Gewichts des Spielzeugs bzw. des Teils eines Spielzeugs ist.
2. Spielwaren und Teile von Spielwaren, die Abs. 1 nicht erfüllen, dürfen nicht in Verkehr gebracht werden.
3. [Benzol] darf nicht in Verkehr gebracht werden:
   – als Stoff,
   – als Bestandteil anderer Stoffe oder in Gemischen in Konzentrationen von ≥ 0,1 Gew.-%.

Rechtsquellen: VO (EG) Nr. 1907/2006 [...]
1. Art. 67 [Allgemeine Bestimmungen] siehe o. a. Vorbemerkung zu Pflichtenblock C-3-1
2. Anhang XVII [Beschränkungen der Herstellung, des Inverkehrbringens und der Verwendung bestimmter gefährlicher Stoffe, Gemische und Erzeugnisse] – Nr. 5

Verstoß: strafbar – siehe Sanktionsübersicht zu C-1-1, dort Sanktionsgruppe A.1; je nach der Art der Tatbegehung/-folge ggf. auch A.2 bzw. A.3.1

C-3-1.6	Einhaltung der Beschränkungsbestimmungen für das Inverkehrbringen und die Verwendung von Asbestfasern oder eines Erzeugnisses

Einzelpflichtbeschreibung:

Gem. Rechtsquelle 1 (↓) i. V. m. Rechtsquelle 2 (↓) dürfen die nachfolgend genannten Asbestfasern oder ein dort genanntes Erzeugnis nur unter Beachtung der folgenden Beschränkungsbedingungen hergestellt, in Verkehr gebracht oder verwendet werden.

Stoffliste [Quelle: REACH-VO, Anhang XVII, Spalte 1; hier: Nr. 6]

Asbestfasern
a) Krokydolith
b) Amosit
c) Anthophyllit
d) Aktinolith
e) Tremolit
f) Chrysotil

Beschränkungsbedingungen [Quelle: REACH-VO, Anhang XVII, Spalte 2; hier: Abs. 1 Unterabs. 1]

Die Herstellung, das Inverkehrbringen und die Verwendung der o. a. Fasern sowie von Erzeugnissen und Gemischen, denen diese Fasern absichtlich zugesetzt werden, ist verboten.

Rechtsquellen: VO (EG) Nr. 1907/2006 [...]
1. Art. 67 [Allgemeine Bestimmungen] siehe o. a. Vorbemerkung zu Pflichtenblock C-3-1
2. Anhang XVII [Beschränkungen der Herstellung, des Inverkehrbringens und der Verwendung bestimmter gefährlicher Stoffe, Gemische und Erzeugnisse] – Nr. 6

Verstoß: strafbar – siehe Sanktionsübersicht zu C-1-1, dort Sanktionsgruppe A.1; je nach der Art der Tatbegehung/-folge ggf. auch A.2 bzw. A.3.1

C-3-1.7	Einhaltung der Beschränkungsbestimmungen für die Verwendung bestimmter Stoffe und Stoffgruppen sowie für das Inverkehrbringen bestimmter Scherzartikel und Gemische oder Erzeugnisse

Einzelpflichtbeschreibung:

Gem. Rechtsquelle 1 (↓) i. V. m. Rechtsquelle 2 ff. (↓) dürfen die
– nachfolgend genannten Stoffe bzw. eine dort genannte Stoffgruppe nur unter den dort genannten Beschränkungsbedingungen verwendet bzw.
– besonders bezeichneten Scherzartikel, ein Gemisch bzw. ein Erzeugnis nur unter Beachtung der Beschränkungsbedingungen in Verkehr gebracht werden.

Stoffliste [Quelle: REACH-VO, Anhang XVII, Spalte 1; hier: Nrn. 9, 10 und 11]

Nr. 9:
a) Panamarindenpulver [...] und seine Saponine enthaltenden Derivate
b) Pulver aus der Wurzel der grünen Nieswurz [...] und der schwarzen Nieswurz [...]
c) Pulver aus der Wurzel der weißen Nieswurz [...] und des schwarzen Germer [...]
d) Benzidin und/oder seiner Derivate
e) o-Nitrobenzaldehyd
f) Holzstaub

Nr. 10:
a) Ammoniumsulfid
b) Ammoniumhydrogensulfid
c) Ammoniumpolysulfid

Nr. 11: Flüchtige Ester der Bromessigsäure
a) Methylbromacetat
b) Ethylbromacetat
c) Propylbromacetat
d) Butylbromacetat

Beschränkungsbedingungen [Quelle: REACH-VO, Anhang XVII, Spalte 2; hier: Abs. 1 und 2]
1. [Die vorstehend bezeichneten Stoffe] dürfen nicht verwendet werden in Scherzartikeln oder Gemischen oder Erzeugnissen, die dazu bestimmt sind, als solche verwendet zu werden, beispielsweise als Bestandteil von Niespulver und Stinkbomben.
2. Scherzartikel oder Gemische oder Erzeugnisse, die dazu bestimmt sind, als solche verwendet zu werden, dürfen nicht in Verkehr gebracht werden, wenn sie die Bedingungen des vorgenannten Abs. 1 nicht erfüllen.

Rechtsquellen: VO (EG) Nr. 1907/2006 [...]
1. Art. 67 [Allgemeine Bestimmungen] siehe o. a. Vorbemerkung zu Pflichtenblock C-3-1
2. Anhang XVII [Beschränkungen der Herstellung, des Inverkehrbringens und der Verwendung bestimmter gefährlicher Stoffe, Gemische und Erzeugnisse] – Nrn. 9, 10 und 11

Verstoß: strafbar – siehe Sanktionsübersicht zu C-1-1, dort Sanktionsgruppe A.1; je nach der Art der Tatbegehung/-folge ggf. auch A.2 bzw. A.3.1

C-3-1.8	**Einhaltung der Beschränkungsbestimmungen für das Inverkehrbringen und die Verwendung von Stoffen/Salzen bestimmter stickstoffhaltiger aromatischer Kohlenwasserstoffe**

Einzelpflichtbeschreibung:

Gem. Rechtsquelle 1 (↓) i. V. m. Rechtsquelle 2 (↓) dürfen die nachfolgend genannten Stoffe oder ein dort genanntes Salz nur unter Beachtung der Beschränkungsbedingungen in Verkehr gebracht oder verwendet werden.

Stoffliste [Quelle: REACH-VO, Anhang XVII, Spalte 1; hier: Nrn. 12, 13, 14 und 15]

Nr. 12: 2-Naphthylamin und seine Salze

Nr. 13: Benzidin und seine Salze

Nr. 14: 4-Nitrobiphenyl

Nr. 15: 4-Aminobiphenyl (Xenylamin) und seine Salze

Beschränkungsbedingungen [Quelle: REACH-VO, Anhang XVII, Spalte 2]

[Die vorstehend bezeichneten Stoffe] dürfen weder als Stoffe noch in Gemischen in Konzentrationen von > 0,1 Gew.-% in Verkehr gebracht oder verwendet werden.

Rechtsquellen: VO (EG) Nr. 1907/2006 [...]
1. Art. 67 [Allgemeine Bestimmungen] siehe o. a. Vorbemerkung zu Pflichtenblock C-3-1
2. Anhang XVII [Beschränkungen der Herstellung, des Inverkehrbringens und der Verwendung bestimmter gefährlicher Stoffe, Gemische und Erzeugnisse] – Nrn. 12, 13, 14 und 15

Verstoß: strafbar – siehe Sanktionsübersicht zu C-1-1, dort Sanktionsgruppe A.1; je nach der Art der Tatbegehung/-folge ggf. auch A.2 bzw. A.3.1

C-3-1.9	**Einhaltung der Beschränkungsbestimmungen für das Inverkehrbringen und die Verwendung von Bleicarbonat bzw. -sulfat**

Einzelpflichtbeschreibung:

Gem. Rechtsquelle 1 (↓) i. V. m. Rechtsquelle 2 (↓) dürfen dort genannte Bleicarbonate bzw. Bleisulfate nur unter Beachtung der Beschränkungsbedingungen in Verkehr gebracht oder verwendet werden.

Stoffliste [Quelle: REACH-VO, Anhang XVII, Spalte 1; hier: Nrn. 16 und 17]

Nr. 16: Bleicarbonate
a) wasserfreies neutrales Karbonat, $PbCO_3$
b) Triblei-bis(carbonat)-dihydroxid, $2\ PbCO_3 - Pb(OH)_2$

Nr. 17: Bleisulfate
a) $PbSO_4$
b) $Pb_x\ SO_4$

Beschränkungsbedingungen [Quelle: REACH-VO, Anhang XVII, Spalte 2; hier: Satz 1]

[Die vorstehend bezeichneten Stoffe] dürfen nicht als Stoffe oder in Gemischen in Verkehr gebracht oder verwendet werden, die zur Verwendung als Farben bestimmt sind.

Rechtsquellen: VO (EG) Nr. 1907/2006 [...]
1. Art. 67 [Allgemeine Bestimmungen] siehe o. a. Vorbemerkung zu Pflichtenblock C-3-1
2. Anhang XVII [Beschränkungen der Herstellung, des Inverkehrbringens und der Verwendung bestimmter gefährlicher Stoffe, Gemische und Erzeugnisse] – Nr. 16 und Nr. 17

Verstoß: strafbar – siehe Sanktionsübersicht zu C-1-1, dort Sanktionsgruppe A.1; je nach der Art der Tatbegehung/-folge ggf. auch A.2 bzw. A.3.1

C-3-1.10	Einhaltung der Beschränkungsbestimmungen für das Inverkehrbringen und die Verwendung von Quecksilberverbindungen

Einzelpflichtbeschreibung:

Gem. Rechtsquelle 1 (↓) i. V. m. Rechtsquelle 2 (↓) dürfen Quecksilberverbindungen nur unter Beachtung der Beschränkungsbedingungen in Verkehr gebracht oder verwendet werden.

Stoffliste [Quelle: REACH-VO, Anhang XVII, Spalte 1; hier: Nr. 18]

Quecksilberverbindungen

Beschränkungsbedingungen [Quelle: REACH-VO, Anhang XVII, Spalte 2]

Rechtsquellen: VO (EG) Nr. 1907/2006 [...]
1. Art. 67 [Allgemeine Bestimmungen] siehe o. a. Vorbemerkung zu Pflichtenblock C-3-1
2. Anhang XVII [Beschränkungen der Herstellung, des Inverkehrbringens und der Verwendung bestimmter gefährlicher Stoffe, Gemische und Erzeugnisse] – Nr. 18

Verstoß: strafbar – siehe Sanktionsübersicht zu C-1-1, dort Sanktionsgruppe A.1; je nach der Art der Tatbegehung/-folge ggf. auch A.2 bzw. A.3.1

C-3-1.11	Einhaltung der Beschränkungsbestimmungen für das Inverkehrbringen und die Verwendung Quecksilber

Einzelpflichtbeschreibung:

Gem. Rechtsquelle 1 (↓) i. V. m. Rechtsquelle 2 (↓) darf dort genanntes Quecksilber nur unter Beachtung der Beschränkungsbedingungen in Verkehr gebracht oder verwendet werden.

Stoffliste [Quelle: REACH-VO, Anhang XVII, Spalte 1; hier: Nr. 18a]

Quecksilber

Beschränkungsbedingungen [Quelle: REACH-VO, Anhang XVII, Spalte 2; hier: Abs. 1, 5 bzw. 7]

Kurzfassung: Verbote zum Inverkehrbringen bestimmter Fieberthermometer und verschiedener Messinstrumente.

Rechtsquellen: VO (EG) Nr. 1907/2006 [...]
1. Art. 67 [Allgemeine Bestimmungen] siehe o. a. Vorbemerkung zu Pflichtenblock C-3-1
2. Anhang XVII [Beschränkungen der Herstellung, des Inverkehrbringens und der Verwendung bestimmter gefährlicher Stoffe, Gemische und Erzeugnisse] – Nr. 18a

Verstoß: strafbar – siehe Sanktionsübersicht zu C-1-1, dort Sanktionsgruppe A.1; je nach der Art der Tatbegehung/-folge ggf. auch A.2 bzw. A.3.1

C-3-1.12	Einhaltung der Beschränkungsbestimmungen für das Inverkehrbringen und die Verwendung von Arsenverbindungen bzw. damit behandeltem Holz

Einzelpflichtbeschreibung:

Gem. Rechtsquelle 1 (↓) i. V. m. Rechtsquelle 2 (↓) dürfen Arsenverbindungen oder behandeltes Holz nur unter Beachtung der Beschränkungsbedingungen in Verkehr gebracht oder verwendet werden.

Stoffliste [Quelle: REACH-VO, Anhang XVII, Spalte 1; hier: Nr. 19]

Arsenverbindungen

Beschränkungsbedingungen [Quelle: REACH-VO, Anhang XVII, Spalte 2, hier: Abs. 1 bis 3 sowie Abs. 4d)]

Rechtsquellen: VO (EG) Nr. 1907/2006 [...]
1. Art. 67 [Allgemeine Bestimmungen] siehe o. a. Vorbemerkung zu Pflichtenblock C-3-1
2. Anhang XVII [Beschränkungen der Herstellung, des Inverkehrbringens und der Verwendung bestimmter gefährlicher Stoffe, Gemische und Erzeugnisse] – Nr. 19

Verstoß: strafbar – siehe Sanktionsübersicht zu C-1-1, dort Sanktionsgruppe A.1; je nach der Art der Tatbegehung/-folge ggf. auch A.2 bzw. A.3.1

C-3-1.13	Einhaltung der Beschränkungsbestimmungen für das Inverkehrbringen und die Verwendung von zinnorganischen Verbindungen

Einzelpflichtbeschreibung:

Gem. Rechtsquelle 1 (↓) i. V. m. Rechtsquelle 2 (↓) dürfen zinnorganische Verbindungen, eine Dibutylzinnverbindung oder ein dort genanntes Erzeugnis, das solche Stoffe enthält, nur unter Beachtung der Beschränkungsbedingungen in den Verkehr gebracht oder verwendet werden.

Stoffliste [Quelle: REACH-VO, Anhang XVII, Spalte 1; hier: Nr. 20]

Zinnorganische Verbindungen

Beschränkungsbedingungen [Quelle: REACH-VO, Anhang XVII, Spalte 2; hier: Abs. 1 bis 4, 5a) und 5b) 1. Halbsatz und Abs. 6]

Rechtsquellen: VO (EG) Nr. 1907/2006 [...]
1. Art. 67 [Allgemeine Bestimmungen] siehe o. a. Vorbemerkung zu Pflichtenblock C-3-1
2. Anhang XVII [Beschränkungen der Herstellung, des Inverkehrbringens und der Verwendung bestimmter gefährlicher Stoffe, Gemische und Erzeugnisse] – Nr. 20

Verstoß: strafbar – siehe Sanktionsübersicht zu C-1-1, dort Sanktionsgruppe A.1; je nach der Art der Tatbegehung/-folge ggf. auch A.2 bzw. A.3.1

C-3-1.14	Einhaltung der Beschränkungsbestimmungen für das Inverkehrbringen und die Verwendung von Dibutylzinnhydrogenborat (DBB) u. a. bezeichneten zinnhaltigen Stoffen

Einzelpflichtbeschreibung:

Gem. Rechtsquelle 1 (↓) i. V. m. Rechtsquelle 2 (↓) darf Di-µ-oxo-di-n-butylstanniohydroxyboran nur unter Beachtung der Beschränkungsbedingungen in Verkehr gebracht oder verwendet werden.

Stoffliste [Quelle: REACH-VO, Anhang XVII, Spalte 1; hier: Nr. 21]

Di-µ-oxo-di-n-butylstanniohydroxyboran (Dibutylzinnhydrogenborat) $C_8H_{19}BO_3Sn$ (DBB)

Beschränkungsbedingungen [Quelle: REACH-VO, Anhang XVII, Spalte 2; hier: Satz 1]

[Die vorstehend bezeichneten Stoffe] dürfen weder als Stoffe noch in Gemischen in Konzentrationen von ≥ 0,1 Gew.-% in Verkehr gebracht oder verwendet werden.

Rechtsquellen: VO (EG) Nr. 1907/2006 [...]
1. Art. 67 [Allgemeine Bestimmungen] siehe o. a. Vorbemerkung zu Pflichtenblock C-3-1
2. Anhang XVII [Beschränkungen der Herstellung, des Inverkehrbringens und der Verwendung bestimmter gefährlicher Stoffe, Gemische und Erzeugnisse] – Nr. 21

Verstoß: strafbar – siehe Sanktionsübersicht zu C-1-1, dort Sanktionsgruppe A.1; je nach der Art der Tatbegehung/-folge ggf. auch A.2 bzw. A.3.1

C-3-1.15	Einhaltung der Beschränkungsbestimmungen für das Inverkehrbringen und die Verwendung von Pentachlorphenol oder seinen Salzen/Estern

Einzelpflichtbeschreibung:

Gem. Rechtsquelle 1 (↓) i. V. m. Rechtsquelle 2 (↓) dürfen Pentachlorphenol oder seine Salze oder Ester nur unter Beachtung der Beschränkungsbedingungen in Verkehr gebracht oder verwendet werden.

Stoffliste [Quelle: REACH-VO, Anhang XVII, Spalte 1: Nr. 22]

Pentachlorphenol und seine Salze und Ester

Beschränkungsbedingungen [Quelle: REACH-VO, Anhang XVII, Spalte 2]

[Die vorstehend bezeichneten Stoffe] dürfen nicht in Verkehr gebracht oder verwendet werden:
- als Stoff,
- als Bestandteil anderer Stoffe oder in Gemischen in Konzentrationen von ≥ 0,1 Gew.-%.

Rechtsquellen: VO (EG) Nr. 1907/2006 [...]
1. Art. 67 [Allgemeine Bestimmungen] siehe o. a. Vorbemerkung zu Pflichtenblock C-3-1
2. Anhang XVII [Beschränkungen der Herstellung, des Inverkehrbringens und der Verwendung bestimmter gefährlicher Stoffe, Gemische und Erzeugnisse] – Nr. 22

Verstoß: strafbar – siehe Sanktionsübersicht zu C-1-1, dort Sanktionsgruppe A.1; je nach der Art der Tatbegehung/-folge ggf. auch A.2 bzw. A.3.1

C-3-1-16.a)	**Einhaltung der Beschränkungsbestimmungen für die Verwendung von Cadmium oder seinen Verbindungen in einem Gemisch, Erzeugnis oder Bestandteil eines (gewerblichen) Erzeugnisses**

Einzelpflichtbeschreibung:

Gem. Rechtsquelle 1 (↓) i. V. m. Rechtsquelle 2 (↓) dürfen Cadmium oder seine Verbindungen nur unter Beachtung der Beschränkungsbedingungen in einem Gemisch, in einem Erzeugnis, in einem Bestandteil eines Erzeugnisses oder in einem gewerblichen Erzeugnis verwendet werden.

Stoffliste [Quelle: REACH-VO, Anhang XVII, Spalte 1; hier: Nr. 23]

Cadmium und seine Verbindungen

Beschränkungsbedingungen [Quelle: REACH-VO, Anhang XVII, Spalte 2; hier: Abs. 1 Unterabs. 1, Abs. 2 Unterabs. 1, Abs. 5 Unterabs. 2, Abs. 6, Abs. 8 Unterabs. 1 bzw. Abs. 10]

Rechtsquellen: VO (EG) Nr. 1907/2006 [...]
1. Art. 67 [Allgemeine Bestimmungen] siehe o. a. Vorbemerkung zu Pflichtenblock C-3-1
2. Anhang XVII [Beschränkungen der Herstellung, des Inverkehrbringens und der Verwendung bestimmter gefährlicher Stoffe, Gemische und Erzeugnisse] – Nr. 23

Verstoß: strafbar – siehe Sanktionsübersicht zu C-1-1, dort Sanktionsgruppe A; je nach der Art der Tatbegehung/-folge ggf. auch A.2 bzw. A.3.1

C-3-1-16.b)	**Einhaltung der Beschränkungsbestimmungen für das Inverkehrbringen von cadmiumhaltigen Gemischen, Erzeugnissen, Bestandteilen eines (gewerblichen) Erzeugnisses**

Einzelpflichtbeschreibung:

Gem. Rechtsquelle 1 (↓) i. V. m. Rechtsquelle 2 (↓) dürfen cadmiumhaltige Gemische, Erzeugnisse bzw. Bestandteile eines Erzeugnisses oder in einem gewerblichen Erzeugnis nur unter Beachtung der Beschränkungsbedingungen in Verkehr gebracht werden.

Stoffliste [Quelle: REACH-VO, Anhang XVII, Spalte 1; hier: Nr. 23]

Cadmium und seine Verbindungen

Sanktions-/Pflichtenkataloge gem. ChemSanktionsV

Beschränkungsbedingungen [Quelle: REACH-VO, Anhang XVII, Spalte 2; hier: Abs. 1 Unterabs. 2, Abs. 2 Unterabs. 1 oder 3, Abs. 5 Unterabs. 3, Abs. 6, Abs. 8 Unterabs. 2 und Abs. 10]

Kurzfassung: Verbot der Verwendung/des Inverkehrbringens der in den vorgenannten Rechtsquellen bezeichneten Stoffe in den dort genannten Sektoren bzw. Zwecken bei Überschreiten der dort genannten Grenzwerte.

Rechtsquellen: VO (EG) Nr. 1907/2006 [...]
1. Art. 67 [Allgemeine Bestimmungen] siehe o. a. Vorbemerkung zu Pflichtenblock C-3-1
2. Anhang XVII [Beschränkungen der Herstellung, des Inverkehrbringens und der Verwendung bestimmter gefährlicher Stoffe, Gemische und Erzeugnisse] – Nr. 23

Verstoß: strafbar – siehe Sanktionsübersicht zu C-1-1, dort Sanktionsgruppe A.1; je nach der Art der Tatbegehung/-folge ggf. auch A.2 bzw. A.3.1

C-3-1.17	Einhaltung der Beschränkungsbestimmungen für das Inverkehrbringen und die Verwendung von Monomethyl-tetrachlordiphenylmethan

Einzelpflichtbeschreibung:

Gem. Rechtsquelle 1 (↓) i. V. m. Rechtsquelle 2 (↓) darf Monomethyl-tetrachlordiphenylmethan nur unter Beachtung der Beschränkungsbedingungen in Verkehr gebracht oder verwendet oder ein dort genanntes Erzeugnis in Verkehr gebracht werden.

Stoffliste [Quelle: REACH-VO, Anhang XVII, Spalte 1; hier: Nr. 24]

Monomethyl-tetrachlordiphenylmethan; Handelsname: Ugilec 141

Beschränkungsbedingungen [Quelle: REACH-VO, Anhang XVII, Spalte 2; hier: Abs. 1]

Monomethyl-tetrachlordiphenylmethan darf weder als Stoff noch in Gemischen in Verkehr gebracht oder verwendet werden. Erzeugnisse, die diesen Stoff enthalten, dürfen nicht in Verkehr gebracht werden.

Rechtsquellen: VO (EG) Nr. 1907/2006 [...]
1. Art. 67 [Allgemeine Bestimmungen] siehe o. a. Vorbemerkung zu Pflichtenblock C-3-1
2. Anhang XVII [Beschränkungen der Herstellung, des Inverkehrbringens und der Verwendung bestimmter gefährlicher Stoffe, Gemische und Erzeugnisse] – Nr. 24

Verstoß: strafbar – siehe Sanktionsübersicht zu C-1-1, dort Sanktionsgruppe A.1; je nach der Art der Tatbegehung/-folge ggf. auch A.2 bzw. A.3.1

C-3-1.18	Einhaltung der Beschränkungsbestimmungen für das Inverkehrbringen und die Verwendung von Monomethyl-dichlordiphenylmethan und Monomethyl-dibromdiphenylmethan

Einzelpflichtbeschreibung:

Gem. Rechtsquelle 1 (↓) i. V. m. Rechtsquelle 2 (↓) darf
1. ein nachfolgend genannter Stoff nur in den Verkehr gebracht oder verwendet werden,
2. ein Erzeugnis, das einen nachfolgend genannten Stoff enthält, nur in den Verkehr gebracht werden

wenn dies aufgrund der genannten Beschränkungsbedingungen zulässig ist.

Stoffliste [Quelle: REACH-VO, Anhang XVII, Spalte 1; hier: Nrn. 25 und 26]

Nr. 25: Monomethyl-dichlordiphenylmethan; Handelsname: Ugilec 121; Ugilec 21

Nr. 26: Monomethyl-dibromdiphenylmethan, Brombenzylbromtoluol, Isomerengemisch, Handelsname: DBBT

Beschränkungsbedingungen [Quelle: REACH-VO, Anhang XVII, Spalte 2]

[Die vorstehend bezeichneten Stoffe] dürfen weder als Stoff noch in Gemischen in Verkehr gebracht oder verwendet werden. Erzeugnisse, die diesen Stoff enthalten, dürfen nicht in Verkehr gebracht werden.

Rechtsquellen: VO (EG) Nr. 1907/2006 [...]
1. Art. 67 [Allgemeine Bestimmungen] siehe o. a. Vorbemerkung zu Pflichtenblock C-3-1
2. Anhang XVII [Beschränkungen der Herstellung, des Inverkehrbringens und der Verwendung bestimmter gefährlicher Stoffe, Gemische und Erzeugnisse] – Nr. 25 und Nr. 26

Verstoß: strafbar – siehe Sanktionsübersicht zu C-1-1, dort Sanktionsgruppe A.1; je nach der Art der Tatbegehung/-folge ggf. auch A.2 bzw. A.3.1

C-3-1.19	Einhaltung der Beschränkungsbestimmungen für das Inverkehrbringen und die Verwendung von Nickel und seinen Verbindungen bzw. Erzeugnissen

Einzelpflichtbeschreibung:

Gem. Rechtsquelle 1 (↓) i. V. m. Rechtsquelle 2 (↓) dürfen Nickel bzw. seine Verbindungen
1. als Stoff nur unter Beachtung der Beschränkungsbedingungen in Verkehr gebracht oder verwendet werden;
2. als Erzeugnis, das Nickel und seinen Verbindungen enthält, nur unter Beachtung der Beschränkungsbedingungen in Verkehr gebracht werden.

Stoffliste [Quelle: REACH-VO, Anhang XVII, Spalte 1; hier: Nr. 27]

Nickel und seine Verbindungen

Beschränkungsbedingungen [Quelle: REACH-VO, Anhang XVII, Spalte 2; hier: Abs. 1 und 2]

Kurzfassung: Verbote der Verwendung/des Inverkehrbringens bei Überschreiten bestimmter Grenzwerte.

Rechtsquellen: VO (EG) Nr. 1907/2006 [...]
1. Art. 67 [Allgemeine Bestimmungen] siehe o. a. Vorbemerkung zu Pflichtenblock C-3-1
2. Anhang XVII [Beschränkungen der Herstellung, des Inverkehrbringens und der Verwendung bestimmter gefährlicher Stoffe, Gemische und Erzeugnisse] – Nr. 27

Verstoß: strafbar – siehe Sanktionsübersicht zu C-1-1, dort Sanktionsgruppe A.1; je nach der Art der Tatbegehung/-folge ggf. auch A.2 bzw. A.3.1

C-3-1.20	Einhaltung der Beschränkungsbestimmungen für das Inverkehrbringen oder die Verwendung von krebserzeugenden, erbgutverändernden oder fortpflanzungsgefährdenden Stoffen der Kategorie 1A oder 1B (Tabelle 3.1) in Anhang VI Teil 3 der Verordnung (EG) Nr. 1272/2008

Einzelpflichtbeschreibung:

Gem. Rechtsquelle 1 (↓) i. V. m. Rechtsquelle 2 (↓) dürfen die nachstehend genannten krebserzeugenden, keimzellmutagenen bzw. reproduktionstoxischen Stoffe nur unter Beachtung der Beschränkungsbedingungen in Verkehr gebracht oder verwendet werden.

Stoffliste [Quelle: REACH-VO, Anhang XVII, Spalte 1; hier: Nrn. 28, 29 und 30]
Nr. 28: Stoffe in Anhang VI Teil 3 der VO (EG) Nr. 1272/2008, die als krebserzeugend der Kategorie 1A oder 1B (Tabelle 3.1) oder als krebserzeugend der Kategorie 1 oder 2 (Tabelle 3.2) eingestuft und wie folgt aufgeführt sind:
– Krebserzeugend der Kategorie 1A (Tabelle 3.1)/krebserzeugend der Kategorie 1 (Tabelle 3.2), aufgeführt in Anlage 1,
– Krebserzeugend der Kategorie 1B (Tabelle 3.1)/krebserzeugend der Kategorie 2 (Tabelle 3.2), aufgeführt in Anlage 2,
Nr. 29: Stoffe in Anhang VI Teil 3 der VO (EG) Nr. 1272/2008, die als erbgutverändernd der Kategorie 1A oder 1B (Tabelle 3.1) oder als erbgutverändernd der Kategorie 1 oder 2 (Tabelle 3.2) eingestuft und wie folgt aufgeführt sind:
– Erbgutverändernd der Kategorie 1A (Tabelle 3.1)/erbgutverändernd der Kategorie 1 (Tabelle 3.2), aufgeführt in Anlage 3
– Erbgutverändernd der Kategorie 1B/(Tabelle 3.1)/erbgutverändernd der Kategorie 2 (Tabelle 3.2), aufgeführt in Anlage 4
Nr. 30: Stoffe in Anhang VI Teil 3 der VO (EG) Nr. 1272/2008, die als fortpflanzungsgefährdend der Kategorie 1A oder 1B (Tabelle 3.1) oder als fortpflanzungsgefährdend der Kategorie 1 oder 2 (Tabelle 3.2) eingestuft und wie folgt aufgeführt sind:
– Fortpflanzungsgefährdender Stoff der Kategorie 1A – Beeinträchtigung der Sexualfunktion und Fruchtbarkeit sowie der Entwicklung (Tabelle 3.1) oder fortpflanzungsgefährdender Stoff der Kategorie 1 mit R60 (kann die Fruchtbarkeit beeinträchtigen) oder R61 (kann das Kind im Mutterleib schädigen) (Tabelle 3.2), aufgeführt in Anlage 5
– Fortpflanzungsgefährdender Stoff der Kategorie 1B – Beeinträchtigung der Sexualfunktion und Fruchtbarkeit sowie der Entwicklung (Tabelle 3.1) oder fortpflanzungsgefährdender Stoff der Kategorie 2 mit R60 (kann die Fruchtbarkeit beeinträchtigen) oder R61 (kann das Kind im Mutterleib schädigen) (Tabelle 3.2), aufgeführt in Anlage 6.

Beschränkungsbedingungen [Quelle: REACH-VO, Anhang XVII, Spalte 2; hier: Abs. 1 Unterabs. 1]

Kurzfassung: Verbote der Verwendung/des Inverkehrbringens bei Überschreiten bestimmter Einzelkonzentrationsgrenzwerte.

Rechtsquellen: VO (EG) Nr. 1907/2006 [...]
1. Art. 67 [Allgemeine Bestimmungen] siehe o. a. Vorbemerkung zu Pflichtenblock C-3-1
2. Anhang XVII [Beschränkungen der Herstellung, des Inverkehrbringens und der Verwendung bestimmter gefährlicher Stoffe, Gemische und Erzeugnisse] – Nrn. 28, 29 und Nr. 30

Verstoß: strafbar – siehe Sanktionsübersicht zu C-1-1, dort Sanktionsgruppe A.1; je nach der Art der Tatbegehung/-folge ggf. auch A.2 bzw. A.3.1

C-3-1.21	Einhaltung der Beschränkungsbedingungen für das Inverkehrbringen und die Verwendung von bestimmten Teerölen oder damit behandeltem Holz

Einzelpflichtbeschreibung:

Gem. Rechtsquelle 1 (↓) i. V. m. Rechtsquelle 2 (↓) dürfen die nachfolgend genannten Stoffe (Teeröle) oder damit behandeltes Holz nur unter Beachtung der Beschränkungsbedingungen in Verkehr gebracht oder verwendet werden.

Stoffliste [Quelle: REACH-VO, Anhang XVII, Spalte 1; hier: Nr. 31]
a) Kreosot; Waschöl
b) Kreosotöl; Waschöl
c) Destillate (Kohlenteer); Naphthalinöle; Naphthalinöl
d) Kreosotöl, Acenaphthen-Fraktion; Waschöl
e) Höher siedende Destillate (Kohlenteer); schweres Anthracenöl
f) Anthracenöl
g) Teersäuren, Kohle, Rohöl; Rohphenole
h) Kreosot, Holz
i) Niedrigtemperatur-Kohleteeralkalin, Extraktrückstände (Kohle)

Beschränkungsbedingungen [Quelle: REACH-VO, Anhang XVII, Spalte 2; hier: Abs. 1 bzw. 3]

Rechtsquellen: VO (EG) Nr. 1907/2006 [...]
1. Art. 67 [Allgemeine Bestimmungen] siehe Vorbemerkung zu Pflichtenblock C-3-1
2. Anhang XVII [Beschränkungen der Herstellung, des Inverkehrbringens und der Verwendung bestimmter gefährlicher Stoffe, Gemische und Erzeugnisse] – Nr. 31

Verstoß: strafbar – siehe Sanktionsübersicht zu C-1-1, dort Sanktionsgruppe A.1; je nach der Art der Tatbegehung/-folge ggf. auch A.2 bzw. A.3.1

C-3-1.22	Einhaltung der Beschränkungsbedingungen für das Inverkehrbringen und die Verwendung von bestimmten aliphatischen Chlorkohlenwasserstoffen

Einzelpflichtbeschreibung:

Gem. Rechtsquelle 1 (↓) i. V. m. Rechtsquelle 2 (↓) dürfen nachfolgende aliphatische Chlorkohlenwasserstoffe jeweils nur unter Beachtung der Beschränkungsbedingungen in Verkehr gebracht oder verwendet werden.

Stoffliste [Quelle: REACH-VO, Anhang XVII, Spalte 1; hier: Nrn. 32, 34, 35, 36, 37 und 38]
Nr. 32: Chloroform
Nr. 34: 1,1,2-Trichlorethan
Nr. 35: 1,1,2,2-Tetrachlorethan
Nr. 36: 1,1,1,2-Tetrachlorethan
Nr. 37: Pentachlorethan
Nr. 38: Dichlorethylen

Beschränkungsbedingungen [Quelle: REACH-VO, Anhang XVII, Spalte 2; hier: Abs. 1]

Kurzfassung: Verbote der Verwendung/des Inverkehrbringens bei Abgabe an die breite Öffentlichkeit bzw. Anwendung verbunden mit Freisetzung.

Rechtsquellen: VO (EG) Nr. 1907/2006 [...]
1. Art. 67 [Allgemeine Bestimmungen] siehe o. a. Vorbemerkung zu Pflichtenblock C-3-1
2. Anhang XVII [Beschränkungen der Herstellung, des Inverkehrbringens und der Verwendung bestimmter gefährlicher Stoffe, Gemische und Erzeugnisse] – Nrn. 32, 34, 35, 36, 37 und 38

Verstoß: strafbar – siehe Sanktionsübersicht zu C-1-1, dort Sanktionsgruppe A.1; je nach der Art der Tatbegehung/-folge ggf. auch A.2 bzw. A.3.1

C-3-1.23	Einhaltung der Beschränkungsbedingungen für die Verwendung von bestimmten entzündbaren und selbstentzündlichen Stoffen sowie für das Inverkehrbringen von Aerosolpackungen mit solchen Stoffeigenschaften

Einzelpflichtbeschreibung:

Gem. Rechtsquelle 1 (↓) i. V. m. Rechtsquelle 2 (↓)
– darf ein nachstehend genannter Stoff nur unter Beachtung der Beschränkungsbedingungen verwendet werden;
– darf eine Aerosolpackung, die einen nachstehend genannten Stoff enthält, nur unter Beachtung der Beschränkungsbedingungen in Verkehr gebracht werden.

Stoffliste [Quelle: REACH-VO, Anhang XVII, Spalte 1; hier: Nr. 40]

Stoffe, die als entzündbare Gase der Kategorien 1 oder 2, als entzündbare Flüssigkeiten der Kategorien 1,2 oder 3, als entzündbare Feststoffe der Kategorie 1 oder 2, als Stoffe und Gemische, die bei Berührung mit Wasser entzündbare Gase entwickeln, der Kategorien 1, 2 oder 3, als selbstentzündliche (pyrophore) Flüssigkeiten der Kategorie 1 oder als selbstentzündliche (pyrophore) Feststoffe der Kategorie 1 eingestuft wurden, und zwar unabhängig davon, ob sie in Anhang VI Teil 3 der Verordnung (EG) Nr. 1272/2008 aufgeführt sind.

Beschränkungsbedingungen [Quelle: REACH-VO, Anhang XVII; Spalte 2; hier: Abs. 1 und 4]

Rechtsquellen: VO (EG) Nr. 1907/2006 [...]
1. Art. 67 [Allgemeine Bestimmungen] siehe o. a. Vorbemerkung zu Pflichtenblock C-3-1
2. Anhang XVII [Beschränkungen der Herstellung, des Inverkehrbringens und der Verwendung bestimmter gefährlicher Stoffe, Gemische und Erzeugnisse] – Nr. 40

Verstoß: strafbar – siehe Sanktionsübersicht zu C-1-1, dort Sanktionsgruppe A.1; je nach der Art der Tatbegehung/-folge ggf. auch A.2 bzw. A.3.1

C-3-1.24	Einhaltung der Beschränkungsbedingungen für Verwendung und Inverkehrbringen von Hexachlorethan

Einzelpflichtbeschreibung:

Gem. Rechtsquelle 1 (↓) i. V. m. Rechtsquelle 2 (↓) darf Hexachlorethan nur unter Beachtung der Beschränkungsbedingungen Verkehr gebracht oder verwendet werden.

Stoffliste: [Quelle: REACH-VO, Anhang XVII, Spalte 1; hier: Nr. 41]

Hexachlorethan

Beschränkungsbedingungen: [Quelle: REACH-VO, Anhang XVII, Spalte 2]

[Hexachlorethan] darf nicht als Stoff oder in Gemischen zur Herstellung oder Verarbeitung von Nichtmetallen in Verkehr gebracht oder verwendet werden.

Rechtsquellen: VO (EG) Nr. 1907/2006 [...]
1. Art. 67 [Allgemeine Bestimmungen] siehe o. a. Vorbemerkung zu Pflichtenblock C-3-1
2. Anhang XVII [Beschränkungen der Herstellung, des Inverkehrbringens und der Verwendung bestimmter gefährlicher Stoffe, Gemische und Erzeugnisse] – Nr. 41

Verstoß: strafbar – siehe Sanktionsübersicht zu C-1-1, dort Sanktionsgruppe A.1; je nach der Art der Tatbegehung/-folge ggf. auch A.2 bzw. A.3.1

C-3-1.25	(aufgehoben)

C-3-1.26	Einhaltung der Beschränkungsbedingungen für die Verwendung und das Inverkehrbringen von Azofarbstoffen oder für das Inverkehrbringen von Textil-/Ledererzeugnissen, die solche Stoffe enthalten

Einzelpflichtbeschreibung:

Gem. Rechtsquelle 1 (↓) i. V. m. Rechtsquelle 2 (↓)
1. dürfen Azofarbstoffe nur unter Beachtung der Beschränkungsbedingungen in Verkehr gebracht oder verwendet werden;
2. darf ein Textil- oder Ledererzeugnis, das diese Azofarbstoffe enthält, nur unter Beachtung der Beschränkungsbedingungen in Verkehr gebracht werden.

Stoffliste: [Quelle: REACH-VO, Anhang XVII, Spalte 1; hier: Nr. 43]

Azofarbstoffe

Beschränkungsbedingungen: [Quelle: REACH-VO, Anhang XVII; Spalte 2; hier: Abs. 1 bis 3]

Kurzfassung: Einhaltung der genannten Konzentrationswerte.

Rechtsquellen: VO (EG) Nr. 1907/2006 [...]
1. Art. 67 [Allgemeine Bestimmungen] siehe o. a. Vorbemerkung zu Pflichtenblock C-3-1
2. Anhang XVII [Beschränkungen der Herstellung, des Inverkehrbringens und der Verwendung bestimmter gefährlicher Stoffe, Gemische und Erzeugnisse] – Nr. 43

Verstoß: strafbar – siehe Sanktionsübersicht zu C-1-1, dort Sanktionsgruppe A.1; je nach der Art der Tatbegehung/-folge ggf. auch A.2 bzw. A.3.1

C-3-1.27	Einhaltung der Beschränkungsbedingungen für Verwendung und zum Inverkehrbringen von Diphenylether-Octabromderivaten sowie Inverkehrbringen von Erzeugnissen, die vorgenannte Stoffe enthalten

Einzelpflichtbeschreibung:

Gem. Rechtsquelle 1 (↓) i. V. m. Rechtsquelle 2 (↓)
1. darf Diphenylether-Octabromderivat nur unter Beachtung der Beschränkungsbedingungen in Verkehr gebracht oder verwendet werden;
2. darf ein Erzeugnis, das vorgenannte Stoffe enthält, nur unter Beachtung der Beschränkungsbedingungen in Verkehr gebracht werden.

Stoffliste: [Quelle: REACH-VO, Anhang XVII, Spalte 1; hier: Nr. 45]

Diphenylether-Octabromderivat, $C_{12}H_2Br_8O$

Beschränkungsbedingungen: [Quelle: REACH-VO, Anhang XVII, Spalte 2; hier: Abs. 1 und 2]

Kurzfassung: Einhaltung der genannten Konzentrationswerte.

Rechtsquellen: VO (EG) Nr. 1907/2006 [...]
1. Art. 67 [Allgemeine Bestimmungen] siehe o. a. Vorbemerkung zu Pflichtenblock C-3-1
2. Anhang XVII [Beschränkungen der Herstellung, des Inverkehrbringens und der Verwendung bestimmter gefährlicher Stoffe, Gemische und Erzeugnisse] – Nr. 45

Verstoß: strafbar – siehe Sanktionsübersicht zu C-1-1, dort Sanktionsgruppe A.1; je nach der Art der Tatbegehung/-folge ggf. auch A.2 bzw. A.3.1

C-3-1.28	Einhaltung der Beschränkungsbedingungen für die Verwendung und das Inverkehrbringen von Nonylphenol und Nonylphenolethoxylat

Einzelpflichtbeschreibung:

Gem. Rechtsquelle 1 (↓) i. V. m. Rechtsquelle 2 (↓) dürfen Nonylphenol oder Nonylphenolethoxylat nur unter Beachtung der Beschränkungsbedingungen bzw. Verbotsbestimmungen in Verkehr gebracht oder verwendet werden.

Stoffliste: [Quelle: REACH-VO, Anhang XVII, Spalte 1; hier: Nr. 46]
a) Nonylphenol $C_6H_4(OH)C_9H_{19}$
b) Nonylphenolethoxylate $(C_2H_4O)_nC_{15}H_{24}O$

Beschränkungsbedingungen: [Quelle: REACH-VO, Anhang XVII, Spalte 2; hier: Abs. 1 bis 9]

Rechtsquellen: VO (EG) Nr. 1907/2006 [...]
1. Art. 67 [Allgemeine Bestimmungen] siehe o. a. Vorbemerkung zu Pflichtenblock C-3-1
2. Anhang XVII [Beschränkungen der Herstellung, des Inverkehrbringens und der Verwendung bestimmter gefährlicher Stoffe, Gemische und Erzeugnisse] – Nr. 46

Verstoß: strafbar – siehe Sanktionsübersicht zu C-1-1, dort Sanktionsgruppe A.1; je nach der Art der Tatbegehung/-folge ggf. auch A.2 bzw. A.3.1

C-3-1.29	Einhaltung der Beschränkungsbedingungen für die Verwendung und das Inverkehrbringen von Zement oder zementhaltigen Gemischen mit Chrom-VI-Verbindungen

Einzelpflichtbeschreibung:

Gem. Rechtsquelle 1 (↓) i. V. m. Rechtsquelle 2 (↓) dürfen Zement oder zementhaltige Gemische mit Chrom-VI-Verbindungen nur unter Beachtung der Beschränkungsbedingungen in Verkehr gebracht oder verwendet werden.

Stoffliste: [Quelle: REACH-VO, Anhang XVII, Spalte 1; hier: Nr. 47]

Chrom-VI-Verbindungen

Beschränkungsbedingungen: [Quelle: REACH-VO, Anhang XVII, Spalte 2; hier: Abs. 1]

Zement und zementhaltige Gemische dürfen nicht verwendet oder in Verkehr gebracht werden, wenn der Gehalt an löslichem Chrom VI in der Trockenmasse des Zements nach Hydratisierung mehr als 2 mg/kg (0,0002 %) beträgt.

Rechtsquellen: VO (EG) Nr. 1907/2006 [...]
1. Art. 67 [Allgemeine Bestimmungen] siehe o. a. Vorbemerkung zu Pflichtenblock C-3-1
2. Anhang XVII [Beschränkungen der Herstellung, des Inverkehrbringens und der Verwendung bestimmter gefährlicher Stoffe, Gemische und Erzeugnisse] – Nr. 47

Verstoß: strafbar – siehe Sanktionsübersicht zu C-1-1, dort Sanktionsgruppe A.1; je nach der Art der Tatbegehung/-folge ggf. auch A.2 bzw. A.3.1

C-3-1.29.a	Einhaltung der Beschränkungsbedingungen für das Inverkehrbringen Chrom-VI-haltiger Verbindungen bei Leder- und anderen Erzeugnissen und bestimmten Artikeln

Einzelpflichtbeschreibung:

Gem. Rechtsquelle 1 (↓) i.V.m. Rechtsquelle 2 (↓) dürfen dort genannte
– Ledererzeugnisse bzw.
– Erzeugnisse, die dort genannte Lederanteile enthalten,

die Chrom-VI-Verbindungen enthalten, nur unter bestimmten Beschränkungsbedingungen in Verkehr gebracht werden.

Stoffliste: [Quelle: REACH-VO, Anhang XVII, Spalte 1, hier: Nr. 47 – siehe unter Einzelpflicht C-3-1.29]

Beschränkungsbedingungen: [REACH-VO, Anhang XVII, Nr. 47 Spalte 2, hier: Abs. 5 bzw. 6]

Gegenstände	Chrom (VI) Gehalt
Ledererzeugnisse und Erzeugnisse, die Lederanteile enthalten, die mit der Haut in Berührung kommen	< 3 mg/kg (0,0003 Gewichtsprozent) des gesamten Trockengewichts des Leders

Rechtsquellen: VO (EG) Nr. 1907/2006
1. Art. 67 [Allgemeine Bestimmungen] siehe o.a. Vorbemerkung zu Pflichtenblock C-3-1
2. Anhang XVII [Beschränkungen der Herstellung, des Inverkehrbringens und der Verwendung bestimmter gefährlicher Stoffe, Gemische und Erzeugnisse] – Nr. 47

Sanktions-/Pflichtenkataloge gem. ChemSanktionsV

Verstoß: strafbar – siehe Sanktionsübersicht zu C-1-1, dort Sanktionsgruppe A.1; je nach Art der Tatbegehung/-folge ggf. auch A.2 bzw. A.3.1

C-3-1.30	Einhaltung der Beschränkungsbedingungen für die Verwendung und das Inverkehrbringen Toluol

Einzelpflichtbeschreibung:

Gem. Rechtsquelle 1 (↓) i. V. m. Rechtsquelle 2 (↓) darf Toluol nur unter Beachtung der Beschränkungsbedingungen in Verkehr gebracht oder verwendet werden.

Stoffliste: [Quelle: REACH-VO, Anhang XVII, Spalte 1; hier: Nr. 48]

Toluol

Beschränkungsbedingungen: [Quelle: REACH-VO, Anhang XVII, Spalte 2]

[Toluol] darf nicht als Stoff oder in Gemischen in Konzentrationen von ≥ 0,1 Gew.-% in für die Abgabe an die breite Öffentlichkeit bestimmten Klebstoffen und Farbsprühdosen in Verkehr gebracht oder verwendet werden.

Rechtsquellen: VO (EG) Nr. 1907/2006 [...]
1. Art. 67 [Allgemeine Bestimmungen] siehe o. a. Vorbemerkung zu Pflichtenblock C-3-1
2. Anhang XVII [Beschränkungen der Herstellung, des Inverkehrbringens und der Verwendung bestimmter gefährlicher Stoffe, Gemische und Erzeugnisse] – Nr. 48

Verstoß: strafbar – siehe Sanktionsübersicht zu C-1-1, dort Sanktionsgruppe A.1; je nach der Art der Tatbegehung/-folge ggf. auch A.2 bzw. A.3.1

C-3-1.31	Einhaltung der Beschränkungsbedingungen für die Verwendung und das Inverkehrbringen von Trichlorbenzol

Einzelpflichtbeschreibung:

Gem. Rechtsquelle 1 (↓) i. V. m. Rechtsquelle 2 (↓) darf Trichlorbenzol nur unter Beachtung der Beschränkungsbedingungen in Verkehr gebracht oder verwendet werden.

Stoffliste: [Quelle: REACH-VO, Anhang XVII, Spalte 1; hier: Nr. 49]

Trichlorbenzol

Beschränkungsbedingungen: [Quelle: REACH-VO, Anhang XVII; Spalte 2]

[Trichlorbenzol] darf weder als Stoff noch in Gemischen in einer Konzentration von ≥ 0,1 Gew.-% zu keinem Verwendungszweck in Verkehr gebracht oder verwendet werden, außer:
– als Synthese-Zwischenprodukt,
– als Prozesslösungsmittel in geschlossenen chemischen Anwendungen für Chlorreaktionen oder
– bei der Herstellung von 1,3,5-Trinitro-2,4,6-triaminobenzol (TATB).

Rechtsquellen: VO (EG) Nr. 1907/2006 [...]
1. Art. 67 [Allgemeine Bestimmungen] siehe o. a. Vorbemerkung zu Pflichtenblock C-3-1
2. Anhang XVII [Beschränkungen der Herstellung, des Inverkehrbringens und der Verwendung bestimmter gefährlicher Stoffe, Gemische und Erzeugnisse] – Nr. 49

Verstoß: strafbar – siehe Sanktionsübersicht zu C-1-1, dort Sanktionsgruppe A.1; je nach der Art der Tatbegehung/-folge ggf. auch A.2 bzw. A.3.1

C-3-1.32	Einhaltung der Beschränkungsbedingungen für die Verwendung und das Inverkehrbringen von Weichmacherölen (PAK)

Einzelpflichtbeschreibung:

Gem. Rechtsquelle 1 (↓) i. V. m. Rechtsquelle 2 (↓)
1. dürfen Weichmacheröle nur unter Beachtung der Beschränkungsbedingungen in Verkehr gebracht oder verwendet werden;
2. dürfen Reifen oder ein Profil, die/das einen vorgenannten Stoff enthalten/enthält, nur unter Beachtung der Beschränkungsbedingungen in Verkehr gebracht werden.

Stoffliste: [Quelle: REACH-VO, Anhang XVII, Spalte 1; hier: Nr. 50]

Polyzyklische aromatische Kohlenwasserstoffe (PAK)
a) Benzo(a)pyren (BaP)
b) Benzo(e)pyren (BeP)
c) Benzo(a)anthracen (BaA)
d) Chrysen (CHR)
e) Benzo(b)fluoranthen (BbFA)
f) Benzo(j)fluoranthen (BjFA)
g) Benzo(k)fluoranthen (BkFA)
h) Dibenzo(a,h)anthracen (DBAhA)

Beschränkungsbedingungen: [Quelle: REACH-VO, Anhang XVII, Spalte 2; hier: Abs. 1 Satz 1 oder Abs. 2 Unterabs. 1]

Kurzfassung: Einhalten produktbezogener Verbote betr. die Herstellung, Verwendung bzw. das Inverkehrbringen bei Grenzwertüberschreitungen.

Rechtsquellen: VO (EG) Nr. 1907/2006 [...]
1. Art. 67 [Allgemeine Bestimmungen] siehe o. a. Vorbemerkung zu Pflichtenblock C-3-1
2. Anhang XVII [Beschränkungen der Herstellung, des Inverkehrbringens und der Verwendung bestimmter gefährlicher Stoffe, Gemische und Erzeugnisse] – Nr. 50

Verstoß: strafbar – siehe Sanktionsübersicht zu C-1-1, dort Sanktionsgruppe A.1; je nach der Art der Tatbegehung/-folge ggf. auch A.2 bzw. A.3.1

C-3-1.32a	Einhaltung der Beschränkungsbedingungen für das Inverkehrbringen bestimmter PAK-haltiger Gegenstände

Einzelpflichtbeschreibung:

Gem. Rechtsquelle 1 (↓) i.V.m. Rechtsquelle 2 (↓) dürfen bestimmte PAK-haltige Erzeugnisse bzw. dort genannte Spielzeuge oder Artikel nur unter Beachtung der nachfolgenden Beschränkungsbedingungen in Verkehr bringen.

Stoffliste: [Quelle REACH-VO, Anhang XVII, Spalte 1, hier: Nr. 50 – vgl. unter Einzelpflicht C-3-1-32]

Beschränkungsbedingungen: [Quelle: REACH-VO, Anhang XVII, Nr. 50 Spalte 2, hier: Abs. 5 Unterabs. 1 bzw. Abs. 6]

Gegenstände	PAK-Gehalt
Erzeugnisse mit Bestandteilen aus Kunststoffen oder Gummi	≤ 1 mg/kg (0,0001 Massenprozent w/w dieses Bestandteils)
Spielzeug, einschließlich Aktivitätsspielzeug, und Artikel für Säuglinge und Kleinkinder mit Bestandteilen aus Kunststoff oder Gummi	≤ 0,5 mg/kg (0,00005 Massenprozent w/w dieses Bestandteils)
wenn diese bei normaler/vernünftigerweise vorhersehbarer Verwendung unmittelbar, länger oder wiederholt für kurze Zeit mit der menschlichen Haut oder der Mundhöhle in Berührung kommen.	

Rechtsquellen: VO (EG) Nr. 1907/2006
1. Art. 67 [Allgemeine Bestimmungen] siehe o.a. Vorbemerkung zu Pflichtenblock C-3-1
2. Anhang XVII [Beschränkungen der Herstellung., des Inverkehrbringens und der Verwendung bestimmter gefährlicher Stoffe, Gemische und Erzeugnisse] – Nr. 50

Verstoß: strafbar – siehe Sanktionsübersicht zu C-1-1, dort Sanktionsgruppe A.1; je nach Art der Tatbegehung/-folge ggf. auch A.2 bzw. A.3.1

C-3-1.33	Einhaltung der Beschränkungsbedingungen für die Verwendung bestimmter Phthalate und für das Inverkehrbringen phthalathaltiger Spielzeuge/Babyartikel

Einzelpflichtbeschreibung:

Gem. Rechtsquelle 1 (↓) i. V. m. Rechtsquelle 2 (↓)
1. darf ein nachfolgend genanntes Phthalat nur unter Beachtung der Beschränkungsbedingungen verwendet werden;
2. dürfen vorgenanntes Phthalat enthaltende Spielzeuge oder Babyartikel nur unter Beachtung nachfolgender Beschränkungsbedingungen Nr. 2 in Verkehr gebracht werden.

Stoffliste: [Quelle: REACH-VO, Anhang XVII, Spalte 1; hier: Nrn. 51 und 52]

Nr. 51: Folgende Phthalate
a) Di(2-ethylhexyl)phthalat (DEHP)
b) Dibutylphthalat (DBP)
c) Benzylbutylphthalat (BBP)

Nr. 52: Folgende Phthalate
a) Di-,isononyl'phthalat (DINP)
b) Di-,isodecyl'phthalat (DIDP)
c) Di-n-octylphthalat (DNOP)

Beschränkungsbedingungen: [Quelle: REACH-VO, Anhang XVII, Spalte 2; hier: Abs. 1 und 2]
1. [Die in vorstehend genannten Phthalate] dürfen nicht als Stoffe oder in Gemischen in Konzentrationen von mehr als 0,1 Gew.-% des weichmacherhaltigen Materials in Spielzeug und Babyartikeln verwendet werden, die von den Kindern in den Mund genommen werden können.
2. Spielzeuge und Babyartikel, die diese Phthalate in Konzentrationen von mehr als 0,1 Gew.-% des weichmacherhaltigen Materials enthalten, dürfen nicht in Verkehr gebracht werden.

Rechtsquellen: VO (EG) Nr. 1907/2006 [...]
1. Art. 67 [Allgemeine Bestimmungen] siehe o. a. Vorbemerkung zu Pflichtenblock C-3-1

2. Anhang XVII [Beschränkungen der Herstellung, des Inverkehrbringens und der Verwendung bestimmter gefährlicher Stoffe, Gemische und Erzeugnisse] – Nrn. 51 und 52

Verstoß: strafbar – siehe Sanktionsübersicht zu C-1-1, dort Sanktionsgruppe A.1; je nach der Art der Tatbegehung/-folge ggf. auch A.2 bzw. A.3.1

C-3-1.34	Einhaltung der Beschränkungsbedingungen für das Inverkehrbringen von 2-(2-Methoxyethoxy)ethanol

Einzelpflichtbeschreibung:

Gem. Rechtsquelle 1 (↓) i. V. m. nachstehender Rechtsquelle 2 (↓) darf 2-(2-Methoxyethoxy)ethanol nur unter Beachtung der Beschränkungsbedingungen in Verkehr gebracht werden.

Stoffliste: [Quelle: REACH-VO, Anhang XVII, Spalte 1; hier: Nr. 54]

2-(2-Methoxyethoxy)ethanol (DEGME)

Beschränkungsbedingungen: [Quelle: REACH-VO, Anhang XVII, Spalte 2]

[2-(2-Methoxyethoxy)ethanol] darf nach dem 27. Juni 2010 nicht zur Abgabe an die breite Öffentlichkeit in Farben, Abbeizmitteln, Reinigungsmitteln, selbstglänzenden Emulsionen oder Fußbodenversiegelungsmitteln in einer Konzentration von ≥ 0,1 Gew.-% in Verkehr gebracht werden.

Rechtsquellen: VO (EG) Nr. 1907/2006 [...]
1. Art. 67 [Allgemeine Bestimmungen] siehe o. a. Vorbemerkung zu Pflichtenblock C-3-1
2. Anhang XVII [Beschränkungen der Herstellung, des Inverkehrbringens und der Verwendung bestimmter gefährlicher Stoffe, Gemische und Erzeugnisse] – Nr. 54

Verstoß: strafbar – siehe Sanktionsübersicht zu C-1-1, dort Sanktionsgruppe A.1; je nach der Art der Tatbegehung/-folge ggf. auch A.2 bzw. A.3.1

C-3-1.35	Einhaltung der Beschränkungsbedingungen für 2-(2-Butoxyethoxy)ethanol, das erstmalig in Verkehr gebracht wird bzw. als Spritzfarbe oder als Reinigungsspray in Aerosolpackungen in Verkehr gebracht wird

Einzelpflichtbeschreibung:

Gem. Rechtsquelle 1 (↓) i. V. m. nachstehender Rechtsquelle 2 (↓)
1. darf 2-(2-Butoxyethoxy)ethanol (DEGBE) erstmalig nur unter Beachtung der Beschränkungsbedingungen in Verkehr gebracht werden;
2. darf DEGBE-haltige Spritzfarben oder Reinigungssprays nur unter Beachtung der Beschränkungsbedingungen in Verkehr gebracht werden.

Stoffliste: [Quelle: REACH-VO, Anhang XVII, Spalte 1; hier: Nr. 55]

2-(2-Butoxyethoxy)ethanol (DEGBE)

Beschränkungsbedingungen: [Quelle: REACH-VO, Anhang XVII, Spalte 2; hier: Abs. 1 bzw. Abs. 2]
1. [2-(2-Butoxyethoxy)ethanol] darf nach dem 27. Juni 2010 nicht zur Abgabe an die breite Öffentlichkeit in Spritzfarben oder Reinigungssprays in Aerosolpackungen in einer Konzentration von ≥ 3 Gew.-% erstmalig in Verkehr gebracht werden.

139

2. Nach dem 27. Dezember 2010 dürfen DEGBE-haltige Spritzfarben und Reinigungs-sprays in Aerosolpackungen, die den Anforderungen unter Nr. 1 nicht entsprechen, nicht mehr zur Abgabe an die breite Öffentlichkeit in Verkehr gebracht werden.

Rechtsquellen: VO (EG) Nr. 1907/2006 [...]
1. Art. 67 [Allgemeine Bestimmungen] siehe o. a. Vorbemerkung zu Pflichtenblock C-3-1
2. Anhang XVII [Beschränkungen der Herstellung, des Inverkehrbringens und der Ver-wendung bestimmter gefährlicher Stoffe, Gemische und Erzeugnisse] – Nr. 55

Verstoß: strafbar – siehe Sanktionsübersicht zu C-1-1, dort Sanktionsgruppe A.1; je nach der Art der Tatbegehung/-folge ggf. auch A.2 bzw. A.3.1

C-3-1.36	Einhaltung der Beschränkungsbedingungen für das Inverkehrbringen von Methylendiphenyl-Diisocyanat oder ein dort genanntes Isomer

Einzelpflichtbeschreibung:

Gem. Rechtsquelle 1 (↓) i. V. m. Rechtsquelle 2 (↓) darf Methylendiphenyl-Diisocyanat oder ein dort genanntes Isomer nur unter Beachtung der Beschränkungsbedingungen in Verkehr gebracht werden.

Stoffliste: [Quelle: REACH-VO, Anhang XVII, Spalte 1; hier: Nr. 56]

Methylendiphenyl-Diisocyanat (MDI)

einschließlich der nachstehenden spezifischen Isomere:
a) 4,4'-Methylendiphenyl-Diisocyanat (MDI)
b) 2,4'-Methylendiphenyl-Diisocyanat (MDI)
c) 2,2'-Methylendiphenyl-Diisocyanat (MDI)

Beschränkungsbedingungen: [Quelle: REACH-VO, Anhang XVII, Spalte 2; hier: Abs. 1, 1. Halbsatz]

[Die vorstehend bezeichneten Stoffe] dürfen nach dem 27. Dezember 2010 nicht zur Ab-gabe an die breite Öffentlichkeit in Gemischen, die diesen Stoff in einer Konzentration von 0,1 Gew.-% MDI enthalten, in Verkehr gebracht werden.

Ausnahmen: siehe hierzu REACH-VO – Anhang XVII, Nr. 56 Spalte 2: dort: Abs. 1, 2. Halbsatz.

Rechtsquellen: VO (EG) Nr. 1907/2006 [...]
1. Art. 67 [Allgemeine Bestimmungen] siehe o. a. Vorbemerkung zu Pflichtenblock C-3-1
2. Anhang XVII [Beschränkungen der Herstellung, des Inverkehrbringens und der Ver-wendung bestimmter gefährlicher Stoffe, Gemische und Erzeugnisse] – Nr. 56

Verstoß: strafbar – siehe Sanktionsübersicht zu C-1-1, dort Sanktionsgruppe A.1; je nach der Art der Tatbegehung/-folge ggf. auch A.2 bzw. A.3.1

C-3-1.37	Einhaltung der Beschränkungsbedingungen für die Verwendung und das Inverkehrbringen von Cyclohexan als Stoff bzw. wenn dieser Stoff in einem Kontaktklebstoff enthalten ist

Einzelpflichtbeschreibung:

Gem. Rechtsquelle 1 (↓) i. V. m. Rechtsquelle 2 (↓)
1. darf Cyclohexan erstmalig,
2. ein Kontaktklebstoff, der Cyclohexan enthält bzw. auf Neoprenbasis hergestellt wurde,

nur unter Beachtung der Beschränkungsbedingungen in Verkehr gebracht werden.

Stoffliste: [Quelle: REACH-VO, Anhang XVII, Spalte 1; hier: Nr. 57]

Cyclohexan

Beschränkungsbedingungen: [Quelle: REACH-VO, Anhang XVII, Spalte 2; hier: Abs. 1 und 2]
1. [Cyclohexan] darf nach dem 27. Juni 2010 zur Abgabe an die breite Öffentlichkeit in Kontaktklebstoffen auf Neoprenbasis nicht in einer Konzentration von ≥ 0,1 Gew.-% in Packungsgrößen von mehr als 350 g erstmalig in Verkehr gebracht werden.
2. Cyclohexanhaltige Kontaktklebstoffe auf Neoprenbasis, die den Anforderungen unter Abs. 1 nicht entsprechen, dürfen nach dem 27. Dezember 2010 nicht mehr zur Abgabe an die breite Öffentlichkeit in Verkehr gebracht werden.

Rechtsquellen: VO (EG) Nr. 1907/2006 [...]
1. Art. 67 [Allgemeine Bestimmungen] siehe o. a. Vorbemerkung zu Pflichtenblock C-3-1
2. Anhang XVII [Beschränkungen der Herstellung, des Inverkehrbringens und der Verwendung bestimmter gefährlicher Stoffe, Gemische und Erzeugnisse] – Nr. 57

Verstoß: strafbar – siehe Sanktionsübersicht zu C-1-1, dort Sanktionsgruppe A.1; je nach der Art der Tatbegehung/-folge ggf. auch A.2 bzw. A.3.1

C-3-1.38	Einhaltung der Beschränkungsbedingungen für Verwendung und Inverkehrbringen von Ammoniumnitrat

Einzelpflichtbeschreibung:

Gem. Rechtsquelle 1 (↓) i. V. m. Rechtsquelle 2 (↓) darf Ammoniumnitrat
1. erstmalig zur Verwendung als fester Ein- oder Mehrstoffdünger,
2. als Stoff oder in einem Gemisch

nur unter Beachtung der Beschränkungsbedingungen in Verkehr gebracht werden.

Stoffliste: [Quelle: REACH-VO, Anhang XVII, Spalte 1; hier: Nr. 58]

Ammoniumnitrat (AN)

Beschränkungsbedingungen: [Quelle: REACH-VO, Anhang XVII, Spalte 2; hier: Abs. 1 und 2]

Kurzfassung: Verbot des Inverkehrbringens, wenn die genannten Grenzwertanforderungen nicht eingehalten werden.

Rechtsquellen: VO (EG) Nr. 1907/2006 [...]
1. Art. 67 [Allgemeine Bestimmungen] siehe o. a. Vorbemerkung zu Pflichtenblock C-3-1

2. Anhang XVII [Beschränkungen der Herstellung, des Inverkehrbringens und der Verwendung bestimmter gefährlicher Stoffe, Gemische und Erzeugnisse] – Nr. 58

Verstoß: strafbar – siehe Sanktionsübersicht zu C-1-1, dort Sanktionsgruppe A.1; je nach der Art der Tatbegehung/-folge ggf. auch A.2 bzw. A.3.1

C-3-1.39	Einhaltung der Beschränkungsbedingungen für die Verwendung/ Benutzung und das Inverkehrbringen von Dichlormethan enthaltenden Farbabbeizern

Einzelpflichtbeschreibung:

Gem. Rechtsquelle 1 (↓) i. V. m. Rechtsquelle 2 (↓) dürfen Dichlormethan enthaltende Farbabbeizer nur unter Beachtung der Beschränkungsbedingungen in Verkehr gebracht, benutzt oder verwendet werden.

Stoffliste: [Quelle: REACH-VO, Anhang XVII, Spalte 1; hier: Nr. 59]

Dichlormethan

Beschränkungsbedingungen: [Quelle: REACH-VO, Anhang XVII, Spalte 2; hier: Abs. 1 Unterabsatz 1 und 4]

Kurzfassung: Verbot der Verwendung/des Inverkehrbringens ab bestimmten Fristen (2010/2011/2012) bei Abgabe an die breite Öffentlichkeit/an gewerbliche Verwender.

Rechtsquellen: VO (EG) Nr. 1907/2006 [...]
1. Art. 67 [Allgemeine Bestimmungen] siehe o. a. Vorbemerkung zu Pflichtenblock C-3-1
2. Anhang XVII [Beschränkungen der Herstellung, des Inverkehrbringens und der Verwendung bestimmter gefährlicher Stoffe, Gemische und Erzeugnisse] – Nr. 59

Verstoß: strafbar – siehe Sanktionsübersicht zu C-1-1, dort Sanktionsgruppe A.1; je nach der Art der Tatbegehung/-folge ggf. auch A.2 bzw. A.3.1

C-3-1.40	Einhaltung der Beschränkungsbedingungen für die Verwendung und das Inverkehrbringen von Acrylamid

Einzelpflichtbeschreibung:

Gem. Rechtsquelle 1 (↓) i. V. m. Rechtsquelle 2 (↓) darf Acrylamid nur unter Beachtung der Beschränkungsbedingungen in Verkehr gebracht oder verwendet werden.

Stoffliste: [Quelle: REACH-VO, Anhang XVII, Spalte 1; hier: Nr. 60]

Acrylamid

Beschränkungsbedingungen: [Quelle: REACH-VO, Anhang XVII, Spalte 2]

[Acrylamid] darf nach dem 5. November 2012 weder als Stoff noch in Gemischen in Konzentrationen von $\geq$ 0,1 Gew.-% für Abdichtungsanwendungen wie beispielsweise Injektion, Verpressung, Verfugung oder Verguss in Verkehr gebracht oder verwendet werden.

Rechtsquellen: VO (EG) Nr. 1907/2006 [...]
1. Art. 67 [Allgemeine Bestimmungen] siehe o. a. Vorbemerkung zu Pflichtenblock C-3-1
2. Anhang XVII [Beschränkungen der Herstellung, des Inverkehrbringens und der Verwendung bestimmter gefährlicher Stoffe, Gemische und Erzeugnisse] – Nr. 60

Verstoß: strafbar – siehe Sanktionsübersicht zu C-1-1, dort Sanktionsgruppe A.1; je nach der Art der Tatbegehung/-folge ggf. auch A.2 bzw. A.3.1

C-3-1.41	Einhaltung der Beschränkungsbedingungen für die Verwendung und das Inverkehrbringen von Dimethylfumarat

Einzelpflichtbeschreibung:

Gem. Rechtsquelle 1 (↓) i. V. m. Rechtsquelle 2 (↓) darf Dimethylfumarat nur unter Beachtung der Beschränkungsbedingungen
– verwendet werden oder
– ein dort genanntes Erzeugnis bzw. seine Bestandteile, wenn es eine bestimmte DMF-Konzentration nicht überschreitet, in den Verkehr gebracht werden.

Stoffliste: [Quelle: REACH-VO, Anhang XVII, Spalte 1; hier: Nr. 61]

Dimethylfumarat (DMF)

Beschränkungsbedingungen: [Quelle: REACH-VO, Anhang XVII, Spalte 2]

[Dimethylfumarat] darf nicht in Erzeugnissen oder Bestandteilen davon in Konzentrationen von über 0,1 mg/kg verwendet werden. Erzeugnisse oder deren Bestandteile, die DMF in einer Konzentration von über 0,1 mg/kg enthalten, dürfen nicht in den Verkehr gebracht werden.

Rechtsquellen: VO (EG) Nr. 1907/2006 [...]
1. Art. 67 [Allgemeine Bestimmungen] siehe o. a. Vorbemerkung zu Pflichtenblock C-3-1
2. Anhang XVII [Beschränkungen der Herstellung, des Inverkehrbringens und der Verwendung bestimmter gefährlicher Stoffe, Gemische und Erzeugnisse] – Nr. 61

Verstoß: strafbar – siehe Sanktionsübersicht zu C-1-1, dort Sanktionsgruppe A.1; je nach der Art der Tatbegehung/-folge ggf. auch A.2 bzw. A.3.1

C-3-1.42	Einhaltung der Beschränkungsbedingungen für die Herstellung und Verwendung von bestimmten Phenylquecksilberverbindungen sowie für das Inverkehrbringen von Erzeugnissen bzw. deren Bestandteilen

Einzelpflichtbeschreibung:

Gem. Rechtsquelle 1 (↓) i. V. m. Rechtsquelle 2 (↓) dürfen bestimmte Phenylquecksilberverbindungen nur unter Beachtung der Beschränkungsbedingungen
– als Stoff oder als Gemisch hergestellt bzw. verwendet werden;
– Erzeugnisse oder deren Bestandteile dürfen nur unter Beachtung nachfolgender Beschränkungsbedingungen Nr. 2 in Verkehr gebracht werden.

Stoffliste: [Quelle: REACH-VO, Anhang XVII, Spalte 1; hier: Nr. 62 a) bis e)]
a) Phenylquecksilberacetat
b) Phenylquecksilberpropionat
c) Phenylquecksilber-2-ethylhexanoat
d) Phenylquecksilberoctanoat
e) Phenylquecksilberneodecanoat

Beschränkungsbedingungen: [Quelle: REACH-VO, Anhang XVII, Spalte 2; hier: Abs. 1 bzw. Abs. 2]

1. [Ein vorstehend bezeichneter Stoff] darf nach dem 10.10.2017 weder als Stoff noch in Gemischen hergestellt, in Verkehr gebracht oder verwendet werden, wenn die Quecksilberkonzentration in den Gemischen 0,01 Gewichtsprozent beträgt oder übersteigt.
2. Erzeugnisse oder deren Bestandteile, die einen oder mehrere der vorstehend bezeichneten Stoffe enthalten, dürfen nach dem 10.10.2017 nicht in Verkehr gebracht werden, wenn die Quecksilberkonzentration in den Erzeugnissen bzw. deren Bestandteilen 0,01 Gewichtsprozent beträgt oder übersteigt.

Rechtsquellen: VO (EG) Nr. 1907/2006 [...]
1. Art. 67 [Allgemeine Bestimmungen] siehe o. a. Vorbemerkung zu Pflichtenblock C-3-1
2. Anhang XVII [Beschränkungen der Herstellung, des Inverkehrbringens und der Verwendung bestimmter gefährlicher Stoffe, Gemische und Erzeugnisse] – Nr. 62

Verstoß: strafbar – siehe Sanktionsübersicht zu C-1-1, dort Sanktionsgruppe A.1; je nach der Art der Tatbegehung/-folge ggf. auch A.2 bzw. A.3.1

C-3-1.43	Einhaltung der Beschränkungsbedingungen für das Inverkehrbringen oder die Verwendung von Blei oder einer seiner Verbindungen

Einzelpflichtbeschreibung:

Gem. Rechtsquelle 1 (↓) i. V. m. Rechtsquelle 2 (↓) darf Blei oder eine seiner Verbindungen nur unter Beachtung der Beschränkungsbedingungen in Verkehr gebracht bzw. verwendet werden.

Stoffliste: [Quelle: REACH-VO, Anhang XVII, Spalte 1; hier: Nr. 63]

Blei und seine Verbindungen

Beschränkungsbedingungen: [Quelle: REACH-VO, Anhang XVII, Spalte 2; hier: Abs. 1 und 3 bzw. Abs. 7 Unterabs. 1]
1. [Die unter o. a. Stoffliste genannten Stoffe/Verbindungen] dürfen nicht in Verkehr gebracht oder in einem einzelnen Teil einer Schmuckware[1] verwendet werden, wenn der Bleigehalt (in Metall) des betreffenden Teils 0,05 % oder mehr des Gewichts beträgt.
2. Die vorgenannte Nr. 1 gilt auch für einzelne Teile, die für die Schmuckherstellung in Verkehr gebracht oder verwendet werden.
3. Die unter o.a. Stoffliste genannten Stoffe/Verbindungen dürfen nicht in Verkehr gebracht oder in Erzeugnissen, die zur Abgabe an die breite Öffentlichkeit bestimmt sind, verwendet werden, wenn der Bleigehalt (im Metall) des betreffenden Erzeugnisses oder der zugänglichen Teile davon 0,05 % oder mehr des Gewichts beträgt und diese Erzeugnisse bzw. zugänglichen Teile davon unter normalen bzw. vernünftigerweise vorhersehbaren Verwendungsbedingungen von Kindern in den Mund genommen werden könnten.

Rechtsquellen: VO (EG) Nr. 1907/2006 [...]
1. Art. 67 [Allgemeine Bestimmungen] siehe o. a. Vorbemerkung zu Pflichtenblock C-3-1
2. Anhang XVII [Beschränkungen der Herstellung, des Inverkehrbringens und der Verwendung bestimmter gefährlicher Stoffe, Gemische und Erzeugnisse] – Nr. 63

Verstoß: strafbar – siehe Sanktionsübersicht zu C-1-1, dort Sanktionsgruppe A.1; je nach der Art der Tatbegehung/-folge ggf. auch A.2 bzw. A.3.1

---

[1] Der Begriff „Schmuckwaren" ist in Rechtsquelle 2 (↓) dort Spalte 2 Abs. 2 erläutert.

C-3-1.44	Einhaltung der Beschränkungsbedingungen für die Verwendung und das Inverkehrbringen von 1,4-Dichlorbenzol als Stoff bzw. als Bestandteil von Gemischen in Verbindung mit bestimmten Produkten

Einzelpflichtbeschreibung:

Gem. Rechtsquelle 1 (↓) i.V.m. Rechtsquelle 2 (↓) darf 1,4-Dichlorbenzol als Stoff oder als Bestandteil in Gemischen in bestimmten Produkten nur dann in Verkehr gebracht oder verwendet werden, wenn die nachfolgend genannten Beschränkungsbedingungen eingehalten werden.

Stoffliste: [REACH-VO, Anhang XVII, Spalte 1, hier: Nr. 64]

Beschränkungsbedingungen: [Quelle REACH-VO, Anhang XVII, Nr. 64 – Spalte 2]

	Gehalt an 1,4-Dichlorbenzol < 1 Gew.-%
Stoff	Lufterfrischer oder Deodorant in Toiletten, Privathaushalten, Büros oder anderen öffentlich zugänglichen Innenräumen.
Bestandteile von Gemischen	

Rechtsquellen: VO (EG) Nr. 1907/2006
1. Art. 67 [Allgemeine Bestimmungen] siehe o.a. Vorbemerkung zu Pflichtenblock C-3-1
2. Anhang XVII [Beschränkungen der Herstellung., des Inverkehrbringens und der Verwendung bestimmter gefährlicher Stoffe, Gemische und Erzeugnisse] – Nr. 6

Verstoß: strafbar – siehe Sanktionsübersicht zu C-1-1, dort Sanktionsgruppe A.1; je nach Art der Tatbegehung/-folge ggf. auch A.2 bzw. A.3.1

2.3.3.2 Pflichtenblöcke C-3-2 gem. § 6 Ordnungswidrigkeiten nach der Verordnung (EG) Nr. 1907/2006 [REACH-Verordnung]

2.3.3.2.1 Pflichtenblock C-3-2-1 gem. § 6 Abs. 1 ChemSanktionsV

Ordnungswidrig im Sinne des § 26 Absatz 1 Nummer 11 Satzteil vor Satz 2 des Chemikaliengesetzes handelt, wer gegen die Verordnung (EG) Nr. 1907/2006 verstößt, indem er vorsätzlich oder fahrlässig

Einzelpflicht

1. entgegen Artikel 7 Absatz 2 eine Unterrichtung nicht, nicht richtig, nicht vollständig oder nicht rechtzeitig vornimmt, — C-3-2-1.1
2. entgegen Artikel 8 Absatz 2 Satz 2 eine dort genannte Information nicht, nicht richtig oder nicht vollständig bereithält oder nicht, richtig, nicht vollständig oder nicht unverzüglich aktualisiert, — C-3-2-1.2
3. entgegen Artikel 9 Absatz 5 einen Stoff oder ein Erzeugnis herstellt oder einführt, — C-3-2-1.3
4. einer vollziehbaren Auflage nach Artikel 9 Absatz 4 Unterabsatz 1 zuwiderhandelt, — C-3-2-1.4
5. entgegen Artikel 14 Absatz 1 Unterabsatz 1 in Verbindung mit Absatz 3 oder Absatz 4, jeweils in Verbindung mit Artikel 37 Absatz 3 Unterabsatz 1 oder Unterabsatz 2, eine Stoffsicherheitsbeurteilung nicht, nicht richtig, nicht vollständig oder nicht rechtzeitig durchführt oder einen Stoffsicherheitsbericht nicht, nicht richtig, nicht vollständig oder nicht rechtzeitig erstellt, — C-3-2-1.5
6. entgegen Artikel 14 Absatz 7 einen Stoffsicherheitsbericht nicht, nicht richtig oder nicht vollständig zur Verfügung hält oder nicht oder nicht vollständig auf dem neuesten Stand hält, — C-3-2-1.6

145

7. entgegen Artikel 17 Absatz 1 oder Artikel 18 Absatz 1, auch in Ver-   C-3-2-1.7
bindung mit Absatz 3, ein Registrierungsdossier nicht, nicht richtig,
nicht vollständig oder nicht unverzüglich nach Überschreitung der
dort genannten Mengenschwellen einreicht,

8. entgegen Artikel 22 Absatz 1 Unterabsatz 1 eine Registrierung nicht,   C-3-2-1.8
nicht richtig, nicht vollständig oder nicht rechtzeitig aktualisiert oder
nicht, nicht richtig, nicht vollständig oder nicht rechtzeitig übermittelt,

9. entgegen Artikel 22 Absatz 2 Satz 1 eine Aktualisierung des Regis-   C-3-2-1.9
trierungsdossiers der Agentur nicht, nicht richtig, nicht vollständig
oder nicht rechtzeitig unterbreitet,

10. entgegen Artikel 24 Absatz 2 als Hersteller oder Importeur eine dort   C-3-2-1.10
genannte Information nicht, nicht richtig, nicht vollständig oder
nicht rechtzeitig einreicht,

11. entgegen Artikel 26 Absatz 1 Satz 1 sich bei der Agentur vor einer   C-3-2-1.11
Registrierung nicht erkundigt,

12. entgegen Artikel 31 Absatz 1 oder Absatz 3, jeweils in Verbindung   C-3-2-1.12
mit Absatz 5, 6 oder Absatz 8, ein Sicherheitsdatenblatt nicht, nicht
richtig, nicht vollständig, nicht in der vorgeschriebenen Weise oder
nicht rechtzeitig zur Verfügung stellt,

13. entgegen Artikel 31 Absatz 2 Satz 1 nicht dafür sorgt, dass die Infor-   C-3-2-1.13
mationen im Sicherheitsdatenblatt mit den Angaben in der Stoffsicherheitsbeurteilung übereinstimmen,

14. entgegen Artikel 31 Absatz 7 ein Expositionsszenario zu einer identi-   C-3-2-1.14
fizierten Verwendung nicht, nicht richtig, nicht vollständig oder
nicht rechtzeitig beifügt, nicht, nicht richtig, nicht vollständig oder
nicht rechtzeitig einbezieht oder nicht, nicht richtig, nicht vollständig
oder nicht rechtzeitig weitergibt,

15. entgegen Artikel 31 Absatz 9 das Sicherheitsdatenblatt nicht, nicht   C-3-2-1.15
richtig, nicht vollständig oder nicht rechtzeitig aktualisiert oder den
früheren Abnehmern nicht oder nicht rechtzeitig zur Verfügung
stellt,

16. entgegen Artikel 32 eine dort genannte Information nicht, nicht rich-   C-3-2-1.16
tig, nicht vollständig, nicht in der vorgeschriebenen Weise oder nicht
rechtzeitig zur Verfügung stellt oder nicht, nicht in der vorgeschriebenen Weise oder nicht rechtzeitig übermittelt oder nicht, nicht richtig, nicht vollständig oder nicht rechtzeitig aktualisiert,

17. entgegen Artikel 33 eine dort genannte Information nicht, nicht rich-   C-3-2-1.17
tig, nicht vollständig, nicht in der vorgeschriebenen Weise oder nicht
rechtzeitig zur Verfügung stellt,

18. entgegen Artikel 34 Satz 1 oder Satz 2 eine dort genannte Informati-   C-3-2-1.18
on nicht, nicht richtig, nicht vollständig oder nicht unverzüglich zur
Verfügung stellt oder nicht, nicht richtig, nicht vollständig oder nicht
unverzüglich weiterleitet,

19. entgegen Artikel 35 einen Zugang nicht gewährt,   C-3-2-1.19

20. entgegen Artikel 36 Absatz 1 Satz 1, auch in Verbindung mit Ab-   C-3-2-1.20
satz 2, eine dort genannte Information nicht oder nicht mindestens
zehn Jahre zur Verfügung hält,

21. entgegen Artikel 36 Absatz 1 Satz 2, auch in Verbindung mit Ab-   C-3-2-1.21
satz 2, eine dort genannte Information nicht, nicht richtig, nicht vollständig oder nicht rechtzeitig vorlegt oder nicht, nicht richtig, nicht
vollständig oder nicht rechtzeitig zugänglich macht,

22. entgegen Artikel 37 Absatz 3 Unterabsatz 3 Satz 1 eine Unterrichtung nicht, nicht richtig, nicht vollständig, nicht in der vorgeschriebenen Weise oder nicht rechtzeitig vornimmt oder einem nachgeschalteten Anwender einen Stoff liefert,   C-3-2-1.22

23. entgegen Artikel 37 Absatz 7 einen Stoffsicherheitsbericht nicht, nicht richtig oder nicht vollständig zur Verfügung hält oder nicht oder nicht vollständig auf dem neuesten Stand hält,   C-3-2-1.23

24. entgegen Artikel 38 Absatz 1 oder Absatz 3 eine dort genannte Information nicht, nicht richtig, nicht vollständig oder nicht rechtzeitig mitteilt oder nicht, nicht richtig, nicht vollständig oder nicht rechtzeitig aktualisiert,   C-3-2-1.24

25. entgegen Artikel 38 Absatz 4 eine Einstufung nicht, nicht richtig, nicht vollständig oder nicht unverzüglich mitteilt,   C-3-2-1.25

26. entgegen Artikel 40 Absatz 4, Artikel 41 Absatz 4, Artikel 46 Absatz 2, auch in Verbindung mit Artikel 50 Absatz 4, Artikel 50 Absatz 2 Satz 1 oder Absatz 3 Satz 2 eine dort genannte Information nicht, nicht richtig, nicht vollständig oder nicht rechtzeitig übermittelt oder eine dort genannte Mitteilung nicht, nicht richtig, nicht vollständig oder nicht rechtzeitig macht,   C-3-2-1.26

27. entgegen Artikel 65 Satz 1, auch in Verbindung mit Satz 2, eine Zulassungsnummer nicht, nicht richtig oder nicht rechtzeitig in das Etikett aufnimmt oder   C-3-2-1.27

28. entgegen Artikel 66 Absatz 1 eine Mitteilung nicht, nicht richtig, nicht vollständig oder nicht rechtzeitig macht.   C-3-2-1.28

Pflichtenkatalog zu Pflichtenblock C-3-2-1

C-3-2-1.1	Unterrichtung der Agentur betr. Registrierung und Anmeldung von Stoffen in Erzeugnissen durch Produzent/Importeur

Einzelpflichtbeschreibung:

Der Produzent oder Importeur von Erzeugnissen muss gem. Rechtsquelle 1.1 (↓) die Unterrichtung der Agentur nach Rechtsquelle 1.2 (↓) des vorliegenden Artikels richtig, vollständig und rechtzeitig vornehmen, wenn ein Stoff die Kriterien nach Rechtsquelle 2.1 (↓) erfüllt und nach Rechtsquelle 2.2 (↓) ermittelt ist, und wenn die beiden folgenden Voraussetzungen erfüllt sind:
a) Der Stoff ist in diesen Erzeugnissen in einer Menge von insgesamt mehr als 1 Tonne pro Jahr und pro Produzent oder Importeur enthalten;
b) der Stoff ist in diesen Erzeugnissen in einer Konzentration von mehr als 0,1 Massenprozent (w/w) enthalten.

Rechtsquellen: REACH-VO
1. Art. 7 [Registrierung und Anmeldung von Stoffen in Erzeugnissen]
1.1 Abs. 2
1.2 Abs. 4
2. Weitere Rechtsquellen
2.1 Art. 57 [In Anhang XIV aufzunehmende Stoffe]
2.2 Art. 59 Abs. 1 [Ermittlung von in Artikel 57 genannten Stoffen]

Verstoß: **ordnungswidrig** – siehe Sanktionsübersicht zu C-3-2, dort Sanktionsgruppe B

| C-3-2-1.2 | Bereithaltung von Informationen durch Vertreter des Importeurs |

Einzelpflichtbeschreibung:

1. Einführende Bemerkungen: zu Rechtsquelle 1.1 (↓)
Der Vertreter hat [...] alle anderen Verpflichtungen für Importeure im Rahmen dieser Verordnung zu erfüllen.
2. Pflicht im Detail: zu Rechtsquelle 1.2 (↓)
Zu diesem Zweck muss [der Vertreter] über ausreichende Erfahrung im praktischen Umgang mit Stoffen und über Informationen über diese verfügen und unbeschadet der Rechtsquelle 2 (↓) Informationen über die eingeführten Mengen und belieferten Kunden sowie Informationen über die Übermittlung der jüngsten Fassung der Rechtsquelle 3 (↓) genannten Sicherheitsdatenblattes bereithalten und aktualisieren.

Hinweis: Die o. a. Informationen sind richtig und vollständig bereitzuhalten und zu aktualisieren.

Rechtsquellen: REACH-VO
1. Art. 8 Abs. 2 [Alleinvertreter eines nicht in der Gemeinschaft ansässigen Herstellers]
1.1 Satz 1
1.2 Satz 2
2. Art. 36 [Aufbewahrung von Informationen]
3. Art. 31 [Anforderungen an Sicherheitsdatenblätter]

Verstoß: ordnungswidrig – siehe Sanktionsübersicht zu C-3-2, dort Sanktionsgruppe B

| C-3-2-1.3 | Beachtung der Wartefrist nach erfolgter Mitteilung betreffend Herstellung/Einfuhr |

Einzelpflichtbeschreibung:

Wenn keine gegenteilige Benachrichtigung erfolgt, darf der Hersteller oder Importeur des Stoffes oder der Produzent oder Importeur des Erzeugnisses den Stoff bzw. das Erzeugnis gem. nachstehender Rechtsquelle (↓) frühestens zwei Wochen nach der Mitteilung herstellen oder einführen.

Rechtsquelle: REACH-VO – Art. 9 Abs. 5 [Ausnahme von der allgemeinen Registrierungspflicht für produkt- und verfahrensorientierte Forschung und Entwicklung]

Verstoß: ordnungswidrig – siehe Sanktionsübersicht zu C-3-2, dort Sanktionsgruppe B

| C-3-2-1.4 | Erfüllung vollziehbarer Auflagen der Agentur in bestimmten Ausnahmefällen von der allgemeinen Registrierungspflicht |

Einzelpflichtbeschreibung:

Der Hersteller oder Importeur oder Produzent von Erzeugnissen muss gem. Rechtsquelle 1 (↓) alle Auflagen der Agentur gemäß Rechtsquelle 2 (↓) richtig, vollständig und rechtzeitig erfüllen.

Rechtsquellen: REACH-VO – Art. 9 [Ausnahme von der allgemeinen Registrierungspflicht für produkt- und verfahrensorientierte Forschung und Entwicklung]
1. Abs. 6
2. Abs. 4

Verstoß: ordnungswidrig – siehe Sanktionsübersicht zu C-3-2, dort Sanktionsgruppe B

C-3-2-1.5	Richtige, vollständige und rechtzeitige Durchführung der Stoffsicherheitsbeurteilung bzw. Erstellung des Stoffsicherheitsberichts

Einzelpflichtbeschreibung:

Gem. Rechtsquelle 1.1 (↓) in Verbindung mit 1.2, 1.3 (↓) oder 1.4 (↓), jeweils i. V. m. Rechtsquelle 2.1 ff. (↓) auch i. V. m. Rechtsquelle 3 (↓) bzw. 2.2 (↓), muss eine Stoffsicherheitsbeurteilung richtig, vollständig und rechtzeitig durchgeführt bzw. ein Stoffsicherheitsbericht richtig, vollständig und rechtzeitig erstellt werden. Folgende Pflichtenträger sind ggf. in der Verantwortung: Hersteller, Importeur oder nachgeschalteter Anwender.

Rechtsquellen: REACH-VO
1. Art. 14 [Stoffsicherheitsbericht und Pflicht zur Anwendung und Empfehlung von Risikominderungsmaßnahmen]
1.1 Abs. 1 Unterabs. 1
1.2 Abs. 3
1.3 Abs. 4
2. Art. 37 [Stoffsicherheitsbeurteilungen der nachgeschalteten Anwender und Angabe, Anwendung und Empfehlung von Risikominderungsmaßnahmen]
2.1 Abs. 3
2.1.1 Unterabs. 1
2.1.2 Unterabs. 2
2.2 Abs. 2
3. Art. 23 [Besondere Bestimmungen für Phase-in-Stoffe]
4. Weitere mitgeltende Rechtsquellen
4.1 Richtlinie 98/24/EG [...] Art. 4 [Ermittlungen und Bewertung des Risikos von gefährlichen chemischen Arbeitsstoffen]
4.2 CLP-VO

Verstoß: ordnungswidrig – siehe Sanktionsübersicht zu C-3-2, dort Sanktionsgruppe B

C-3-2-1.6	Aktuellhaltung und Zurverfügungstellung des Stoffsicherheitsberichts durch den Registranten

Einzelpflichtbeschreibung:

Jeder Registrant, der eine Stoffsicherheitsbeurteilung durchführen muss, hält gem. nachstehender Rechtsquelle (↓) seinen Stoffsicherheitsbericht richtig und vollständig zur Verfügung und auf dem neuesten Stand.

Rechtsquelle: REACH-VO – Art. 14 Abs. 7 [Stoffsicherheitsbericht und Pflicht zur Anwendung und Empfehlung von Risikominderungsmaßnahmen]

Verstoß: ordnungswidrig – siehe Sanktionsübersicht zu C-3-2, dort Sanktionsgruppe B

C-3-2-1.7	Einreichung eines Registrierungsdossiers für bestimmte Zwischenprodukte durch Hersteller bzw. Importeur

Einzelpflichtbeschreibung:

Hersteller, die gem. Rechtsquelle 1, (↓) oder Hersteller bzw. Importeure, die gem. Rechtsquelle 2 ff. (↓) ein standortinternes isoliertes Zwischenprodukt in einer Menge von

1 Tonne oder mehr pro Jahr herstellen oder ein transportiertes isoliertes Zwischenprodukt in einer Menge von 1 Tonne oder mehr pro Jahr herstellen oder importieren, müssen hierfür zuvor jeweils bei der Agentur ein Registrierungsdossier richtig, vollständig und unverzüglich einreichen.

Rechtsquellen: REACH-VO
1. Art. 17 Abs. 1 [Registrierung standortinterner isolierter Zwischenprodukte]
2. Art. 18 [Registrierung transportierter isolierter Zwischenprodukte]
2.1 Abs. 1
2.2 Abs. 2

Verstoß: ordnungswidrig – siehe Sanktionsübersicht zu C-3-2, dort Sanktionsgruppe B

C-3-2-1.8	Übermittlung der Registrierung

Einzelpflichtbeschreibung:

Gem. Rechtsquelle 1 (↓) auch i. V. m. Rechtsquelle 2 ff. (↓) muss der Registrant eine Registrierung richtig, vollständig und rechtzeitig aktualisieren bzw. rechtzeitig übermitteln.

Rechtsquellen: REACH-VO
1. Art. 22 Abs. 1 Unterabs. 1 [Weitere Pflichten des Registranten]
2. *Mitgeltende Rechtsquellen*
2.1 *Anhang VI [Nach Artikel 10 erforderliche Angaben]*
2.1.1 *Abschnitt 2 [Identifizierung des Stoffes]*
2.1.2 *Abschnitt 3.7 [Verwendungen, von denen abgeraten wird]*
2.1.3 *Abschnitt 5 [Leitlinien für die sichere Verwendung]*
2.2 *Anhang IX [Standarddatenanforderungen für Stoffe, die in Mengen von 100 Tonnen oder mehr hergestellt oder eingeführt werden]*
2.3 *Anhang X [Standarddatenanforderungen für Stoffe, die in Mengen von 1000 Tonnen oder mehr hergestellt oder eingeführt werden]*

Verstoß: ordnungswidrig – siehe Sanktionsübersicht zu C-3-2, dort Sanktionsgruppe B

C-3-2-1.9	Vorschriftsmäßige Übermittlung des Registrierungsdossiers an die Agentur durch Registrant

Einzelpflichtbeschreibung:

Der Registrant muss der Agentur nach Rechtsquelle 1 (↓) auch i. V. m. Rechtsquelle 2 (↓) das Registrierungsdossier richtig, vollständig und rechtzeitig aktualisieren bzw. übermitteln.

Rechtsquellen: REACH-VO
1. Art. 22 Abs. 2 Satz 1 [Weitere Pflichten des Registranten]
2. *Mitgeltende Rechtsquellen*
2.1 *Art. 40 [Prüfung von Versuchsvorschlägen]*
2.2 *Art. 41 [Prüfung der Registrierungsdossiers auf Erfüllung der Anforderungen]*
2.3 *Art. 46 [Anforderungen weiterer Informationen und Prüfung der vorgelegten Informationen]*
2.4 *Art. 60 [Zulassungserteilung]*
2.5 *Art. 73 [Entscheidung der Kommission]*

Verstoß: ordnungswidrig – siehe Sanktionsübersicht zu C-3-2, dort Sanktionsgruppe B

C-3-2-1.10	Einreichung der erforderlichen Informationen bei Überschreiten der nächsthöheren Mengenschwelle einschließlich der Informationen für darunter liegende Mengenschwellen

Einzelpflichtbeschreibung:

Erreicht die Menge eines hergestellten oder eingeführten angemeldeten Stoffes pro Hersteller oder Importeur die nächsthöhere Mengenschwelle nach Rechtsquelle 2 (↓), so sind die zusätzlich für diese Mengenschwelle sowie für alle darunter liegenden Mengenschwellen erforderlichen Informationen gem. Rechtsquelle 1 (↓) i. V. m. den Rechtsquellen 2 (↓) und 3 (↓) richtig, vollständig und rechtzeitig einzureichen, falls dies noch nicht nach den genannten Artikeln erfolgt ist.

Rechtsquellen: REACH-VO
1. Art. 24 Abs. 2 [Angemeldete Stoffe]
2. Art. 12 [Mengenabhängige Informationsanforderungen]
3. Art. 10 [Zu allgemeinen Registrierungszwecken vorzulegende Informationen]

Verstoß: ordnungswidrig – siehe Sanktionsübersicht zu C-3-2, dort Sanktionsgruppe B

C-3-2-1.11	Einholung von Erkundigungen bei (noch nicht vorregistrierten) Phase-in-Stoffen durch Registrant

Einzelpflichtbeschreibung:

Jeder potenzielle Registrant eines Nicht-Phase-in-Stoffes oder jeder potenzielle Registrant eines Phase-in-Stoffes, der noch nicht gemäß Rechtsquelle 2 (↓) vorregistriert ist, muss sich gem. Rechtsquelle 1 (↓) bei der Agentur erkundigen, ob für denselben Stoff bereits eine Registrierung vorgenommen wurde.

Rechtsquellen: REACH-VO
1. Art. 26 Abs. 1 Satz 1 [Pflicht zur Erkundigung vor der Registrierung]
2. Art. 28 [Vorregistrierungspflicht für Phase-in-Stoffe]

Verstoß: ordnungswidrig – siehe Sanktionsübersicht zu C-3-2, dort Sanktionsgruppe B

C-3-2-1.12	Zurverfügungstellung des Sicherheitsdatenblatts

Einzelpflichtbeschreibung:

Der Lieferant stellt ein Sicherheitsdatenblatt gem. Rechtsquelle 1.1.1 (↓) bzw. 1.1.2 (↓) jeweils i. V. m. den Rechtsquellen 1.1.3 bis 1.1.5 (↓) sowie Rechtsquelle 1.2 bis 1.4 (↓) richtig, vollständig, in der vorgeschriebenen Weise und rechtzeitig zur Verfügung.

Hinweis:

Das Sicherheitsdatenblatt muss gem. Rechtsquelle 1.1.4 (↓) datiert sein und folgende Rubriken enthalten:
1. Bezeichnung des Stoffs bzw. des Gemischs und des Unternehmens;
2. mögliche Gefahren;
3. Zusammensetzung/Angaben zu Bestandteilen;
4. Erste-Hilfe-Maßnahmen;
5. Maßnahmen zur Brandbekämpfung;
6. Maßnahmen bei unbeabsichtigter Freisetzung;
7. Handhabung und Lagerung;

8. Begrenzung und Überwachung der Exposition/Persönliche Schutzausrüstungen;
9. physikalische und chemische Eigenschaften;
10. Stabilität und Reaktivität;
11. toxikologische Angaben;
12. umweltbezogene Angaben;
13. Hinweise zur Entsorgung;
14. Angaben zum Transport;
15. Rechtsvorschriften;
16. sonstige Angaben.

Rechtsquellen:
1. REACH-VO
1.1 Art. 31 [Anforderungen an Sicherheitsdatenblätter]
1.1.1 Abs. 1
1.1.2 Abs. 3
1.1.3 Abs. 5
1.1.4 Abs. 6
1.1.5 Abs. 8
1.2 Art. 59 Abs. 1 [Ermittlung von in Artikel 57 genannten Stoffen]
1.3 Anhang II [Anforderungen an die Erstellung des Sicherheitsdatenblatts]
1.4 Anhang XIII [Kriterien für die Identifizierung persistenter, bioakkumulierbarer und toxischer Stoffe und sehr persistenter und sehr bioakkumulierbarer Stoffe]

Verstoß: ordnungswidrig – siehe Sanktionsübersicht zu C-3-2, dort Sanktionsgruppe B

C-3-2-1.13	Sicherstellung, dass die Informationen der Stoffsicherheits-beurteilung mit jenen im Sicherheitsdatenblatt übereinstimmen

Einzelpflichtbeschreibung:

Jeder Akteur der Lieferkette, der gemäß Rechtsquelle 2 (↓) bzw. 3 (↓) für einen Stoff eine Stoffsicherheitsbeurteilung durchführen muss, sorgt gem. Rechtsquelle 1 (↓) dafür, dass die Informationen im Sicherheitsdatenblatt mit den Angaben in dieser Beurteilung übereinstimmen.

Rechtsquellen:
1. Art. 31 Abs. 2 Satz 1 [Anforderungen an Sicherheitsdatenblätter]
2. Art. 14 [Stoffsicherheitsbericht und Pflicht zur Anwendung und Empfehlung von Risikominderungsmaßnahmen]
3. Art. 37 [Stoffsicherheitsbeurteilungen der nachgeschalteten Anwender und Angabe, Anwendung und Empfehlung von Risikominderungsmaßnahmen]

Verstoß: ordnungswidrig – siehe Sanktionsübersicht zu C-3-2, dort Sanktionsgruppe B

C-3-2-1.14	Weitergabe des Expositionsszenarios für eine identifizierte Verwendung

Einzelpflichtbeschreibung:

Die in Rechtsquelle 1 (↓) genannten Pflichtenbetroffenen müssen ein Expositionsszenario zu einer identifizierten Verwendung richtig, vollständig und rechtzeitig beifügen, einbeziehen und weitergeben.

Weiterführende Hinweise: zu Rechtsquelle 1 (↓)

Jeder Akteur der Lieferkette, der einen Stoffsicherheitsbericht nach Rechtsquelle 2 (↓) oder 3 (↓) zu erstellen hat, fügt die einschlägigen Expositionsszenarien (gegebenenfalls einschließlich Verwendungs- und Expositionskategorien) dem die identifizierten Verwendungen behandelnden Sicherheitsdatenblatt als Anlage bei, einschließlich der spezifischen Bedingungen, die sich aus der Anwendung der Rechtsquelle 4 (↓) ergeben.

Jeder nachgeschaltete Anwender bezieht bei der Erstellung seines eigenen Sicherheitsdatenblattes für identifizierte Verwendungen die einschlägigen Expositionsszenarien aus dem ihm zur Verfügung gestellten Sicherheitsdatenblatt ein und nutzt sonstige einschlägige Informationen aus diesem Sicherheitsdatenblatt.

Jeder Händler gibt bei der Erstellung seines eigenen Sicherheitsdatenblattes für Verwendungen, für die er Informationen nach Rechtsquelle 3.1 (↓) weitergegeben hat, die einschlägigen Expositionsszenarien weiter und nutzt sonstige einschlägige Informationen aus dem ihm zur Verfügung gestellten Sicherheitsdatenblatt.

Rechtsquellen: REACH-VO
1. Art. 31 Abs. 7 [Anforderungen an Sicherheitsdatenblätter]
2. Art. 14 [Stoffsicherheitsbericht und Pflicht zur Anwendung und Empfehlung von Risikominderungsmaßnahmen]
3. Art. 37 [Stoffsicherheitsbeurteilungen der nachgeschalteten Anwender und Pflicht zur Angabe, Anwendung und Empfehlung von Risikominderungsmaßnahmen]
3.1 Art. 37 Abs. 2
4. Anhang XI [Allgemeine Bestimmungen für Abweichungen von den Standard-Prüfprogrammen der Anhänge VII bis X] – Abschnitt 3

Verstoß: ordnungswidrig – siehe Sanktionsübersicht zu C-3-2, dort Sanktionsgruppe B

C-3-2-1.15	Aktualisierung des Sicherheitsdatenblatts durch den Lieferanten und Zurverfügungstellung für frühere Abnehmer

Einzelpflichtbeschreibung:

Die Lieferanten müssen das Sicherheitsdatenblatt gem. nachstehender Rechtsquelle (↓) richtig, vollständig und rechtzeitig aktualisieren sowie den früheren Abnehmern rechtzeitig zur Verfügung stellen. Siehe die Anlässe nachfolgend unter „Weiterführende Hinweise".

Weiterführende Hinweise: zu nachstehender Rechtsquelle (↓)

Die Lieferanten aktualisieren das Sicherheitsdatenblatt unverzüglich,
a) sobald neue Informationen, die Auswirkungen auf die Risikomanagementmaßnahmen haben können, oder neue Informationen über Gefährdungen verfügbar werden;
b) sobald eine Zulassung erteilt oder versagt wurde;
c) sobald eine Beschränkung erlassen wurde.

[...]

Rechtsquellen: REACH-VO – Art. 31 Abs. 9 [Anforderungen an Sicherheitsdatenblätter]

Verstoß: ordnungswidrig – siehe Sanktionsübersicht zu C-1-2, dort Sanktionsgruppe B

C-3-2-1.16	Informationspflicht gegenüber den nachgeschalteten Akteuren der Lieferkette bei Stoffen als solchen und in Zubereitungen, für die kein Sicherheitsdatenblatt erforderlich ist, durch den Lieferanten

Einzelpflichtbeschreibung:

Jeder Lieferant muss gem. nachfolgender Rechtsquelle 1 (↓) eine dort genannte Information richtig, vollständig, in der vorgeschriebenen Weise und rechtzeitig zur Verfügung stellen sowie in der vorgeschriebenen Weise und rechtzeitig übermitteln und richtig, vollständig und rechtzeitig aktualisieren.

Weiterführende Hinweise: zu Rechtsquelle 1 (↓)

(1) Jeder Lieferant eines Stoffes als solchem oder in einem Gemisch, der kein Sicherheitsdatenblatt gemäß Rechtsquelle 2 (↓) zur Verfügung stellen muss, stellt dem Abnehmer folgende Informationen zur Verfügung:
a) die Registrierungsnummer(n) nach Rechtsquelle 3 (↓), falls verfügbar, bei Stoffen, für die Informationen nach Buchstaben b, c oder d des vorliegenden Absatzes übermittelt werden;
b) eine etwaige Zulassungspflicht und Einzelheiten zu den nach Rechtsquelle 4 (↓) in dieser Lieferkette erteilten oder versagten Zulassungen;
c) Einzelheiten zu Beschränkungen nach Rechtsquelle 5 (↓);
d) sonstige verfügbare und sachdienliche Informationen über den Stoff, die notwendig sind, damit geeignete Risikomanagementmaßnahmen ermittelt und angewendet werden können, einschließlich der spezifischen Bedingungen, die sich aus der Anwendung der Rechtsquelle 6 (↓) ergeben.

(2) [...]

(3) Die Lieferanten aktualisieren diese Informationen unverzüglich,
a) sobald neue Informationen, die Auswirkungen auf die Risikomanagementmaßnahmen haben können, oder neue Informationen über Gefährdungen verfügbar werden;
b) sobald eine Zulassung erteilt oder versagt wurde;
c) sobald eine Beschränkung erlassen wurde.

Darüber hinaus werden die aktualisierten Informationen allen früheren Abnehmern, denen die Lieferanten den Stoff oder das Gemisch in den vorausgegangenen zwölf Monaten geliefert haben, auf Papier oder elektronisch kostenlos zur Verfügung gestellt. Bei Aktualisierungen nach der Registrierung wird die Registrierungsnummer angegeben.

Rechtsquellen: REACH-VO
1. Art. 32 [Informationspflicht gegenüber den nachgeschalteten Akteuren der Lieferkette bei Stoffen als solchen und in Zubereitungen, für die kein Sicherheitsdatenblatt erforderlich ist]
2. Art. 31 [Anforderungen an Sicherheitsdatenblätter]
3. Art. 20 Abs. 3 [Pflichten der Agentur]
4. Titel VII [Zulassung]
5. Titel VIII [Beschränkungen für die Herstellung, das Inverkehrbringen und die Verwendung bestimmter gefährlicher Stoffe, Gemische und Erzeugnisse]
6. Anhang XI [Allgemeine Bestimmungen für Abweichungen von den Standard-Prüfprogrammen der Anhänge VII bis X] – Abschnitt 3

Verstoß: ordnungswidrig – siehe Sanktionsübersicht zu C-3-2, dort Sanktionsgruppe B

C-3-2-1.17	Zurverfügungstellung bestimmter Informationen über Stoffe in Erzeugnissen für den Abnehmer/Verbraucher auf deren Ersuchen durch jeden Lieferanten eines Stoffes

Einzelpflichtbeschreibung:

Jeder Lieferant eines Erzeugnisses muss gem. nachfolgender Rechtsquelle 1 (↓) eine dort genannte Information richtig, vollständig, in der vorgeschriebenen Weise und rechtzeitig den dort bezeichneten Personen (Akteuren) zur Verfügung stellen.

Rechtsquelle: REACH-VO Art. 33 [Pflicht zur Weitergabe von Informationen über Stoffe in Erzeugnissen]

Verstoß: ordnungswidrig – siehe Sanktionsübersicht zu C-3-2, dort Sanktionsgruppe B

C-3-2-1.18	Zurverfügungstellung von Informationen über gefährliche Eigenschaften und anderes an den unmittelbar vorgeschalteten Akteur oder Händler durch jeden Akteur in der Lieferkette

Einzelpflichtbeschreibung:

Gem. nachstehender Rechtsquelle (↓) muss jeder Akteur der Lieferkette eines Stoffes oder eines Gemisches dem unmittelbar vorgeschalteten Akteur oder Händler der Lieferkette folgende Informationen zur Verfügung stellen:
a) neue Informationen über gefährliche Eigenschaften, unabhängig von den betroffenen Verwendungen;
b) weitere Informationen, die die Eignung der in einem ihm übermittelten Sicherheitsdatenblatt angegebenen Risikomanagementmaßnahmen in Frage stellen können, nur für identifizierte Verwendungen.

Die Händler leiten diese Informationen an den unmittelbar vorgeschalteten Akteur oder Händler der Lieferkette weiter.

Hinweis: O. a. Pflichtenträger müssen die von ihnen geforderten Informationen jeweils unverzüglich, richtig und vollständig zur Verfügung stellen bzw. weiterleiten.

Rechtsquelle: REACH-VO – Art. 34 Satz 1 bzw. 2 [Informationspflicht gegenüber den vorgeschalteten Akteuren der Lieferkette bei Stoffen und Zubereitungen]

Verstoß: ordnungswidrig – siehe Sanktionsübersicht zu C-3-2, dort Sanktionsgruppe B

C-3-2-1.19	Zugangsgewährung zu Informationen des Sicherheitsdatenblattes und bestimmten anderen Stoffdaten durch Arbeitnehmer und deren Vertretern

Einzelpflichtbeschreibung:

Der Arbeitgeber gewährt den Arbeitnehmern und ihren Vertretern gem. Rechtsquelle 1 (↓) Zugang zu den gemäß den Rechtsquellen 2 (↓) und 3 (↓) bereitgestellten Informationen über Stoffe oder Gemische, die sie verwenden oder denen sie bei ihrer Arbeit ausgesetzt sein können.

Rechtsquellen: REACH-VO
1. Art. 35 [Zugang der Arbeitnehmer zu Informationen]
2. Art. 31 [Anforderungen an Sicherheitsdatenblätter]

3. Art. 32 [Informationspflicht des Lieferanten gegenüber den nachgeschalteten Akteuren der Lieferkette bei Stoffen als solchen und in Gemischen, für die kein Sicherheitsdatenblatt erforderlich ist]

Verstoß: ordnungswidrig – siehe Sanktionsübersicht zu C-3-2, dort Sanktionsgruppe B

C-3-2-1.20	Fristgemäße Aufbewahrung von bestimmten Informationen über Stoffe/Gemische durch Hersteller, Importeur, nachgeschalteten Anwender und Händler

Einzelpflichtbeschreibung:

Jeder Hersteller, Importeur, nachgeschalteter Anwender und Händler [bei Einstellung der Geschäftstätigkeit sind die Akteure gem. Rechtsquelle 2 (↓) zuständig] muss gem. Rechtsquelle 1 (↓) die dort genannten Informationen mindestens 10 Jahre aufbewahren.

Rechtsquellen: REACH-VO – Art. 36 [Pflicht zur Aufbewahrung von Informationen]
1. Abs. 1 Satz 1
2. Abs. 2

Verstoß: ordnungswidrig – siehe Sanktionsübersicht zu C-3-2, dort Sanktionsgruppe B

C-3-2-1.21	Bereitstellung von bestimmten Daten betreffend Stoffe/Zubereitungen auf Verlangen der zuständigen Behörde/Agentur

Einzelpflichtbeschreibung:

1. Einführende Bemerkungen:
   Jeder Hersteller, Importeur, nachgeschaltete Anwender und Händler trägt gem. Rechtsquelle 1.1.1 (↓) sämtliche gemäß dieser Verordnung für seine Aufgabenerfüllung erforderlichen Informationen zusammen und hält sie während eines Zeitraums von mindestens 10 Jahren nach der letzten Herstellung, Einfuhr, Lieferung oder Verwendung des Stoffes oder des Gemisches zur Verfügung.
2. Pflichtendarstellung im Detail:
2.1 Unbeschadet der Rechtsquellen 2 (↓) und 3 (↓) legt dieser Hersteller, Importeur, nachgeschaltete Anwender oder Händler auf Verlangen einer zuständigen Behörde des Mitgliedstaates, in dem er seinen Sitz hat, oder der Agentur gem. Rechtsquelle 1.1.2 (↓) unverzüglich diese Informationen vor oder macht sie ihr zugänglich.
2.2 Stellt ein Registrant, ein nachgeschalteter Anwender oder ein Händler seine Geschäftstätigkeit ein oder überträgt er seine Tätigkeiten teilweise oder insgesamt einem Dritten, so ist gem. Rechtsquelle 1.2 (↓) derjenige, der für die Liquidation des Unternehmens des Registranten, des nachgeschalteten Anwenders oder des Händlers verantwortlich ist oder die Verantwortung für das Inverkehrbringen des betreffenden Stoffes oder des betreffenden Gemisches übernimmt, durch die Verpflichtung nach Rechtsquelle 1.1 (↓) anstelle des Registranten, des nachgeschalteten Anwenders oder des Händlers gebunden.

Zusammenfassung der Pflicht: die vorgenannten Informationen müssen richtig, vollständig und rechtzeitig vorgelegt und zugänglich gemacht werden.

Rechtsquellen: REACH-VO
1. Art. 36 [Pflicht zur Aufbewahrung von Informationen]
1.1 Abs. 1
1.1.1 Satz 1

1.1.2 Satz 2
1.2   Abs. 2
2.   Titel II [Registrierung von Stoffen]
3.   Titel VI [Informationen in der Lieferkette]

Verstoß: ordnungswidrig – siehe Sanktionsübersicht zu C-3-2, dort Sanktionsgruppe B

C-3-2-1.22	Information der nachgeschalteten Anwender und der Agentur bei einer nicht identifizierten Verwendung i. V. m. dem Inhalt der vorliegenden Stoffsicherheitsbeurteilung

Einzelpflichtbeschreibung:

Kann der Hersteller, Importeur oder nachgeschaltete Anwender nach Beurteilung der Verwendung gemäß Rechtsquelle 2 (↓) aus Gründen des Schutzes der menschlichen Gesundheit oder der Umwelt die Verwendung nicht als identifizierte Verwendung einbeziehen, so unterrichtet er die Agentur und den nachgeschalteten Anwender gem. Rechtsquelle 1 (↓) richtig, vollständig, in der vorgeschriebenen Weise und rechtzeitig (d. h. unverzüglich) schriftlich über den Grund/die Gründe hierfür und liefert keinem nachgeschalteten Anwender den Stoff, ohne den betreffenden Grund/die betreffenden Gründe in die Informationen nach den Rechtsquellen 3 (↓) oder 4 (↓) aufzunehmen.

Rechtsquellen: REACH-VO
1. Art. 37 Abs. 3 Unterabs. 3 Satz 1 [Stoffsicherheitsbeurteilung der nachgeschalteten Anwender und Pflicht zur Angabe, Anwendung und Empfehlung von Risikominderungsmaßnahmen]
2. Art. 14 [Stoffsicherheitsbericht und Pflicht zur Anwendung und Empfehlung von Risikominderungsmaßnahmen]
3. Art. 31 [Anforderungen an Sicherheitsdatenblätter]
4. Art. 32 [Informationspflicht des Lieferanten gegenüber den nachgeschalteten Akteuren der Lieferkette bei Stoffen als solchen und in Gemischen, für die kein Sicherheitsdatenblatt erforderlich ist]

Verstoß: ordnungswidrig – siehe Sanktionsübersicht zu C-3-2, dort Sanktionsgruppe B

C-3-2-1.23	Aktualisierung/Bereithaltung des Stoffsicherheitsberichtes durch nachgeschaltete Anwender

Einzelpflichtbeschreibung:

Nachgeschaltete Anwender halten ihren Stoffsicherheitsbericht gem. nachstehender Rechtsquelle (↓) richtig und vollständig auf dem neuesten Stand und zur Verfügung.

Rechtsquelle: REACH-VO – Art. 37 Abs. 7 [Stoffsicherheitsbeurteilung der nachgeschalteten Anwender und Pflicht zur Angabe, Anwendung und Empfehlung von Risikominderungsmaßnahmen]

Verstoß: ordnungswidrig – siehe Sanktionsübersicht zu C-3-2, dort Sanktionsgruppe B

C-3-2-1.24	Gewährleistung der Informationspflichten durch nachgeschaltete Anwender

Einzelpflichtbeschreibung:

Der nachgeschaltete Anwender muss nach den Rechtsquellen 1 (↓) bzw. 2 (↓) eine dort genannte Information der Agentur in den dort genannten Fällen, richtig, vollständig und rechtzeitig mitteilen bzw. aktualisieren.

Rechtsquellen: REACH-VO – Art. 38 [Informationspflicht der nachgeschalteten Anwender]
1. Abs. 1
2. Abs. 3

Verstoß: ordnungswidrig – siehe Sanktionsübersicht zu C-3-2, dort Sanktionsgruppe B

C-3-2-1.25	Bei abweichender Stoffeinstufung muss der nachgeschalteter Anwender der Agentur Mitteilung machen

Einzelpflichtbeschreibung:

Stuft ein nachgeschalteter Anwender einen Stoff anders ein als sein Lieferant, so teilt er dies der Agentur gem. nachstehender Rechtsquelle (↓) richtig, vollständig und rechtzeitig (d. h. unverzüglich) mit.

Rechtsquelle: REACH-VO – Art. 38 Abs. 4 [Informationspflicht der nachgeschalteten Anwender]

Verstoß: ordnungswidrig – siehe Sanktionsübersicht zu C-3-2, dort Sanktionsgruppe B

C-3-2-1.26	Informationspflichten des Registranten/nachgeschalteten Anwenders gegenüber der Agentur

Einzelpflichtbeschreibung:

Der Registrant oder nachgeschaltete Anwender muss gem. Rechtsquelle 1 (↓), 2 (↓) und 3 (↓) auch i. V. m. Rechtsquelle 4.1 (↓), 4.2 (↓) bzw. in den Fällen der Rechtsquelle 4.3 (↓) eine dort genannte Information richtig, vollständig und rechtzeitig übermitteln bzw. eine dort genannte Mitteilung richtig, vollständig und rechtzeitig machen.

Rechtsquellen: REACH-VO
1. Art. 40 Abs. 4 [Prüfung von Versuchsvorschlägen]
2. Art. 41 Abs. 4 [Prüfung der Registrierungsdossiers auf Erfüllung der Anforderungen]
3. Art. 46 Abs. 2 [Anforderung weiterer Informationen und Prüfung der vorgelegten Informationen]
4. Art. 50 [Rechte des Registranten und des nachgeschalteten Anwenders]
4.1 Abs. 4
4.2 Abs. 2
4.2.1 Satz 1
4.3 Abs. 3 Satz 2

Verstoß: ordnungswidrig – siehe Sanktionsübersicht zu C-3-2, dort Sanktionsgruppe B

C-3-2-1.27	Aufnahme der Zulassungsnummer ins Etikett durch Zulassungsinhaber/nachgeschaltete Anwender

Einzelpflichtbeschreibung:

Unbeschadet der Rechtsquelle 2 (↓) nehmen die Inhaber einer Zulassung sowie die in Rechtsquelle 1.2 (↓) genannten nachgeschalteten Anwender, die die Stoffe in einem Gemisch verwenden, gem. Rechtsquelle 1.1 (↓) die Zulassungsnummer richtig und rechtzeitig in das Etikett auf, bevor sie den Stoff oder ein den Stoff enthaltendes Gemisch für eine zugelassene Verwendung in Verkehr bringen. Dies hat unverzüglich zu geschehen, sobald die Zulassungsnummer nach Rechtsquelle 1.3 (↓) öffentlich zugänglich gemacht worden ist.

Pflichtenkurzfassung: Die Zulassungsnummer ist richtig und rechtzeitig in das Etikett eines Stoffs oder einer Zubereitung aufzunehmen.

Rechtsquellen:
1. REACH-VO
1.1 Art. 65 Satz 1 auch i. V. m. Satz 2 [Pflichten der Zulassungsinhaber]
1.2 Art. 56 Abs. 2 [Allgemeine Bestimmungen; hier: zur Zulassungspflicht]
1.3 Art. 64 Abs. 9 [Verfahren für Zulassungsentscheidungen]
2. CLP-VO

Verstoß: ordnungswidrig – siehe Sanktionsübersicht zu C-3-2, dort Sanktionsgruppe B

C-3-2-1.28	Einhaltung der Mitteilungsfristen nach der ersten Stofflieferung gegenüber der Agentur durch den nachgeschalteten Anwender

Einzelpflichtbeschreibung:

Nachgeschaltete Anwender, die einen Stoff nach Rechtsquelle 2 (↓) verwenden, teilen dies der Agentur innerhalb von drei Monaten nach der ersten Lieferung des Stoffes gem. Rechtsquelle 1 (↓) richtig, vollständig und rechtzeitig mit.

Rechtsquellen: REACH-VO
1. Art. 66 Abs. 1 [Nachgeschaltete Anwender]
2. Art. 56 Abs. 2 [Allgemeine Bestimmungen; hier: zur Zulassungspflicht]

Verstoß: ordnungswidrig – siehe Sanktionsübersicht zu C-3-2, dort Sanktionsgruppe B

2.3.3.2.2 Pflichtenblock C-3-2-2 gem. § 6 Abs. 2 ChemSanktionsV

Ordnungswidrig im Sinne des § 26 Absatz 1 Nummer 11 Satzteil vor Satz 2 des Chemikaliengesetzes handelt, wer gegen Artikel 67 Absatz 1 Satz 1 in Verbindung mit Anhang XVII der Verordnung (EG) Nr. 1907/2006 verstößt, indem er vorsätzlich oder fahrlässig

Einzelpflicht

1. entgegen Nummer 3 der Spalte 1 des Anhangs XVII in Verbindung mit Absatz 5 der zugehörigen Spalte 2 nicht sicherstellt, dass die dort genannten Anforderungen erfüllt sind,

C-3-2-2.1

2. entgegen Nummer 3 der Spalte 1 des Anhangs XVII in Verbindung mit Absatz 7 Satz 1 der zugehörigen Spalte 2 die dort genannten Daten über Alternativen nicht oder nicht rechtzeitig übermittelt,

C-3-2-2.2

3. entgegen Nummer 6 der Spalte 1 des Anhangs XVII in Verbindung   C-3-2-2.3
mit Absatz 3 der zugehörigen Spalte 2 ein dort genanntes Erzeugnis
ohne das dort genannte Etikett in Verkehr bringt,

4. entgegen Nummer 19 der Spalte 1 des Anhangs XVII in Verbindung   C-3-2-2.4
mit Absatz 4 Buchstabe c der zugehörigen Spalte 2 nicht gewährleistet, dass behandeltes Holz einzeln oder ein in einem Paket in Verkehr
gebrachtes Holz mit der jeweils dort genannten Aufschrift versehen
ist,

5. entgegen Nummer 23 der Spalte 1 des Anhangs XVII in Verbindung   C-3-2-2.5
mit Absatz 4 Unterabsatz 2 der zugehörigen Spalte 2 nicht gewährleistet, dass ein dort genanntes Gemisch oder ein dort genanntes Erzeugnis mit der dort genannten Aufschrift oder dem dort genannten
Piktogramm versehen ist,

6. entgegen Nummer 28, 29 oder Nummer 30 der Spalte 1 des An-   C-3-2-2.6
hangs XVII, jeweils in Verbindung mit Absatz 1 Unterabsatz 2 der
zugehörigen Spalte 2, nicht gewährleistet, dass eine dort genannte
Verpackung mit der dort genannten Aufschrift versehen ist,

7. entgegen Nummer 31 der Spalte 1 des Anhangs XVII in Verbindung   C-3-2-2.7
mit Absatz 2 Buchstabe a Unterabsatz 2 der zugehörigen Spalte 2
nicht gewährleistet, dass eine dort genannte Verpackung mit der dort
genannten Aufschrift versehen ist,

8. entgegen Nummer 32, 34, 35, 36, 37 oder Nummer 38 der Spalte 1   C-3-2-2.8
des Anhangs XVII, jeweils in Verbindung mit Absatz 2 Unterabsatz 1 der zugehörigen Spalte 2, nicht gewährleistet, dass eine dort
genannte Verpackung mit der dort genannten Aufschrift versehen
ist,

9. entgegen Nummer 40 der Spalte 1 des Anhangs XVII in Verbindung   C-3-2-2.9
mit Absatz 2 der zugehörigen Spalte 2 nicht gewährleistet, dass eine
dort genannte Verpackung mit der dort genannten Aufschrift versehen ist,

10. entgegen Nummer 47 der Spalte 1 des Anhangs XVII in Verbindung   C-3-2-2.10
mit Absatz 2 der zugehörigen Spalte 2 nicht gewährleistet, dass auf
einer dort genannten Verpackung die dort genannten Informationen
angegeben sind,

11. entgegen Nummer 55 der Spalte 1 des Anhangs XVII in Verbindung   C-3-2-2.11
mit Absatz 3 der zugehörigen Spalte 2 nicht gewährleistet, dass eine
dort genannte Farbe mit der dort genannten Aufschrift versehen ist,

12. entgegen Nummer 57 der Spalte 1 des Anhangs XVII in Verbindung   C-3-2-2.12
mit Absatz 3 der zugehörigen Spalte 2 nicht gewährleistet, dass ein
dort genannter Kontaktklebstoff mit der dort genannten Aufschrift
versehen ist oder

13. entgegen Nummer 59 der Spalte 1 des Anhangs XVII in Verbindung   C-3-2-2.13
mit Absatz 5 der zugehörigen Spalte 2 als Lieferant einen dort genannten Farbabbeizer nicht mit der dort genannten Aufschrift versieht.

Pflichtenkatalog zu Pflichtenblock C-3-2-2

Siehe auch die mitgeltenden gleichlautenden Vorbemerkungen bei Pflichtenblock C-3-1

C-3-2-2.1	Anforderungen an die gefährlichen flüssigen Stoffe/Gemische durch den Lieferanten

Einzelpflichtbeschreibung:

Gem. Rechtsquelle 1 (↓) i. V. m. Rechtsquelle 2 (↓) stellen Lieferanten vor dem Inverkehrbringen der nachfolgend genannten Stoffe/Gemische sicher, dass die Anforderungen gem. den nachfolgenden Beschränkungsbedingungen erfüllt werden.

Stoffliste [Quelle: REACH-VO, Anhang XVII, Spalte 1; hier: Nr. 3]

Flüssige Stoffe oder Gemische, die eine der folgenden in Anhang I, VO (EG) Nr. 1272/2008 (CLP-VO) dargelegten Gefahrenklassen oder -kategorien erfüllen:
a) Gefahrenklasse 2.1 bis 2.4, 2.6 und 2.7, 2.8 Typen A und B, 2.9, 2.10, 2.12, 2.13 Kategorien 1 und 2, 2.14 Kategorien 1 und 2, 2.15 Typen A bis F;
b) Gefahrenklasse 3.1 bis 3.6, 3.7 Beeinträchtigung der Sexualfunktion und Fruchtbarkeit sowie der Entwicklung, 3.8 ausgenommen narkotisierende Wirkungen, 3.9 und 3.10;
c) Gefahrenklasse 4.1;
d) Gefahrenklasse 5.1.

Beschränkungsbedingungen [Quelle: REACH-VO, Anhang XVII, Spalte 2, hier: Abs. 5]

Rechtsquellen: VO (EG) Nr. 1907/2006 [...]
1. Art. 67 [Allgemeine Bestimmungen] siehe o. a. Vorbemerkung zu Pflichtenblock C-3-1
2. Anhang XVII [Beschränkungen der Herstellung, des Inverkehrbringens und der Verwendung bestimmter gefährlicher Stoffe, Gemische und Erzeugnisse] – Nr. 3

Verstoß: ordnungswidrig – siehe Sanktionsübersicht zu C-3-2, dort Sanktionsgruppe B

C-3-2-2.2	Übermittlung von Daten an die zuständige Behörde betreffend Alternativen zu mit R65 bzw. H304 gekennzeichneten Lampenölen und flüssigen Grillanzündern

Einzelpflichtbeschreibung:

Gem. Rechtsquelle 1 (↓) i. V. m. Rechtsquelle 2 (↓) übermitteln die gem. den Beschränkungsbedingungen genannten natürlichen bzw. juristischen Personen auch i. V. m. nachfolgender Stoffgruppenliste die erforderlichen Daten über Alternativen zu mit R65 bzw. H304 gekennzeichneten Lampenöle und flüssigen Grillanzündern rechtzeitig an die zuständige Behörde.

Stoffliste [Quelle: REACH-VO, Anhang XVII, Spalte 1; hier: Nr. 3]

Flüssige Stoffe oder Gemische, die nach Richtlinie 1999/45/EG als gefährlich gelten oder die Kriterien für eine der folgenden in Anhang I, VO (EG) Nr. 1272/2008 dargelegten Gefahrenklassen oder -kategorien erfüllen:
a) Gefahrenklasse 2,1 bis 2.4, 2.6 und 2.7, 2.8 Typen A und B, 2.9, 2.10, 2.12, 2.13 Kategorien 1 und 2, 2.14 Kategorien 1 und 2, 2.15 Typen A bis F;
b) Gefahrenklasse 3.1 bis 3.6, 3.7 Beeinträchtigung der Sexualfunktion und Fruchtbarkeit sowie der Entwicklung, 3.8 ausgenommen narkotisierenden Wirkungen, 3.9 und 3.10;
c) Gefahrenklasse 4.1;
d) Gefahrenklasse 5.1.

Beschränkungsbedingungen [Quelle: REACH-VO, Anhang XVII, Spalte 2; hier: Abs. 7 Satz 1]

Rechtsquellen: VO (EG) Nr. 1907/2006 [...]
1. Art. 67 [Allgemeine Bestimmungen] siehe o. a. Vorbemerkung zu Pflichtenblock C-3-1
2. Anhang XVII [Beschränkungen der Herstellung, des Inverkehrbringens und der Verwendung bestimmter gefährlicher Stoffe, Gemische und Erzeugnisse] – Nr. 3

Verstoß: ordnungswidrig – siehe Sanktionsübersicht zu C-3-2, dort Sanktionsgruppe B

C-3-2-2.3	**Inverkehrbringen asbestfaserhaltiger Erzeugnisse durch den Lieferanten nur mit vorschriftgemäßem Etikett**

Einzelpflichtbeschreibung:

Gem. Rechtsquelle 1 (↓) i. V. m. Rechtsquelle 2 (↓) dürfen Lieferanten Erzeugnisse mit in nachfolgender Stoffliste genannten Asbestfasern nur unter Beachtung der Vorschriften gem. den nachfolgenden Beschränkungsbedingungen mit dem genannten Etikett in Verkehr bringen.

Stoffliste [Quelle: REACH-VO, Anhang XVII, Spalte 1; hier: Nr. 6]

Asbestfasern

Hinweis: vgl. weitere stoffbezogene Details unter Einzelpflicht C-3-1.6

Beschränkungsbedingungen [Quelle: REACH-VO, Anhang XVII, Spalte 2; hier: Abs. 3]

Rechtsquellen: VO (EG) Nr. 1907/2006 [...]
1. Art. 67 [Allgemeine Bestimmungen] siehe o. a. Vorbemerkung zu Pflichtenblock C-3-1
2. Anhang XVII [Beschränkungen der Herstellung, des Inverkehrbringens und der Verwendung bestimmter gefährlicher Stoffe, Gemische und Erzeugnisse] – Nr. 6
2.1 Anlage 7 [Besondere Vorschriften für die Kennzeichnung asbesthaltiger Erzeugnisse]

Verstoß: ordnungswidrig – siehe Sanktionsübersicht zu C-3-2, dort Sanktionsgruppe B

C-3-2-2.4	**Inverkehrbringen von mit arsenhaltigen Stoffen behandeltem Holz (einzeln oder in einem Paket) nur mit der erforderlichen Aufschrift**

Einzelpflichtbeschreibung:

Gem. Rechtsquelle 1 (↓) i. V. m. Rechtsquelle 2 (↓) muss ein mit in nachfolgender Stoffliste genannten Arsenverbindungen behandeltes einzelnes Holz oder ein derartig behandeltes Holz, das in einem Paket in Verkehr gebracht wird, gem. den nachfolgenden Beschränkungsbedingungen mit der erforderlichen Aufschrift versehen werden.

Stoffliste [Quelle: REACH-VO, Anhang XVII, Spalte 1; hier: Nr. 19]

Arsenverbindungen

Beschränkungsbedingungen [Quelle: REACH-VO, Anhang XVII, Spalte 2; hier: Abs. 4 c)]

Kurzfassung: Aufschrift: „Verwendung nur in Industrieanlagen und zu gewerblichen Zwecken, enthält Arsen" und ggf. weitere Aufschriften.

Rechtsquellen: VO (EG) Nr. 1907/2006 [...]
1. Art. 67 [Allgemeine Bestimmungen] siehe o. a. Vorbemerkung zu Pflichtenblock C-3-1
2. Anhang XVII [Beschränkungen der Herstellung, des Inverkehrbringens und der Verwendung bestimmter gefährlicher Stoffe, Gemische und Erzeugnisse] – Nr. 19

Verstoß: ordnungswidrig – siehe Sanktionsübersicht zu C-3-2, dort Sanktionsgruppe B

C-3-2-2.5	Gemische/Erzeugnisse, die Recycling-PVC enthalten, müssen vor dem ersten Inverkehrbringen mit der vorschriftgemäßen Aufschrift bzw. dem betreffenden Piktogramm versehen werden

Einzelpflichtbeschreibung:

Gem. Rechtsquelle 1 (↓) i. V. m. Rechtsquelle 2 (↓) müssen Lieferanten Gemische/Erzeugnisse, die Recycling-PVC enthalten, vor dem ersten Inverkehrbringen gem. den nachfolgenden Beschränkungsbedingungen mit der vorschriftgemäßen Aufschrift bzw. Piktogramm versehen werden.

Stoffliste [Quelle: REACH-VO, Anhang XVII, Spalte 1; hier: Nr. 23]

Cadmium und seine Verbindungen

Hinweis: vgl. weitere stoffbezogene Details unter Einzelpflicht C-3-1.16

Beschränkungsbedingungen [Quelle: REACH-VO, Anhang XVII, Spalte 2; hier: Absatz 4 Unterabs. 2]

Die Lieferanten gewährleisten vor dem erstmaligen Inverkehrbringen von Gemischen und Erzeugnissen, die Recycling-PVC enthalten, dass diese gut sichtbar, leserlich und unverwischbar mit der Aufschrift „Enthält Recycling-PVC" oder mit folgenden Piktogramm versehen sind.

PVC

Rechtsquellen: VO (EG) Nr. 1907/2006 [...]
1. Art. 67 [Allgemeine Bestimmungen] siehe o. a. Vorbemerkung zu Pflichtenblock C-3-1
2. Anhang XVII [Beschränkungen der Herstellung, des Inverkehrbringens und der Verwendung bestimmter gefährlicher Stoffe, Gemische und Erzeugnisse] – Nr. 23

Verstoß: ordnungswidrig – siehe Sanktionsübersicht zu C-3-2, dort Sanktionsgruppe B

C-3-2-2.6	Inverkehrbringen bestimmter krebserzeugender, erbgutverändernder sowie fortpflanzungsgefährdender Stoffe durch den Lieferanten nur in Verpackungen, versehen mit der vorschriftgemäßen Aufschrift

Einzelpflichtbeschreibung:

Gem. Rechtsquelle 1 (↓) i. V. m. Rechtsquelle 2 (↓) müssen Lieferanten sicherstellen, dass die Verpackung der nachstehend aufgeführten krebserzeugenden, erbgutverändernden sowie fortpflanzungsgefährdenden Stoffe vor dem Inverkehrbringen mit gut sichtbarer, leserlicher und unverwischbarer Aufschrift gem. den nachfolgenden Beschränkungsbedingungen versehen wird.

Stoffliste [Quelle: REACH-VO, Anhang XVII, Spalte 1; hier: Nrn. 28, 29 und 30]

bestimmte krebserzeugende, erbgutverändernde bzw. fortpflanzungsgefährdende Stoffe

Hinweis: vgl. weitere stoffbezogene Details unter Einzelpflicht C-3-1.20

Beschränkungsbedingungen [Quelle: REACH-VO, Anhang XVII, Spalte 2; hier: Abs. 1 Unterabs. 2]

Kurzfassung: Aufschrift anbringen: „Nur für gewerbliche Anwender."

Rechtsquellen: VO (EG) Nr. 1907/2006 [...]
1. Art. 67 [Allgemeine Bestimmungen] siehe o. a. Vorbemerkung zu Pflichtenblock C-3-1
2. Anhang XVII [Beschränkungen der Herstellung, des Inverkehrbringens und der Verwendung bestimmter gefährlicher Stoffe, Gemische und Erzeugnisse] – Nrn. 28, 29 und 30

Verstoß: ordnungswidrig – siehe Sanktionsübersicht zu C-3-2, dort Sanktionsgruppe B

C-3-2-2.7	**Inverkehrbringen bestimmter Teeröle nur in Verpackungen, versehen mit der vorschriftgemäßen Aufschrift**

Einzelpflichtbeschreibung:

Gem. Rechtsquelle 1 (↓) i. V. m. Rechtsquelle 2 (↓) dürfen nachstehend aufgeführte Stoffe (Teeröle) nur in Verpackungen in Verkehr gebracht werden, die mit der Aufschrift gem. den nachfolgenden Beschränkungsbedingungen versehen sind.

Stoffliste [Quelle: REACH-VO, Anhang XVII, Spalte 1; hier: Nr. 31]

bestimmte Teeröle

Hinweis: vgl. weitere stoffbezogene Details unter Einzelpflicht C-3-1.21

Beschränkungsbedingungen [Quelle: REACH-VO, Anhang XVII, Spalte 2; hier: Abs. 2 a) Unterabs. 2]

Kurzfassung: Aufschrift: „Verwendung nur in Industrieanlagen und zu gewerblichen Zwecken."

Rechtsquellen: VO (EG) Nr. 1907/2006 [...]
1. Art. 67 [Allgemeine Bestimmungen] siehe o. a. Vorbemerkung zu Pflichtenblock C-3-1
2. Anhang XVII [Beschränkungen der Herstellung, des Inverkehrbringens und der Verwendung bestimmter gefährlicher Stoffe, Gemische und Erzeugnisse] – Nr. 31

Verstoß: ordnungswidrig – siehe Sanktionsübersicht zu C-3-2, dort Sanktionsgruppe B

C-3-2-2.8	**Inverkehrbringen bestimmter aliphatischer Chlorkohlenwasserstoffe durch den Lieferanten nur in Verpackungen, versehen mit der vorschriftgemäßen Aufschrift**

Einzelpflichtbeschreibung:

Gem. Rechtsquelle 1 (↓) i. V. m. Rechtsquelle 2 (↓) dürfen Lieferanten die nachstehend aufgeführten aliphatischen CKW nur in Verpackungen in Verkehr bringen, die mit der

Aufschrift gem. Beschränkungsbedingungen [→ „Nur zur Verwendung in Industrieanlagen"] versehen sind.

Stoffliste [Quelle: REACH-VO, Anhang XVII, Spalte 1; hier: Nr. 32 , 34, 35, 36 und 37]

bestimmte aliphatische CKW

Hinweis: vgl. die stoffbezogenen Details unter Einzelpflicht C-3-1.22

Beschränkungsbedingungen [Quelle: REACH-VO, Anhang XVII, Spalte 2; hier: Abs. 2 Unterabsatz 1]

Rechtsquellen: VO (EG) Nr. 1907/2006 [...]
1. Art. 67 [Allgemeine Bestimmungen] siehe o. a. Vorbemerkung zu Pflichtenblock C-3-1
2. Anhang XVII [Beschränkungen der Herstellung, des Inverkehrbringens und der Verwendung bestimmter gefährlicher Stoffe, Gemische und Erzeugnisse] – Nrn. 32, 34, 35, 36, 37 und 38

Verstoß: ordnungswidrig – siehe Sanktionsübersicht zu C-3-2, dort Sanktionsgruppe B

C-3-2-2.9	Inverkehrbringen von bestimmten entzündbaren und selbstentzündlichen Stoffen durch den Lieferanten nur in Verpackungen, versehen mit der vorschriftgemäßen Aufschrift

Einzelpflichtbeschreibung:

Gem. Rechtsquelle 1 (↓) i. V. m. Rechtsquelle 2 (↓) dürfen Lieferanten die nachstehend aufgeführten Stoffe nur in Verpackungen in Verkehr bringen, wenn sie mit der vorschriftgemäßen Aufschrift gem. den nachfolgenden Beschränkungsbedingungen [→ „Nur für gewerbliche Anwender"] versehen sind.

Stoffliste [Quelle: REACH-VO, Anhang XVII, Spalte 1; hier: Nr. 40]

Stoffe, die als entzündbare Gase der Kategorien 1 oder 2, als entzündbare Flüssigkeiten der Kategorien 1, 2 oder 3, als entzündbare Feststoffe der Kategorie 1 oder 2, als Stoffe und Gemische, die bei Berührung mit Wasser entzündbare Gase entwickeln, der Kategorien 1, 2 oder 3, als selbstentzündliche (pyrophore) Flüssigkeiten der Kategorie 1 oder als selbstentzündliche (pyrophore) Feststoffe der Kategorie 1 eingestuft werden, und zwar unabhängig davon, ob sie in Anhang VI Teil 3 [*der Verordnung (EG) Nr. 1272/2008 – CLP-VO*] aufgeführt sind.

Beschränkungsbedingungen [Quelle: REACH-VO, Anhang XVII, Spalte 2; hier: Absatz 2]

Rechtsquellen: VO (EG) Nr. 1907/2006 [...]
1. Art. 67 [Allgemeine Bestimmungen] siehe o. a. Vorbemerkung zu Pflichtenblock C-3-1
2. Anhang XVII [Beschränkungen der Herstellung, des Inverkehrbringens und der Verwendung bestimmter gefährlicher Stoffe, Gemische und Erzeugnisse] – Nr. 40

Verstoß: ordnungswidrig – siehe Sanktionsübersicht zu C-3-2, dort Sanktionsgruppe B

C-3-2-2.10	Inverkehrbringen von Chrom-VI-Verbindungen durch den Lieferanten nur in Verpackungen, versehen mit den erforderlichen Informationen

Einzelpflichtbeschreibung:

Gem. Rechtsquelle 1 (↓) i. V. m. Rechtsquelle 2 (↓) dürfen Lieferanten Chrom-VI-Verbindungen nur in Verpackungen in Verkehr bringen, die mit den erforderlichen Informationen gem. den nachfolgenden Beschränkungsbedingungen versehen sind.

Stoffliste [Quelle: REACH-VO, Anhang XVII, Spalte 1; hier: Nr. 47]

Chrom-VI-Verbindungen

Beschränkungsbedingungen [Quelle: REACH-VO, Anhang XVII, Spalte 2; hier: Abs. 2]

Rechtsquellen: VO (EG) Nr. 1907/2006 [...]
1. Art. 67 [Allgemeine Bestimmungen] siehe o. a. Vorbemerkung zu Pflichtenblock C-3-1
2. Anhang XVII [Beschränkungen der Herstellung, des Inverkehrbringens und der Verwendung bestimmter gefährlicher Stoffe, Gemische und Erzeugnisse] – Nr. 47

Verstoß: ordnungswidrig – siehe Sanktionsübersicht zu C-3-2, dort Sanktionsgruppe B

C-3-2-2.11	Inverkehrbringen einer DEGBE-haltigen Farbe durch den Lieferanten nur in Verpackungen, versehen mit den erforderlichen Informationen

Einzelpflichtbeschreibung:

Gem. Rechtsquelle 1 (↓) i. V. m. nachstehender Rechtsquelle 2 (↓) dürfen Lieferanten DEGBE-haltige Farbe nur in Verpackungen in Verkehr bringen, wenn sie mit den erforderlichen Informationen gem. den nachfolgenden Beschränkungsbedingungen [→ „Darf nicht in Farbspritzausrüstung verwendet werden"] versehen sind.

Stoffliste [Quelle: REACH-VO, Anhang XVII, Spalte 1; hier: Nr. 55]

2-(2-Butoxyethoxy)-ethanol (DEGBE)

Hinweis: vgl. weitere stoffbezogene Details unter Einzelpflicht C-3-1.35

Beschränkungsbedingungen [Quelle: REACH-VO, Anhang XVII, Spalte 2; hier: Abs. 3]

Rechtsquellen: VO (EG) Nr. 1907/2006 [...]
1. Art. 67 [Allgemeine Bestimmungen] siehe o. a. Vorbemerkung zu Pflichtenblock C-3-1
2. Anhang XVII [Beschränkungen der Herstellung, des Inverkehrbringens und der Verwendung bestimmter gefährlicher Stoffe, Gemische und Erzeugnisse] – Nr. 55

Verstoß: ordnungswidrig – siehe Sanktionsübersicht zu C-3-2, dort Sanktionsgruppe B

C-3-2-2.12	Inverkehrbringen cyclohexanhaltiger Kontaktklebstoffe durch den Lieferanten nur mit richtiger Aufschrift versehen

Einzelpflichtbeschreibung:

Gem. Rechtsquelle 1 (↓) i. V. m. Rechtsquelle 2 (↓) dürfen Lieferanten cyclohexanhaltige Kontaktklebstoffe nur in Verkehr bringen, wenn diese ab dem vorgeschriebenen Zeitpunkt gem. den nachfolgenden Beschränkungsbedingungen leserlich und unverwischbar mit der richtigen Aufschrift versehen sind.

Stoffliste [Quelle: REACH-VO, Anhang XVII, Spalte 1; hier: Nr. 57]

Cyclohexan

Beschränkungsbedingungen [Quelle: REACH-VO, Anhang XVII, Spalte 2; hier: Abs. 3]

Kurzfassung: Aufschrift:
- „Dieses Produkt darf nicht bei ungenügender Lüftung verarbeitet werden."
- „Dieses Produkt darf nicht zum Verlegen von Teppichböden verwendet werden."

Rechtsquellen: VO (EG) Nr. 1907/2006 [...]
1. Art. 67 [Allgemeine Bestimmungen] siehe o. a. Vorbemerkung zu Pflichtenblock C-3-1
2. Anhang XVII [Beschränkungen der Herstellung, des Inverkehrbringens und der Verwendung bestimmter gefährlicher Stoffe, Gemische und Erzeugnisse] – Nr. 57

Verstoß: ordnungswidrig – siehe Sanktionsübersicht zu C-3-2, dort Sanktionsgruppe B

C-3-2-2.13	Inverkehrbringen dichlormethanhaltiger Farbabbeizer durch den Lieferanten nur mit der richtigen Aufschrift versehen

Einzelpflichtbeschreibung:

Gem. Rechtsquelle 1 (↓) i. V. m. Rechtsquelle 2 (↓) dürfen Lieferanten Farbabbeizer, die Dichlormethan enthalten, nur in Verkehr bringen, wenn diese ab dem vorgeschriebenen Zeitpunkt in einer Konzentration von 0,1 Gewichtsprozent oder mehr gut sichtbar, leserlich und unverwischbar mit der richtigen Aufschrift versehen sind.

Stoffliste [Quelle: REACH-VO, Anhang XVII, Spalte 1; hier: Nr. 59]

Dichlormethan

Beschränkungsbedingungen [Quelle: REACH-VO, Anhang XVII, Spalte 2; hier: Abs. 5]

Kurzfassung: „Nur für die industrielle Verwendung und für gewerbliche Verwender, die über eine Zulassung in bestimmten EU-Mitgliedstaaten verfügen. Überprüfen Sie, in welchem Mitgliedstaat die Verwendung genehmigt ist."

Rechtsquellen: VO (EG) Nr. 1907/2006 [...]
1. Art. 67 [Allgemeine Bestimmungen] siehe o. a. Vorbemerkung zu Pflichtenblock C-3-1
2. Anhang XVII [Beschränkungen der Herstellung, des Inverkehrbringens und der Verwendung bestimmter gefährlicher Stoffe, Gemische und Erzeugnisse] – Nr. 59

Verstoß: ordnungswidrig – siehe Sanktionsübersicht zu C-3-2, dort Sanktionsgruppe B

2.3.4 (nicht belegt)

2.3.5 Pflichtenblöcke C-5 zu Abschnitt 5 ChemSanktionsV [Zuwiderhandlungen gegen die Verordnung (EG) Nr. 1102/2008]

2.3.5.1 Pflichtenblock C-5-1 gem. § 9 Straftaten nach der Verordnung (EG) Nr. 1102/2008 [... über das Verbot der Ausfuhr von metallischem Quecksilber und bestimmten Quecksilberverbindungen und -gemischen und die sichere Lagerung von metallischem Quecksilber]

Nach § 27 Absatz 1 Nummer 3 Satzteil vor Satz 2, Absatz 1a bis 4 des Chemikaliengesetzes wird bestraft, wer gegen die Verordnung (EG) Nr. 1102/2008 des Europäischen Parlaments und des Rates vom 22. Oktober 2008 über das Verbot der Ausfuhr von metallischem Quecksilber und bestimmten Quecksilberverbindungen und -gemischen und die sichere Lagerung von metallischem Quecksilber (ABl. L 304 vom 14.11.2008, S. 75) verstößt, indem er vorsätzlich oder fahrlässig — **Einzelpflicht**

1. entgegen Artikel 1 Absatz 1 dort genanntes metallisches Quecksilber, Zinnobererz, Quecksilber-(I)-Chlorid, Quecksilber-(II)-Oxid, ein dort genanntes Gemisch oder eine Quecksilberlegierung, mit einer Quecksilberkonzentration von mindestens 95 Massenprozent, aus der Gemeinschaft ausführt oder — **C-5-1.1**
2. entgegen Artikel 1 Absatz 3 ein dort genanntes Gemisch zum Zweck des Exports herstellt. — **C-5-1.2**

Pflichtenkatalog zu Pflichtenblock C-5-1

C-5-1.1	Beachtung eines Ausfuhrverbotes bestimmter Stoffe/Gemische

Einzelpflichtbeschreibung:

Die Ausfuhr von metallischem Quecksilber (Hg, CAS RN 7439-97-6), Zinnobererz, Quecksilber-(I)-chlorid (Hg_2C_{l2}, CAS RN 10112-91-1), Quecksilber-(II)-oxid (HgO, CAS RN 21908-53-2) und Gemischen aus metallischem Quecksilber und anderen Stoffen einschließlich Quecksilberlegierungen mit einer Quecksilberkonzentration von mindestens 95 Massenprozent aus der Gemeinschaft ist gem. nachstehender Rechtsquelle (↓) ab dem 15. März 2011 untersagt.

Rechtsquelle: Verordnung (EG) Nr. 1102/2008 – Art. 1 Abs. 1 [redaktionelle Anmerkung: Ausfuhr von metallischem Quecksilber ...]

Verstoß: strafbar – siehe Sanktionsübersicht zu C-5-1, dort Sanktionsgruppe A.1; je nach der Art der Tatbegehung/-folge ggf. auch A.2 bzw. A.3.1

C-5-1.2	Beachtung eines Herstellungsverbotes von Gemischen aus metallischem Quecksilber und anderen Stoffen mit dem Zweck des Exports metallischen Quecksilbers

Einzelpflichtbeschreibung:

Das Herstellen von Gemischen aus metallischem Quecksilber und anderen Stoffen nur zum Zweck des Exports metallischen Quecksilbers ist gem. nachstehender Rechtsquelle (↓) ab dem 15. März 2011 untersagt.

Rechtsquelle: Verordnung (EG) Nr. 1102/2008 – Art. 1 Abs. 3 [redaktionelle Anmerkung: Ausfuhr von metallischem Quecksilber ...]

Verstoß: strafbar – siehe Sanktionsübersicht zu C-5-1, dort Sanktionsgruppe A.1; je nach der Art der Tatbegehung/-folge ggf. auch A.2 bzw. A.3.1

2.3.5.2 Pflichtenblock C-5-2 gem. § 10 Ordnungswidrigkeiten nach der Verordnung (EG) Nr. 1102/2008 [... über das Verbot der Ausfuhr von metallischem Quecksilber und bestimmten Quecksilberverbindungen und -gemischen und die sichere Lagerung von metallischem Quecksilber]

Ordnungswidrig im Sinne des § 26 Absatz 1 Nummer 11 Satzteil vor Satz 2 Chemikaliengesetzes handelt, wer vorsätzlich oder fahrlässig entgegen Artikel 6 Absatz 1 oder Absatz 2, jeweils in Verbindung mit Absatz 3 der Verordnung (EG) Nr. 1102/2008, dort genannte Daten der Kommission oder der zuständigen Behörde nicht, nicht richtig, nicht vollständig oder nicht rechtzeitig übermittelt.

Pflichtenkatalog zu Pflichtenblock C-5-2

C-5-2	Vorschriftsgemäße Übermittlung bestimmter Daten über die Stilllegung von Quecksilber an die Kommission durch die bezeichneten Unternehmensbereiche

Einzelpflichtbeschreibung:

Die betroffenen Unternehmen der unter Rechtsquelle 1 (↓) bzw. 2 (↓) oder 3 (↓) genannten Art müssen die dort genannten Daten der Kommission oder der zuständigen Behörde richtig, vollständig und rechtzeitig übermitteln.

Weiterführende Hinweise:
1. zu Rechtsquelle 1 (↓)
   Die betroffenen Unternehmen der Chloralkaliindustrie übermitteln der Kommission und den zuständigen Behörden der betroffenen Mitgliedstaaten folgende Daten über die Stilllegung von Quecksilber innerhalb eines bestimmten Jahres:
   a) bestmögliche Schätzung der gesamten in Chloralkalizellen immer noch verwendeten Quecksilbermenge;
   b) Gesamtmenge des in der Einrichtung gelagerten Quecksilbers;
   c) Menge der Quecksilberabfälle, die an einzelne Anlagen für die zeitweilige oder dauerhafte Lagerung geliefert wurden, sowie die Orts- und Kontaktangaben dieser Einrichtungen.
2. zu Rechtsquelle 2 (↓)
   Die betroffenen Unternehmen in den einzelnen Wirtschaftszweigen, die Quecksilber bei der Reinigung von Erdgas oder als Nebenprodukt der Förderung von Nichteisenmetallen und aus Verhüttungstätigkeiten gewinnen, übermitteln der Kommission und den zuständigen Behörden der betroffenen Mitgliedstaaten folgende Daten über das in einem bestimmten Jahr gewonnene Quecksilber:
   a) gewonnene Quecksilbermenge;
   b) Menge des Quecksilbers, das an einzelne Anlagen für die zeitweilige oder dauerhafte Lagerung geliefert wurde, sowie die Orts- und Kontaktangaben dieser Einrichtungen.

3. zu Rechtsquelle 3 (↓)
Die betroffenen Unternehmen übermitteln die in den Absätzen 1 und 2 genannten Daten gegebenenfalls zum ersten Mal bis zum 4. Dezember 2009 und danach jährlich bis zum 31. Mai.

Rechtsquellen: VO (EG) Nr. 1102/2008 – Art. 6 [redaktionelle Anmerkung: Stilllegung von Quecksilber – hier: durch Unternehmen der Chlorkaliindustrie]
1. Abs. 1
2. Abs. 2
3. Abs. 3

Verstoß: ordnungswidrig – siehe Sanktionsübersicht zu C-5-2, dort Sanktionsgruppe B

2.3.6 Pflichtenblock C-6 zu Abschnitt 6 ChemSanktionsV [Zuwiderhandlungen gegen die Verordnung (EG) Nr. 1272/2008]

2.3.6.1 Sanktions- und Pflichtenkatalog gem. § 11 Ordnungswidrigkeiten nach der Verordnung (EG) Nr. 1272/2008 [CLP-Verordnung]

Ordnungswidrig im Sinne des § 26 Absatz 1 Nummer 11 Satzteil vor Satz 2 des Chemikaliengesetzes handelt, wer gegen die Verordnung (EG) Nr. 1272/2008 des Europäischen Parlaments und des Rates vom 16. Dezember 2008 über die Einstufung, Kennzeichnung und Verpackung von Stoffen und Gemischen, zur Änderung und Aufhebung der Richtlinien 67/548/EWG und 1999/45/EG und zur Änderung der Verordnung (EG) Nr. 1907/2006 (ABl. L 353 vom 31.12.2008, S. 1, L 16 vom 20.1.2011, S. 1), die zuletzt durch die Verordnung (EU) 2016/918 (ABl. L 156 vom 14.6.2016, S. 1) geändert worden ist, verstößt, indem er vorsätzlich oder fahrlässig   **Einzelpflicht**

1. entgegen Artikel 4 Absatz 1, Absatz 2 oder Absatz 3 Unterabsatz 1   **C-6.1**
erster Halbsatz einen dort genannten Stoff oder ein Gemisch nicht, nicht richtig, nicht vollständig oder nicht rechtzeitig einstuft,
2. entgegen Artikel 4 Absatz 3 Unterabsatz 2 die Einstufung eines dort   **C-6.2**
genannten Stoffes nicht, nicht richtig, nicht vollständig oder nicht rechtzeitig vornimmt,
3. entgegen Artikel 4 Absatz 4 nicht gewährleistet, dass ein als gefähr-   **C-6.3**
lich eingestufter Stoff oder ein als gefährlich eingestuftes Gemisch vor seinem Inverkehrbringen in der vorgeschriebenen Weise gekennzeichnet oder verpackt wird,
4. entgegen Artikel 4 Absatz 7 ein Gemisch in Verkehr bringt,   **C-6.4**
5. entgegen Artikel 4 Absatz 8 ein Erzeugnis als Hersteller, Importeur   **C-6.5**
oder nachgeschalteter Anwender nicht, nicht richtig, nicht vollständig oder nicht rechtzeitig einstuft oder als Lieferant nicht, nicht richtig, nicht vollständig oder nicht rechtzeitig kennzeichnet oder nicht, nicht richtig, nicht vollständig oder nicht rechtzeitig verpackt,
6. entgegen Artikel 7 Absatz 2 einen Versuch an einem nichtmenschli-   **C-6.6**
chen Primaten durchführt,
7. entgegen Artikel 8 Absatz 3 oder Absatz 5 eine Prüfung nicht richtig   **C-6.7**
durchführt,

8. entgegen Artikel 30 Absatz 1 Satz 1 oder Absatz 2 nicht dafür sorgt   C-6.8
oder nicht gewährleistet, dass das Kennzeichnungsetikett rechtzeitig
aktualisiert wird,

9. entgegen Artikel 40 Absatz 1 Unterabsatz 1, auch in Verbindung mit   C-6.9
Absatz 3 Unterabsatz 1, eine dort genannte Information nicht, nicht
richtig, nicht vollständig oder nicht rechtzeitig mitteilt oder nicht,
nicht richtig, nicht vollständig oder nicht rechtzeitig meldet,

10. entgegen Artikel 40 Absatz 1 Unterabsatz 2 Satz 2 eine dort genannte   C-6.10
Information nicht in dem dort genannten Format vorlegt,

11. entgegen Artikel 40 Absatz 2 im Anschluss an die Entscheidung, die   C-6.11
Einstufung und Kennzeichnung eines Stoffes zu ändern, eine dort genannte Information nicht, nicht richtig, nicht vollständig oder nicht
rechtzeitig aktualisiert oder nicht, nicht richtig, nicht vollständig oder
nicht rechtzeitig der Agentur meldet,

12. entgegen Artikel 48 Absatz 1 für einen dort genannten Stoff wirbt,   C-6.12

13. entgegen Artikel 48 Absatz 2 Unterabsatz 1 für ein dort genanntes   C-6.13
Gemisch wirbt,

14. entgegen Artikel 49 Absatz 1 Unterabsatz 1, auch in Verbindung mit   C-6.14
Unterabsatz 2 oder Absatz 2, eine dort genannte Information nicht,
nicht vollständig oder nicht oder nicht mindestens zehn Jahre zur
Verfügung hält oder

15. einer vollziehbaren Anordnung nach Artikel 49 Absatz 3 Unterab-   C-6.15
satz 1 zuwiderhandelt.

Pflichtenkatalog C-6

C-6.1	Vorschriftsgemäße Einstufung von Stoffen/Gemischen

Einzelpflichtbeschreibung:

Die betroffenen Pflichtenträger der nachfolgenden drei Teilpflichten C-6-1.1, C-6-1.2 und
C-6-1.3 müssen einen dort genannten Stoff oder ein Gemisch richtig, vollständig und
rechtzeitig einstufen.

C-6-1.1	Vorschriftsgemäße Einstufung von Stoffen/Gemischen durch Hersteller, Importeure und nachgeschaltete Anwender vor dem Inverkehrbringen

Teilpflichtbeschreibung:

Gem. Rechtsquelle 1 (↓) stufen Hersteller, Importeure und nachgeschaltete Anwender
Stoffe oder Gemische vor dem Inverkehrbringen gem. Rechtsquelle 2 (↓) richtig, vollständig und rechtzeitig ein.

Rechtsquellen: CLP-VO
1. Art. 4 Abs. 1 [Allgemeine Einstufungs-, Kennzeichnungs- und Verpackungspflichten]
2. Titel II [Gefahreneinstufung]

Verstoß: **ordnungswidrig** – siehe Sanktionsübersicht zu C-6-1, dort Sanktionsgruppe B

C-6-1.2	**Vorschriftsgemäße Einstufung von nicht in Verkehr gebrachten Stoffen/Gemischen durch Hersteller, Produzenten von Erzeugnissen und Importeure**

Teilpflichtbeschreibung:

Unbeschadet der Anforderungen nach Rechtsquelle 1.1.2 (↓) stufen Hersteller, Produzenten von Erzeugnissen und Importeure gem. Rechtsquelle 1.1.1 (↓) die nicht in Verkehr gebrachten Stoffe gemäß Rechtsquelle 1.2 (↓) richtig, vollständig und rechtzeitig ein, wenn
a) in Rechtsquelle 2.2 (↓), 2.3.1 (↓) bzw. 2.3.3 (↓), 2.5 (↓) bzw. 2.6 (↓) die Registrierung eines Stoffes vorgesehen ist;
b) in Rechtsquelle 2.3.2 bzw. 2.4 (↓) eine Meldung vorgesehen ist.

Rechtsquellen: zu den beiden o. a. Teilpflichten
1.   CLP-VO
1.1   Art. 4 [Allgemeine Einstufungs-, Kennzeichnungs- und Verpackungspflichten]
1.1.1 Abs. 2
1.1.2 Abs. 1
1.2   Titel II [Gefahreneinstufung]
2.   REACH-VO
2.1   Art. 5 [Ohne Daten kein Markt]
2.2   Art. 6 [Allgemeine Registrierungspflicht für Stoffe als solche oder in Gemischen]
2.3   Art. 7 [Registrierung und Anmeldung von Stoffen in Erzeugnissen]
2.3.1 Abs. 1
2.3.2 Abs. 2
2.3.3 Abs. 5
2.4   Art. 9 [Ausnahme von der allgemeinen Registrierungspflicht für produkt- und verfahrensorientierte Forschung und Entwicklung]
2.5   Art. 17 [Registrierung standortinterner isolierter Zwischenprodukte]
2.6   Art. 18 [Registrierung transportierter isolierter Zwischenprodukte]

Verstoß: ordnungswidrig – siehe Sanktionsübersicht zu C-6-1, dort Sanktionsgruppe B

C-6-1.3	**Vorschriftsgemäße Einstufung von Stoffen/Gemischen durch Hersteller, Importeure und nachgeschaltete Anwender**

Teilpflichtbeschreibung:

Hersteller, Importeure und nachgeschaltete Anwender nehmen die Einstufung eines in den Rechtsquellen 1 (↓) i. V. m. 2 (↓) genannten Stoffes richtig, vollständig und rechtzeitig vor.

Weiterführende Hinweise: zu Rechtsquelle 1 (↓)

Unterliegt ein Stoff aufgrund eines Eintrags in Rechtsquelle 1 (↓) der harmonisierten Einstufung und Kennzeichnung gemäß Rechtsquelle 2 (↓), so wird dieser Stoff entsprechend diesem Eintrag eingestuft.[1]

Rechtsquellen: CLP-VO
1.   Art. 4 Abs. 3 Unterabs. 1, 1. Halbsatz [Allgemeine Einstufungs-, Kennzeichnungs- und Verpackungspflichten]
2.   Weitere Rechtsquellen zur CLP-VO

---

[1] Aber Achtung! Anhang VI enthält häufig nur eine „Mindesteinstufung" bzgl. der CMR- und atemwegssensibilisierenden Eigenschaften eines Stoffes. Es ist daher immer zu prüfen, ob weitere Gefahrenklassen und -kategorien zu berücksichtigen sind.

2.1 Anhang VI [Harmonisierte Einstufung und Kennzeichnung] – Teil 3 [Liste gefährlicher Stoffe mit harmonisierter Einstufung und Kennzeichnung]

2.2 Titel V [Harmonisierung der Einstufung und Kennzeichnung von Stoffen und das Einstufungs- und Kennzeichnungsverzeichnis]

Verstoß: ordnungswidrig – siehe Sanktionsübersicht zu C-6-1, dort Sanktionsgruppe B

C-6.2	**Vorschriftsgemäße Stoffeinstufung durch Hersteller, Importeuren und nachgeschaltete Anwender**

Einzelpflichtbeschreibung:

Hersteller, Importeure und nachgeschaltete Anwender nehmen die Einstufung eines in den Rechtsquellen 1.1 (↓) i. V. m. 1.2 (↓) genannten Stoffes richtig, vollständig und rechtzeitig vor.

Weiterführende Hinweise: zu Rechtsquelle 1 ff. (↓)

Fällt ein Stoff jedoch auch unter eine oder mehrere Gefahrenklassen oder Differenzierungen, die nicht von einem Eintrag in Rechtsquelle 2 (↓) erfasst sind, so wird eine Einstufung für diese Gefahrenklassen oder Differenzierungen gem. Rechtsquelle 3 (↓) vorgenommen.

Rechtsquellen: CLP-VO
1. Artikel 4 [Allgemeine Einstufungs-, Kennzeichnungs- und Verpackungspflichten]
1.1 Abs. 3 Unterabs. 2
1.2 Abs. 1
2. Anhang VI [Harmonisierte Einstufung und Kennzeichnung für bestimmte gefährliche Stoffe] – Teil 3 [Liste gefährlicher Stoffe mit harmonisierter Einstufung und Kennzeichnung]
3. Titel II [Gefahreneinstufung]

Verstoß: ordnungswidrig – siehe Sanktionsübersicht zu C-6-1, dort Sanktionsgruppe B

C-6.3	**Gewährleistung durch Lieferanten, dass ein Stoff/Gemisch vor dem Inverkehrbringen vorschriftgemäß gekennzeichnet und verpackt wird**

Einzelpflichtbeschreibung:

Ist ein Stoff oder ein Gemisch als gefährlich eingestuft, so gewährleisten die Lieferanten dieses Stoffes oder Gemisches gem. Rechtsquelle 1 (↓), dass der Stoff oder das Gemisch vor seinem Inverkehrbringen gemäß Rechtsquelle 2 und 3 (↓) in der dort vorgeschriebenen Weise gekennzeichnet und verpackt wird.

Rechtsquellen: CLP-VO
1. Art. 4 Abs. 4 [Allgemeine Einstufungs-, Kennzeichnungs- und Verpackungspflichten]
2. Titel III [Gefahrenkommunikation durch Kennzeichnung]
3. Titel IV [Verpackung]

Verstoß: ordnungswidrig – siehe Sanktionsübersicht zu C-6-1, dort Sanktionsgruppe B

C-6.4	Vorschriftsgemäße Kennzeichnung bestimmter Gemische vor dem Inverkehrbringen, die einen als gefährlich eingestuften Stoff enthalten

Einzelpflichbeschreibung:

Ein in Rechtsquelle 2 (↓) genanntes Gemisch, das einen als gefährlich eingestuften Stoff enthält, darf gem. Rechtsquelle 1 (↓) nur dann in Verkehr gebracht werden, wenn es gemäß Rechtsquelle 3 (↓) gekennzeichnet ist.

Rechtsquellen: CLP-VO
1. Art. 4 Abs. 7 [Allgemeine Einstufungs-, Kennzeichnungs- und Verpackungspflichten]
2. Anhang II [Besondere Vorschriften] – Teil 2 [Ergänzende Kennzeichnung für bestimmte Gemische]
3. Titel III [Gefahrenkommunikation durch Kennzeichnung]

Verstoß: ordnungswidrig – siehe Sanktionsübersicht zu C-6-1, dort Sanktionsgruppe B

C-6.5	Einstufung, Kennzeichnung und Verpackung bestimmter Erzeugnisse vor dem Inverkehrbringen

Einzelpflichtbeschreibung:

Für die Zwecke dieser Verordnung müssen die in Rechtsquelle 2 (↓) genannten Erzeugnisse gem. Rechtsquelle 1 (↓) vor ihrem Inverkehrbringen gemäß den Vorschriften für Stoffe und Gemische jeweils richtig, vollständig und rechtzeitig eingestuft, gekennzeichnet und verpackt werden.

Rechtsquellen: CLP-VO
1. Art. 4 Abs. 8 [Allgemeine Einstufungs-, Kennzeichnungs- und Verpackungspflichten]
2. Anhang I [Einstufung und Kennzeichnung] – Abschnitt 2.1 [Physikalische Gefahren ...]

Verstoß: ordnungswidrig – siehe Sanktionsübersicht zu C-6-1, dort Sanktionsgruppe B

C-6.6	Unterlassung von Versuchen an nichtmenschlichen Primaten/ Menschen

Einzelpflichtbeschreibung:

Gem. Rechtsquelle 1 (↓) dürfen keine Versuche an nichtmenschlichen Primaten sowie gem. Rechtsquelle 2 (↓) keine Versuche an einem Menschen durchgeführt werden.

Rechtsquellen: CLP-VO – Art. 7 [Tierversuche und Versuche am Menschen]
1. Abs. 2
2. Abs. 3 Satz 1

Verstoß: ordnungswidrig – siehe Sanktionsübersicht zu C-6-1, dort Sanktionsgruppe B

C-6.7	Beachtung der Vorschriften zur Gewinnung neuer Informationen betr. Stoffe/Gemische

Einzelpflichtbeschreibung:

Zur Gewinnung neuer Informationen für Stoffe und Gemische muss die hierfür erforderliche Prüfung jeweils nach Rechtsquelle 1.1.1 (↓) auch i. V. m. Rechtsquelle 1.1.3 (↓) bzw. Rechtsquelle 1.1.2 (↓) richtig durchgeführt werden.

Weiterführende Hinweise: zu den Rechtsquellen 1.1.1 bis 1.1.3

(1) Um zu bestimmen, ob mit einem Stoff oder einem Gemisch eine Gesundheits- oder Umweltgefahr nach Rechtsquelle 2 (↓) der vorliegenden Verordnung verbunden ist, können der Hersteller, der Importeur oder der nachgeschaltete Anwender neue Prüfungen durchführen, sofern sie alle anderen Mittel zur Gewinnung von Informationen ausgeschöpft haben, wozu auch die Anwendung der Regeln der Rechtsquelle 3.1 (↓) gehört.

[...]

(3) Die Prüfungen nach [o.a.] Absatz 1 werden gemäß einer der nachstehenden Methoden durchgeführt:
a) in Rechtsquelle 3.2 (↓) genannte Prüfmethoden oder
b) erprobte wissenschaftliche Grundsätze, die international anerkannt sind, oder Methoden, die anhand internationaler Verfahren validiert wurden.

[...]

(5) Erfolgen neue Prüfungen in Bezug auf physikalische Gefahren für die Zwecke dieser Verordnung, so sind diese spätestens ab 1. Januar 2014 im Einklang mit einem einschlägigen anerkannten Qualitätssicherungssystem oder von Laboratorien, die einen einschlägigen anerkannten Standard erfüllen, durchzuführen.

Rechtsquellen:
1. CLP-VO
1.1 Art. 8 [Gewinnung neuer Informationen für Stoffe und Gemische]
1.1.1 Abs. 3
1.1.2 Abs. 5
1.1.3 Abs. 1
2. Anh. I, CLP-VO [Vorschriften für die Einstufung und Kennzeichnung von gefährlichen Stoffen und Gemischen]
3. REACH-VO
3.1 Anh. XI, Abschnitt 1 [Allgemeine Bestimmungen für Abweichungen von den Standard-Prüfprogrammen der Anhänge VII bis X]
3.2 Art. 13 Abs. 3 [Allgemeine Bestimmungen für die Gewinnung von Informationen über inhärente Stoffeigenschaften]

Verstoß: ordnungswidrig – siehe Sanktionsübersicht zu C-6-1, dort Sanktionsgruppe B

C-6.8	Gewährleistung durch Lieferanten, dass Kennzeichnungsetikett rechtzeitig aktualisiert wird

Einzelpflichtbeschreibung:

Gem. Rechtsquelle 1 bzw. 2 (↓) muss der Lieferant bei den bezeichneten Änderungsanlässen dafür sorgen oder gewährleisten, dass das Kennzeichnungsetikett rechtzeitig aktualisiert wird.

Weiterführende Hinweise: zu Rechtsquellen 1 und 2 (↓)

(1) Der Lieferant sorgt dafür, dass das Kennzeichnungsetikett bei jeder Änderung der Einstufung oder Kennzeichnung des Stoffes oder Gemisches unverzüglich aktualisiert wird, wenn die neue Gefahr größer ist oder wenn neue zusätzliche Kennzeichnungselemente nach Artikel 25 erforderlich sind, wobei die Art der Änderung hinsichtlich des Schutzes der menschlichen Gesundheit und der Umwelt zu berücksichtigen ist.

[...]

(2) Sind andere als die in Absatz 1 genannten Änderungen der Kennzeichnung erforderlich, so gewährleistet der Lieferant, dass das Kennzeichnungsetikett binnen 18 Monaten aktualisiert wird.

Rechtsquellen: CLP-VO Art. 30 [Aktualisierung der Informationen auf den Kennzeichnungsetiketten]
1. Abs. 1 Satz 1
2. Abs. 2

Verstoß: ordnungswidrig – siehe Sanktionsübersicht zu C-6-1, dort Sanktionsgruppe B

C-6.9	Mitteilungs-/Meldepflicht von Stoffinformationen an die Agentur für die Aufnahme in das Verzeichnis durch Hersteller oder Importeure

Einzelpflichtbeschreibung:

Jeder Hersteller oder Importeur bzw. jede Gruppe von Herstellern oder Importeuren (nachstehend als „Anmelder" bezeichnet) muss gem. Rechtsquelle 1.1.1 (↓) auch i. V. m. Rechtsquelle 1.1.2 (↓) der Agentur eine dort genannte Information jeweils richtig, vollständig und rechtzeitig mitteilen bzw. melden.

Weiterführende Hinweise:
1. zu Rechtsquelle 1.1.1 (↓)
   Jeder Hersteller oder Importeur bzw. jede Gruppe von Herstellern oder Importeuren (nachstehend als „Anmelder" bezeichnet), der/die einen in Rechtsquelle 1.2 (↓) genannten Stoff in Verkehr bringt, teilt der Agentur folgende Informationen zur Aufnahme in das Verzeichnis gemäß Rechtsquelle 1.3 (↓) mit:
   a) die Identität des Anmelders oder der Anmelder, der/die für das Inverkehrbringen des Stoffes oder der Stoffe gemäß Rechtsquelle 2.1.1 (↓) verantwortlich ist/sind;
   b) die Identität des Stoffes oder der Stoffe gemäß Rechtsquelle 2.1.2 (↓);
   c) die Einstufung des Stoffes oder der Stoffe gemäß Rechtsquelle 1.4 (↓);
   d) im Fall der Einstufung eines Stoffes in einige, aber nicht in alle Gefahrenklassen oder Differenzierungen, einen Hinweis darauf, ob dies auf fehlende, nicht schlüssige oder schlüssige, aber für die Einstufung nicht ausreichende Daten zurückzuführen ist;
   e) gegebenenfalls spezifische Konzentrationsgrenzwerte oder M-Faktoren gemäß Rechtsquelle 1.5 (↓) zusammen mit einer Begründung unter Verwendung der relevanten Teile von Rechtsquelle 2.2 ff. (↓);
   f) die in Rechtsquelle 1.6 (↓) genannten Kennzeichnungselemente für den Stoff oder die Stoffe zusammen mit zusätzlichen Gefahrenhinweisen für den Stoff gemäß Rechtsquelle 1.7 (↓).
2. zu Rechtsquelle 1.1.2 (↓)
   Stoffe, die ab dem 1. Dezember 2010 in Verkehr gebracht werden, werden gemäß Rechtsquelle 1.1.1 (↓) innerhalb eines Monats nach ihrem Inverkehrbringen gemeldet.

Rechtsquellen:
1. CLP-VO
1.1 Art. 40 [Meldepflicht gegenüber der Agentur]
1.1.1 Abs. 1 Unterabs. 1
1.1.2 Abs. 3 Unterabs. 1
1.2 Art. 39 [Geltung der Pflichten der nachgeschalteten Anwender]
1.3 Art. 42 [Prüfung der vorgelegten Informationen und Weiterbehandlung der Dosierbewertung]
1.4 Art. 13 [Allgemeine Bestimmungen für die Gewinnung von Informationen über inhärente Stoffeigenschaften]
1.5 Art. 10 [Zu allgemeinen Registrierungszwecken vorzulegende Informationen]
1.6 Art. 17 Abs. 1 d) bis f) [Registrierung standortinterner isolierter Zwischenprodukte]
1.7 Art. 25 Abs. 1 [Ziele und allgemeine Regeln]
2. REACH-VO
2.1 Anhang VI [Nach Art. 10 erforderliche Angaben]
2.1.1 Abschnitt 1
2.1.2 Abschnitt 2.1 bis 2.3.4
2.2 Anhang I [Allgemeine Bestimmungen für die Stoffsicherheitsbeurteilung und die Erstellung von Stoffsicherheitsberichten]
2.2.1 Abschnitt 1
2.2.2 Abschnitt 2
2.2.3 Abschnitt 3

Verstoß: ordnungswidrig – siehe Sanktionsübersicht zu C-6-1, dort Sanktionsgruppe B

C-6.10	Beachtung der erforderlichen Mitteilungspflichten an die Agentur durch betroffene Anmelder

Einzelpflichtbeschreibung:

1. Vorbemerkungen: zu Rechtsquelle 1.1.2 (↓) (siehe unter Einzelpflicht C-6.9, dort „Weiterführende Hinweise, Nr. 1")
2. Gem. Rechtsquelle 1.1.1 (↓) legt der Anmelder diese Informationen in dem vorgeschriebenen Format nach Rechtsquelle 2 (↓) vor.

Rechtsquellen:
1. CLP-VO
1.1 Art. 40 Abs. 1 [Prüfung von Versuchsvorschlägen]
1.1.1 Unterabs. 2 Satz 2 [Meldepflicht gegenüber der Agentur]
1.1.2 Unterabs. 1 Satz 1, 1. Halbsatz
2. REACH-VO Art. 111 [Formate und Software für die Übermittlung von Informationen an die Agentur]

Verstoß: ordnungswidrig – siehe Sanktionsübersicht zu C-6-1, dort Sanktionsgruppe B

C-6.11	Aktualisierungs-/Mitteilungspflicht an die Agentur bei Änderung der Einstufung/Kennzeichnung des Stoffes durch betroffene Anmelder

Einzelpflichtbeschreibung:

Die in Rechtsquelle 1.2 (↓) (vgl. Einzelpflicht C-6.9) aufgeführten Informationen müssen gem. Rechtsquelle 1.1 (↓) von dem betreffenden Anmelder oder den betreffenden Anmeldern aktualisiert und der Agentur gemeldet werden, wenn im Anschluss an die Überprüfung nach Rechtsquelle 2 (↓) entschieden wurde, die Einstufung und Kennzeichnung des Stoffes zu ändern.

Kurzdarstellung der Pflicht: Die vorgenannten Informationen sind jeweils richtig, vollständig und rechtzeitig zu aktualisieren bzw. rechtzeitig den betr. Anmeldern bzw. dem betr. Anmelder oder der Agentur zu melden.

Rechtsquellen: CLP-VO
1. Art. 40 [Meldepflicht gegenüber der Agentur]
1.1 Abs. 2
1.2 Abs. 1
2. Art. 15 Abs. 1 [Überprüfung der Einstufung von Stoffen und Gemischen]

Verstoß: ordnungswidrig – siehe Sanktionsübersicht zu C-6-1, dort Sanktionsgruppe B

C-6.12	Beachtung der Werbevorschriften für einen als gefährlich eingestuften Stoff

Einzelpflichtbeschreibung:

Jegliche Werbung für einen als gefährlich eingestuften Stoff erfolgt gem. nachstehender Rechtsquelle (↓) unter Angabe der betreffenden Gefahrenklassen oder Gefahrenkategorien.

Rechtsquelle: CLP-VO – Art. 48 Abs. 1 [Werbung]

Verstoß: ordnungswidrig – siehe Sanktionsübersicht zu C-6-1, dort Sanktionsgruppe B

C-6.13	Nennung der Gefahreneigenschaften auf dem Kennzeichnungsetiketts bei jeglicher Werbung

Einzelpflichtbeschreibung:

Jegliche Werbung für als gefährlich eingestufte oder durch Rechtsquelle 1.2 (↓) geregelte Gemische, die es einem privaten Endverbraucher ermöglicht, ohne vorherige Ansicht des Kennzeichnungsetiketts einen Kaufvertrag abzuschließen, muss gem. Rechtsquelle 1.1 (↓) die auf dem Kennzeichnungsetikett angegebene(n) Gefahreneigenschaft(en) nennen.

Hinweis: gem. Rechtsquelle 1.1.2 (↓)

Rechtsquelle 1.1.1 (↓) gilt unbeschadet der Rechtsquelle 2 (↓).

Rechtsquellen:
1.   CLP-VO
1.1 Art. 48 Abs. 2 Unterabs. 1 [Werbung]
1.1.1 Unterabs. 1
1.1.2 Unterabs. 2
1.2 Art. 25 Abs. 6 [Aufnahme ergänzender Informationen auf dem Kennzeichnungsetikett]
2.   Richtlinie 97/7/EG [...] über den Verbraucherschutz bei Vertragsabschlüssen im Fernabsatz

Verstoß: ordnungswidrig – siehe Sanktionsübersicht zu C-6-1, dort Sanktionsgruppe B

C-6.14	Zurverfügunghaltung sämtlicher bezeichneter Informationen während des Aufbewahrungszeitraums

Einzelpflichtbeschreibung:

Der Lieferant muss die in Rechtsquelle 1 (↓) bzw. 2 (↓) genannten Informationen vollständig und für den dort jeweils vorgeschriebenen Zeitraum zur Verfügung halten [mindestens 10 Jahre nach der letzten Lieferung des Stoffes/Gemisches].

Weiterführende Hinweise: zu den Rechtsquellen 1 bis 3

(1) Der Lieferant trägt sämtliche Informationen, die er für die Zwecke der Einstufung und Kennzeichnung gemäß dieser Verordnung herangezogen hat, zusammen und hält sie während eines Zeitraums von mindestens zehn Jahren nach seiner letzten Lieferung des Stoffes oder Gemisches zur Verfügung.

Der Lieferant bewahrt diese Informationen zusammen mit den Informationen auf, die nach Artikel 36 der Verordnung (EG) Nr. 1907/2006 erforderlich sind.

(2) Stellt ein Lieferant seine Geschäftstätigkeit ein oder überträgt er seine Tätigkeiten teilweise oder insgesamt einem Dritten, so ist derjenige, der für die Liquidation des Unternehmens des Lieferanten verantwortlich ist oder die Verantwortung für das Inverkehrbringen des betreffenden Stoffes oder Gemisches übernimmt, durch die Verpflichtung nach Abs. 1 anstelle des Lieferanten gebunden.

(3) Die zuständige Behörde oder die für die Durchsetzung zuständigen Behörden eines Mitgliedstaats, in dem ein Lieferant niedergelassen ist, oder die Agentur können den Lieferanten auffordern, ihnen alle Informationen nach Abs. 1 Unterabs. 1 vorzulegen.

[...]

Rechtsquellen: CLP-VO – Art. 49 [Pflicht zur Aufbewahrung von Informationen und Anforderung von Informationen]
1. Abs. 1 Unterabs. 1 i. V. m. Unterabs. 2
2. Abs. 2
3. Abs. 3

Verstoß: ordnungswidrig – siehe Sanktionsübersicht zu C-6-1, dort Sanktionsgruppe B

C-6.15	Vorlage von Informationen auf Verlangen bestimmter Behörden durch den Lieferanten

Einzelpflichtbeschreibung:

Die zuständige Behörde oder die für die Durchsetzung zuständigen Behörden eines Mitgliedstaats, in dem ein Lieferant niedergelassen ist, oder die Agentur können den Lieferanten gem. Rechtsquelle 1.1.1 (↓) auffordern, ihnen alle Informationen nach Rechtsquelle 1.1.2 (↓) vorzulegen.

Kurzfassung: Die aufgrund einer vollziehbaren Anordnung vorgenannten Informationen müssen der zuständigen Behörde oder der Agentur richtig, vollständig und rechtzeitig vorgelegt werden.

Rechtsquellen:
1.   CLP-VO
1.1 Art. 49 [Pflicht zur Aufbewahrung von Informationen und Anforderung von Informationen]

1.1.1 Abs. 3 Unterabs. 1
1.1.2 Abs. 1 Unterabs. 1
1.1.3 Abs. 2
1.2   Art. 40 [Meldepflicht gegenüber der Agentur]
2.   REACH-VO

Verstoß: ordnungswidrig – siehe Sanktionsübersicht zu C-6-1, dort Sanktionsgruppe B

2.3.7 Pflichtenblöcke C-7 zu Abschnitt 7 ChemSanktionsV [Zuwiderhandlungen gegen die Verordnung (EG) Nr. 1005/2009]

2.3.7.1 Pflichtenblock C-7-1 gem. § 12 Straftaten nach der Verordnung (EG) Nr. 1005/2009 [... über Stoffe, die zum Abbau der Ozonschicht führen]

Nach § 27 Absatz 1 Nummer 3 Satzteil vor Satz 2, Absatz 1a bis 4 des   **Einzelpflicht**
Chemikaliengesetzes wird bestraft, wer gegen die Verordnung (EG) Nr.
1005/2009 des Europäischen Parlaments und des Rates vom 16. September
2009 über Stoffe, die zum Abbau der Ozonschicht führen (ABl. L
286 vom 31.10.2009, S. 1), die durch die Verordnung (EU) Nr. 744/
2010 (ABl. L 218 vom 19.8.2010, S. 2) geändert worden ist, verstößt, indem er vorsätzlich oder fahrlässig

1. entgegen Artikel 4 einen geregelten Stoff produziert,   **C-7-1.1**
2. entgegen Artikel 5 Absatz 1 einen geregelten Stoff in den Verkehr   **C-7-1.2**
   bringt oder verwendet,
3. entgegen Artikel 5 Absatz 2 einen geregelten Stoff in einem Einwegbe-   **C-7-1.3**
   hälter in den Verkehr bringt,
4. entgegen Artikel 6 Absatz 1 erster Halbsatz ein dort genanntes Pro-   **C-7-1.4**
   dukt oder eine dort genannte Einrichtung in den Verkehr bringt,
5. entgegen Artikel 6 Absatz 2 eine Brandschutzeinrichtung oder einen   **C-7-1.5**
   Feuerlöscher mit Halonen einsetzt,
6. entgegen Artikel 15 Absatz 1 einen geregelten Stoff, ein dort genann-   **C-7-1.6**
   tes Produkt oder eine dort genannte Einrichtung einführt,
7. entgegen Artikel 17 Absatz 1 einen geregelten Stoff, ein dort genann-   **C-7-1.7**
   tes Produkt oder eine dort genannte Einrichtung ausführt,
8. entgegen Artikel 20 Absatz 1 einen geregelten Stoff, ein dort genann-   **C-7-1.8**
   tes Produkt oder eine dort genannte Einrichtung aus einem Nichtvertragsstaat einführt oder in einen Nichtvertragsstaat ausführt oder
9. entgegen Artikel 24 Absatz 1 Satz 1 einen dort genannten neuen Stoff   **C-7-1.9**
   produziert, einführt, in den Verkehr bringt, verwendet oder ausführt.

Pflichtenkatalog zu Pflichtenblock C-7-1

C-7-1.1	Produktionsverbot geregelter Stoffe

Einzelpflichtbeschreibung:

Die Produktion geregelter Stoffe ist gem. nachstehender Rechtsquelle (↓) verboten.

Rechtsquelle: VO (EG) Nr. 1005/2009 [...] – Art. 4 [Produktion geregelter Stoffe]

Verstoß: strafbar – siehe Sanktionsübersicht zu C-7-1, dort Sanktionsgruppe A.1; je nach der Art der Tatbegehung/-folge ggf. auch A.2 bzw. A.3.1

C-7-1.2	Verbot der Herstellung/Verwendung geregelter Stoffe

Einzelpflichtbeschreibung:

Das Inverkehrbringen und die Verwendung geregelter Stoffe ist gem. nachstehender Rechtsquelle (↓) verboten.

Rechtsquelle: VO (EG) Nr. 1005/2009 [...] – Art. 5 Abs. 1 [Inverkehrbringen und Verwendung geregelter Stoffe]

Verstoß: strafbar – siehe Sanktionsübersicht zu C-7-1, dort Sanktionsgruppe A.1; je nach der Art der Tatbegehung/-folge ggf. auch A.2 bzw. A.3.1

C-7-1.3	Inverkehrbringungsbeschränkungen von geregelten Stoffen in Einwegbehältern

Einzelpflichtbeschreibung:

Geregelte Stoffe werden gem. Rechtsquelle 1 (↓) nicht in Einwegbehältern in den Verkehr gebracht, es sei denn zu Labor- und Analysezwecken nach den Rechtsquellen 2 (↓) und 3 (↓).

Rechtsquellen: VO (EG) Nr. 1005/2009 [...]
1. Art. 5 Abs. 2 [Inverkehrbringen und Verwendung geregelter Stoffe]
2. Art. 10 [Verwendung anderer geregelter Stoffe als teilhalogenierter Fluorchlorkohlenwasserstoffe zu wesentlichen Labor- und Analysezwecken]
3. Art. 11 Abs. 2 [Herstellung, Inverkehrbringen und Verwendung von teilhalogenierten Fluorchlorkohlenwasserstoffen sowie Inverkehrbringen von Produkten und Einrichtungen, die teilhalogenierte Fluorchlorkohlenwasserstoffe enthalten oder benötigen]

Verstoß: strafbar – siehe Sanktionsübersicht zu C-7-1, dort Sanktionsgruppe A.1; je nach der Art der Tatbegehung/-folge ggf. auch A.2 bzw. A.3.1

C-7-1.4	Inverkehrbringungsverbot von Produkten/Einrichtungen mit geregelten Stoffen

Einzelpflichtbeschreibung:

Das Inverkehrbringen von Produkten und Einrichtungen, die geregelte Stoffe enthalten oder benötigen, ist gem. nachstehender Rechtsquelle (↓) verboten.

Rechtsquelle: VO (EG) Nr. 1005/2009 [...] – Art. 6 Abs. 1 – 1. Halbsatz [Inverkehrbringen von Produkten und Einrichtungen, die geregelte Stoffe enthalten oder benötigen]

Verstoß: strafbar – siehe Sanktionsübersicht zu C-7-1, dort Sanktionsgruppe A.1; je nach der Art der Tatbegehung/-folge ggf. auch A.2 bzw. A.3.1

C-7-1.5	Verbotsvorschriften für den Einsatz von halonhaltigen Brandschutzeinrichtungen/Feuerlöschern

Einzelpflichtbeschreibung:

Mit Ausnahme der Verwendungszwecke gemäß Rechtsquelle 2 (↓) ist der Einsatz von Brandschutzeinrichtungen und Feuerlöschern mit Halonen gem. Rechtsquelle 1 (↓) verboten und wird eingestellt.

181

Sanktions-/Pflichtenkataloge gem. ChemSanktionsV

Rechtsquellen: VO (EG) Nr. 1005/2009
1. Art. 6 Abs. 2 [Inverkehrbringen von Produkten und Einrichtungen, die geregelte Stoffe enthalten oder benötigen]
2. Art. 13 Abs. 1 [Kritische Verwendungszwecke von Halonen und Außerbetriebnahme von Einrichtungen, die Halon enthalten]

Verstoß: strafbar – siehe Sanktionsübersicht zu C-7-1, dort Sanktionsgruppe A.1; je nach der Art der Tatbegehung/-folge ggf. auch A.2 bzw. A.3.1

C-7-1.6	Einfuhrverbot geregelter Stoffe

Einzelpflichtbeschreibung:

Einfuhren von geregelten Stoffen oder von Produkten und Einrichtungen, die diese Stoffe enthalten oder benötigen sind gem. nachstehender Rechtsquelle (↓) verboten, sofern es sich nicht um persönliche Effekten handelt.

Rechtsquelle: VO (EG) Nr. 1005/2009 [...] – Art. 15 Abs. 1 [Einfuhren von geregelten Stoffen oder von Produkten und Einrichtungen, die geregelte Stoffe enthalten oder benötigen]

Verstoß: strafbar – siehe Sanktionsübersicht zu C-7-1, dort Sanktionsgruppe A.1; je nach der Art der Tatbegehung/-folge ggf. auch A.2 bzw. A.3.1

C-7-1.7	Ausfuhrverbot geregelter Stoffe

Einzelpflichtbeschreibung:

Ausfuhren von geregelten Stoffen oder von Produkten und Einrichtungen, die diese Stoffe enthalten oder benötigen, sind gem. nachstehender Rechtsquelle (↓) verboten, sofern es sich nicht um persönliche Effekten handelt.

Rechtsquelle: VO (EG) Nr. 1005/2009 [...] – Art. 17 Abs. 1 [Ausfuhr von geregelten Stoffen oder von Produkten und Einrichtungen, die geregelte Stoffe enthalten oder benötigen]

Verstoß: strafbar – siehe Sanktionsübersicht zu C-7-1, dort Sanktionsgruppe A.1; je nach der Art der Tatbegehung/-folge ggf. auch A.2 bzw. A.3.1

C-7-1.8	Ein-/Ausfuhrverbot geregelter Stoffe aus/in Nichtvertragsstaat

Einzelpflichtbeschreibung:

Einfuhren und Ausfuhren von geregelten Stoffen sowie von Produkten und Einrichtungen, die geregelte Stoffe enthalten oder benötigen, aus einem bzw. in einen Nichtvertragsstaat sind gem. nachstehender Rechtsquelle (↓) verboten.

Rechtsquelle: VO (EG) Nr. 1005/2009 [...] – Art. 20 Abs. 1 [Handel mit Nichtvertragsstaaten und Gebieten, die nicht unter das Protokoll fallen]

Verstoß: strafbar – siehe Sanktionsübersicht zu C-7-1, dort Sanktionsgruppe A.1; je nach der Art der Tatbegehung/-folge ggf. auch A.2 bzw. A.3.1

C-7-1.9	Verbotsvorschriften für Produktion, Einfuhr, Inverkehrbringen, Verwendung und die Ausfuhr neuer Stoffe

Einzelpflichtbeschreibung:

Die Produktion, die Einfuhr, das Inverkehrbringen, die Verwendung und die Ausfuhr neuer Stoffe nach Rechtsquelle 2 (↓) sind gem. Rechtsquelle 1 (↓) untersagt.

Rechtsquellen: VO (EG) Nr. 1005/2009
1. Art. 24 Abs. 1 Satz 1 [Neue Stoffe]
2. Anhang II [Neue Stoffe] – Teil A [Beschränkungen gem. Art. 24 Abs. 1 unterliegende Stoffe]

Verstoß: strafbar – siehe Sanktionsübersicht zu C-7-1, dort Sanktionsgruppe A.1; je nach der Art der Tatbegehung/-folge ggf. auch A.2 bzw. A.3.1

2.3.7.2 Pflichtenblock C-7-2 gem. § 13 Ordnungswidrigkeiten nach der Verordnung (EG) Nr. 1005/2009 [... über Stoffe, die zum Abbau der Ozonschicht führen]

	Einzelpflicht
Ordnungswidrig im Sinne des § 26 Absatz 1 Nummer 11 Satzteil vor Satz 2 des Chemikaliengesetzes handelt, wer gegen die Verordnung (EG) Nr. 1005/2009 verstößt, indem er vorsätzlich oder fahrlässig	
1. als Hersteller oder Einführer entgegen Artikel 7 Absatz 2 Unterabsatz 1 Satz 2, Artikel 8 Absatz 3 Unterabsatz 1 Satz 2 oder Artikel 10 Absatz 3 Unterabsatz 1 Satz 2, auch in Verbindung mit Artikel 11 Absatz 2 Unterabsatz 2, einen dort genannten Behälter nicht, nicht richtig, nicht vollständig oder nicht rechtzeitig mit der dort genannten Kennzeichnung versieht,	C-7-2.1
2. als Hersteller oder Einführer entgegen Artikel 7 Absatz 2 Unterabsatz Satz 3, Artikel 8 Absatz 3 Unterabsatz 1 Satz 3 oder Artikel 10 Absatz 3 Unterabsatz 1 Satz 3, auch in Verbindung mit Artikel 11 Absatz 2 Unterabsatz 2, einen dort genannten Hinweis nicht, nicht richtig, nicht vollständig oder nicht rechtzeitig in den dort genannten Abschnitt für ergänzende Informationen auf der Kennzeichnung aufnimmt,	C-7-2.2
3. entgegen Artikel 10 Absatz 3 Unterabsatz 3 Satz 1, auch in Verbindung mit Artikel 11 Absatz 2 Unterabsatz 2, einen dort genannten Stoff in Verkehr bringt oder weitergibt,	C-7-2.3
4. entgegen Artikel 10 Absatz 5, auch in Verbindung mit Artikel 11 Absatz 2 Unterabsatz 2, den geschätzten Bedarf nicht, nicht richtig, nicht vollständig oder nicht rechtzeitig meldet,	C-7-2.4
5. entgegen Artikel 11 Absatz 6 eine dort genannte Kälte- oder Klimaanlage oder eine Wärmepumpe nicht, nicht richtig, nicht vollständig oder nicht rechtzeitig mit einer dort genannten Kennzeichnung versieht,	C-7-2.5
6. entgegen Artikel 11 Absatz 7 Unterabsatz 1 oder Unterabsatz 2 eine dort genannte Aufzeichnung nicht, nicht richtig oder nicht vollständig führt,	C-7-2.6
7. entgegen Artikel 12 Absatz 1 Unterabsatz 2 Methylbromid verwendet,	C-7-2.7

8. entgegen Artikel 12 Absatz 2 Unterabsatz 2 nicht sicherstellt, dass der berechnete Umfang des dort genannten Methylbromids den dort genannten Durchschnitt nicht übersteigt,   **C-7-2.8**

9. als Unternehmen entgegen Artikel 13 Absatz 3 ein dort genanntes Brandschutzsystem oder einen dort genannten Feuerlöscher nicht oder nicht rechtzeitig außer Betrieb nimmt,   **C-7-2.9**

10. als Hersteller oder Einführer entgegen Artikel 14 Absatz 1 Satz 2 die Übertragung des dort genannten Rechts der Kommission nicht, nicht richtig, nicht vollständig oder nicht rechtzeitig mitteilt,   **C-7-2.10**

11. als Betreiber, Besitzer oder Dritter, dem vom Betreiber oder Besitzer die Erfüllung ihrer Verpflichtungen übertragen wurde, entgegen Artikel 22 Absatz 1 oder Absatz 4 einen dort genannten geregelten Stoff nicht, nicht in der vorgeschriebenen Weise oder nicht rechtzeitig zurückgewinnt,   **C-7-2.11**

12. entgegen Artikel 22 Absatz 2 einen in Anhang VII genannten geregelten Stoff oder ein in Anhang VII genanntes Produkt nicht mit Hilfe einer in Anhang VII zugelassenen Technologie zerstört,   **C-7-2.12**

13. entgegen Artikel 23 Absatz 2 Unterabsatz 1 nicht gewährleistet, dass eine ortsfeste Anlage oder ein System rechtzeitig auf Undichtigkeit überprüft oder eine entdeckte Undichtigkeit rechtzeitig repariert wird,   **C-7-2.13**

14. entgegen Artikel 23 Absatz 2 Unterabsatz 2 eine Einrichtung oder eine Vorrichtung nach der Reparatur einer Undichtigkeit nicht oder nicht rechtzeitig auf eine erneute Undichtigkeit überprüft,   **C-7-2.14**

15. entgegen Artikel 23 Absatz 3 eine dort genannte Aufzeichnung nicht, nicht richtig oder nicht vollständig führt oder nicht, nicht richtig, nicht vollständig oder nicht rechtzeitig der zuständigen Behörde oder der Kommission zur Verfügung stellt,   **C-7-2.15**

16. entgegen Artikel 27 Absatz 1 dort genannte Daten nicht, nicht richtig, nicht vollständig, nicht in der vorgeschriebenen Weise oder nicht rechtzeitig übermittelt oder   **C-7-2.16**

17. entgegen Artikel 27 Absatz 7 über die Art der Verwendung, die verbrauchte, gelagerte, rezyklierte, aufgearbeitete oder zerstörte Menge oder die dort genannte Menge an Produkten und Einrichtungen nicht, nicht richtig, nicht vollständig, nicht in der vorgeschriebenen Weise oder nicht rechtzeitig berichtet.   **C-7-2.17**

Pflichtenkatalog zu Pflichtenblock C-7-2

C-7-2.1	**Vorschriftsgemäße Kennzeichnung bestimmter Behälter durch Hersteller und Einführer**

Einzelpflichtbeschreibung:

Hersteller sowie Einführer müssen ab dem 1. Juli 2010 die in den Rechtsquellen 1 bis 3 (↓) auch i. V. m. Rechtsquelle 4 (↓) genannten Behälter richtig, vollständig und rechtzeitig mit der dort genannten Kennzeichnung versehen.

Rechtsquellen: VO (EG) Nr. 1005/2009 [...]
1. Art. 7 Abs. 2 Unterabs. 1 Satz 2 [Herstellung, Inverkehrbringen und Verwendung geregelter Stoffe als Ausgangsstoffe]
2. Art. 8 Abs. 3 Unterabs. 1 Satz 2 [Herstellung, Inverkehrbringen und Verwendung geregelter Stoffe als Verarbeitungshilfsstoffe]

3. Art. 10 Abs. 3 Unterabs. 1 Satz 2 [Verwendung anderer geregelter Stoffe als teilhalogenierter Fluorchlorkohlenwasserstoffe zu wesentlichen Labor- und Analysezwecken]
4. Art. 11 Abs. 2 Unterabs. 2 [Herstellung, Inverkehrbringen und Verwendung von teilhalogenierten Fluorchlorkohlenwasserstoffen sowie Inverkehrbringen von Produkten und Einrichtungen, die teilhalogenierte Fluorchlorkohlenwasserstoffe enthalten oder benötigen]

Verstoß: ordnungswidrig – siehe Sanktionsübersicht zu C-7-2, dort Sanktionsgruppe B

C-7-2.2	Aufnahme des erforderlichen Hinweises auf der Kennzeichnung durch Hersteller und Einführer

Einzelpflichtbeschreibung:

Hersteller und Einführer müssen den in den Rechtsquellen 1 bis 3 (↓) auch i. V. m. Rechtsquelle 4 (↓) genannten Hinweis richtig, vollständig und rechtzeitig in den dort genannten Abschnitt für ergänzende Informationen auf der Kennzeichnung aufnehmen.

Rechtsquellen: VO (EG) Nr. 1005/2009 [...]
1. Art. 7 Abs. 2 Unterabs. 1 Satz 3 [Herstellung, Inverkehrbringen und Verwendung geregelter Stoffe als Ausgangsstoffe]
2. Art. 8 Abs. 3 Unterabs. 1 Satz 3 [Herstellung, Inverkehrbringen und Verwendung geregelter Stoffe als Verarbeitungshilfsstoffe]
3. Art. 10 Abs. 3 Unterabs. 1 Satz 3 [Verwendung anderer geregelter Stoffe als teilhalogenierter Fluorchlorkohlenwasserstoffe zu wesentlichen Labor- und Analysezwecken]
4. Art. 11 Abs. 2 Unterabs. 2 [Herstellung, Inverkehrbringen und Verwendung von teilhalogenierten Fluorchlorkohlenwasserstoffen sowie Inverkehrbringen von Produkten und Einrichtungen, die teilhalogenierte Fluorchlorkohlenwasserstoffe enthalten oder benötigen]

Verstoß: ordnungswidrig – siehe Sanktionsübersicht zu C-7-2, dort Sanktionsgruppe B

C-7-2.3	Beschränkende Vorschriften/Bedingungen für das Inverkehrbringen/die Weitergabe teilhalogenierter Fluorkohlenwasserstoffe

Einzelpflichtbeschreibung:

Das Inverkehrbringen bzw. die Weitergabe der in den Rechtsquellen 1.1 (↓) auch i. V. m. Rechtsquelle 2 (↓) genannten teilhalogenierten Fluorkohlenwasserstoffen ist nur unter Beachtung der Bedingungen gem. Rechtsquelle 3 (↓) bzw. unter Anwendung der Vorschriften gem. Rechtsquelle 2 (↓) i. V. m. Rechtsquelle 1.2 (↓) zulässig.

Rechtsquellen: VO (EG) Nr. 1005/2009 [...]
1. Art. 10 [Verwendung anderer geregelter Stoffe als teilhalogenierter Fluorchlorkohlenwasserstoffe zu wesentlichen Labor- und Analysezwecken]
1.1 Abs. 3 Unterabs. 3 Satz 1
1.2 Abs. 3 bis 7
2. Art. 11 Abs. 2 Unterabs. 2 [Herstellung, Inverkehrbringen und Verwendung von teilhalogenierten Fluorchlorkohlenwasserstoffen sowie Inverkehrbringen von Produkten und Einrichtungen, die teilhalogenierte Fluorchlorkohlenwasserstoffe enthalten oder benötigen]
3. Anhang V

Verstoß: ordnungswidrig – siehe Sanktionsübersicht zu C-7-2, dort Sanktionsgruppe B

C-7-2.4	Meldung des geschätzten Bedarfes an geregelten Stoffen durch Hersteller und Einführer

Einzelpflichtbeschreibung:

Hersteller und Einführer, die die Unternehmen gemäß Rechtsquelle 1.2 (↓) beliefern oder geregelte Stoffe für eigene Zwecke verwenden, müssen bis zu dem in einem Vermerk der Kommission angegebenen Zeitpunkt dieser gem. Rechtsquelle 1.1 (↓) auch i. V. m. den Bestimmungen der Rechtsquelle 2 (↓) i. V. m. Rechtsquelle 1.3 (↓) ihren geschätzten Bedarf für den in dem Vermerk angegebenen Zeitraum unter Angabe der Art und der benötigten Mengen der geregelten Stoffe richtig, vollständig und rechtzeitig melden.

Rechtsquellen: VO (EG) Nr. 1005/2009 [...]
1. Art. 10 [Verwendung anderer geregelter Stoffe als teilhalogenierter Fluorchlorkohlenwasserstoffe zu wesentlichen Labor- und Analysezwecken]
1.1 Abs. 5
1.2 Abs. 4
1.3 Abs. 3 bis 7
2. Art. 11 Abs. 2 Unterabs. 2 [Herstellung, Inverkehrbringen und Verwendung von teilhalogenierten Fluorchlorkohlenwasserstoffen sowie Inverkehrbringen von Produkten und Einrichtungen, die teilhalogenierte Fluorchlorkohlenwasserstoffe enthalten oder benötigen]

Verstoß: ordnungswidrig – siehe Sanktionsübersicht zu C-7-2, dort Sanktionsgruppe B

C-7-2.5	Vorschriftsgemäße Kennzeichnung bestimmter Einrichtungen bei Verwendung teilhalogenierter Fluorchlorkohlenwasserstoffe

Einzelpflichtbeschreibung:

Werden für die Instandhaltung oder Wartung aufgearbeitete oder rezyklierte teilhalogenierte Fluorchlorkohlenwasserstoffe verwendet, so sind die Kälte- und Klimaanlagen sowie die Wärmepumpen gem. Rechtsquelle 1 (↓) richtig, vollständig und rechtzeitig mit einer Kennzeichnung zu versehen, auf der die Art des Stoffes, die in der Einrichtung enthaltene Menge und die in Rechtsquelle 2 (↓) festgelegten Kennzeichnungselemente für als die Ozonschicht schädigend eingestufte Stoffe und Gemische angegeben sind.

Rechtsquellen: VO (EG) Nr. 1005/2009 [...]
1. Art. 11 Abs. 6 [Herstellung, Inverkehrbringen und Verwendung von teilhalogenierten Fluorchlorkohlenwasserstoffen sowie Inverkehrbringen von Produkten und Einrichtungen, die teilhalogenierte Fluorchlorkohlenwasserstoffe enthalten oder benötigen]
2. VO (EG) 1272/2008 [...] , Anhang I [Vorschriften für die Einstufung und Kennzeichnung von gefährlichen Stoffen und Gemischen]

Verstoß: ordnungswidrig – siehe Sanktionsübersicht zu C-7-2, dort Sanktionsgruppe B

C-7-2.6	Beachtung der Aufzeichnungsvorschriften

Einzelpflichtbeschreibung:

Die in Rechtsquelle 1 (↓) bzw. Rechtsquelle 2 (↓) betroffenen Unternehmen müssen die dort genannten Aufzeichnungen richtig, und vollständig führen.

Rechtsquellen: VO (EG) Nr. 1005/2009 [...] – Art. 11 Abs. 7 [Herstellung, Inverkehrbringen und Verwendung von teilhalogenierten Fluorchlorkohlenwasserstoffen sowie Inverkehrbringen von Produkten und Einrichtungen, die teilhalogenierte Fluorchlorkohlenwasserstoffe enthalten oder benötigen]
1. Unterabs. 1
2. Unterabs. 2

Verstoß: ordnungswidrig – siehe Sanktionsübersicht zu C-7-2, dort Sanktionsgruppe B

C-7-2.7	Verwendungsbeschränkungen/Rückgewinnungsgebot für Methylbromid

Einzelpflichtbeschreibung:

Methylbromid darf gem. nachstehender Rechtsquelle (↓) nur an von den zuständigen Behörden des betreffenden Mitgliedstaats zugelassenen Standorten und – sofern wirtschaftlich und technisch machbar – unter der Bedingung verwendet werden, dass mindestens 80 % des aus der Lieferung freigesetzten Methylbromids zurückgewonnen werden.

Rechtsquelle: VO (EG) Nr. 1005/2009 [...] – Art. 12 Abs. 1 Unterabs. 2 [Anwendung von Methylbromid zu Quarantänezwecken und zur Behandlung vor dem Transport und Verwendung von Methylbromid in Notfällen]

Verstoß: ordnungswidrig – siehe Sanktionsübersicht zu C-7-2, dort Sanktionsgruppe B

C-7-2.8	Einhaltung des Durchschnittswertes zum berechneten Umfang der Herstellung von Methylbromid

Einzelpflichtbeschreibung:

Jedes Unternehmen stellt gem. nachstehender Rechtsquelle (↓) sicher, dass der berechnete Umfang des für Anwendungen zu Quarantänezwecken oder zur Behandlung vor dem Transport von ihm in Verkehr gebrachten oder von ihm selbst verwendeten Methylbromids 21 % des Durchschnitts des berechneten Umfangs des in den Jahren 2005 bis 2008 für Anwendungen zu Quarantänezwecken oder zur Behandlung vor dem Transport von ihm in den Verkehr gebrachten oder von ihm selbst verwendeten Methylbromids nicht übersteigt.

Rechtsquelle: VO (EG) Nr. 1005/2009 [...] – Art. 12 Abs. 2 Unterabs. 2 [Anwendung von Methylbromid zu Quarantänezwecken und zur Behandlung vor dem Transport und Verwendung von Methylbromid in Notfällen]

Verstoß: ordnungswidrig – siehe Sanktionsübersicht zu C-7-2, dort Sanktionsgruppe B

C-7-2.9	Fristgerechte Außerbetriebnahme halonhaltiger Brandschutzsysteme/Feuerlöscher

Einzelpflichtbeschreibung:

Brandschutzsysteme und Feuerlöscher, die Halone enthalten und für die in Rechtsquelle 1.2 (↓) genannten Zwecke verwendet werden, müssen gem. Rechtsquelle 1.1 (↓) zu den in Rechtsquelle 2 (↓) festgelegten Fristen rechtzeitig außer Betrieb genommen werden.

Rechtsquellen: VO (EG) Nr. 1005/2009 [...]
1. Art. 13 [Kritische Verwendungszwecke von Halonen und Außerbetriebnahme von Einrichtungen, die Halon enthalten]

187

1.1 Abs. 3
1.2 Abs. 1
2. Anhang VI [Kritische Verwendungszwecke von Halonen]

Verstoß: ordnungswidrig – siehe Sanktionsübersicht zu C-7-2, dort Sanktionsgruppe B

C-7-2.10	Vorschriftsgemäße Mitteilung von Übertragungsrechten an die Kommission durch Hersteller oder Einführer bezüglich des Inverkehrbringens oder Verwendung

Einzelpflichtbeschreibung:

1. Vorbemerkungen: gem. Rechtsquelle 1 (↓)

Hersteller oder Einführer, die berechtigt sind, geregelte Stoffe in den Verkehr zu bringen oder selbst zu verwenden, dürfen dieses Recht für die gesamte oder einen Teil der nach diesem Artikel festgelegten Menge der betreffenden Gruppe von Stoffen auf jeden anderen Hersteller oder Einführer dieser Gruppe von Stoffen in der Gemeinschaft übertragen.

2. Pflicht im Detail:

Jede Übertragung des in Rechtsquelle 1 (↓) genannten Rechts ist der Kommission gem. Rechtsquelle 2 (↓) richtig, vollständig und rechtzeitig vorab mitzuteilen.

Rechtsquellen: VO (EG) Nr. 1005/2009 [...] – Art. 14 Abs. 1 [Übertragung von Rechten und industrielle Rationalisierung]
1. Satz 1
2. Satz 2

Verstoß: ordnungswidrig – siehe Sanktionsübersicht zu C-7-2, dort Sanktionsgruppe B

C-7-2.11	Vorschriftsgemäße Rückgewinnung geregelter Stoffe durch Betreiber, Besitzer oder Dritte

Einzelpflichtbeschreibung:

Betreiber, Besitzer oder Dritte, denen vom Betreiber oder Besitzer die Erfüllung ihrer Verpflichtungen übertragen wurde, müssen die in den Rechtsquellen 1 (↓) und 2 (↓) genannten geregelten Stoffe in der vorgeschriebenen Weise sowie rechtzeitig zurückgewinnen.

Rechtsquellen: VO (EG) Nr. 1005/2009 [...] – Art. 22 [Rückgewinnung und Zerstörung bereits verwendeter geregelter Stoffe]
1. Abs. 1
2. Abs. 4

Verstoß: ordnungswidrig – siehe Sanktionsübersicht zu C-7-2, dort Sanktionsgruppe B

C-7-2.12	Durchführung der Zerstörung eines bestimmten geregelten Stoffes nur mit der vorgeschriebenen Technologie

Einzelpflichtbeschreibung:

Geregelte Stoffe und Produkte, die diese Stoffe enthalten, werden gem. Rechtsquelle 1 (↓) nur mit Hilfe der in Rechtsquelle 2 (↓) aufgeführten zugelassenen Technologien zerstört oder im Falle von nicht in diesem Anhang genannten geregelten Stoffen mit Hilfe der umweltverträglichsten Zerstörungstechnologien, die keine übermäßigen Kosten verursachen, sofern der Einsatz dieser Technologien mit den gemeinschaftlichen und einzelstaatlichen Rechtsvorschriften über Abfälle vereinbar ist und die zusätzlichen Anforderungen dieser Rechtsvorschriften eingehalten werden.

Rechtsquellen: VO (EG) Nr. 1005/2009 [...]
1. Art. 22 Abs. 2 [Rückgewinnung und Zerstörung bereits verwendeter geregelter Stoffe]
2. Anhang VII [Zerstörungstechnologien gem. Art. 22 Abs. 1]

Verstoß: ordnungswidrig – siehe Sanktionsübersicht zu C-7-2, dort Sanktionsgruppe B

C-7-2.13	Gewährleistung der Überprüfung auf Undichtigkeit und ggf. Reparatur durch den Betreiber der bezeichneten Anlagen/ Einrichtungen

Einzelpflichtbeschreibung:

Unternehmen, die Kälte- und Klimaanlagen, Wärmepumpen oder Brandschutzsysteme – einschließlich deren Kreisläufe – betreiben, die geregelte Stoffe enthalten, müssen gem. nachstehender Rechtsquelle (↓) gewährleisten, dass eine ortsfeste Anlage oder ein System rechtzeitig auf Undichtigkeit überprüft oder eine entdeckte Undichtigkeit rechtzeitig repariert wird.

Rechtsquelle: VO (EG) Nr. 1005/2009 [...] – Art. 23 Abs. 2 Unterabs. 1 [Undichtigkeiten und Emissionen geregelter Stoffe]

Verstoß: ordnungswidrig – siehe Sanktionsübersicht zu C-7-2, dort Sanktionsgruppe B

C-7-2.14	Fristgerechte wiederholte Überprüfung der bezeichneten Anlagen/Einrichtungen auf Undichtigkeit durch den Betreiber zur Sicherstellung der Wirksamkeit der Reparatur

Einzelpflichtbeschreibung:

1. Vorbemerkungen [gem. Rechtsquelle 1 (↓)]

Unternehmen, die Kälte- und Klimaanlagen, Wärmepumpen oder Brandschutzsysteme – einschließlich deren Kreisläufe – betreiben, die geregelte Stoffe enthalten, gewährleisten, dass die ortsfesten Anlagen oder Systeme mit den entsprechenden Füllmengen zu den dort genannten Intervallen (vgl. unter Einpflicht C-7-2.15) rechtzeitig auf Undichtigkeit überprüft werden oder eine entdeckte Undichtigkeit rechtzeitig repariert wird.

2. Pflicht im Detail:

Die Einrichtung oder Vorrichtung wird gem. Rechtsquelle 2 (↓) rechtzeitig innerhalb eines Monats nach Reparatur einer Undichtigkeit erneut auf Undichtigkeiten überprüft, um sicherzustellen, dass die Reparatur wirksam war.

Rechtsquellen: VO (EG) Nr. 1005/2009 [...] – Art. 23 Abs. 2 [Undichtigkeiten und Emissionen geregelter Stoffe]
1. Unterabs. 1
2. Unterabs. 2

Verstoß: ordnungswidrig – siehe Sanktionsübersicht zu C-7-2, dort Sanktionsgruppe B

C-7-2.15	Aufzeichnungen über die bezeichneten Anlagen/Einrichtungen durch den Betreiber vorschriftsgemäß führen und der Kommission zur Verfügung stellen

Einzelpflichtbeschreibung:

1. Vorbemerkungen: gem. Rechtsquelle 1 (↓)

Unternehmen, die Kälte- und Klimaanlagen, Wärmepumpen oder Brandschutzsysteme – einschließlich deren Kreisläufe – betreiben, die geregelte Stoffe enthalten, gewährleisten, dass die ortsfesten Anlagen oder Systeme,
a) die eine Füllmenge von 3 kg oder mehr geregelte Stoffe enthalten, mindestens alle 12 Monate auf Undichtigkeiten überprüft werden; dies gilt nicht für Einrichtungen mit hermetisch geschlossenen Systemen, die als solche gekennzeichnet sind und weniger als 6 kg geregelte Stoffe enthalten,
b) die eine Füllmenge von 30 kg oder mehr geregelte Stoffe enthalten, mindestens alle sechs Monate auf Undichtigkeiten überprüft werden,
c) die eine Füllmenge von 300 kg oder mehr geregelte Stoffe enthalten, mindestens alle drei Monate auf Undichtigkeiten überprüft werden,

und dass alle entdeckten Undichtigkeiten so rasch wie möglich, spätestens jedoch innerhalb von 14 Tagen repariert werden.

Die Einrichtung oder Vorrichtung wird innerhalb eines Monats nach Reparatur einer Undichtigkeit erneut auf Undichtigkeiten überprüft, um sicherzustellen, dass die Reparatur wirksam war.

2. Die Pflicht im Detail: Rechtsquelle 2 (↓)

Die in Rechtsquelle 1 (↓) genannten Unternehmen führen gem. Rechtsquelle 2 Aufzeichnungen über Menge und Typ der nachgefüllten geregelten Stoffe und über die bei der Instandhaltung, Wartung und endgültigen Entsorgung der in Rechtsquelle 1 (↓) genannten Einrichtungen oder Vorrichtungen zurückgewonnenen Mengen. Sie führen ferner Aufzeichnungen über andere relevante Informationen, unter anderem zur Identifizierung des Unternehmens oder des technischen Personals, das die Instandhaltung oder Wartung vorgenommen hat, sowie über die Termine und Ergebnisse der durchgeführten Überprüfungen auf Undichtigkeiten. Diese Aufzeichnungen werden der zuständigen Behörde eines Mitgliedstaats und der Kommission auf Verlangen zur Verfügung gestellt.

Pflichtenkurzdarstellung: Die o. a. geforderten Aufzeichnungen müssen richtig, vollständig geführt sowie richtig, vollständig und rechtzeitig der zuständigen Behörde oder der Kommission zur Verfügung gestellt werden.

Rechtsquellen: VO (EG) Nr. 1005/2009 [...] – Art. 23 [Undichtigkeiten und Emissionen geregelter Stoffe]
1. Abs. 2
2. Abs. 3

Verstoß: ordnungswidrig – siehe Sanktionsübersicht zu C-7-2, dort Sanktionsgruppe B

C-7-2.16	Vorschriftsgemäße Übermittlung der Daten über geregelte und neue Stoffe durch den Betreiber

Einzelpflichtbeschreibung:

Jedes Unternehmen übermittelt der Kommission gem. nachstehender Rechtsquelle 1.1 (↓) mit Durchschrift an die zuständige Behörde des betreffenden Mitgliedstaats jährlich bis zum 31. März für das abgelaufene Kalenderjahr für jeden geregelten Stoff und jeden in Rechtsquelle 2 (↓) aufgelisteten neuen Stoff die in den Rechtsquellen 1.2 bis 1.6 (↓) aufgeführten Daten. Die hierzu geforderten Daten sind richtig, vollständig, in der vorgeschriebenen Weise und rechtzeitig zu übermitteln.

Rechtsquellen: VO (EG) Nr. 1005/2009 [...]
1. Art. 27 [Berichterstattung der Unternehmen]
1.1 Abs. 1
1.2. Abs. 2
1.3 Abs. 3
1.4 Abs. 4
1.5 Abs. 5
1.6 Abs. 6
2. Anhang II [Neue Stoffe]

Verstoß: ordnungswidrig – siehe Sanktionsübersicht zu C-7-2, dort Sanktionsgruppe B

C-7-2.17	Berichtspflicht gegenüber Kommission durch Hersteller oder Einführer

Einzelpflichtbeschreibung:

Vor dem 31. März jeden Jahres erstattet jeder Hersteller oder Einführer, der eine Lizenz gemäß Rechtsquelle 2 (↓) besitzt, gem. Rechtsquelle 1 (↓) richtig, vollständig, in der vorgeschriebenen Weise und rechtzeitig einen Bericht an die Kommission über jeden Stoff, für den ihm eine Lizenz erteilt wurde, mit Durchschrift an die zuständige Behörde des beteiligten Mitgliedstaats über die Art der Verwendung, die während des vergangenen Jahres verbrauchten, gelagerten, rezyklierten, aufgearbeiteten oder zerstörten Mengen und die Mengen an Produkten und Einrichtungen, die diese Stoffe enthalten oder benötigen, und die in der Gemeinschaft in den Verkehr gebracht und/oder ausgeführt wurden.

Rechtsquellen: VO (EG) Nr. 1005/2009 [...]
1. Art. 27 Abs. 7 [Berichterstattung der Unternehmen]
2. Art. 10 Abs. 6 [Verwendung anderer geregelter Stoffe als teilhalogenierter Fluorchlorkohlenwasserstoffe zu wesentlichen Labor- und Analysezwecken]

Verstoß: ordnungswidrig – siehe Sanktionsübersicht zu C-7-2, dort Sanktionsgruppe B

2.3.8 Pflichtenblock C-8 zu Abschnitt 8 ChemSanktionsV [Zuwiderhandlungen gegen die Verordnung (EU) Nr. 528/2012 (... über die Bereitstellung auf dem Markt und die Verwendung von Biozidprodukten)]

2.3.8.1 Sanktionskatalog C-8

Ordnungswidrigkeiten gem. § 14 Verordnung (EU) Nr. 528/2012

Ordnungswidrig im Sinne des § 26 Absatz 1 Nummer 11 Satzteil vor Satz 2 des Chemikaliengesetzes handelt, wer gegen die Verordnung (EU) Nr. 528/2012 des Europäischen Parlaments und des Rates vom 22. Mai 2012 über die Bereitstellung auf dem Markt und die Verwendung von Biozidprodukten (ABl. L 167 vom 27.6.2012, S. 1, L 303 vom 20.11.2015, S. 109), die zuletzt durch die Verordnung (EU) Nr. 334/2014 (ABl. L 103 vom 5.4.2014, S. 22, L 305 vom 21.11.2015, S. 55) geändert worden ist, verstößt, indem er vorsätzlich oder fahrlässig   **Einzelpflicht**

1. entgegen Artikel 17 Absatz 1 ein nicht zugelassenes Biozidprodukt auf dem Markt bereitstellt oder verwendet,   C-8-1

2. einer vollziehbaren Auflage nach Artikel 17 Absatz 5 Unterabsatz 1 in Verbindung mit Artikel 22 Absatz 1 zuwiderhandelt,   C-8-2

3. entgegen Artikel 17 Absatz 5 Satz 1 in Verbindung mit Satz 2, jeweils auch in Verbindung mit Satz 3, eine Meldung nicht, nicht richtig, nicht vollständig oder nicht rechtzeitig macht,   C-8-3

4. entgegen Artikel 27 Absatz 1 Satz 2 den betreffenden Mitgliedstaat nicht, nicht richtig oder nicht rechtzeitig unterrichtet,   C-8-4

5. entgegen Artikel 47 Absatz 1 Satz 1, auch in Verbindung mit Artikel 53 Absatz 7, oder entgegen Artikel 59 Absatz 3 eine Mitteilung nicht, nicht richtig, nicht vollständig oder nicht rechtzeitig macht,   C-8-5

6. entgegen Artikel 56 Absatz 1 Unterabsatz 1 ein dort genanntes Experiment oder einen dort genannten Versuch durchführt,   C-8-6

7. entgegen Artikel 58 Absatz 2 eine behandelte Ware in den Verkehr bringt, ohne dass die in der Ware enthaltenen Wirkstoffe genehmigt oder zugelassen sind,   C-8-7

8. entgegen Artikel 58 Absatz 3 Unterabsatz 1 in Verbindung mit Absatz 6 Satz 1 oder Satz 2 nicht sicherstellt, dass das Etikett die dort genannten Informationen umfasst,   C-8-8

9. entgegen Artikel 58 Absatz 4 in Verbindung mit Absatz 6 Satz 1 oder Satz 2 eine behandelte Ware nicht, nicht richtig, nicht vollständig oder nicht rechtzeitig kennzeichnet,   C-8-9

10. entgegen Artikel 58 Absatz 5 eine dort genannte Information nicht, nicht richtig, nicht vollständig, nicht in der vorgeschriebenen Weise oder nicht rechtzeitig zur Verfügung stellt,   C-8-10

11. entgegen Artikel 65 Absatz 2 Unterabsatz 2 Satz 1 in Verbindung mit Satz 2, jeweils auch in Verbindung mit Artikel 53 Absatz 7, eine Dokumentation nicht, nicht richtig, nicht vollständig oder nicht in der vorgeschriebenen Weise gewährleistet,   C-8-11

12. entgegen Artikel 68 Absatz 1 Satz 1, auch in Verbindung mit Artikel 53 Absatz 7, eine dort genannte Aufzeichnung nicht oder nicht mindestens zehn Jahre aufbewahrt,   C-8-12

13. entgegen Artikel 68 Absatz 1 Satz 2, auch in Verbindung mit Arti- C-8-13
kel 53 Absatz 7, eine dort genannte Information nicht, nicht richtig,
nicht vollständig oder nicht rechtzeitig zur Verfügung stellt,

14. entgegen Artikel 69 Absatz 1 Unterabsatz 1, auch in Verbindung mit C-8-14
Artikel 53 Absatz 7, nicht sicherstellt, dass ein Biozidprodukt in Einklang mit der genehmigten Zusammenfassung eingestuft, verpackt
und gekennzeichnet wird,

15. entgegen Artikel 69 Absatz 1 Unterabsatz 1 in Verbindung mit Un- C-8-15
terabsatz 2 Satz 2, jeweils auch in Verbindung mit Artikel 53 Absatz 7, nicht sicherstellt, dass ein dort genanntes Biozidprodukt einen
dort genannten Bestandteil enthält,

16. als Zulassungsinhaber entgegen Artikel 69 Absatz 1 Unterabsatz 2 C-8-16
Satz 1, auch in Verbindung mit Artikel 53 Absatz 7, ein dort genanntes Produkt nicht richtig verpackt,

17. entgegen Artikel 69 Absatz 2 Unterabsatz 1 Satz 1, auch in Verbin- C-8-17
dung mit Artikel 53 Absatz 7, nicht sicherstellt, dass das Etikett nicht
irreführend ist oder die dort genannten Angaben oder Hinweise nicht
enthält,

18. entgegen Artikel 69 Absatz 2 Unterabsatz 1 Satz 1 in Verbindung mit C-8-18
Satz 2 Buchstabe a bis n, jeweils auch in Verbindung mit Artikel 53
Absatz 7, nicht sicherstellt, dass das Etikett die dort genannten Anga-
ben enthält,

19. als für die Werbung verantwortliche Person entgegen Artikel 72 Ab- C-8-19
satz 1, auch in Verbindung mit Artikel 53 Absatz 7, einen dort genannten Hinweis nicht, nicht richtig oder nicht vollständig hinzufügt,

20. entgegen Artikel 72 Absatz 3 Satz 1 in Verbindung mit Satz 2, jeweils C-8-20
auch in Verbindung mit Artikel 53 Absatz 7, ein Biozidprodukt in
der Werbung darstellt oder

21. entgegen Artikel 95 Absatz 2 in Verbindung mit der Liste nach Arti- C-8-21
kel 95 Absatz 1[1] ein dort genanntes Biozidprodukt auf dem Markt
bereitstellt.

2.3.8.2 Pflichtenkatalog C-8

C-8-1	Nur zugelassene Biozidprodukte auf dem Markt bereitstellen bzw. verwenden

Einzelpflichtbeschreibung:

Biozidprodukte, die nicht gem. Rechtsquelle 1 (↓) zugelassen sind, dürfen nach Rechtsquelle 1.1 (↓) nicht auf dem Markt bereitgestellt oder verwendet werden.

Rechtsquellen:

1.   VO (EU) Nr. 528/2012
1.1 Art. 17 Abs. 1 [Bereitstellung von Biozidprodukten auf dem Markt]

Verstoß: ordnungswidrig – siehe Sanktionsübersicht zu C-8, dort Sanktionsgruppe B

---

[1] Liste nach Artikel 95 Absatz 1 der Verordnung (EU) Nr. 528/2012 in der Fassung vom 19. Januar 2016
www.bmub.bund.de/ChemSanktionsV_Liste_Art95_BiozidV

C-8-2	Auflagen in Verbindung mit der Zulassung bei Verwendung von Biozidprodukten beachten

Einzelpflichtbeschreibung:

Bei der Verwendung von Biozidprodukten sind gem. Rechtsquelle 1 (↓) die in der Zulassung genannten – vollziehbaren – Auflagen gemäß Rechtsquelle 2.1 (↓) und die Verpakkungs- und Kennzeichnungsvorschriften nach Rechtsquelle 3 ff. (↓) einzuhalten.

Rechtsquellen: VO (EU) Nr. 528/2012
1. Art. 17 Abs. 5 Unterabs. 1 [Bereitstellung von Biozidprodukten auf dem Markt]
2. Art. 22 [Inhalt von Zulassungen]
2.1 Abs. 1
2.2 Abs. 2 Buchstabe i
3. *Mitgeltende Rechtsquellen*
3.1 *VO (EU) Nr. 528/2012 – Art. 69 Abs. 1 [Einstufung, Verpackung und Kennzeichnung von Biozidprodukten]*
3.2 *Richtlinie 1999/45/EG [... zur Angleichung der Rechts- und Verwaltungsvorschriften der Mitgliedstaaten für die Einstufung, Verpackung und Kennzeichnung gefährlicher Zubereitungen]*
3.3 *VO (EG) Nr. 1272/2008 [CLP-VO]*

Verstoß: ordnungswidrig – siehe Sanktionsübersicht zu C-8, dort Sanktionsgruppe B

C-8-3	Meldepflicht bei der Bereitstellung von Biozidprodukten auf dem Markt vorschriftsgemäß durchführen

Einzelpflichtbeschreibung:

Die geforderte Meldung bei Bereitstellung von Biozidprodukten auf dem Markt muss gem. Rechtsquelle 1 i.V.m. Rechtsquelle 2 (↓) jeweils auch i.V.m. Rechtsquelle 3 (↓) richtig, vollständig und rechtzeitig erfolgen.

Weiterführende Hinweise: gem. nachstehender Rechtsquellen 1 bis 3 (↓)

Der Zulassungsinhaber meldet jeder zuständigen Behörde, die eine nationale Zulassung für eine Biozidproduktfamilie erteilt hat, jedes Produkt der Biozidproduktfamilie mindestens 30 Tage vor dem Inverkehrbringen, es sei denn, ein bestimmtes Produkt wird in der Zulassung ausdrücklich genannt oder betrifft die Abweichung in der Zusammensetzung betrifft nur Pigment-, Duft- oder Farbstoffe innerhalb der zulässigen Abweichungen. Die Meldung enthält Angaben über die genaue Zusammensetzung, den Handelsnamen und das der Zulassungsnummer angehängte Kürzel. Im Falle einer Unionszulassung richtet der Zulassungsinhaber die Meldung an die Agentur und die Kommission.

Rechtsquellen: VO (EU) Nr. 528/2012 – Art. 17 Abs. 6 [Bereitstellung von Biozidprodukten auf dem Markt]
1. Satz 1
2. Satz 2
3. Satz 3

Verstoß: ordnungswidrig – siehe Sanktionsübersicht zu C-8, dort Sanktionsgruppe B

C-8-4	Unterrichtungspflicht bei Bereitstellung auf dem Markt von nach dem vereinfachten Zulassungsverfahren zugelassenen Biozidprodukten vorschriftsgemäß durchführen

Einzelpflichtbeschreibung:

Der Zulassungsinhaber unterrichtet gem. nachstehender Rechtsquelle (↓) jeden Mitgliedstaat spätestens 30 Tage, bevor er das Biozidprodukt im Hoheitsgebiet des betreffenden Mitgliedstaats in Verkehr bringt; dies muss richtig und rechtzeitig erfolgen.

Rechtsquellen: VO (EU) Nr. 528/2012 – Art. 27 Abs. 1 Satz 2 [Bereitstellung auf dem Markt von nach dem vereinfachten Zulassungsverfahren zugelassenen Biozidprodukten]

Verstoß: ordnungswidrig – siehe Sanktionsübersicht zu C-8, dort Sanktionsgruppe B

C-8-5	Unerwartete oder schädliche Auswirkungen vorschriftsgemäß mitteilen

Einzelpflichtbeschreibung:

Unerwartete oder schädliche Auswirkungen sind vom Zulassungsinhaber (betr. Biozidprodukte) gem. Rechtsquelle 1 (↓) auch i.V.m. Rechtsquelle 2 bzw. 3 (↓) richtig, vollständig und rechtzeitig mitzuteilen.

Rechtsquellen: VO (EU) Nr. 528/2012
1. Art. 47 Abs. 1 Satz 1 [Verpflichtung zur Mitteilung von unerwarteten oder schädlichen Auswirkungen]
2. Art. 53 Abs. 7 [Parallelhandel]
3. Art. 59 Abs. 3 [Schutz der von den zuständigen Behörden oder der Agentur gespeicherten Daten]
4. *Mitgeltende Rechtsquellen: VO (EU) Nr. 528/2012*
4.1 *Art. 47 [Verpflichtung zur Mitteilung von unerwarteten oder schädlichen Auswirkungen]*
4.2 *Art. 48 [Aufhebung oder Änderung einer Zulassung]*
4.3 *Art. 49 [Aufheben einer Zulassung auf Antrag des Zulassungsinhabers]*
4.4 *Art. 50 [Änderung einer Zulassung auf Antrag des Zulassungsinhabers]*
4.5 *Kap. XV [Information und Kommunikation]*

Verstoß: ordnungswidrig – siehe Sanktionsübersicht zu C-8, dort Sanktionsgruppe B

C-8-6	Bei Durchführung von bestimmten Experimenten/Versuchen im Rahmen der Forschung und Entwicklung die vorgeschriebenen Bedingungen einhalten

Einzelpflichtbeschreibung:

Abweichend von Rechtsquelle 2 (↓) darf ein Experiment oder ein Versuch gem. Rechtsquelle 1 (↓) zum Zweck der wissenschaftlichen oder produkt- und verfahrensorientierten Forschung und Entwicklung, bei dem ein nicht zugelassenes Biozidprodukt oder ein ausschließlich zur Verwendung in einem Biozidprodukt bestimmter nicht genehmigter Wirkstoff verwendet wird („Experiment" oder „Versuch"), nur unter den in diesem Artikel genannten Bedingungen durchgeführt werden.

195

Rechtsquellen: VO (EU) Nr. 528/2012 [...]
1. Art. 56 Abs. 1 Unterabs. 1 [Forschung und Entwicklung]
2. Art. 17 [Bereitstellung von Biozidprodukten auf dem Markt]

Verstoß: ordnungswidrig – siehe Sanktionsübersicht zu C-8, dort Sanktionsgruppe B

C-8-7	Nur genehmigte/zugelassene behandelte Waren in den Verkehr bringen

Einzelpflichtbeschreibung:

Eine behandelte Ware darf gem. Rechtsquelle 1 (↓) nur in den Verkehr gebracht werden, wenn alle in den Biozidprodukten enthaltenen Wirkstoffe, mit denen sie behandelt wurde oder die in einer solchen Ware enthalten sind, in der gemäß Rechtsquelle 2 (↓) erstellten Liste für den entsprechenden Produkttyp und Verwendungszweck oder in Rechtsquelle 3 (↓) aufgeführt und alle dort festgelegten Bedingungen oder Einschränkungen erfüllt sind.

Rechtsquellen: VO (EU) Nr. 528/2012
1. Art. 58 Abs. 2 [Inverkehrbringen von behandelten Waren]
2. Art. 9 Abs. 2 [Genehmigung eines Wirkstoffs]
3. Anhang I [Liste der unter Art. 25 Buchstabe a fallenden Wirkstoffe]

Verstoß: ordnungswidrig – siehe Sanktionsübersicht zu C-8, dort Sanktionsgruppe B

C-8-8	Behandelte Waren nur mit dem vorschriftsgemäßen Etikett in Verkehr bringen

Einzelpflichtbeschreibung:

Die für das Inverkehrbringen behandelter Waren (Biozidprodukte) verantwortliche Person stellt gem. Rechtsquelle 1.1 (↓) i.V.m. Rechtsquelle 1.2 ff. (↓) sicher, dass diese nur mit dem/den vorschriftgemäßen Etikett/Informationen in Verkehr gebracht werden.

Weiterführender Hinweis: zu Rechtsquelle 1.2 ff. (↓)

Die Kennzeichnung muss deutlich sichtbar, gut lesbar und hinreichend dauerhaft sein. Macht die Größe oder die Funktion der behandelten Ware dies erforderlich, so wird die Kennzeichnung in der oder den Amtssprache(n) des Mitgliedstaats, in dem die behandelte Ware in Verkehr gebracht werden soll, sofern der Mitgliedstaat keine anderen Vorkehrungen trifft, auf der Verpackung, der Gebrauchsanweisung oder dem Garantieschein angebracht. Bei behandelten Waren, die nicht im Rahmen einer Serienfertigung, sondern auf besonderen Auftrag hin entworfen und ausgeführt werden, kann der Hersteller mit dem Verbraucher andere Arten der Übermittlung der relevanten Informationen vereinbaren.

Rechtsquellen:

1. VO (EU) Nr. 528/2012 – Art. 58 [Inverkehrbringen von behandelten Waren]
1.1 Abs. 3
1.1.1 Unterabs. 1
1.1.2 Unterabs. 2
1.2 Abs. 6
1.2.1 Satz 1
1.2.2 Satz 2
2. *Mitgeltende Rechtsquelle: VO (EG) Nr. 1272/2008 – Art. 24 [Technische Anleitungen]*

Verstoß: ordnungswidrig – siehe Sanktionsübersicht zu C-8, dort Sanktionsgruppe B

| C-8-9 | Behandelte Ware muss vor dem Inverkehrbringen vorschriftsgemäß gekennzeichnet werden |

Einzelpflichtbeschreibung:

Behandelte Waren (Biozidprodukte) müssen gem. Rechtsquelle 1 (↓) i.V.m. 3 (↓) und 2.1 (↓) bzw. 2.2 (↓) vor dem Inverkehrbringen richtig, vollständig und rechtzeitig gekennzeichnet werden.

Rechtsquellen: VO (EU) Nr. 528/2012 – Art. 58 [Inverkehrbringen von behandelten Waren]
1. Abs. 4
2. Abs. 6
2.1 Satz 1
2.2 Satz 2
3. Abs. 3

Verstoß: ordnungswidrig – siehe Sanktionsübersicht zu C-8, dort Sanktionsgruppe B

| C-8-10 | Der Lieferant einer behandelten Ware muss auf Antrag die geforderten Informationen vorschriftsgemäß zur Verfügung stellen |

Einzelpflichtbeschreibung:

Unbeschadet der in Rechtsquelle 2 (↓) genannten Kennzeichnungsvorschriften stellt der Lieferant einer behandelten Ware (Biozidprodukte) gem. Rechtsquelle 1 (↓) auf Antrag eines Verbrauchers diesem Verbraucher binnen 45 Tagen kostenlos Informationen über die biozide Behandlung der behandelten Ware richtig, vollständig und rechtzeitig zur Verfügung.

Rechtsquellen: VO (EU) Nr. 528/2012 – Art. 58 [Inverkehrbringen von behandelten Waren]
1. Abs. 5
2. Abs. 3

Verstoß: ordnungswidrig – siehe Sanktionsübersicht zu C-8, dort Sanktionsgruppe B

| C-8-11 | Biozidprodukte, die im Rahmen einer Genehmigung für den Parallelhandel auf dem Markt bereit gestellt wurden, müssen mit der erforderlichen Dokumentation versehen werden |

Einzelpflichtbeschreibung:

Biozidprodukte, die im Rahmen einer Genehmigung für den Parallelhandel auf dem Markt bereit gestellt wurden, müssen gem. Rechtsquelle 1.1 (↓) i.V.m. Rechtsquelle 1.2 (↓) jeweils auch i.V.m. Rechtsquellen 2 und 3 ff. (↓) richtig, vollständig und in der vorgeschriebenen Weise mit der erforderlichen Dokumentation versehen werden.

Rechtsquellen: VO (EU) Nr. 528/2012
1. Art. 65 Abs. 2 Unterabs. 2 [Einhaltung der Vorschriften]
1.1 Satz 1
1.2 Satz 2

2. Art. 53 Abs. 7 [Parallelhandel]
3. *Mitgeltende Rechtsquellen: VO (EU) Nr. 528/2012 [vgl. unter Einzelpflicht C-8-5]*

Verstoß: ordnungswidrig – siehe Sanktionsübersicht zu C-8, dort Sanktionsgruppe B

C-8-12	Zulassungsinhaber bewahren Aufzeichnungen über die Biozidprodukte, die sie in Verkehr bringen, vorschriftgemäß mindestens zehn Jahre lang auf

Einzelpflichtbeschreibung:

Zulassungsinhaber, die Biozidprodukte in Verkehr bringen, müssen Aufzeichnungen hierüber gem. Rechtsquelle 1 (↓) i.V.m. Rechtsquelle 2 (↓) und auch i.V.m. Rechtsquelle 3 (↓) mindestens zehn Jahre lang aufbewahren.

Rechtsquellen: VO (EU) Nr. 528/2012
1. Art. 68 Abs. 1 Satz 1 [Aufzeichnungen und Berichterstattung]
2. Art. 53 Abs. 7 [Parallelhandel]
3. *Mitgeltende Rechtsquellen: VO (EU) Nr. 528/2012 [vgl. unter Einzelpflicht C-8-5]*

Verstoß: ordnungswidrig – siehe Sanktionsübersicht zu C-8, dort Sanktionsgruppe B

C-8-13	Zulassungsinhaber stellen der zuständigen Behörde die einschlägigen Informationen in geführten Aufzeichnungen auf Anfrage vorschriftsgemäß zur Verfügung

Einzelpflichtbeschreibung:

Zulassungsinhaber stellen der zuständigen Behörde die einschlägigen Informationen über die in Verkehr gebrachten Biozidprodukte in geführten Aufzeichnungen auf Anfrage gem. Rechtsquelle 1 (↓) i.V.m. Rechtsquelle 2 (↓) und auch i.V.m. Rechtsquelle 3 (↓) richtig, vollständig und rechtzeitig zur Verfügung.

Rechtsquellen: VO (EU) Nr. 528/2012
1. Art. 68 Abs. 1 Satz 2 [Aufzeichnungen und Berichterstattung]
2. Art. 53 Abs. 7 [Parallelhandel]
3. *Mitgeltende Rechtsquellen: VO (EU) Nr. 528/2012 [vgl. die unter Einzelpflicht C-8-5 genannten Rechtsquellen]*

Verstoß: ordnungswidrig – siehe Sanktionsübersicht zu C-8, dort Sanktionsgruppe B

C-8-14	Die Einstufung, Verpackung und Kennzeichnung von Biozidprodukten in Übereinstimmung mit der genehmigten Zusammenfassung durchführen

Einzelpflichtbeschreibung:

Die Einstufung, Verpackung und Kennzeichnung von Biozidprodukten muss gemäß Rechtsquelle 1 (↓) auch i.V.m. Rechtsquelle 2 (↓) und in Übereinstimmungen mit der genehmigten Zusammenfassung nach den Rechtsquellen 3.1.1, 3.1.2 bzw. 3.1.3 (↓) sowie auch i.V.m. den Rechtsquellen 3.2 ff. (↓) durchgeführt werden.

Rechtsquellen: VO (EU) Nr. 528/2012
1. Art. 69 Abs. 1 Unterabs. 1 [Einstufung, Verpackung und Kennzeichnung von Biozidprodukten]
2. Art. 53 Abs. 7 [Parallelhandel]
3. *Mitgeltende Rechtsquellen:*
3.1 *[siehe nachfolgend]*
3.1.1 *VO (EU) Nr. 528/2012 – Art. 22 Abs. 2 Buchstabe i [...]*
3.1.2 *Richtlinie 1999/45/EG [... zur Angleichung der Rechts- und Verwaltungsvorschriften der Mitgliedstaaten für die Einstufung, Verpackung und Kennzeichnung gefährlicher Zubereitungen]*
3.1.3 *VO (EG) Nr. 1272/2008 [CLP-Verordnung]*
3.2 *VO (EU) Nr. 528/2012 [vgl. unter Einzelpflicht C-8-5]*

Verstoß: ordnungswidrig – siehe Sanktionsübersicht zu C-8, dort Sanktionsgruppe B

C-8-15	Zulassungsinhaber stellen sicher, dass Biozidprodukte im Einklang mit der genehmigten Zusammenfassung einen dort genannten Bestandteil enthalten

Einzelpflichtbeschreibung:

Zulassungsinhaber stellen gem. Rechtsquelle 1.1 (↓) i.V.m. Rechtsquelle 1.2 (↓) jeweils auch i.V.m. Rechtsquelle 2 (↓) sowie den Rechtsquellen 3 ff. (↓) sicher, dass dort genannte Biozidprodukte im Einklang mit der genehmigten Zusammenfassung einen dort genannten Bestandteil enthalten.

Rechtsquellen:
1. VO (EU) Nr. 528/2012 [...] Art. 69 Abs. 1 Unterabs. 1 [Einstufung, Verpackung und Kennzeichnung von Biozidprodukten]
1.1 Unterabs. 1
1.2 Unterabs. 2 Satz 2
2. Art. 53 Abs. 7 [Parallelhandel]
3. *Mitgeltende Rechtsquellen:*
3.1 *[siehe nachfolgend]*
3.1.1 *VO (EU) Nr. 528/2012 [...] – Art. 22 Abs. 2 Buchstabe i [...]*
3.1.2 *Richtlinie 1999/45/EG [... zur Angleichung der Rechts- und Verwaltungsvorschriften der Mitgliedstaaten für die Einstufung, Verpackung und Kennzeichnung gefährlicher Zubereitungen]*
3.1.3 *VO (EG) Nr. 1272/2008 [CLP-Verordnung]*
3.2 *VO (EU) Nr. 528/2012 [vgl. unter Einzelpflicht C-8-5]*

Verstoß: ordnungswidrig – siehe Sanktionsübersicht zu C-8, dort Sanktionsgruppe B

C-8-16	Zulassungsinhaber müssen Biozidprodukte vorschriftsgemäß verpacken

Einzelpflichtbeschreibung:

Zulassungsinhaber müssen Biozidprodukte, die mit Lebensmitteln, einschließlich Getränken oder Futtermitteln verwechselt werden können, gem. Rechtsquelle 1.1 (↓) auch i.V.m. Rechtsquelle 1.2 (↓) jeweils auch i.V.m. den Rechtsquellen 2.1 ff. und 2.2 ff. (↓) vorschriftsgemäß verpacken, damit die Wahrscheinlichkeit eines solchen Versehens auf ein Minimum beschränkt wird.

Rechtsquellen:

1.   VO (EU) Nr. 528/2012
1.1   Art. 69 Abs. 1 Unterabs. 2 Satz 1 [Einstufung, Verpackung und Kennzeichnung von Biozidprodukten]
1.2   Art. 53 Abs. 7 [Parallelhandel]
2.   *Mitgeltende Rechtsquellen:*
2.1   *[siehe nachfolgend]*
2.1.1 *VO (EU) Nr. 528/2012 [...] – Art. 22 Abs. 2 Buchstabe i [Inhalt von Zulassungen]*
2.1.2 *Richtlinie 1999/45/EG [... zur Angleichung der Rechts- und Verwaltungsvorschriften der Mitgliedstaaten für die Einstufung, Verpackung und Kennzeichnung gefährlicher Zubereitungen]*
2.1.3 *VO (EG) Nr. 1272/2008 [CLP-Verordnung]*
2.2   *VO (EU) Nr. 528/2012 [vgl. unter Einzelpflicht C-8-5]*

Verstoß: ordnungswidrig – siehe Sanktionsübersicht zu C-8, dort Sanktionsgruppe B

C-8-17	Zulassungsinhaber von Biozidprodukten stellen sicher, dass das Etikett nicht irreführend ist und die vorschriftsgemäßen Angaben oder Hinweise enthält

Einzelpflichtbeschreibung:

Zusätzlich zur Einhaltung der Vorschriften gem. Rechtsquelle 1.1.2 (↓) stellen die Zulassungsinhaber von Biozidprodukten gem. Rechtsquelle 1.1.1 (↓) auch i.v.m. Rechtsquelle 1.2 (↓) jeweils auch i.v.m. den Rechtsquellen 2.1 ff. bzw. 2.2 ff. (↓) sicher, dass das Etikett hinsichtlich der Risiken des Produkts für die Gesundheit von Mensch oder Tier oder für die Umwelt oder seiner Wirksamkeit nicht irreführend ist und keinesfalls Angaben wie „Biozidprodukt mit niedrigem Risikopotenzial", „ungiftig", „unschädlich", „natürlich", „umweltfreundlich", „tierfreundlich" oder ähnliche Hinweise enthält.

Weiterführende Hinweise: zu Rechtsquelle 1.2 (↓)

Unbeschadet der besonderen Bestimmungen in diesem Artikel gelten die Vorschriften gem. Rechtsquelle 2.2 (↓) sinngemäß für Biozidprodukte, die im Rahmen einer Genehmigung für den Parallelhandel auf dem Markt bereitgestellt wurden.

Rechtsquellen:

1.   VO (EU) Nr. 528/2012
1.1   Art. 69 [Einstufung, Verpackung und Kennzeichnung von Biozidprodukten]
1.1.1 Abs. 2 Satz 1
1.1.2 Abs. 1
1.2   Art. 53 Abs. 7 [Parallelhandel]
2.   *Mitgeltende Rechtsquellen:*
2.1   *[verschiedene]*
2.1.1 *VO (EU) Nr. 528/2012 [...] – Art. 22 Abs. 2 Buchstabe i [Inhalt von Zulassungen]*
2.1.2 *Richtlinie 1999/45/EG [... zur Angleichung der Rechts- und Verwaltungsvorschriften der Mitgliedstaaten für die Einstufung, Verpackung und Kennzeichnung gefährlicher Zubereitungen]*
2.1.3 *VO (EG) Nr. 1272/2008 [CLP-Verordnung]*
2.2   *VO (EU) Nr. 528/2012[vgl. unter Einzelpflicht C-8-5]*

Verstoß: ordnungswidrig – siehe Sanktionsübersicht zu C-8, dort Sanktionsgruppe B

C-8-18	Der Zulassungsinhaber von Biozidprodukten stellt sicher, dass das Etikett die vorschriftsgemäßen Angaben enthält

Einzelpflichtbeschreibung:

Zusätzlich zur Einhaltung der Vorschriften der Rechtsquelle 1.1.2 (↓) stellen die Zulassungsinhaber gem. den Rechtsquellen 1.1.1 ff. (↓) i.v.m. der Rechtsquelle 1.2 (↓) jeweils auch i.v.m. den Rechtsquellen 2.1 ff. bzw. 2.2 ff. (↓) sicher, dass das Etikett hinsichtlich der Risiken des Produkts für die Gesundheit von Mensch oder Tier oder für die Umwelt oder seiner Wirksamkeit nicht irreführend ist und keinesfalls Angaben wie „Biozidprodukt mit niedrigem Risikopotenzial", „ungiftig", „unschädlich", „natürlich", „umweltfreundlich", „tierfreundlich" oder ähnliche Hinweise enthält.

Rechtsquellen:

1. VO (EU) Nr. 528/2012
1.1 Art. 69 [Einstufung, Verpackung und Kennzeichnung von Biozidprodukten]
1.1.1 Abs. 2
1.1.1.1 Satz 1
1.1.1.2 Satz 2 Buchstabe a bis n
1.1.2 Abs. 1
1.2 Art. 53 Abs. 7 [Parallelhandel]
2. *Mitgeltende Rechtsquellen:*
2.1 *[verschiedene]*
2.1.1 *VO (EU) Nr. 528/2012 [...] – Art. 22 Abs. 2 Buchstabe i [Inhalt von Zulassungen]*
2.1.2 *Richtlinie 1999/45/EG [... zur Angleichung der Rechts- und Verwaltungsvorschriften der Mitgliedstaaten für die Einstufung, Verpackung und Kennzeichnung gefährlicher Zubereitungen]*
2.1.3 *VO (EG) Nr. 1272/2008 [CLP-Verordnung]*
2.2 *VO (EU) Nr. 528/2012 [vgl. unter Einzelpflicht C-8-5]*

Verstoß: ordnungswidrig – siehe Sanktionsübersicht zu C-8, dort Sanktionsgruppe B

C-8-19	Die verantwortliche Person muss bei der Werbung sicherstellen, dass die erforderlichen Hinweise vorschriftsgemäß hinzufügt werden

Einzelpflichtbeschreibung:

Die verantwortliche Person für die Werbung für Biozidprodukte muss gem. den Rechtsquellen 1.1 und 2 (↓) auch i.v.m. Rechtsquelle 1.2 (↓) jeweils i.v.m. der Rechtsquelle 3 (↓) sicherstellen, dass die erforderlichen Hinweise richtig und vollständig hinzufügt werden.

Rechtsquellen:

1. VO (EU) Nr. 528/2012
1.1 Art. 72 Abs. 1 [Werbung]
1.2 Art. 53 Abs. 7 [Parallelhandel]
2. VO (EG) Nr. 1272/2008 [CLP-VO]
3. *Mitgeltende Rechtsquellen: VO (EU) Nr. 528/2012 [vgl. die unter Einzelpflicht C-8-5 genannten Rechtsquellen]*

Verstoß: ordnungswidrig – siehe Sanktionsübersicht zu C-8, dort Sanktionsgruppe B

C-8-20	Biozidprodukte müssen bei der Werbung in einer Art und Weise dargestellt werden, die eine Irreführung betreffend bestehender Produktrisiken ausschließen

Einzelpflichtbeschreibung:

Bei der Werbung für Biozidprodukte dürfen gem. Rechtsquelle 1.1 ff. (↓) i.V.m. Rechtsquelle 1.2 (↓) jeweils auch i.V.m. den Rechtsquellen 2 (↓) keine Darstellungen verwendet werden, die hinsichtlich der Risiken des Produkts für die Gesundheit von Mensch oder Tier oder für die Umwelt oder seiner Wirksamkeit irreführend sind; d.h., dass die Werbung für ein Biozidprodukt auf keinen Fall die Angaben „Biozidprodukt mit niedrigem Risikopotenzial", „ungiftig", „unschädlich", „natürlich", „umweltfreundlich", „tierfreundlich" oder ähnliche Hinweise enthalten darf.

Rechtsquellen:

1.   VO (EU) Nr. 528/2012
1.1   Art. 72 Abs. 3 [Werbung]
1.1.1 Satz 1
1.1.2 Satz 2
1.2   Art. 53 Abs. 7 [Parallelhandel]
2.   *Mitgeltende Rechtsquellen: VO (EU) Nr. 528/2012 [vgl. die unter Einzelpflicht C-8-5 genannten Rechtsquellen]*

Verstoß: ordnungswidrig – siehe Sanktionsübersicht zu C-8, dort Sanktionsgruppe B

C-8-21	Beachten der Übergangsmaßnahmen betreffend den Zugang zum Wirkstoffdossier

Einzelpflichtbeschreibung:

Die Bereitstellung von Biozidprodukten auf dem Markt muss durch die verantwortliche Person gem. Rechtsquelle 2 (↓) i.V.m. Rechtsquelle 1 (↓) erfolgen.

Weiterführende Hinweise:

1. zu Rechtsquelle 1.1.1 (↓) [nicht vollständig wiedergegeben]

Ab dem 1. September 2013 legt jede Person, die einen oder mehrere Wirkstoffe als solche oder in Biozidprodukten in der Union in Verkehr bringen will („betreffende Person"), für jeden Wirkstoff, den sie zwecks Verwendung in Biozidprodukten herstellt oder einführt, der Agentur Folgendes vor:
a) ein Dossier, das den Anforderungen der Vorschriften der Rechtsquelle 1.4 bzw. 2.1 (↓) genügt, oder
b) eine Zugangsbescheinigung für ein Dossier gemäß Buchstabe a oder
c) eine Bezugnahme auf ein Dossier gemäß Buchstabe a, für das alle Datenschutzfristen abgelaufen sind.

Ist die betreffende Person keine in der Union niedergelassene natürliche oder juristische Person, so legt der Importeur des Biozidprodukts, das diesen/diese Wirkstoff(e) enthält, die nach [vorgenanntem] Unterabsatz erforderlichen Informationen vor.

[...]

2. zu Rechtsquelle 1.1.2 (↓)

Die Agentur veröffentlicht die Liste der Personen, die Unterlagen gemäß vorgenanntem Absatz vorgelegt haben oder in Bezug auf die sie eine Entscheidung gem. Rechtsquelle 1.2 (↓) getroffen hat. Die Liste enthält ferner die Namen der Personen, die an dem Arbeitsprogramm gem. Rechtsquelle 1.3 (↓) teilnehmen, oder die die Rolle des Teilnehmers übernommen haben.

Rechtsquellen:

1.   VO (EU) Nr. 528/2012
1.1   Art. 95 [Übergangsmaßnahmen für den Zugang zum Wirkstoffdossier]
1.1.1   Abs. 1
1.1.2   Abs. 2
1.2   Art. 63 Abs. 3 [Ausgleichszahlung für die gemeinsame Nutzung von Daten]
1.3   Art. 89 Abs. 1 Unterabs. 1 [Übergangsmaßnahmen]
1.4   Anhang II [Informationsanforderungen für Wirkstoffe]
2.   Richtlinie 98/8/EG [… über das Inverkehrbringen von Biozid-Produkten]
2.1   Anhang IIA [Gemeinsamer Kerndatensatz für Wirkstoffe (Chemische Stoffe)]

Verstoß: ordnungswidrig – siehe Sanktionsübersicht zu C-8, dort Sanktionsgruppe B

2.3.9 Pflichtenblöcke C-9 zu Abschnitt 9 ChemSanktionsV [Zuwiderhandlungen gegen die Verordnung (EU) Nr. 649/2012 (… über die Aus- und Einfuhr gefährlicher Chemikalien)]

2.3.9.1 Pflichtenblock C-9-1 gem. § 15 Straftaten nach der Verordnung (EU) Nr. 649/2012

Nach § 27 Absatz 1 Nummer 3 Satzteil vor Satz 2, Absatz 1a bis 4 des Chemikaliengesetzes wird bestraft, wer gegen die Verordnung (EU) Nr. 649/2012 des Europäischen Parlaments und des Rates vom 4. Juli 2012 über die Aus- und Einfuhr gefährlicher Chemikalien (ABl. L 201 vom 27.7.2012, S. 60), die durch die delegierte Verordnung (EU) 2015/2229 (ABl. L 317 vom 3.12.2015, S. 13) geändert worden ist, verstößt, indem er vorsätzlich oder fahrlässig   **Einzelpflicht**

1. ohne Zustimmung nach Artikel 14 Absatz 6 Unterabsatz 1 Buchstabe a einen dort genannten Stoff oder ein dort genanntes Gemisch ausführt oder   **C-9-1.1**

2. entgegen Artikel 15 Absatz 2 eine Chemikalie oder einen Artikel ausführt.   **C-9-1.2**

Pflichtenkatalog zu Pflichtenblock C-9-1

C-9-1.1	Bestimmte Stoffe oder Gemische mit Stoffkonzentrationen, die unabhängig vom Vorhandensein anderer Stoffe unter die Kennzeichnungspflicht der CLP-VO fallen, dürfen nur ausgeführt werden, wenn die für sie geltenden Bedingungen erfüllt sind

Einzelpflichtbeschreibung:

Gem. Rechtsquelle 1.1 (↓) dürfen die in den Rechtsquellen 1.2 ff. (↓) aufgeführten Stoffe oder Gemische, die diese Stoffe in Konzentrationen enthalten, die unabhängig vom Vorhandensein anderer Stoffe unter die Kennzeichnungspflicht gemäß Rechtsquelle 2 (↓) fallen, unabhängig von der beabsichtigten Verwendung bei der einführenden Vertragspartei oder im einführenden sonstigen Land, nur ausgeführt werden, wenn der Ausführer durch die bezeichnete nationale Behörde des Mitgliedstaats des Ausführers in Absprache mit der Kommission, die von der Agentur unterstützt wird, und der bezeichneten nationalen Behörde der einführenden Vertragspartei oder der zuständigen Behörde eines einführenden sonstigen Landes die ausdrückliche Zustimmung zur Einfuhr beantragt und erhalten hat.

Rechtsquellen:

1. VO (EU) Nr. 649/2012 [...]
1.1 Art. 14 Abs. 6 Unterabs. 1 Buchstabe a [Andere als die Ausfuhrnotifikation betreffende Verpflichtungen bei der Ausfuhr von Chemikalien]
1.2 Anhang I [Liste der Chemikalien (gem. Art. 7)]
1.2.1 Teil 2 [Liste der Chemikalien, die Kandidaten für die PIC-Notifikation sind (gem. Art. 11)]
1.2.2 Teil 3 [Liste der Chemikalien, die dem PIC-Verfahren unterliegen (gem. Art. 13 und 14)]
2. VO (EG) Nr. 1272/2008 [CLP-VO]

Verstoß: strafbar – siehe Sanktionsübersicht zu C-9, dort Sanktionsgruppe A ff.

C-9-1.2	**Chemikalien und Artikel, deren Verwendung in der Union zum Schutz der menschlichen Gesundheit oder der Umwelt verboten ist, dürfen nicht ausgeführt werden**

Einzelpflichtbeschreibung:

In Rechtsquelle 2 (↓) aufgeführte Chemikalien und Artikel, deren Verwendung in der Union zum Schutz der menschlichen Gesundheit oder der Umwelt verboten ist, dürfen gem. Rechtsquelle 1 (↓) nicht ausgeführt werden.

Rechtsquellen: VO (EU) Nr. 649/2012
1. Art. 15 Abs. 2 [Ausfuhr von bestimmten Chemikalien und Artikeln]
2. Anhang V [Chemikalien und Artikel, für die ein Ausfuhrverbot besteht]

Verstoß: strafbar – siehe Sanktionsübersicht zu C-8, dort Sanktionsgruppe A ff.

2.3.9.2 Pflichtenblock C-9-2 gem. § 16 Ordnungswidrigkeiten nach der Verordnung (EU) Nr. 649/2012

Ordnungswidrig im Sinne des § 26 Absatz 1 Nummer 11 Satzteil vor Satz 2 des Chemikaliengesetzes handelt, wer gegen die Verordnung (EU) Nr. 649/2012 verstößt, indem er vorsätzlich oder fahrlässig   **Einzelpflicht**

1. entgegen Artikel 8 Absatz 2 Unterabsatz 1 Satz 1 oder Satz 2, jeweils in Verbindung mit Satz 3, jeweils auch in Verbindung mit Artikel 8 Absatz 4 oder Artikel 15 Absatz 1, die bezeichnete nationale Behörde über die Ausfuhr einer Chemikalie oder eines Artikels nicht, nicht richtig, nicht vollständig oder nicht rechtzeitig unterrichtet,   **C-9-2.1**

2. entgegen Artikel 10 Absatz 1 Satz 1 in Verbindung mit Satz 2 oder Satz 3, jeweils auch in Verbindung mit Satz 4, eine dort genannte Information nicht, nicht richtig, nicht vollständig oder nicht rechtzeitig gibt,   **C-9-2.2**

3. entgegen Artikel 10 Absatz 2 oder Artikel 11 Absatz 4 Unterabsatz 2   **C-9-2.3**
eine dort genannte Information nicht, nicht richtig, nicht vollständig
oder nicht rechtzeitig zur Verfügung stellt,

4. entgegen Artikel 14 Absatz 4 einer dort genannten Entscheidung   **C-9-2.4**
nicht, nicht richtig, nicht vollständig oder nicht rechtzeitig nachkommt,

5. entgegen Artikel 14 Absatz 10 Satz 1 eine Chemikalie später als sechs   **C-9-2.5**
Monate vor dem Verfallsdatum ausführt,

6. entgegen Artikel 14 Absatz 11 Satz 1 bei der Ausfuhr von Pestiziden   **C-9-2.6**
nicht sicherstellt, dass das Etikett die dort genannten Informationen
enthält,

7. entgegen Artikel 16 Absatz 2 eine dort genannte Information nicht,   **C-9-2.7**
nicht richtig, nicht vollständig oder nicht rechtzeitig übermittelt,

8. entgegen Artikel 17 Absatz 3 in Verbindung mit Artikel 31 Absatz 1   **C-9-2.8**
der Verordnung (EG) Nr. 1907/2006 ein Sicherheitsdatenblatt nicht,
nicht richtig, nicht vollständig oder nicht rechtzeitig beifügt oder nicht,
nicht richtig, nicht vollständig oder nicht rechtzeitig übermittelt,

9. entgegen Artikel 19 Absatz 1 oder Absatz 2 eine Kennnummer nicht,   **C-9-2.9**
nicht richtig, nicht vollständig oder nicht rechtzeitig angibt oder

10. einer vollziehbaren Anordnung nach Artikel 19 Absatz 3 zuwider-   **C-9-2.10**
handelt.

Pflichtenkatalog zu Pflichtenblock C-9-2

C-9-2.1	**Bei der Ausfuhr einer Chemikalie bzw. eines Artikels an Vertragsparteien und sonstige Länder muss die zuständige Behörde vorschriftsgemäß unterrichtet werden**

Einzelpflichtbeschreibung:

Bei der Ausfuhr einer Chemikalie bzw. eines Artikels an Vertragsparteien und sonstige
Länder muss die zuständige nationale Behörde gem. Rechtsquelle 1.1.1 bzw. 1.1.2 (↓) jeweils i.V.m. 1.1.3 (↓) auch i.V.m. Rechtsquelle 1.1.2 bzw. 1.2 (↓) richtig, vollständig
und rechtzeitig unterrichtet werden.

Rechtsquellen: —

1.   VO (EU) Nr. 649/2012
1.1   Art. 8 [Ausfuhrnotifikation an Vertragsparteien und sonstige Länder]
1.1.1   Abs. 2 Unterabs. 1
1.1.1.1 Satz 1
1.1.1.2 Satz 2
1.1.1.3 Satz 3
1.1.2   Abs. 4
1.1.3   Abs. 1

[weitere mitgeltende Rechtsquellen]
1.2   Art. 15 Abs. 1 [Ausfuhr von bestimmten Chemikalien und Artikeln]
1.3   Anhang I [Liste der Chemikalien (gem. Art. 7)]
1.3.1   Teil 2 [Liste der Chemikalien, die Kandidaten für die PIC-Notifikation sind (gem. Art. 11)]
1.3.2   Teil 3 [Liste der Chemikalien, die dem PIC-Verfahren unterliegen (gem. Art. 13 und 14)]

1.4   Anhang II [Ausfuhrnotifikation]
2.   VO (EG) 1272/2008 [CLP-VO]

Verstoß: ordnungswidrig – siehe Sanktionsübersicht zu C-9, dort Sanktionsgruppe B

C-9-2.2	Die betroffenen Verantwortlichen müssen die erforderlichen Informationen über die Ausfuhr von Chemikalien vorschriftsgemäß an die zuständigen Behörden geben

Einzelpflichtbeschreibung:

Gem. Rechtsquelle 1.1.1 (↓) auch i.v.m. den Rechtsquellen 1.1.2 und 1.2.3 (↓) jeweils auch i.v.m. Rechtsquelle 1.1.4 (↓) auch in Verbindung mit den mitgeltenden Rechtsquellen 2 ff. (↓) müssen die betroffenen Verantwortlichen die erforderlichen Informationen über die Ausfuhr von Chemikalien richtig, vollständig und rechtzeitig an die zuständigen Behörden geben.

Rechtsquellen:

1.   VO (EU) Nr. 649/2012 [...]
1.1   Art. 10 Abs. 1 [Informationen über die Ausfuhr und die Einfuhr von Chemikalien]
1.1.1   Satz 1
1.1.2   Satz 2
1.1.3   Satz 3
1.1.4   Satz 4
2.   Mitgeltende Rechtsquellen:
2.1   VO (EU) Nr. 649/2012
2.1.1   Art. 14 Abs. 7 [Andere als die Ausfuhrnotifikation betreffende Verpflichtungen bei der Ausfuhr von Chemikalien]
2.1.2   Anhang I [Liste der Chemikalien (gem. Art. 7)]
2.1.2.1 Teil 2 [Liste der Chemikalien, die Kandidaten für die PIC-Notifikation sind]
2.1.2.2 Teil 3 [Liste der Chemikalien, die dem PIC-Verfahren unterliegen]
2.2   VO (EG) Nr. 1272/2008 [CLP-VO]

Verstoß: ordnungswidrig – siehe Sanktionsübersicht zu C-9, dort Sanktionsgruppe B

C-9-2.3	Ausführer bzw. Einführer stellen auf Anfrage der Kommission, die von der Agentur unterstützt wird, oder der bezeichneten nationalen Behörde ihres Mitgliedstaats zusätzliche erforderliche Informationen über Chemikalien zur Verfügung

Einzelpflichtbeschreibung:

Ausführer bzw. Einführer stellen gem. Rechtsquelle 1 bzw. 2 (↓) auch i.v.m. Rechtsquelle 3 (↓) auf Anfrage der Kommission, die von der Agentur unterstützt wird, oder der bezeichneten nationalen Behörde ihres Mitgliedstaats zusätzliche erforderliche Informationen über Chemikalien richtig, vollständig und rechtzeitig zur Verfügung.

Rechtsquellen: VO (EU) Nr. 649/2012
1. Art. 10 Abs. 2 [Informationen über die Ausfuhr und die Einfuhr von Chemikalien]
2. Art. 11 Abs. 4 Unterabs. 2 [Notifikation verbotener oder strengen Beschränkungen unterliegender Chemikalien im Rahmen des Übereinkommens]

3. Anhang IV [Notifikation einer verbotenen oder strengen Beschränkungen unterliegenden Chemikalie an das Sekretariat des Übereinkommens (Informationsanforderungen für Notifikationen nach Artikel 11)]

Verstoß: ordnungswidrig – siehe Sanktionsübersicht zu C-9, dort Sanktionsgruppe B

C-9-2.4	Ausführer kommen fristgerecht ihrer Informationspflicht über solche Entscheidungen nach, die in jeder Einfuhrentscheidung enthalten sind

Einzelpflichtbeschreibung:

Die Ausführer kommen gem. Rechtsquelle 1 (↓) spätestens sechs Monate nach dem Zeitpunkt, zu dem das Sekretariat die Kommission erstmals im Sinne von Rechtsquelle 2 (↓) über solche Entscheidungen informiert, den in jeder Einfuhrentscheidung enthaltenen Entscheidungen richtig, vollständig und rechtzeitig nach.

Rechtsquellen: VO (EU) Nr. 649/2012 – Art. 14 [Andere als die Ausfuhrnotifikation betreffende Verpflichtungen bei der Ausfuhr von Chemikalien]
1. Abs. 4
2. Abs. 1

Verstoß: ordnungswidrig – siehe Sanktionsübersicht zu C-9, dort Sanktionsgruppe B

C-9-2.5	Chemikalien müssen grundsätzlich fristgemäß vor ihrem Verfallsdatum ausgeführt werden, falls ein solches besteht oder aus dem Herstellungsdatum hergeleitet werden kann

Einzelpflichtbeschreibung:

Chemikalien müssen gem. nachstehender Rechtsquelle (↓) spätestens sechs Monate vor ihrem Verfallsdatum ausgeführt werden, falls ein solches besteht oder aus dem Herstellungsdatum hergeleitet werden kann, es sei denn, die Eigenschaften der Chemikalie machen dies unmöglich.

Rechtsquellen: VO (EU) Nr. 649/2012 – Art. 14 Abs. 10 Satz 1 [Andere als die Ausfuhrnotifikation betreffende Verpflichtungen bei der Ausfuhr von Chemikalien]

Verstoß: ordnungswidrig – siehe Sanktionsübersicht zu C-9, dort Sanktionsgruppe B

C-9-2.6	Ausführer von Pestiziden stellen sicher, dass das Etikett spezifische Informationen über Lagerbedingungen und Lagerstabilität unter den klimatischen Bedingungen der einführenden Vertragspartei bzw. des einführenden sonstigen Landes enthält

Einzelpflichtbeschreibung:

Bei der Ausfuhr von Pestiziden stellen die Ausführer gem. Rechtsquelle 1 (↓) sicher, dass das Etikett spezifische Informationen über Lagerbedingungen und Lagerstabilität unter den klimatischen Bedingungen der einführenden Vertragspartei bzw. des einführenden sonstigen Landes enthält.

Hinweis: gem. Rechtsquelle 2 (↓)

Sie sorgen ferner dafür, dass die ausgeführten Pestizide den Reinheitsspezifikationen der Unionsvorschriften entsprechen.

Rechtsquellen: VO (EU) Nr. 649/2012 – Art. 14 Abs. 11 Satz 1 [Andere als die Ausfuhrnotifikation betreffende Verpflichtungen bei der Ausfuhr von Chemikalien]
1. Satz 1
2. Satz 2

Verstoß: ordnungswidrig – siehe Sanktionsübersicht zu C-9, dort Sanktionsgruppe B

C-9-2.7	Wird eine bestimmte Chemikalie durch das Hoheitsgebiet einer bestimmten Vertragspartei des Übereinkommens befördert, übermittelt der Ausführer soweit möglich der bezeichneten nationalen Behörde des Mitgliedstaats des Ausführers fristgerecht vor der ersten Durchfuhr und spätestens vor jeder folgenden Durchfuhr die von der Vertragspartei des Übereinkommens verlangten Informationen

Einzelpflichtbeschreibung:

Wird eine in Rechtsquelle 2 (↓) aufgeführte Chemikalie durch das Hoheitsgebiet einer in Rechtsquelle 3 (↓) aufgeführten Vertragspartei des Übereinkommens befördert, übermittelt der Ausführer gem. Rechtsquelle 1 (↓) soweit möglich der bezeichneten nationalen Behörde des Mitgliedstaats des Ausführers spätestens 30 Tage vor der ersten Durchfuhr und spätestens acht Tage vor jeder folgenden Durchfuhr die von der Vertragspartei des Übereinkommens gemäß Rechtsquelle 3 (↓) verlangten Informationen richtig, vollständig und rechtzeitig.

Rechtsquellen: VO (EU) Nr. 649/2012
1. Art. 16 Abs. 2 [Informationen über die Durchfuhr von Chemikalien (gem. Art. 7)]
2. Anhang I – Teil 3 [Liste der Chemikalien, die dem PIC-Verfahren unterliegen (gem. Art. 13 und 14)]
3. Anhang VI [Liste der Vertragsparteien, die Informationen über die Durchfuhr von dem PIC-Verfahren unterliegenden Chemikalien verlangen]

Verstoß: ordnungswidrig – siehe Sanktionsübersicht zu C-9, dort Sanktionsgruppe B

C-9-2.8	Bei der Ausfuhr bestimmter Chemikalien ist ein Sicherheitsdatenblatt gemäß der REACH-Verordnung beizufügen bzw. zu übermitteln

Einzelpflichtbeschreibung:

Bei der Ausfuhr bestimmter Chemikalien ist gem. Rechtsquelle 1.1 (↓) i.V.m. 1.2 (↓) auch i.V.m. Rechtsquelle 2 (↓) ein Sicherheitsdatenblatt (gemäß REACH-Verordnung) richtig, vollständig und rechtzeitig beizufügen bzw. zu übermitteln.

Rechtsquellen:

1. VO (EU) Nr. 649/2012 – Art. 17 Abs. 3 [Begleitinformationen für ausgeführte Chemikalien]
1.1 Abs. 3

1.2 Abs. 1
2.   VO (EG) Nr. 1907/2006 [REACH-VO] – Art. 31 Abs. 1 [Anforderungen an Sicherheitsdatenblätter]

Verstoß: ordnungswidrig – siehe Sanktionsübersicht zu C-9, dort Sanktionsgruppe B

C-9-2.9	Ausführer von Chemikalien geben in ihrer Ausfuhranmeldung die geforderte Kennnummern an

Einzelpflichtbeschreibung:

Ausführer von Chemikalien geben gem. Rechtsquelle 1.1 (↓) und 1.2 (↓) unter Berücksichtigung der mitgeltenden Rechtsquellen 2 ff. (↓) in ihrer Ausfuhranmeldung die geforderte Kennnummern richtig, vollständig und rechtzeitig an.

Rechtsquellen:

1.   VO (EU) Nr. 649/2012 – Art. 19 [Weitere Verpflichtungen der Ausführer]
1.1   Abs. 1
1.2   Abs. 2
2.   *Mitgeltende Rechtsquellen:*
2.1   *VO (EU) Nr. 649/2012 – Art. 19 [Weitere Verpflichtungen der Ausführer]*
2.1.1   *Abs. 4 [Weitere Verpflichtungen der Ausführer]*
2.1.2   *Art. 8 [Ausfuhrnotifikation an Vertragsparteien und sonstige Länder]*
2.1.2.1 *Abs. 5*
2.1.2.2 *Abs. 6*
2.2   *VO (EWG) Nr. 2913/92 [...zur Festlegung des Zollkodex] – Art. 161 Abs. 5 [Vorschriften zur Ausfuhr]*

Verstoß: ordnungswidrig – siehe Sanktionsübersicht zu C-9, dort Sanktionsgruppe B

C-9-2.10	Ausführer bestimmter Chemikalien müssen vollziehbare Auflagen zur Übermittlung ihrer Verpflichtungen betreffend die Verwendung der vorgeschriebenen Datenbank erfüllen

Einzelpflichtbeschreibung:

Auf Aufforderung der Agentur – d.h. einer vollziehbaren Anordnung – verwenden die Ausführer gem. nachstehender Rechtsquelle (↓) die Datenbank zur Übermittlung der für die Erfüllung ihrer Verpflichtungen im Rahmen dieser Verordnung erforderlichen Angaben.

Rechtsquellen: VO (EU) Nr. 649/2012 [...] – Art. 19 Abs. 3 [Weitere Verpflichtungen der Ausführer]

Verstoß: ordnungswidrig – siehe Sanktionsübersicht zu C-9, dort Sanktionsgruppe B

2.3.10 Pflichtenblöcke C-10 zu Abschnitt 10 ChemSanktionsV [Zuwiderhandlungen gegen die Verordnung (EU) Nr. 517/2014 (Fluorierte Treibhausgase) und die auf ihrer Grundlage fortgeltenden Kommissionsverordnungen (EG) Nr. 1497/2007 und Nr. 1516/2007]

2.3.10.1 Pflichtenblock C-10-1 gem. § 17 Straftaten nach der Verordnung (EU) Nr. 517/2014

Nach § 27 Absatz 1 Nummer 3 Satzteil vor Satz 2, Absatz 1a bis 4 des Chemikaliengesetzes wird bestraft, wer gegen die Verordnung (EU) Nr. 517/2014 des Europäischen Parlaments und des Rates vom 16. April 2014 über fluorierte Treibhausgase und zur Aufhebung der Verordnung (EG) Nr. 842/2006 (ABl. L 150 vom 20.5.2014, S. 195) verstößt, indem er vorsätzlich oder fahrlässig **Einzelpflicht**

1. entgegen Artikel 7 Absatz 2 Unterabsatz 1 ein dort genanntes fluoriertes Treibhausgas oder ein dort genanntes Gas in Verkehr bringt, **C-10-1.1**
2. entgegen Artikel 11 Absatz 1 ein dort genanntes Erzeugnis oder eine dort genannte Einrichtung in Verkehr bringt, **C-10-1.2**
3. entgegen Artikel 13 Absatz 1 Unterabsatz 1, Absatz 2 oder Absatz 3 Unterabsatz 1 Schwefelhexafluorid oder ein dort genanntes Treibhausgas verwendet oder **C-10-1.3**
4. entgegen Artikel 14 Absatz 1 eine dort genannte Kälteanlage, Klimaanlage oder Wärmepumpe in Verkehr bringt. **C-10-1.4**

Pflichtenkatalog zu Pflichtenblock C-10-1

C-10-1.1	Bestimmte fluorierte Treibhausgase dürfen nur bei Vorliegen des erforderlichen Nachweises in Verkehr gebracht werden[1)

Einzelpflichtbeschreibung:

Es ist gem. Rechtsquelle 1 (↓) unzulässig – unbeschadet der Vorschriften der Rechtsquelle 2 (↓) – fluorierte Treibhausgase und Gase, die in Rechtsquelle 3 (↓) aufgeführt sind, in Verkehr zu bringen, es sei denn, die Hersteller oder Einführer erbringen, wenn dies einschlägig ist, zum Zeitpunkt dieses Inverkehrbringens den Nachweis, dass Trifluormethan, das als Nebenprodukt der Herstellung und auch bei der Herstellung ihrer Ausgangsstoffe erzeugt wird, unter Einsatz der besten verfügbaren Techniken zerstört oder für spätere Verwendungen rückgewonnen wurde.

Rechtsquellen: VO (EU) Nr. 517/2014 [...]
1. Art. 7 Abs. 2 Unterabs. 1 [Emissionen von fluorierten Treibhausgasen im Zusammenhang mit der Herstellung]
2. Art. 11 Abs. 1 [Beschränkung des Inverkehrbringens]
3. Anhang II [Andere fluorierte Treibhausgase, über die gem. Art. 19 Bericht erstattet werden muss]

Verstoß: strafbar – siehe Sanktionsübersicht zu C-10-1, dort Sanktionsgruppe A ff.

[1) Diese Anforderung gilt seit dem 11. Juni 2015.

| C-10-1.2 | Beschränkungen beim Inverkehrbringen bestimmter Erzeugnisse/ Einrichtungen beachten |

Einzelpflichtbeschreibung:

Das Inverkehrbringen der in Rechtsquelle 2 (↓) aufgeführten Erzeugnisse und Einrichtungen, außer Militärausrüstung, ist gem. Rechtsquelle 1 (↓) ab dem in diesem Anhang angegebenen Zeitpunkt untersagt, wobei gegebenenfalls nach der Art oder dem Treibhausgaspotenzial des enthaltenen fluorierten Treibhausgases differenziert wird.

Rechtsquellen: VO (EU) Nr. 517/2014 [...]
1. Art. 11 Abs. 1 [Beschränkungen des Inverkehrbringens]
2. Anhang III [Verbote des Inverkehrbringens gem. Art. 11 Abs. 1]

Verstoß: strafbar – siehe Sanktionsübersicht zu C-10-1, dort Sanktionsgruppe A ff.

| C-10-1.3 | Beachten bestimmter Verwendungsbeschränkungen für Schwefelhexafluorid oder ein bestimmtes Treibhausgas |

Einzelpflichtbeschreibung:

Die Verwendungsbeschränkungen (bzw. -verbote) für Schwefelhexafluorid oder ein bestimmtes Treibhausgas gem. Rechtsquelle 1, 2 bzw. 3 (↓) sind einzuhalten.

Weiterführende Hinweise: zu den Rechtsquellen 1 bis 3 (↓)
1. Die Verwendung von Schwefelhexafluorid für den Magnesiumdruckguss und beim Recycling von Magnesiumdruckguss-Legierungen ist untersagt.[1]
2. Die Verwendung von Schwefelhexafluorid zum Füllen von Fahrzeugreifen ist untersagt.
3. Ab dem 1. Januar 2020 ist die Verwendung von fluorierten Treibhausgasen mit einem Treibhausgaspotenzial von 2500 oder mehr zur Wartung oder Instandhaltung von Kälteanlagen mit einer Füllmenge von 40 Tonnen CO_2-Äquivalent oder mehr untersagt.

Rechtsquellen: VO (EU) Nr. 517/2014 [...] – Art. 13 [Beschränkung der Verwendung]
1. Abs. 1 Unterabs. 1[2]
2. Abs. 2
3. Abs. 3 Unterabs. 1

Verstoß: strafbar – siehe Sanktionsübersicht zu C-10-1, dort Sanktionsgruppe A ff.

| C-10-1.4 | Bei Vorbefüllung von Einrichtungen mit teilfluorierten Kohlenwasserstoffen ist ab einer bestimmten Frist das bezeichnete Quotensystem zu beachten |

Einzelpflichtbeschreibung:

Ab dem 1. Januar 2017 dürfen Kälteanlagen, Klimaanlagen und Wärmepumpen, die mit teilfluorierten Kohlenwasserstoffen befüllt sind, gem. Rechtsquelle 1 (↓) nur dann in Verkehr gebracht werden, wenn die in die Einrichtungen gefüllten teilfluorierten Kohlenwasserstoffe im Rahmen des Quotensystems gemäß Rechtsquelle 2 (↓) berücksichtigt sind.

---

[1] Für Einrichtungen, bei denen eine Schwefelhexafluorid-Menge von weniger als 850 kg jährlich beim Magnesiumdruckguss und beim Recycling von Magnesiumdruckguss-Legierungen verwendet wird, gilt dieses Verbot erst ab dem 1. Januar 2018.
[2] Siehe Fußnote oben

211

Rechtsquellen: VO (EU) Nr. 517/2014 [...]
1. Art. 14 Abs. 1 [Vorbefüllung von Einrichtungen mit teilfluorierten Kohlenwasserstoffen]
2. Kap. IV [Verringerung der Menge von in Verkehr gebrachten teilfluorierten Kohlenwasserstoffen]

Verstoß: strafbar – siehe Sanktionsübersicht zu C-10-1, dort Sanktionsgruppe A ff.

2.3.10.2 Pflichtenblöcke C-10-2 gem. § 18 Ordnungswidrigkeiten nach der Verordnung (EU) Nr. 517/2014 (Fluorierte Treibhausgase) und den auf ihrer Grundlage fortgeltenden Kommissionsverordnungen (EG) Nr. 1497/2007 und Nr. 1516/2007

2.3.10.2.1 Pflichtenblock C-10-2-1 gem. § 18 Abs. 1 ChemSanktionsV

(1) Ordnungswidrig im Sinne des § 26 Absatz 1 Nummer 11 Satzteil vor Satz 2 des Chemikaliengesetzes handelt, wer gegen die Verordnung (EU) Nr. 517/2014 verstößt, indem er vorsätzlich oder fahrlässig   **Einzelpflicht**

1. entgegen Artikel 3 Absatz 3 Unterabsatz 1 nicht sicherstellt, dass eine dort genannte Einrichtung repariert wird,   **C-10-2-1.1**
2. entgegen Artikel 3 Absatz 3 Unterabsatz 2 nicht gewährleistet, dass eine dort genannte Einrichtung von einer zertifizierten natürlichen Person geprüft wird,   **C-10-2-1.2**
3. entgegen Artikel 4 Absatz 1 Unterabsatz 1, jeweils in Verbindung mit Absatz 2 Unterabsatz 1 oder Absatz 3, nicht sicherstellt, dass eine dort genannte Einrichtung kontrolliert wird,   **C-10-2-1.3**
4. entgegen Artikel 5 Absatz 1 oder Absatz 2 nicht sicherstellt, dass eine dort genannte Einrichtung mit einem dort genannten Leckage-Erkennungssystem versehen ist,
5. entgegen Artikel 5 Absatz 3 oder Absatz 4 nicht sicherstellt, dass ein dort genanntes Leckage-Erkennungssystem kontrolliert wird,   **C-10-2-1.4** **C-10-2-1.5**
6. entgegen Artikel 6 Absatz 1 oder Absatz 3 Unterabsatz 1 eine dort genannte Aufzeichnung nicht, nicht richtig oder nicht vollständig führt,   **C-10-2-1.6**
7. entgegen Artikel 6 Absatz 2 Unterabsatz 1 Buchstabe a oder Buchstabe b oder Absatz 3 Unterabsatz 2 eine dort genannte Aufzeichnung oder Kopie nicht oder nicht mindestens fünf Jahre ab dem Zeitpunkt der Erstellung der Aufzeichnung oder nach Erhalt der Kopie aufbewahrt,   **C-10-2-1.7**
8. entgegen Artikel 6 Absatz 2 Unterabsatz 2 Satz 1 oder Absatz 3 Unterabsatz 3 eine dort genannte Aufzeichnung nicht, nicht richtig, nicht vollständig oder nicht rechtzeitig zur Verfügung stellt,   **C-10-2-1.8**
9. entgegen Artikel 8 Absatz 1 die Rückgewinnung dort genannter Gase nicht sicherstellt,   **C-10-2-1.9**
10. entgegen Artikel 8 Absatz 2 für die Rückgewinnung dort genannter Gasreste nicht sorgt,   **C-10-2-1.10**
11. entgegen Artikel 12 Absatz 1, auch in Verbindung mit Absatz 2, 7, 8, 9, 10, 11 oder Absatz 12, jeweils in Verbindung mit Absatz 3, 4 oder Absatz 13, jeweils in Verbindung mit Artikel 2 der Durchführungsverordnung (EU) 2015/2068 der Kommission vom 17. November 2015 zur Festlegung – gemäß der Verordnung (EU) Nr. 517/2014 des Europäischen Parlaments und des Rates – der Form der Kennzeich-   **C-10-2-1.11**

nung von Erzeugnissen und Einrichtungen, die fluorierte Treibhausgase enthalten (ABl. L 301 vom 18.11.2015, S. 39), ein dort genanntes Erzeugnis oder eine dort genannte Einrichtung in Verkehr bringt,

12. entgegen Artikel 12 Absatz 5 Satz 1

   a) in Verbindung mit Absatz 5 Satz 2 in Verbindung mit Absatz 4 Unterabsatz 1 Buchstabe b oder Unterabsatz 2 oder Absatz 13 oder   C-10-2-1.12a)

   b) in Verbindung mit Absatz 5 Satz 3 in Verbindung mit Absatz 4 Unterabsatz 2 oder Absatz 13,   C-10-2-1.12b)

   jeweils in Verbindung mit Artikel 2 Absatz 6 der Durchführungsverordnung (EU) 2015/2068, einen dort genannten Schaum, ein dort genanntes Polyol-Vorgemisch oder eine Schaumplatte in Verkehr bringt,

13. entgegen Artikel 14 Absatz 2 Unterabsatz 1 die dort genannte Dokumentation nicht gewährleistet oder die dort genannte Konformitätserklärung nicht oder nicht rechtzeitig ausstellt,   C-10-2-1.13

14. entgegen Artikel 14 Absatz 2 Unterabsatz 2 Satz 1 nicht sicherstellt, dass die Richtigkeit der dort genannten Dokumentation oder der dort genannten Konformitätserklärung bestätigt wird,   C-10-2-1.14

15. entgegen Artikel 14 Absatz 2 Unterabsatz 3 Satz 1 eine dort genannte Unterlage nicht oder nicht mindestens fünf Jahre aufbewahrt,   C-10-2-1.15

16. entgegen Artikel 14 Absatz 2 Unterabsatz 3 Satz 2 nicht sicherstellt, dass er erfasst wird,   C-10-2-1.16

17. entgegen Artikel 15 Absatz 1 Unterabsatz 2, auch in Verbindung mit Absatz 3, nicht gewährleistet, dass die dort genannte berechnete Menge an teilfluorierten Kohlenwasserstoffen die dort genannte zugewiesene oder übertragene Quote nicht überschreitet,   C-10-2-1.17

18. entgegen Artikel 17 Absatz 1 Unterabsatz 2 sich nicht oder nicht rechtzeitig registriert,   C-10-2-1.18

19. entgegen Artikel 18 Absatz 2 Unterabsatz 2, auch in Verbindung mit Artikel 15 Absatz 3, einem anderen Unternehmen erlaubt, die dort genannte Quote zu nutzen,   C-10-2-1.19

20. einer vollziehbaren Anordnung nach Artikel 18 Absatz 2 Unterabsatz 3 Satz 2, auch in Verbindung mit Artikel 15 Absatz 3, zuwiderhandelt,   C-10-2-1.20

21. entgegen Artikel 19 Absatz 1 Satz 1, auch in Verbindung mit Artikel 19 Absatz 1 Satz 2, jeweils auch in Verbindung mit Artikel 15 Absatz 3, eine dort genannte Angabe nicht, nicht richtig, nicht vollständig oder nicht rechtzeitig übermittelt,   C-10-2-1.21

22. entgegen Artikel 19 Absatz 2, 3 oder Absatz 4, jeweils auch in Verbindung mit Artikel 15 Absatz 3, eine dort genannte Angabe nicht, nicht richtig, nicht vollständig oder nicht rechtzeitig übermittelt,   C-10-2-1.22

23. entgegen Artikel 19 Absatz 5, auch in Verbindung mit Artikel 15 Absatz 3, das dort genannte Prüfdokument nicht, nicht richtig, nicht vollständig oder nicht rechtzeitig übermittelt,   C-10-2-1.23

24. entgegen Artikel 19 Absatz 6 Unterabsatz 1, auch in Verbindung mit Artikel 15 Absatz 3, nicht gewährleistet, dass die Richtigkeit der dort genannten Daten bestätigt wird,   C-10-2-1.24

25. entgegen Artikel 19 Absatz 6 Unterabsatz 2 Satz 1, auch in Verbindung mit Artikel 15 Absatz 3, den dort genannten Prüfbericht nicht oder nicht mindestens fünf Jahre nach dessen Eingang beim Unternehmen aufbewahrt oder   C-10-2-1.25

26. einer vollziehbaren Anordnung nach Artikel 19 Absatz 6 Unterab- C-10-2-1.26
satz 2 Satz 2, auch in Verbindung mit Artikel 15 Absatz 3, zuwiderhandelt.

Pflichtenkatalog zu Pflichtenblock C-10-2-2

C-10-2-1.1	Bei Entdeckung einer Leckage fluorierter Treibhausgase muss der Betreiber der Einrichtung diese unverzüglich reparieren

Einzelpflichtbeschreibung:

Wird eine Leckage fluorierter Treibhausgase entdeckt, stellt der Betreiber gem. nachstehender Rechtsquelle (↓) sicher, dass die Einrichtung unverzüglich repariert wird.

Rechtsquellen: VO (EU) Nr. 517/2014 – Art. 3 Abs. 3 Unterabs. 1 [Vermeidung von Emissionen fluorierter Treibhausgase]

Verstoß: ordnungswidrig – siehe Sanktionsübersicht zu C-10-2, dort Sanktionsgruppe B

C-10-2-1.2	Bei Entdeckung einer Leckage fluorierter Treibhausgase muss der Einrichtungsbetreiber die Prüfung durch eine zertifizierte natürliche Person gewährleisten

Einzelpflichtbeschreibung:

Wird eine Leckage fluorierter Treibhausgase entdeckt, stellt der Betreiber gem. nachstehender Rechtsquelle (↓) sicher, dass die bezeichnete Einrichtung unverzüglich von einer zertifizierten natürlichen Person geprüft wird.

Rechtsquellen: VO (EU) Nr. 517/2014 – Art. 3 Abs. 3 Unterabs. 2 [Vermeidung von Emissionen fluorierter Treibhausgase]

Verstoß: ordnungswidrig – siehe Sanktionsübersicht zu C-10-2, dort Sanktionsgruppe B

C-10-2-1.3	Betreiber von Einrichtungen, die fluorierte Treibhausgase ab einer bestimmten Menge enthalten, stellen sicher, dass die Einrichtungen auf Undichtigkeiten kontrolliert werden

Einzelpflichtbeschreibung:

Betreiber von Einrichtungen, die fluorierte Treibhausgase ab einer bestimmten Menge enthalten, stellen gem. Rechtsquelle 1.1 (↓) jeweils i. V. m. den Rechtsquellen 2 bzw. 3 (↓) sicher, dass die Einrichtungen auf Undichtigkeiten kontrolliert werden.

Weiterführende Hinweise:

I. zu Rechtsquelle 1.1 (↓):

Die Betreiber von Einrichtungen, die fluorierte Treibhausgase in einer Menge von fünf Tonnen CO_2-Äquivalent oder mehr enthalten, die nicht Bestandteil von Schäumen sind, stellen sicher, dass die Einrichtung auf Undichtigkeiten kontrolliert wird.

II. zu Rechtsquelle 2 (↓):

Rechtsquelle 1 gilt für Betreiber der folgenden Einrichtungen, die fluorierte Treibhausgase enthalten:
a) ortsfeste Kälteanlagen

b) ortsfeste Klimaanlagen
c) ortsfeste Wärmepumpen
d) ortsfeste Brandschutzeinrichtungen
e) Kälteanlagen in Kühllastkraftfahrzeugen und -anhängern
f) elektrische Schaltanlagen
g) Organic-Rankine-Kreisläufe

III. zu Rechtsquelle 3 (↓):

Für die Durchführung der Dichtheitskontrollen an Einrichtungen, die fluorierte Treibhausgase in einer bestimmten Menge enthalten, gelten die folgenden Zeitabstände, wenn ein Leckage-Erkennungssystem installiert ist:

a) $5 \text{ t} \leq CO_2$-Äquivalent $< 50 \text{ t}$ alle 12/24[1] Monate
b) $50 \text{ t} \leq CO_2$-Äquivalent $< 500 \text{ t}$ alle 6/12[1] Monate
c) $\geq 500 \text{ t } CO_2$-Äquivalent   alle 3/6[1] Monate

Rechtsquellen: VO (EU) Nr. 517/2014 – Art. 4 [Dichtheitskontrollen]
1. Abs. 1
1.1 Unterabs. 1
2. Abs. 2 Unterabs. 1
3. Abs. 3

Verstoß: ordnungswidrig – siehe Sanktionsübersicht zu C-10-2, dort Sanktionsgruppe B

C-10-2-1.4	Betreiber bestimmter Einrichtungen, die fluorierte Treibhausgase ab einer näher bezeichneten Menge enthalten, stellen sicher, dass die Einrichtungen mit einem Leckage-Erkennungssystem versehen sind

Einzelpflichtbeschreibung:

Betreiber bestimmter Einrichtungen, die fluorierte Treibhausgase ab einer näher bezeichneten Menge enthalten, stellen gem. Rechtsquelle 1 ff. und 2 ff. (↓) sicher, dass die Einrichtungen mit einem Leckage-Erkennungssystem versehen sind.
Rechtsquellen: VO (EU) Nr. 517/2014
1. Art. 5 [Leckage-Erkennungssysteme]
1.1 Abs. 1
1.2 Abs. 2
2. *Mitgeltende Rechtsquellen* – Art. 4 Abs. 2 [Dichtheitskontrollen]
2.1 Buchstaben a bis d
2.2 Buchstaben f und g
Verstoß: ordnungswidrig – siehe Sanktionsübersicht zu C-10-2, dort Sanktionsgruppe B

C-10-2-1.5	Betreiber bestimmter Einrichtungen stellen sicher, dass die Leckage-Erkennungssysteme fristgerecht kontrolliert werden

Einzelpflichtbeschreibung:

Betreiber von Einrichtungen
– gem. Rechtsquelle 2.1 (↓) müssen gem. Rechtsquelle 1.3 (↓) auch i. V. m. Rechtsquelle 1.1 bzw 1.2 (↓) sicherstellen, dass die Leckage-Erkennungssysteme mindestens einmal alle 12 Monate

---

[1] Gilt, wenn ein Leckage-Erkennungssystem installiert ist.

– gem. Rechtsquelle 2.2 (↓) müssen gem. Rechtsquelle 1.4 (↓) auch i. V. m. Rechtsquelle 1.2 (↓) sicherstellen, dass die Leckage-Erkennungssysteme mindestens einmal alle 6 Jahre

fristgerecht kontrolliert werden.

Rechtsquellen: VO (EU) Nr. 517/2014
1. Art. 5 [Leckage-Erkennungssysteme]
1.1 Abs. 1
1.2 Abs. 2
1.3 Abs. 3
1.4 Abs. 4
2. *Mitgeltende Rechtsquellen:* Art. 4 Abs. 2 [Dichtheitskontrollen]
2.1 Buchstaben a bis d und g
2.2 Buchstabe f

Verstoß: ordnungswidrig – siehe Sanktionsübersicht zu C-10-2, dort Sanktionsgruppe B

C-10-2-1.6	Betreiber bestimmter Einrichtungen, die fluorierte Treibhausgase ab einer bestimmten Menge enthalten, stellen sicher, dass die bezeichneten Aufzeichnungen vorschriftsgemäß geführt werden

Einzelpflichtbeschreibung:

Betreiber bestimmter Einrichtungen, die fluorierte Treibhausgase ab einer bestimmten Menge enthalten, stellen gem. Rechtsquelle 1.1 (↓) bzw. 1.2 i. V. m. Rechtsquelle 2 ff. (↓) auch i. V. m. Rechtsquelle 3 bzw. 4 (↓) sicher, dass die bezeichneten Aufzeichnungen richtig und vollständig geführt werden.

Rechtsquellen: VO (EU) Nr. 517/2014
1. Art. 6 [Führung von Aufzeichnungen]
1.1 Abs. 1
1.2 Abs. 3 Unterabs. 1
2. Art. 4 [Dichtheitskontrollen]
2.1 Abs. 1
2.2 Abs. 2
2.3 Abs. 3
3. Art. 11 Abs. 4 [Beschränkungen des Inverkehrbringens]
4. Art. 10 [Ausbildung und Zertifizierung]

Verstoß: ordnungswidrig – siehe Sanktionsübersicht zu C-10-2, dort Sanktionsgruppe B

C-10-2-1.7	Betreiber bestimmter Einrichtungen müssen bestimmte Aufzeichnungen/Kopien vorschriftsgemäß mindestens fünf Jahre ab dem Zeitpunkt der Erstellung der Aufzeichnung oder nach Erhalt der Kopie aufbewahren

Einzelpflichtbeschreibung:

Betreiber bestimmter Einrichtungen müssen gem. Rechtsquellen 1.1 ff. (↓) bzw. Rechtsquelle 1.2 (↓) auch i. V. m. Rechtsquellen 2 ff. (↓) bestimmte Aufzeichnungen/Kopien vorschriftsgemäß mindestens fünf Jahre ab dem Zeitpunkt der Erstellung der Aufzeichnung oder nach Erhalt der Kopie aufbewahren.

Rechtsquellen:

1. VO (EU) 517/2014 – Art. 6 [Führung von Aufzeichnungen]
1.1 Abs. 2 Unterabs. 1
1.1.1 Buchstabe a
1.1.2 Buchstabe b
1.2 Abs. 3 Unterabs. 2
2. *Mitgeltende Rechtsquellen:*
2.1 *Richtlinie 2003/4/EG [...über den Zugang der Öffentlichkeit zu Umweltinformationen]*
2.2 *Verordnung (EG) Nr. 1367/2006[1]*

Verstoß: ordnungswidrig – siehe Sanktionsübersicht zu C-10-2, dort Sanktionsgruppe B

C-10-2-1.8	Betreiber bestimmter Einrichtungen müssen die bezeichneten Aufzeichnungen über die Dichtheitskontrollen vorschriftsgemäß zur Verfügung stellen

Einzelpflichtbeschreibung:

Betreiber bestimmter Einrichtungen müssen gem. den Rechtsquellen 1.1.1 (↓) bzw. den Rechtsquellen 1.1.2 (↓) auch i. V. m. Rechtsquelle 2 ff. (↓) die bezeichneten Aufzeichnungen über die Dichtheitskontrollen richtig, vollständig und rechtzeitig zur Verfügung stellen.

Rechtsquellen:
1. VO (EU) Nr. 517/2014
1.1 Art. 6 [Führung von Aufzeichnungen]
1.1.1 Abs. 2 Unterabs. 2 Satz 1
1.1.2 Abs. 3 Unterabs. 3
2. *Mitgeltende Rechtsquellen:*
2.1 *Richtlinie 2003/4/EG [...über den Zugang der Öffentlichkeit zu Umweltinformationen ....]*
2.2 *Verordnung (EG) Nr. 1367/2006[2]*

Verstoß: ordnungswidrig – siehe Sanktionsübersicht zu C-10-2, dort Sanktionsgruppe B

C-10-2-1.9	Betreiber bestimmter Einrichtungen, die fluorierte Treibhausgase ab einer bestimmten Menge enthalten, müssen deren Rückgewinnung sicherstellen

Einzelpflichtbeschreibung:

Betreiber bestimmter Einrichtungen, die fluorierte Treibhausgase ab einer bestimmten Menge enthalten, stellen gem. Rechtsquelle 1 (↓) i. V. m. Rechtsquelle 2 (↓) sicher, dass die Rückgewinnung der dort genannten Gase durchgeführt wird.

---

[1] [... über die Anwendung der Bestimmungen des Übereinkommens von Århus über den Zugang zu Informationen, die Öffentlichkeitsbeteiligung an Entscheidungsverfahren und den Zugang zu Gerichten in Umweltangelegenheiten auf Organe und Einrichtungen der Gemeinschaft]
[2] Siehe oben

Rechtsquelle 1
Die Betreiber von ortsfesten Einrichtungen oder von Kälteanlagen von Kühllastkraftfahrzeugen und -anhängern, die fluorierte Treibhausgase enthalten, die nicht Bestandteil von Schäumen sind, stellen die Rückgewinnung dieser Gase durch natürliche Personen, die gemäß Rechtsquelle 2 (↓) zertifiziert sind, sicher, damit diese Gase recycelt, aufgearbeitet oder zerstört werden. Diese Verpflichtung gilt für die Betreiber der folgenden Einrichtungen:
a) Kältekreisläufe von ortsfesten Kälteanlagen, ortsfesten Klimaanlagen und ortsfesten Wärmepumpen;
b) Kältekreisläufe von Kälteanlagen von Kühllastkraftfahrzeugen und -anhängern;
c) ortsfeste Einrichtungen, die Lösungsmittel auf der Basis fluorierter Treibhausgase enthalten;
d) ortsfeste Brandschutzeinrichtungen;
e) ortsfeste elektrische Schaltanlagen.

Rechtsquellen: VO (EU) Nr. 517/2014
1. Art. 8 Abs. 1 [Rückgewinnung]
2. Art. 10 [Ausbildung und Zertifizierung]

Verstoß: ordnungswidrig – siehe Sanktionsübersicht zu C-10-2, dort Sanktionsgruppe B

C-10-2-1.10	Unternehmen, die Behälter mit den betr. Treibhausgasen verwenden, müssen vor deren Entsorgung die Rückgewinnung und vorschriftsgemäße Behandlung der Gasreste sicherstellen

Einzelpflichtbeschreibung:

Ein Unternehmen, das einen Behälter mit fluorierten Treibhausgasen unmittelbar vor dessen Entsorgung verwendet, sorgt gem. nachstehender Rechtsquelle (↓) für die Rückgewinnung jeglicher Gasreste, um sicherzustellen, dass diese recycelt, aufgearbeitet oder zerstört werden.

Rechtsquellen: VO (EU) Nr. 517/2014 – Art. 8 Abs. 2 [Rückgewinnung]

Verstoß: ordnungswidrig – siehe Sanktionsübersicht zu C-10-2, dort Sanktionsgruppe B

C-10-2-1.11	Sicherstellen, dass die Anforderungen an Kennzeichnung und Informationen über Erzeugnisse und Einrichtungen beim Inverkehrbringen vorschriftsgemäß beachtet werden

Einzelpflichtbeschreibung:

Ein in den Rechtsquellen 1.1.1 (↓) auch i. V. m. den Rechtsquellen 1.1.2 (↓) jeweils i. V. m. den Rechtsquellen 1.1.3 (↓) genanntes Erzeugnis oder eine dort genannte Einrichtung, die bestimmte fluorierte Treibhausgase enthalten, darf nur gem. vorgenannter Vorschriften jeweils auch i. V. m. jenen der Rechtsquelle 2 ff. (↓) in Verkehr gebracht werden.

Rechtsquellen:

1. VO (EU) Nr. 517/2014
1.1 Art. 12 [Kennzeichnung und Informationen über Erzeugnisse und Einrichtungen]
1.1.1 Abs. 1
1.1.2 Abs. 2, 7, 8, 9, 10, 11, 12
1.1.3 Abs. 3, 4, 13
2. Durchführungsverordnung (EU) 2015/2068
2.1 Art. 2 [Form der Kennzeichnung]

Verstoß: ordnungswidrig – siehe Sanktionsübersicht zu C-10-2, dort Sanktionsgruppe B

C-10-2-1.12 Beachten der Kennzeichnungsvorschriften beim Inverkehrbringen von bestimmten Schäumen, Polyol-Vorgemischen bzw. Schaumplatten

[Allgemeingeltende Rechtsquellen für beide Teilpflichten]

I. Schäume und Polyol-Vorgemische, die fluorierte Treibhausgase enthalten, müssen beim Inverkehrbringen gem. Rechtsquelle 1.1.1 (↓) mit einer Kennzeichnung versehen werden, auf der die fluorierten Treibhausgase mit Angabe der anerkannten industriellen Bezeichnung oder, wenn diese nicht verfügbar ist, mit ihrer chemischen Bezeichnung aufgeführt werden.

II. Gem. Rechtsquelle 2 (↓) muss ein Erzeugnis, das fluorierte Treibhausgase oder Polyol-Vorgemische enthält, auch gemäß Rechtsquelle 3 (↓) gekennzeichnet werden; die Angaben nach den Rechtsquellen 1.5 sowie 1.6 (↓) in dem Abschnitt für ergänzende Informationen auf dem Kennzeichen sind gemäß Rechtsquelle 3.1 (↓) einzutragen.

Die Kennzeichnung muss gem. Rechtsquelle 1.4.2 (↓) in den Amtssprachen des Mitgliedstaats erfolgen, in dem das Inverkehrbringen erfolgt.

Die Vorschriften der Rechtsquelle 1.7 (↓) sind ebenso zu beachten.

Weiterführende Hinweise: zu Rechtsquelle 1.7 (↓)

Die in den Rechtsquellen 1.5 und 1.1 (↓) genannten Informationen sind in den Bedienungsanleitungen für die betreffenden Erzeugnisse und Einrichtungen anzugeben. Bei Erzeugnissen und Einrichtungen, die fluorierte Treibhausgase mit einem Treibhauspotenzial von 150 oder mehr enthalten, sind diese Informationen ebenfalls in den zu Werbezwecken genutzten Beschreibungen anzugeben.

C-10-2-1.12a) Teilpflichtbeschreibung

1. Gem. Rechtsquelle 1.1.2 (↓) muss derjenige, der einen vorgenannten Schaum oder ein dort genanntes Polyol-Vorgemisch in Verkehr bringt, bei der Kennzeichnung beachten, dass diese deutlich lesbar und dauerhaft auch unter Beachtung der Vorschriften gem. Rechtsquelle 2 (↓) angebracht wird.
2. Gem. Rechtsquelle 1.4.1 (↓) muss die Kennzeichnung auf dem Teil des Erzeugnisses oder der Einrichtung erfolgen, die das fluorierte Treibgas enthält.

C-10-2-1.12b) Teilpflichtbeschreibung

Gem. Rechtsquelle 1.1.3 (↓) muss, wer eine Schaumplatte in Verkehr bringt, auf dieser die Kennzeichnung gem. o. a. Teilpflicht (dort: Abschnitt Nr. 1) durchführen.

Rechtsquellen:

1. VO (EU) Nr. 517/2014 [...] – Art. 12 [Kennzeichnung und Informationen über Erzeugnisse und Einrichtungen]	
zu C-10-2-1.12	
1.1 Abs. 5 1.1.1 Satz 1	
zu C-10-2-1.12a)	**zu C-10-2-1.12b)**
1.1.2 Satz 2	*1.1.3 Satz 3*

1.4 Abs. 4	
1.4.1 Unterabs. 1 Buchstabe b	-/-
1.4.2 Unterabs. 2	
1.5 Absätze 3	
1.6 Abs. 5 bis 12	
1.7 Abs. 13	
2. Durchführungsverordnung 2015/2068 – Art. 2 Abs. 6	
3. VO (EG) Nr. 1272/2008 CLP-VO – Art. 25	

Verstoß: ordnungswidrig – siehe Sanktionsübersicht zu C-10-2, dort Sanktionsgruppe B

C-10-2-1.13	Beim Inverkehrbringen vorbefüllter Einrichtungen müssen Hersteller und Einführer der Einrichtungen gewährleisten, dass die erforderliche Konformitätserklärung vorschriftsgemäß ausgestellt wird

Einzelpflichtbeschreibung:

Beim Inverkehrbringen von vorbefüllten Einrichtungen im Sinne von Rechtsquelle 2 (↓) gewährleisten die Hersteller und Einführer der Einrichtungen gem. Rechtsquelle 1 (↓), dass die Einhaltung der Rechtsquelle 2 (↓) vollständig dokumentiert ist, und stellen diesbezüglich eine Konformitätserklärung aus.

Rechtsquellen: VO (EU) Nr. 517/2014 – Art. 14 [Vorbefüllung von Einrichtungen mit teilfluorierten Kohlenwasserstoffen]
1. Abs. 2 Untersabs. 1
2. Abs. 1

Verstoß: ordnungswidrig – siehe Sanktionsübersicht zu C-10-2, dort Sanktionsgruppe B

C-10-2-1.14	Beim Inverkehrbringen bestimmter vorbefüllter Einrichtungen müssen Hersteller und Einführer gewährleisten, dass die erforderliche Dokumentation bzw. Konformitätserklärung vorschriftsgemäß bestätigt wird

Einzelpflichtbeschreibung:

Wurden die in den Einrichtungen enthaltenen teilfluorierten Kohlenwasserstoffe vor der Befüllung der Einrichtungen noch nicht in Verkehr gebracht, stellen die Einführer dieser Einrichtungen gem. nachstehender Rechtsquelle (↓) ab dem 1. Januar 2018 sicher, dass die Richtigkeit der Dokumentation und der Konformitätserklärung jedes Jahr bis zum 31. März für das vorangegangene Kalenderjahr von einem unabhängigen Prüfer bestätigt wird.

Rechtsquellen: VO (EU) Nr. 517/2014 – Art. 14 Abs. 2 Unterabs. 2 Satz 1 [Vorbefüllung von Einrichtungen mit teilfluorierten Kohlenwasserstoffen]

Verstoß: ordnungswidrig – siehe Sanktionsübersicht zu C-10-2, dort Sanktionsgruppe B

C-10-2-1.15	Beim Inverkehrbringen vorbefüllter Einrichtungen müssen Hersteller und Einführer sicherstellen, dass bestimmte Unterlagen mindestens fünf Jahre aufbewahrt werden

Einzelpflichtbeschreibung:

Die Hersteller und Einführer der Einrichtungen im Sinne von Rechtsquelle 1.2 (↓) i. V. m. Rechtsquelle 3 (↓) bewahren gem. Rechtsquelle 1.1 (↓) die Dokumentation und die Konformitätserklärung nach dem Inverkehrbringen dieser Einrichtungen mindestens fünf Jahre lang auf. Einführer von Einrichtungen, die vorbefüllte Einrichtungen in Verkehr bringen, bei denen die darin enthaltenen teilfluorierten Kohlenwasserstoffe vor der Befüllung der Einrichtungen noch nicht in Verkehr gebracht wurden, stellen sicher, dass sie gemäß Rechtsquelle 2 (↓) erfasst wurden. [Hinweis: gilt ab 1.1.2017]

Rechtsquellen: VO (EU) Nr. 517/2014
1. Art. 14 [Vorbefüllung von Einrichtungen mit teilfluorierten Kohlenwasserstoffen]
1.1 Abs. 2 Unterabs. 3 Satz 1
1.2 Abs. 1
2. Art. 17 Abs. 1 Buchstabe e [Register]
3. Kap. IV [Verringerung der Menge von in Verkehr gebrachten teilfluorierten Kohlenwasserstoffen]

Verstoß: ordnungswidrig – siehe Sanktionsübersicht zu C-10-2, dort Sanktionsgruppe B

C-10-2-1.16	Einführer von Einrichtungen, die vorbefüllte Einrichtungen in Verkehr bringen, bei denen die darin enthaltenen teilfluorierten Kohlenwasserstoffe vor der Befüllung der Einrichtungen noch nicht in Verkehr gebracht wurden, stellen deren vorschriftsgemäße Erfassung sicher

Einzelpflichtbeschreibung:

Einführer von Einrichtungen, die vorbefüllte Einrichtungen in Verkehr bringen, bei denen die darin enthaltenen teilfluorierten Kohlenwasserstoffe vor der Befüllung der Einrichtungen noch nicht in Verkehr gebracht wurden, stellen gem. Rechtsquelle 1.1 (↓) sicher, dass sie gemäß den Vorschriften der Rechtsquelle 2 (↓) erfasst wurden.

Rechtsquellen: VO (EU) Nr. 517/2014
1. Art. 14 [Vorbefüllung von Einrichtungen mit teilfluorierten Kohlenwasserstoffen]
1.1 Abs. 2 Unterabs. 3 Satz 2
2. Art. 17 Absatz 1 Buchstabe e [Register]

Verstoß: ordnungswidrig – siehe Sanktionsübersicht zu C-10-2, dort Sanktionsgruppe B

C-10-2-1.17	Hersteller und Einführer gewährleisten, dass die festgelegte Menge an teilfluorierten Kohlenwasserstoffen bestimmte zugewiesene bzw. übertragene Quoten nicht überschreitet

Einzelpflichtbeschreibung:

Hersteller und Einführer gewährleisten gem. Rechtsquelle 1.1 (↓), dass die nach Rechtsquelle 4 (↓) berechnete Menge an teilfluorierten Kohlenwasserstoffen, die von jedem einzelnen Hersteller und Einführer in Verkehr gebracht wird, ihre jeweils gemäß Rechtsquelle

221

2.1 (↓) zugewiesene oder gemäß Rechtsquelle 3 (↓) übertragene Quote nicht überschreitet. Die mitgeltenden Rechtsquellen 5 ff. (↓) sind gleichfalls zu beachten.

Rechtsquellen: VO (EU) Nr. 517/2014
1. Art. 15 [Verringerung der Menge von in Verkehr gebrachten teilfluorierten Kohlenwasserstoffen]
1.1 Abs. 1 Unterabs. 2
1.2 Abs. 3
2. Art. 16 [Zuweisung von Quoten für das Inverkehrbringen von teilfluorierten Kohlenwasserstoffen]
2.1 Abs. 5
3. Art. 18 [Übertragung von Quoten und Genehmigung der Nutzung der Quoten für das Inverkehrbringen von teilfluorierten Kohlenwasserstoffen in eingeführten Einrichtungen]
4. Anhang V [Berechnung der Höchstmenge, der Referenzwerte und der Quoten für das Inverkehrbringen von teilfluorierten Kohlenwasserstoffen]
5. *Mitgeltende Rechtsquellen: [soweit nicht bereits oben angeführt]*
5.1 *Art. 19 [Berichterstattung über Herstellung, Einfuhr, Ausfuhr, Verwendung als Ausgangsstoff und Zerstörung der in Anhang I oder II aufgeführten Stoffe]*
5.2 *Art. 25 [Sanktionen]*

Verstoß: ordnungswidrig – siehe Sanktionsübersicht zu C-10-2, dort Sanktionsgruppe B

C-10-2-1.18	Hersteller/Einführer mit einer zugewiesenen Quote für das Inverkehrbringen von teilfluorierten Kohlenwasserstoffen, müssen ihren Registrierungspflichten fristgemäß nachkommen

Einzelpflichtbeschreibung:

Einführende Bemerkungen:

Bis zum 1. Januar 2015 richtet die Kommission ein elektronisches Register für die Quoten für das Inverkehrbringen von teilfluorierten Kohlenwasserstoffen ein (im Folgenden „Register") und stellt sein Funktionieren gem. Rechtsquelle 1 (↓) sicher.

Pflicht im Detail:

Die Registrierung in dem Register ist gem. Rechtsquelle 1.1 (↓) verpflichtend für
– Hersteller und Einführer, denen gemäß Rechtsquelle 2 (↓) eine Quote für das Inverkehrbringen von teilfluorierten Kohlenwasserstoffen zugewiesen wurde,
– Hersteller und Einführer, die für die in Rechtsquelle 3 (↓) aufgeführten Zwecke teilfluorierte Kohlenwasserstoffe liefern, oder Unternehmen, die für diese Zwecke teilfluorierte Kohlenwasserstoffe erhalten.

Rechtsquellen: VO (EU) Nr. 517/2014
1. Art. 17 Abs. 1
1.1 Unterabs. 2 Buchstabe a oder Buchstabe d Register [Register]
2. Art. 16 Abs. 5 [Zuweisung von Quoten für das Inverkehrbringen von teilfluorierten Kohlenwasserstoffen]
3. Art. 15 Abs. 2 Unterabs. 2 Buchstaben a bis f [Verringerung der Menge von in Verkehr gebrachten teilfluorierten Kohelnwasserstoffen]

Verstoß: ordnungswidrig – siehe Sanktionsübersicht zu C-10-2, dort Sanktionsgruppe B

C-10-2-1.19	Bei der Übertragung von Quoten und Genehmigung der Nutzung der Quoten für das Inverkehrbringen von teilfluorierten Kohlenwasserstoffen in eingeführten Einrichtungen müssen die Übertragenden die Bedingungen hierzu einhalten

Einzelpflichtbeschreibung:

Jeder Hersteller oder Einführer, der seine Quote ausschließlich aufgrund einer Anmeldung gemäß Rechtsquelle 4.1.1 ($\downarrow$) erhalten hat, darf gem. Rechtsquelle 1.1 ($\downarrow$) nur dann einem anderen Unternehmen erlauben, seine Quote für die Zwecke der Rechtsquelle 3 ($\downarrow$) zu nutzen, wenn die entsprechenden Mengen an teilfluorierten Kohlenwasserstoffen vom genehmigenden Hersteller oder Einführer geliefert werden; die Vorschriften gem. Rechtsquelle 2.1 ($\downarrow$) sind ebenso zu beachten; vgl. auch die mitgeltenden Rechtsquellen 5 ff. ($\downarrow$).

Rechtsquellen: VO (EU) Nr. 517/2014
1.   Art. 18 [Übertragung von Quoten und Genehmigung der Nutzung der Quoten für das Inverkehrbringen von teilfluorierten Kohlenwasserstoffen in eingeführten Einrichtungen]
1.1 Abs. 2 Unterabs. 2
2.   Art. 15 [Verringerung der Menge von in Verkehr gebrachten teilfluorierten Kohlenwasserstoffen]
2.1 Abs. 3
3.   Art. 14 [Vorbefüllung von Einrichtungen mit teilhalogenierten Kohlenwasserstoffen]
4.   *Mitgeltende Rechtsquellen:* [soweit nicht bereits oben angeführt]
4.1 *Art. 16 [Zuweisung von Quoten für das Inverkehrbringen von teilfluorierten Kohlenwasserstoffen]*
4.1.1 *Abs. 2*
4.2 *Art. 19 [Berichterstattung über Herstellung, Einfuhr, Ausfuhr, Verwendung als Ausgangsstoff und Zerstörung der in Anhang I oder II aufgeführten Stoffe]*
4.3 *Art. 25 [Sanktionen]*

Verstoß: ordnungswidrig – siehe Sanktionsübersicht zu C-10-2, dort Sanktionsgruppe B

C-10-2-1.20	Beachten der Auflagen betr. die Übertragung von Quoten und Genehmigung der Nutzung der Quoten für das Inverkehrbringen von teilfluorierten Kohlenwasserstoffen in eingeführten Einrichtungen

Einzelpflichtbeschreibung:

Die Kommission kann gem. Rechtsquelle 1 ff. ($\downarrow$) auch in Verbindung mit 2 ff. ($\downarrow$) vom genehmigenden Hersteller oder Einführer den Nachweis verlangen, dass er teilfluorierte Kohlenwasserstoffe liefert; hierauf beruhende vollziehbare Anordnungen sind zu beachten.

Die Rechtsquelle 3 ff. ($\downarrow$) ist gleichfalls zu beachten.

Rechtsquellen: VO (EU) Nr. 517/2014
1.   Art. 18 [Übertragung von Quoten und Genehmigung der Nutzung der Quoten für das Inverkehrbringen von teilfluorierten Kohlenwasserstoffen in eingeführten Einrichtungen]

1.1 Abs. 2 Unterabs. 3 Satz 2
2. Art. 15 [Verringerung der Menge von in Verkehr gebrachten teilfluorierten Kohlenwasserstoffen]
2.1 Abs. 3
3. *Mitgeltende Rechtsquellen:* [soweit nicht bereits oben angeführt]
3.1 Art. 16 [Zuweisung von Quoten für das Inverkehrbringen von teilfluorierten Kohlenwasserstoffen]
3.2 Art. 19 [Berichterstattung über Herstellung, Einfuhr, Ausfuhr, Verwendung als Ausgangsstoff und Zerstörung der in Anhang I oder II aufgeführten Stoffe]
3.3 Art. 25 [Sanktionen]

Verstoß: ordnungswidrig – siehe Sanktionsübersicht zu C-10-2, dort Sanktionsgruppe B

C-10-2-1.21	Übermittlung der erforderlichen Angaben über Herstellung, Einfuhr, Ausfuhr, Verwendung als Ausgangsstoff und Zerstörung bestimmter Stoffe

Einzelpflichtbeschreibung:

Bis zum 31. März 2015 und danach jedes Jahr muss jeder Hersteller, Einführer und Ausführer, der im vorangegangenen Kalenderjahr eine metrische Tonne bzw. 100 Tonnen CO_2-Äquivalent oder mehr an fluorierten Treibhausgasen und in Rechtsquelle 3 (↓) aufgeführten Gasen hergestellt, eingeführt oder ausgeführt hat, gem. Rechtsquelle 1.1.2 (↓) sowie auch Rechtsquelle 2 f. (↓) die von der Kommission in Rechtsquelle 4 (↓) genannten Angaben gem. Rechtsquelle 1.1.1 (↓) zu jedem dieser Stoffe für das betreffende Kalenderjahr richtig, vollständig und rechtzeitig übermitteln. Die Rechtsquellen zu 5 ff. (↓) sind gleichfalls zu beachten.

Rechtsquellen: VO (EU) Nr. 517/2014
1. Art. 19 [Berichterstattung über Herstellung, Einfuhr, Ausfuhr, Verwendung als Ausgangsstoff und Zerstörung der in Anhang I oder II aufgeführten Stoffe]
1.1 Abs. 1
1.1.1 Satz 1
1.1.2 Satz 2
2. Art. 15 [Verringerung der Menge von in Verkehr gebrachten teilfluorierten Kohlenwasserstoffen]
2.1 Abs. 3
3. Anhang II [Andere fluorierte Treibhausgase, über die gemäss Artikel 19 Bericht erstattet werden muss]
4. Anhang VII [Angaben, die gemäss Art. 19 gemeldet werden müssen]
5. *Weiterführende Hinweise:* [soweit nicht bereits oben angeführt]
5.1 Art. 16 [Zuweisung von Quoten für das Inverkehrbringen von teilfluorierten Kohlenwasserstoffen]
5.2 Art. 18 [Übertragung von Quoten und Genehmigung der Nutzung der Quoten für das Inverkehrbringen von teilfluorierten Kohlenwasserstoffen in eingeführten Einrichtungen]
5.3 Art. 25 [Sanktionen]

Verstoß: ordnungswidrig – siehe Sanktionsübersicht zu C-10-2, dort Sanktionsgruppe B

C-10-2-1.22	Übermittlung der erforderlichen Angaben über Herstellung, Ein- und Ausfuhr, Verwendung als Ausgangsstoff und Zerstörung bestimmter Stoffe

Einzelpflichtbeschreibung:

Über Herstellung, Einfuhr, Ausfuhr, Verwendung als Ausgangsstoff und Zerstörung bestimmter Stoffe sind gem. Rechtsquelle 1 ff. (↓) jeweils auch in Verbindung mit Rechtsquelle 2 (↓) die erforderlichen Angaben vorschriftsgemäß zu übermitteln.

Rechtsquellen: VO (EU) Nr. 517/2014
1. Art. 19 [Berichterstattung über Herstellung, Einfuhr, Ausfuhr, Verwendung als Ausgangsstoff und Zerstörung der in Anhang I oder II aufgeführten Stoffe]
1.1 Abs. 2
1.2 Abs. 3
1.3 Abs. 4
2. Art. 15 Abs. 3 [Verringerung der Menge von in Verkehr gebrachten teilfluorierten Kohlenwasserstoffen]
3. Mitgeltende Rechtsquellen:
3.1 Art. 16 [Zuweisung von Quoten für das Inverkehrbringen von teilfluorierten Kohlenwasserstoffen]
3.2 Art. 18 [Übertragung von Quoten und Genehmigung der Nutzung der Quoten für das Inverkehrbringen von teilfluorierten Kohlenwasserstoffen in eingeführten Einrichtungen]
3.3 Art. 25 [Sanktionen]
3.4 Anhang II [Andere fluorierte Treibhausgase, über die gemäss Artikel 19 Bericht erstattet werden muss]
3.5 Anhang VII [Angaben, die gemäss Art. 19 gemeldet werden müssen]

Verstoß: ordnungswidrig – siehe Sanktionsübersicht zu C-10-2, dort Sanktionsgruppe B

C-10-2-1.23	Einführer von Einrichtungen, die vorbefüllte Einrichtungen in Verkehr bringen, bei denen die darin enthaltenen teilfluorierten Kohlenwasserstoffe vor der Befüllung der Einrichtungen noch nicht in Verkehr gebracht wurden, übermitteln das erstellte Prüfdokument vorschriftsgemäß

Einzelpflichtbeschreibung:

Einführer von Einrichtungen, die vorbefüllte Einrichtungen in Verkehr bringen, bei denen die darin enthaltenen teilfluorierten Kohlenwasserstoffe vor der Befüllung der Einrichtungen noch nicht in Verkehr gebracht wurden, übermitteln gem. Rechtsquelle 1.1 (↓) auch i. V. m. Rechtsquelle 3 (↓) das erstellte Prüfdokument gem. Rechtsquelle 2 (↓) richtig, vollständig und rechtzeitig.

Rechtsquellen: VO (EU) Nr. 517/2014
1. Art. 19 [Berichterstattung über Herstellung, Einfuhr, Ausfuhr, Verwendung als Ausgangsstoff und Zerstörung der in Anhang I oder II aufgeführten Stoffe]
1.1 Abs. 5
2. Art. 14 Abs. 2 [Vorbefüllung von Einrichtungen mit teilfluorierten Kohlenwasserstoffen]
3. Art. 15 [Verringerung der Menge von in Verkehr gebrachten teilfluorierten Kohlenwasserstoffen]

3.1 Abs. 3
4. *Mitgeltende Rechtsquellen:*
4.1 *Art. 16 [Zuweisung von Quoten für das Inverkehrbringen von teilfluorierten Kohlenwasserstoffen]*
4.2 *Art. 18 [Übertragung von Quoten und Genehmigung der Nutzung der Quoten für das Inverkehrbringen von teilfluorierten Kohlenwasserstoffen in eingeführten Einrichtungen]*
4.3 *Art. 25 [Sanktionen]*

Verstoß: ordnungswidrig – siehe Sanktionsübersicht zu C-10-2, dort Sanktionsgruppe B

C-10-2-1.24	Es ist zu gewährleisten, dass jedes Unternehmen, das über das Inverkehrbringen einer bestimmten Menge an teilfluorierten Kohlenwasserstoffen im vorangegangenen Kalenderjahr berichten muss, die Richtigkeit der Daten bestätigt

Einzelpflichtbeschreibung:

Jedes Unternehmen, das über das Inverkehrbringen einer bestimmten Menge an teilfluorierten Kohlenwasserstoffen berichten muss, bestätigt gem. Rechtsquelle 1.1 (↓) auch i. V. m. Rechtsquelle 2.1 (↓) sowie 2 (↓) auch i. V. m. den Rechtsquelle 3 ff. (↓) die Richtigkeit dieser Daten.

Rechtsquellen: VO (EU) Nr. 517/2014
1. Art. 19 [Berichterstattung über Herstellung, Einfuhr, Ausfuhr, Verwendung als Ausgangsstoff und Zerstörung der in Anhang I oder II aufgeführten Stoffe]
1.1 Abs. 6 Unterabs. 1
2. Art. 15 [Verringerung der Menge von in Verkehr gebrachten teilfluorierten Kohlenwasserstoffen]
2.1 Abs. 3
3. *Mitgeltende Rechtsquellen: [soweit nicht bereits oben angeführt]*
3.1 *Art. 16 [Zuweisung von Quoten für das Inverkehrbringen von teilfluorierten Kohlenwasserstoffen]*
3.2 *Art. 18 [Übertragung von Quoten und Genehmigung der Nutzung der Quoten für das Inverkehrbringen von teilfluorierten Kohlenwasserstoffen in eingeführten Einrichtungen]*
3.3 *Art. 25 [Sanktionen]*

Verstoß: ordnungswidrig – siehe Sanktionsübersicht zu C-10-2, dort Sanktionsgruppe B

C-10-2-1.25	Unternehmen, die über das Inverkehrbringen ab einer bestimmten Menge an teilfluorierten Kohlenwasserstoffen im vorangegangenen Kalenderjahr erstatten müssen, müssen den bezeichneten Prüfbericht fristgemäß mindestens 5 Jahre aufbewahren

Einzelpflichtbeschreibung:

Unternehmen, die über das Inverkehrbringen ab einer bestimmten Menge an teilfluorierten Kohlenwasserstoffen im vorangegangenen Kalenderjahr erstatten müssen, müssen gem. Rechtsquelle 1 (↓) i. V. m. Rechtsquelle 2 (↓) auch i. V. m. Rechtsquelle 3 ff. (↓) die bezeichneten Prüfbericht fristgemäß mindestens 5 Jahre aufbewahren.

Rechtsquellen:

1. Art. 19 Abs. 6 Unterabs. 2 Satz 1 [Berichterstattung über Herstellung, Einfuhr, Ausfuhr, Verwendung als Ausgangsstoff und Zerstörung der in Anhang I oder II aufgeführten Stoffe]

2. Art. 15 Abs. 3 [Verringerung der Menge von in Verkehr gebrachten teilfluorierten Kohlenwasserstoffen]

3. *Mitgeltende Rechtsquellen:*

3.1 Art. 16 [Zuweisung von Quoten für das Inverkehrbringen von teilfluorierten Kohlenwasserstoffen]

3.2 Art. 18 [Übertragung von Quoten und Genehmigung der Nutzung der Quoten für das Inverkehrbringen von teilfluorierten Kohlenwasserstoffen in eingeführten Einrichtungen]

3.3 Art. 25 [Sanktionen]

Verstoß: ordnungswidrig – siehe Sanktionsübersicht zu C-10-2, dort Sanktionsgruppe B

C-10-2-1.26	Unternehmen, die über das Inverkehrbringen ab einer bestimmten Menge an teilfluorierten Kohlenwasserstoffen berichten, müssen die damit ergangenen vollziehbaren Auflagen hierzu beachten

Einzelpflichtbeschreibung:

Unternehmen, die über das Inverkehrbringen ab einer bestimmten Menge an teilfluorierten Kohlenwasserstoffen berichten, müssen den Prüfbericht der zuständigen Behörde des Mitgliedstaates und der Kommission gem. Rechtsquelle 1 (↓) auch i. V. m. Rechtsquelle 2 (↓) auf deren Verlangen zur Verfügung stellen; die hierzu ergangenen vollziehbaren Auflagen sind zu beachten.

Rechtsquellen:

1. Art. 19 Abs. 6 Unterabs. 2 Satz 1 [Berichterstattung über Herstellung, Einfuhr, Ausfuhr, Verwendung als Ausgangsstoff und Zerstörung der in Anhang I oder II aufgeführten Stoffe]

2. Art. 15 Abs. 3 [Verringerung der Menge von in Verkehr gebrachten teilfluorierten Kohlenwasserstoffen]

3. *Mitgeltende Rechtsquellen:*

3.1 Art. 16 [Zuweisung von Quoten für das Inverkehrbringen von teilfluorierten Kohlenwasserstoffen]

3.2 Art. 18 [Übertragung von Quoten und Genehmigung der Nutzung der Quoten für das Inverkehrbringen von teilfluorierten Kohlenwasserstoffen in eingeführten Einrichtungen]

3.3 Art. 25 [Sanktionen]

Verstoß: ordnungswidrig – siehe Sanktionsübersicht zu C-10-2, dort Sanktionsgruppe B

2.3.10.2.2 Pflichtenblock C-10-2-2 gem. § 18 Abs. 2 ChemSanktionsV

(2) Ordnungswidrig im Sinne des § 26 Absatz 1 Nummer 11 Satzteil vor Satz 2 des Chemikaliengesetzes handelt, wer vorsätzlich oder fahrlässig als Betreiber entgegen Artikel 7 der Verordnung (EG) Nr. 1497/2007 der Kommission vom 18. Dezember 2007 zur Festlegung der Standardanforderungen an die Kontrolle auf Dichtheit ortsfester Brandschutzsysteme,

Einzelpflicht
C-10-2-2

227

die bestimmte fluorierte Treibhausgase enthalten, gemäß der Verordnung (EG) Nr. 842/2006 des Europäischen Parlaments und des Rates (ABl. L 333 vom 19.12.2007, S. 4) ein neu installiertes System nicht oder nicht rechtzeitig auf Dichtheit kontrolliert.

C-10-2-2	Die Standardanforderungen an die Kontrolle auf Dichtheit ortsfester Brandschutzsysteme, die bestimmte fluorierte Treibhausgase enthalten , müssen bei einem neu installierten System vorschriftsgemäß kontrolliert werden

Einzelpflichtbeschreibung:

Betreiber müssen Standardanforderungen an die Kontrolle auf Dichtheit ortsfester Brandschutzsysteme, die bestimmte fluorierte Treibhausgase enthalten, bei einem neu installierten System gem. nachstehender Rechtsquelle (↓) rechtzeitig kontrollieren.

Rechtsquellen: Verordnung (EG) Nr. 1497/2007 – Art. 7 [Anforderungen an neu installierte Systeme]

Verstoß: ordnungswidrig – siehe Sanktionsübersicht zu C-10-2, dort Sanktionsgruppe B

2.3.10.2.3 Pflichtenblock C-10-2-3 gem. § 18 Abs. 3 ChemSanktionsV

(3) Ordnungswidrig im Sinne des § 26 Absatz 1 Nummer 11 Satzteil vor Satz 2 des Chemikaliengesetzes handelt, wer vorsätzlich oder fahrlässig als Betreiber entgegen Artikel 10 der Verordnung (EG) Nr. 1516/2007 der Kommission vom 19. Dezember 2007 zur Festlegung der Standardanforderungen an die Kontrolle auf Dichtheit von ortsfesten Kälte- und Klimaanlagen sowie von Wärmepumpen, die bestimmte fluorierte Treibhausgase enthalten, gemäß der Verordnung (EG) Nr. 842/2006 des Europäischen Parlaments und des Rates (ABl. L 335 vom 20.12.2007, S. 10) ein neu installiertes System nicht oder nicht rechtzeitig auf Dichtheit kontrolliert.

Einzelpflicht
C-10-2-3

C-10-2-3	Die Standardanforderungen an die Kontrolle auf Dichtheit von ortsfesten Kälte- und Klimaanlagen sowie Wärmepumpen, die bestimmte fluorierte Treibhausgase enthalten, müssen bei einem neu installierten System vorschriftsgemäß kontrolliert werden

Einzelpflichtbeschreibung:

Betreiber müssen Standardanforderungen an die Kontrolle auf Dichtheit von ortsfesten Kälte- und Klimaanlagen sowie Wärmepumpen, die bestimmte fluorierte Treibhausgase enthalten, bei einem neu installierten System gem. nachstehender Rechtsquelle (↓) rechtzeitig kontrollieren.

Rechtsquellen: Verordnung (EG) Nr. 1516/2007 – Art. 10 [Anforderungen an neu installierte Systeme]

Verstoß: ordnungswidrig – siehe Sanktionsübersicht zu C-10-2, dort Sanktionsgruppe B

Anhang zu den Pflichtenkatalogen C-1 bis C-10 – Sanktionsübersicht über strafbewehrte bzw. ordnungswidrige Handlungen		
[in dieser Tabelle sind für die betreffenden Fallgruppen die entsprechenden Strafen bzw. Bußgeldhöhen dargestellt; **A**= strafbar; **B** = ordnungswidrig]	**A**	**B**
C-1 **Abschnitt 1 – Zuwiderhandlungen gegen die Verordnung (EG) Nr. 850/2004**		
C-1-1 § 1 Straftaten nach der Verordnung (EG) Nr. 850/2004	•	–
C-1-2 § 2 Ordnungswidrigkeiten nach der Verordnung (EG) Nr. 850/2004	–	•
C-2 **Abschnitt 2 [weggefallen]**		
C-2-1 § 3 [weggefallen]	–	–
C-2-2 § 4 [weggefallen]	–	–
C-3 **Abschnitt 3 – Zuwiderhandlungen gegen die Verordnung (EG) Nr. 1907/2006**		
C-3-1 § 5 Straftaten nach Artikel 67 in Verbindung mit Anhang XVII der Verordnung (EG) Nr. 1907/2006	•	–
C-3-2 § 6 Ordnungswidrigkeiten nach der Verordnung (EG) Nr. 1907/2006	–	•
C-4 **Abschnitt 4 [weggefallen]**		
C-4-1 § 7 [weggefallen]	–	–
C-4-2 § 8 [weggefallen]	–	–
C-5 **Abschnitt 5 – Zuwiderhandlungen gegen die Verordnung (EG) Nr. 1102/2008**		
C-5-1 § 9 Straftaten nach der Verordnung (EG) Nr. 1102/2008	•	–
C-5-2 § 10 Ordnungswidrigkeiten nach der Verordnung (EG) Nr. 1102/2008	–	•
C-6 **Abschnitt 6 – Zuwiderhandlungen gegen die Verordnung (EG) Nr. 1272/2008**		
C-6-1 § 11 Ordnungswidrigkeiten nach der Verordnung (EG) Nr. 1272/2008	–	•
C-6-2 [nicht besetzt]	–	–
C-7 **Abschnitt 7 – Zuwiderhandlungen gegen die Verordnung (EG) Nr. 1005/2009**		
C-7-1 § 12 Straftaten nach der Verordnung (EG) Nr. 1005/2009	•	–
C-7-2 § 13 Ordnungswidrigkeiten nach der Verordnung (EG) Nr. 1005/2009	–	•
C-8 **Abschnitt 8 – Zuwiderhandlungen gegen die Verordnung (EU) Nr. 528/2012**		
§ 14 Ordnungswidrigkeiten nach Verordnung Nr. 528/2012	–	•
C-9 **Abschnitt 9 – Zuwiderhandlungen gegen die Verordnung (EG) Nr. 649/2012**		
C-9-1 § 15 Straftaten nach der Verordnung (EU) Nr. 649/2012	•	–
C-9-2 § 16 Ordnungswdirigkeiten nach der Verordnung (EU) Nr. 649/2012	–	•
C-10 **Abschnitt 10 – Zuwiderhandlungen gegen die Verordnung (EG) Nr. 517/2014 und auf ihrer Grundlage fortgeltenden Kommissionsverordnungen (EG) Nr. 1497/2007 und Nr. 1516/2007**		
C-10-1 § 17 Straftaten nach der Verordnung (EU) Nr. 517/2014	•	–
C-10-2 § 18 Ordnungswidrigkeiten nach der Verordnung (EU) Nr. 517/2014 und auf ihrer Grundlage fortgeltenden Kommissionsverordnungen (EG) Nr. 1497/2007 und Nr. 1516/2007	–	•

Fallgruppen möglicher Sanktionen		
Strafbar gem. § 27 ChemG	**Strafmaß**	**A**
Abs. 1 Nr. 3 Satz 1 [Handlungen gegen Rechtsakte der EG/EU]	Freiheitsstrafe bis zu 2 Jahren oder Geldstrafe	A.1
Abs. 1a *Wer Handlungen nach Abs. 1 Nr. 3 Satz 1 begeht, indem er einen Bedarfsgegenstand im Sinne des § 2 Abs. 6 des Lebensmittel- und Futtermittelgesetzbuches herstellt oder in Verkehr bringt.*	Freiheitsstrafe bis zu drei Jahren oder Geldstrafe	A.1a
Abs. 2 Bezogen auf Handlungen gem. § 27 Abs. 1 bzw. § 26 Abs. 1 Nr. 11, bei denen durch eine vorsätzliche Handlung das Leben oder die Gesundheit eines anderen oder fremde Sachen von bedeutendem Wert gefährdet wird.	Freiheitsstrafe bis zu 5 Jahren oder Geldstrafe	A.2
Abs. 3	Versuch ist strafbar	–
Abs. 4 1. In den Fällen des o. a. Abs. 1	Bei fahrlässiger Handlung: Freiheitsstrafe bis zu einem Jahr oder Geldstrafe	A.3.1
2. In den Fällen des o. a. Abs. 2	Freiheitsstrafe bis zu 2 Jahren oder Geldstrafe	A.3.2
Ordnungswidrig gem. § 26 Abs. 1 Nr. 11 Satzteil vor Satz 2 ChemG; vgl. Pflichtenkataloge C-1-2, C-3-2, C-5-2, C-6, C-7-2, C-8, C-9-2, C-10-2 ff.	Ahndung mit Bußgeld bis zu 50.000 Euro	B

2.4 Sanktions-/Pflichtenkataloge zum ArbeitnehmerInnenschutz [Pflichtenkataloge D-1 bis D-3]

2.4.1 Sanktions-/Pflichtenkataloge D-1 gem. Sozialgesetzbuch – Siebtes Buch [Auszug]

2.4.1.1 Sanktionskatalog D-1 gem. Sozialgesetzbuch – Siebtes Buch

Ordnungswidrigkeiten gem. § 209 Abs. 1 SGB VII[1]

(1) Ordnungswidrig handelt, wer vorsätzlich oder fahrlässig   Einzelpflicht
1. einer Unfallverhütungsvorschrift nach § 15 Abs. 1 oder 2 zuwider-   D-1-1.1
handelt, soweit sie für einen bestimmten Tatbestand auf diese Bußgeldvorschrift verweist,
2. einer vollziehbaren Anordnung nach § 19 Abs. 1 zuwiderhandelt,   D-1-1.2
3. entgegen § 19 Abs. 2 Satz 2 eine Maßnahmen nicht duldet,   D-1-1.3
....

2.4.1.2 Pflichtenkatalog D-1 gem. Sozialgesetzbuch – Siebtes Buch

D-1-1.1	Unfallverhütungsvorschriften durch Unternehmer, Versicherte und betroffene Ärzte

I. Soweit die Unfallversicherungträger unter Mitwirkung der Deutschen Gesetzlichen Unfallversicherung e. V. als autonomes Recht Unfallverhütungsvorschriften über Maßnahmen zur Verhütung von Arbeitsunfällen, Berufskrankheiten und arbeitsbedingten Gesundheitsgefahren oder für eine wirksame Erste Hilfe erlassen, soweit dies zur Prävention geeignet und erforderlich ist und staatliche Arbeitsschutzvorschriften hierüber keine Regelung treffen, sind diese gem. Rechtsquelle 1.1 (↓) einzuhalten; in diesem Rahmen können Unfallverhütungsvorschriften erlassen werden über

1. Einrichtungen, Anordnungen und Maßnahmen, welche die Unternehmer zur Verhütung von Arbeitsunfällen, Berufskrankheiten und arbeitsbedingten Gesundheitsgefahren zu treffen haben, sowie die Form der Übertragung dieser Aufgaben auf andere Personen,

2. das Verhalten der Versicherten zur Verhütung von Arbeitsunfällen, Berufskrankheiten und arbeitsbedingten Gesundheitsgefahren,

3. vom Unternehmer zu veranlassende arbeitsmedizinische Untersuchungen und sonstige arbeitsmedizinische Maßnahmen vor, während und nach der Verrichtung von Arbeiten, die für Versicherte oder für Dritte mit arbeitsbedingten Gefahren für Leben und Gesundheit verbunden sind,

4. Voraussetzungen, die der Arzt, der mit Untersuchungen oder Maßnahmen nach Nummer 3 beauftragt ist, zu erfüllen hat, sofern die ärztliche Untersuchung nicht durch eine staatliche Rechtsvorschrift vorgesehen ist,

5. die Sicherstellung einer wirksamen Ersten Hilfe durch den Unternehmer,

---

[1] Gem. § 209 Abs. 3 kann die Ordnungswidrigkeit in den Fällen:
  – des Absatzes 1 Nr. 1 bis 3 mit einer Geldbuße bis zu zehntausend Euro,
  – in den Fällen des Absatzes 2 mit einer Geldbuße bis zu fünftausend Euro,
  – in den übrigen Fällen mit einer Geldbuße bis zu zweitausendfünfhundert Euro
geahndet werden.

6. die Maßnahmen, die der <u>Unternehmer</u> zur Erfüllung der sich aus dem Gesetz über Betriebsärzte, Sicherheitsingenieure und andere Fachkräfte für Arbeitssicherheit ergebenden Pflichten zu treffen hat,

7. die Zahl der <u>Sicherheitsbeauftragten</u>, die nach Rechtsquelle 3 (↓) unter Berücksichtigung der in den Unternehmen für Leben und Gesundheit der Versicherten bestehenden arbeitsbedingten Gefahren und der Zahl der Beschäftigten zu bestellen sind. In der Unfallverhütungsvorschrift nach Satz 1 Nr. 3 kann bestimmt werden, dass arbeitsmedizinische Vorsorgeuntersuchungen auch durch den Unfallversicherungsträger veranlasst werden können. [...]

II. Soweit die Unfallversicherungsträger Vorschriften nach o. a. Nr. I Satz 1 Nr. 3 erlassen, können sie zu den dort genannten Zwecken auch die Erhebung, Verarbeitung und Nutzung von folgenden Daten über die untersuchten Personen durch den Unternehmer vorsehen, muss der <u>Unternehmer</u> diese gem. Rechtsquelle 1.2 (↓) beachten:

1. Vor- und Familienname, Geburtsdatum sowie Geschlecht,
2. Wohnanschrift,
3. Tag der Einstellung und des Ausscheidens,
4. Ordnungsnummer,
5. zuständige Krankenkasse,
6. Art der vom Arbeitsplatz ausgehenden Gefährdungen,
7. Art der Tätigkeit mit Angabe des Beginns und des Endes der Tätigkeit,
8. Angaben über Art und Zeiten früherer Tätigkeiten, bei denen eine Gefährdung bestand, soweit dies bekannt ist,
9. Datum und Ergebnis der ärztlichen Vorsorgeuntersuchungen; die Übermittlung von Diagnosedaten an den Unternehmer ist nicht zulässig,
10. Datum der nächsten regelmäßigen Nachuntersuchung,
11. Name und Anschrift des untersuchenden Arztes.

Soweit die Unfallversicherungsträger Vorschriften nach o. a. Nr. I Satz 2 erlassen, gelten Satz 1 sowie Rechtsquelle 2 (↓) entsprechend.

Weiterführende Hinweise: zu Rechtsquelle 3 (↓)

(1) In Unternehmen mit regelmäßig mehr als 20 Beschäftigten hat der Unternehmer unter Beteiligung des Betriebsrates oder Personalrates Sicherheitsbeauftragte unter Berücksichtigung der im Unternehmen für die Beschäftigten bestehenden Unfall- und Gesundheitsgefahren und der Zahl der Beschäftigten zu bestellen. Als Beschäftigte gelten auch die nach Rechtsquelle 4 (↓) Versicherten. In Unternehmen mit besonderen Gefahren für Leben und Gesundheit kann der Unfallversicherungsträger anordnen, dass Sicherheitsbeauftragte auch dann zu bestellen sind, wenn die Mindestbeschäftigtenzahl nach Satz 1 nicht erreicht wird. Für Unternehmen mit geringen Gefahren für Leben und Gesundheit kann der Unfallversicherungsträger die Zahl 20 in seiner Unfallverhütungsvorschrift erhöhen.

(2) Die Sicherheitsbeauftragten haben den Unternehmer bei der Durchführung der Maßnahmen zur Verhütung von Arbeitsunfällen und Berufskrankheiten zu unterstützen, insbesondere sich von dem Vorhandensein und der ordnungsgemäßen Benutzung der vorgeschriebenen Schutzeinrichtungen und persönlichen Schutzausrüstungen zu überzeugen und auf Unfall- und Gesundheitsgefahren für die Versicherten aufmerksam zu machen.

(3) Die Sicherheitsbeauftragten dürfen wegen der Erfüllung der ihnen übertragenen Aufgaben nicht benachteiligt werden.

Rechtsquellen: SGB VII
1. § 15 [Unfallverhütungsvorschriften]

1.1 Abs. 1
1.2 Abs. 2
2. § 24 Abs. 1 Satz 3 und 4 [Überbetrieblicher arbeitsmedizinischer und sicherheitstechnischer Dienst]
3. § 22 [Sicherheitsbeauftragte]
4. § 2 Abs. 1 Nr. 2, 8 und 12 [Versicherung kraft Gesetzes]

Verstoß: **ordnungswidrig** gem. § 209 Abs. 1 Nr. 1 SGB VII; die Bußgeldhöhe kann bis zu 10.000 Euro betragen.

D-1-1.2 Vollziehbare Anordnungen der Aufsichtspersonen

Sofern Aufsichtspersonen im Einzelfall anordnen, welche Maßnahmen Unternehmerinnen und Unternehmer oder Versicherte treffen müssen
1. zur Erfüllung ihrer Pflichten aufgrund der Unfallverhütungsvorschriften nach Rechtsquelle 2 (↓),
2. zur Abwendung besonderer Unfall- und Gesundheitsgefahren,

sind derartige vollziehbare Anordnungen gem. nachstehender Rechtsquelle 1.1 (↓), auch i. V. m. Rechtsquelle 1.2 (↓), zu beachten.

Weiterführende Hinweise: zu Rechtsquelle 1.2 (↓)

Die Aufsichtspersonen sind berechtigt, bei Gefahr im Verzug sofort vollziehbare Anordnungen zur Abwendung von arbeitsbedingten Gefahren für Leben und Gesundheit zu treffen. Anordnungen nach den Rechtsquellen 1.1 (↓) und 1.2 (↓) können auch gegenüber Unternehmerinnen und Unternehmern sowie gegenüber Beschäftigten von ausländischen Unternehmen getroffen werden, die eine Tätigkeit im Inland ausüben, ohne einem Unfallversicherungsträger anzugehören,

Rechtsquellen: SGB VII
1. § 19 Abs. 1 [Befugnisse der Aufsichtspersonen] SGB VII
1.1 Satz 1
1.2 Satz 2
2. § 15 [Unfallverhütungsvorschriften]

Verstoß: **ordnungswidrig** gem. § 209 Abs. 1 Nr. 2 SGB VII; die Bußgeldhöhe kann bis zu 10.000 Euro betragen.

D-1-1.3 Duldung von Überwachungsmaßnahmen der Aufsichtspersonen

I. Einführende Anmerkungen: Zur Überwachung der Maßnahmen zur Verhütung von Arbeitsunfällen, Berufskrankheiten, arbeitsbedingten Gesundheitsgefahren und für eine wirksame Erste Hilfe sind die Aufsichtspersonen gem. Rechtsquelle 1.1 (↓) insbesondere befugt,
1. zu den Betriebs- und Geschäftszeiten Grundstücke und Betriebsstätten zu betreten, zu besichtigen und zu prüfen,
2. von dem Unternehmer die zur Durchführung ihrer Überwachungsaufgabe erforderlichen Auskünfte zu verlangen,
3. geschäftliche und betriebliche Unterlagen des Unternehmers einzusehen, soweit es die Durchführung ihrer Überwachungsaufgabe erfordert,
4. Arbeitsmittel und persönliche Schutzausrüstungen sowie ihre bestimmungsgemäße Verwendung zu prüfen,

233

5. Arbeitsverfahren und Arbeitsabläufe zu untersuchen und insbesondere das Vorhandensein und die Konzentration gefährlicher Stoffe und Zubereitungen zu ermitteln oder, soweit die Aufsichtspersonen und der Unternehmer die erforderlichen Feststellungen nicht treffen können, auf Kosten des Unternehmers ermitteln zu lassen,

6. gegen Empfangsbescheinigung Proben nach ihrer Wahl zu fordern oder zu entnehmen; soweit der Unternehmer nicht ausdrücklich darauf verzichtet, ist ein Teil der Proben amtlich verschlossen oder versiegelt zurückzulassen,

7. zu untersuchen, ob und auf welche betriebliche Ursachen ein Unfall, eine Erkrankung oder ein Schadensfall zurückzuführen ist,

8. die Begleitung durch den Unternehmer oder eine von ihm beauftragte Person zu verlangen.

II. Pflicht im Detail: Der Unternehmer hat gem. Rechtsquelle 1.2 (↓) die Maßnahmen nach o. a. Nr. I Satz 1 Nr. 1 und 3 bis 7 zu dulden. Zur Verhütung dringender Gefahren können die Maßnahmen nach Satz 1 auch in Wohnräumen und zu jeder Tages- und Nachtzeit getroffen werden. Das Grundrecht der Unverletzlichkeit der Wohnung [siehe Rechtsquelle 2 (↓)] wird insoweit eingeschränkt. Die Eigentümer und Besitzer der Grundstücke, auf denen der Unternehmer tätig ist, haben das Betreten der Grundstücke zu gestatten.

Rechtsquellen:
1. § 19 Abs. 2 [Befugnisse der Aufsichtspersonen] SGB VII
1.1 Satz 1
1.2 Satz 2
2. Art. 13 [Unverletzlichkeit der Wohnung] GG

Verstoß: **ordnungswidrig** gem. § 209 Abs. 1 Nr. 3 SGB VII; die Bußgeldhöhe kann bis zu 10.000 Euro betragen.

D-1-1.4 bis **D-1-1.11**	– *hier nicht dargestellt –*

D-1-2	– *hier nicht dargestellt –*

2.4.2 Sanktions-/Pflichtenkatalog D-2 gem. DGUV-Vorschrift 1 – Grundsätze der Prävention

2.4.2.1 Sanktionskatalog D-2

Ordnungswidrigkeiten: § 32 DGUV-1 [Grundsätze der Prävention]

Ordnungswidrig im Sinne des § 209 Abs. 1 Nr. 1 Siebtes Sozialgesetzbuch (SGB VII) handelt, wer vorsätzlich oder fahrlässig den Bestimmungen der

Einzelpflicht

– § 2 Abs. 5,	D-2-1
– § 12 Abs. 2,	D-2-2
– § 15 Abs. 2,	D-2-3
– § 20 Abs. 1,	D-2-4
– § 24 Abs. 6,	D-2-5
– § 25 Abs. 1, 4 Nr. 1 oder 3,	D-2-6
– § 26 Abs. 1 Satz 1 oder Absatz 2 Satz 1,	D-2-7

- § 27 Abs. 1 Satz 1 Nr. 1 oder 3, Absatz 3,　　　　　D-2-8
- § 29 Abs. 2 Satz 2　　　　　　　　　　　　　　　　D-2-9
  oder
- § 30 zuwiderhandelt.　　　　　　　　　　　　　　D-2-10

Hinweise: betreffend Regelungen zu Ordnungswidrigkeiten
- *Beachte bei Pflichtenkatalog D-2, dass § 209 Abs. 1 Nr. 1 [Bußgeldvorschriften] SGB VII mitgeltendes Recht ist:* Ordnungswidrig handelt, wer vorsätzlich oder fahrlässig einer Unfallverhütungsvorschrift nach § 15 Abs. 1 oder 2 zuwiderhandelt, soweit sie für einen bestimmten Tatbestand auf diese Bußgeldvorschrift verweist.
- Wegen der Höhe des Bußgeldes siehe unter Hinweise nachfolgend zur Liste der Ordnungswidrigkeiten im Pflichtenkatalog D-1 [SGB VII] dieses Kapitels.
- Wegen der mitgeltenden Bestimmungen des SGB VII bezogen auf die DGUV siehe die Hinweise über die Regelungsbereiche in den Einzelpflichten D-1-1.1, D-1-1.2 und D-1-1.3 im Pflichtenkatalog D-1.

2.4.2.2 Pflichtenkatalog zu D-2 gem. DGUV-Vorschrift 1 – Prävention

D-2-1	Kosten für Unfallverhütungsmaßnahmen nicht den Versicherten auferlegen

Einzelpflichtbeschreibung:

Gem. nachstehender Rechtsquelle (↓) darf der Unternehmer die Kosten für Maßnahmen nach dieser Unfallverhütungsvorschrift und den für ihn sonst geltenden Unfallverhütungsvorschriften nicht den Versicherten auferlegen.

Rechtsquellen: § 2 Abs. 5 DGUV-Vorschrift 1 [Grundpflichten des Unternehmers]

Verstoß: ordnungswidrig gem. § 32 DGUV-Vorschrift 1 i. V. m. § 209 Abs. 1 Nr. 1 SGB XII; die Bußgeldhöhe kann bis zu 10.000 Euro betragen.

D-2-2	Zugang zu Vorschriften/Regelwerken gewähren

Einzelpflichtbeschreibung:

Gem. nachstehender Rechtsquelle (↓) darf der Unternehmer die Kosten für Maßnahmen nach dieser DGUV-Vorschrift und dem sonst für ihn geltenden DGUV-Regelwerk nicht den Versicherten auferlegen.

Rechtsquellen: § 12 Abs. 2 DGUV-Vorschrift 1 [Zugang zu Vorschriften und Regeln]

Verstoß: ordnungswidrig (siehe Einzelpflicht D-2-1)

235

D-2-3	Versicherte dürfen sich nicht mittels Alkohol, Drogen und anderen berauschenden Mitteln in einen Zustand versetzen, der sie oder andere Personen gefährden könnte

Einzelpflichtbeschreibung:

Gem. Rechtsquelle 1 (↓) dürfen sich Versicherte nicht durch den Konsum von Alkohol, Drogen oder anderen berauschenden Mitteln in einen Zustand versetzen, durch den sie sich selbst oder andere gefährden können.

Hinweis zu Rechtsquelle 2 (↓): Die Bestimmung der Rechtsquelle 1 (↓) gilt auch für die Einnahme von Medikamenten.

Rechtsquellen: § 15 DGUV-Vorschrift 1 [Allgemeine Unterstützungspflichten und Verhalten]
1. Abs. 2
2. Abs. 3

Verstoß: ordnungswidrig (siehe Einzelpflicht D-2-1)

D-2-4	Bestellungspflicht betr. Sicherheitsbeauftragte in der geforderten Mindestzahl

Einzelpflichtbeschreibung:

In Unternehmen mit regelmäßig mehr als 20 Beschäftigten hat der Unternehmer unter Berücksichtigung der im Unternehmen bestehenden Verhältnisse hinsichtlich der Arbeitsbedingungen, der Arbeitsumgebung sowie der Arbeitsorganisation gem. nachstehender Rechtsquelle (↓) Sicherheitsbeauftragte in der erforderlichen Anzahl zu bestellen. Kriterien für die Anzahl der Sicherheitsbeauftragten sind:
– im Unternehmen bestehende Unfall- und Gesundheitsgefahren
– räumliche Nähe der zuständigen Sicherheitsbeauftragten zu den Beschäftigten
– zeitliche Nähe der zuständigen Sicherheitsbeauftragten zu den Beschäftigten
– fachliche Nähe der zuständigen Sicherheitsbeauftragten zu den Beschäftigten
– Anzahl der Beschäftigten

Rechtsquellen: § 20 Abs. 1 DGUV-Vorschrift 1 – Prävention [Bestellung und Aufgaben von Sicherheitsbeauftragten]

Verstoß: ordnungswidrig (siehe Einzelpflicht D-2-1)

D-2-5	Dokumentation der Erste-Hilfe-Leistung und deren Aufbewahrung

Einzelpflichtbeschreibung:

Der Unternehmer hat gem. nachstehender Rechtsquelle (↓) dafür zu sorgen, dass jede Erste-Hilfe-Leistung dokumentiert und diese Dokumentation fünf Jahre lang verfügbar gehalten wird. Die Dokumente sind vertraulich zu behandeln.

Rechtsquellen: § 24 Abs. 6 – DGUV-Vorschrift 1 [Allgemeine Pflichten des Unternehmers]

Verstoß: ordnungswidrig (siehe Einzelpflicht D-2-1)

D-2-6	Bereitstellung von Meldeeinrichtungen, Treffen von Organisationsmaßnahmen sowie Einrichtung eines vorschriftsgemäßen Sanitätsraumes gewährleisten

Einzelpflichtbeschreibung:

Gem. nachstehender Rechtsquellen muss der Unternehmer dafür sorgen, dass
- gem. Rechtsquelle 1 (↓) unter Berücksichtigung der betrieblichen Verhältnisse durch Meldeeinrichtungen und organisatorische Maßnahmen unverzüglich die notwendige Hilfe herbeigerufen und an den Einsatzort geleitet werden kann,
- gem. Rechtsquelle 2 (↓) ein mit Rettungstransportmitteln leicht erreichbarer Erste-Hilfe-Raum oder eine vergleichbare Einrichtung
  1. in einer Betriebsstätte mit mehr als 1000 dort beschäftigten Versicherten,
  2. [...],
  3. auf einer Baustelle mit mehr als 50 dort beschäftigten Versicherten
vorhanden ist.

Hinweis: *Nr. 3 gilt auch, wenn der Unternehmer zur Erbringung einer Bauleistung aus einem von ihm übernommenen Auftrag Arbeiten an andere Unternehmer vergeben hat und insgesamt mehr als 50 Versicherte gleichzeitig tätig werden.*

Rechtsquellen: § 25 – DGUV-Vorschrift 1 [Erforderliche Einrichtungen und Sachmittel]
1. Abs. 1
2. Abs. 4 Nr. 1 oder 3

Verstoß: ordnungswidrig (siehe Einzelpflicht D-2-1)

D-2-7	Bestellungs- und Ausbildungspflicht betr. Ersthelfer (Erste-Hilfe-Leistung)

Einzelpflichtbeschreibung:

Gem. nachstehender Rechtsquellen muss der Unternehmer dafür sorgen, dass
- gem. Rechtsquelle 1.1 (↓) für die Erste-Hilfe-Leistung Ersthelfer mindestens in folgender Zahl zur Verfügung stehen:
  1. Bei 2 bis zu 20 anwesenden Versicherten ein Ersthelfer,
  2. bei mehr als 20 anwesenden Versicherten
     a) in Verwaltungs- und Handelsbetrieben 5 %,
     b) in sonstigen Betrieben 10 %,
     c) in Kindertageseinrichtungen ein Ersthelfer je Kindergruppe,
     d) in Hochschulen 10 % der Versicherten nach Rechtsquelle 2 (↓).
  Hinweis: *Von der Zahl der Ersthelfer nach Nr. 2 kann im Einvernehmen mit dem Unfallversicherungsträger unter Berücksichtigung der Organisation des betrieblichen Rettungswesens und der Gefährdung abgewichen werden.*
- gem. Rechtsquelle 1.2 (↓) als Ersthelfer nur Personen eingesetzt werden, die bei einer von dem Unfallversicherungsträger für die Ausbildung zur Ersten Hilfe ermächtigten Stelle ausgebildet worden sind oder über eine sanitätsdienstliche/rettungsdienstliche Ausbildung oder eine abgeschlossene Ausbildung in einem Beruf des Gesundheitswesens verfügen.
  Hinweis: *Die Voraussetzungen für die Ermächtigung sind in der Rechtsquelle 3 (↓) zu dieser Unfallverhütungsvorschrift geregelt.*

Rechtsquellen:
1. § 26 DGUV-Vorschrift 1 [Zahl und Ausbildung der Ersthelfer]

237

1.1 Abs. 1 Satz 1
1.2 Abs. 2 Satz 1
2. Sozialgesetzbuch Siebtes Buch (SGB VII), § 2 Abs. 1 Nr. 1 [Versicherung kraft Gesetzes]
3. Anlage 2 DGUV-Vorschrift 1 [zu § 26 Abs. 2: Voraussetzungen für die Ermächtigung als Stelle für die Aus- und Fortbildung in der Ersten Hilfe; Stellen, die Aus- und Fortbildung in der Ersten Hilfe durchführen, bedürfen einer schriftlichen Vereinbarung, welche Art und Umfang der Aus- und Fortbildungsleistungen und die Höhe der Lehrgangsgebühren regelt]

Verstoß: ordnungswidrig (siehe Einzelpflicht D-2-1)

D-2-8	Bestellungs- und Ausbildungspflicht betr. Betriebssanitäter

Einzelpflichtbeschreibung:

Gem. nachstehender Rechtsquellen muss der Unternehmer dafür sorgen, dass
– gem. Rechtsquelle 1 (↓) mindestens ein Betriebssanitäter zur Verfügung steht, wenn
1. in einer Betriebsstätte mehr als 1500 Versicherte nach Rechtsquelle 2 (↓) anwesend sind,
2. [...],
3. auf einer Baustelle mehr als 100 Versicherte nach Rechtsquelle 2 (↓) anwesend sind.
Nr. 3 gilt auch, wenn der Unternehmer zur Erbringung einer Bauleistung aus einem von ihm übernommenen Auftrag Arbeiten an andere Unternehmer vergibt und insgesamt mehr als 100 Versicherte gleichzeitig tätig werden.
– gem. Rechtsquelle 2 (↓) als Betriebssanitäter nur Personen eingesetzt werden, die von Stellen ausgebildet worden sind, welche von dem Unfallversicherungträger in personeller, sachlicher und organisatorischer Hinsicht als geeignet beurteilt werden.

Rechtsquellen:
1. § 27 DGUV-Vorschrift 1 [Zahl und Ausbildung der Betriebssanitäter]
1.1 Abs. 1 Satz 1 Nr. 1 bzw. 3
1.2 Abs. 3
2. § 2 Abs. 1 Nr. 1 SGB VII [...]

Verstoß: ordnungswidrig (siehe Einzelpflicht D-2-1)

D-2-9	Bereitstellung vorschriftenkonformer PSA (Persönliche Schutzausrüstung)

Einzelpflichtbeschreibung:

Der Unternehmer hat dafür zu sorgen, dass die persönlichen Schutzausrüstungen den Versicherten in ausreichender Anzahl zur persönlichen Verwendung für die Tätigkeit am Arbeitsplatz zur Verfügung gestellt werden. Für die bereitgestellten persönlichen Schutzausrüstungen müssen gem. nachstehender Rechtsquelle (↓) EG-Konformitätserklärungen vorliegen.

Hinweis: O.a. Satz 2 gilt nicht für Hautschutzmittel.

Rechtsquellen: § 29 Abs. 2 Satz 2 auch i. V. m. Satz 1 DGUV-Vorschrift 1 [Bereitstellung] – Hinweis: von PSA-Ausrüstung

Verstoß: ordnungswidrig (siehe Einzelpflicht D-2-1)

D-2-10	Vorschriftgemäße PSA-Nutzung gewährleisten

Einzelpflichtbeschreibung:

Gem. nachstehender Rechtsquellen
- muss der Unternehmer dafür sorgen, dass persönliche Schutzausrüstungen gem. Rechtsquelle 1 (↓) entsprechend bestehender Tragezeitbegrenzungen und Gebrauchsdauern bestimmungsgemäß benutzt werden;
- haben die Versicherten die persönlichen Schutzausrüstungen gem. Rechtsquelle 2 (↓) bestimmungsgemäß zu benutzen, regelmäßig auf ihren ordnungsgemäßen Zustand zu prüfen und festgestellte Mängel dem Unternehmer unverzüglich zu melden.

Rechtsquellen: § 30 DGUV-Vorschrift 1 [Benutzung]
1. Abs. 1
2. Abs. 2

Verstoß: ordnungswidrig (siehe Einzelpflicht D-2-1)

2.4.3 Sanktions-/Pflichtenkatalog D-3 gem. Verordnung zum Schutze der Mütter am Arbeitsplatz (MuSchArbV)

2.4.3.1 Sanktionskatalog D-3

Straftaten und Ordnungswidrigkeitenvorschriften gem. § 6 MuSchArbV

(1) Ordnungswidrig im Sinne des § 25 Abs. 1 Nr. 1 des Arbeitsschutzgesetzes handelt, wer vorsätzlich oder fahrlässig entgegen § 2 eine werdende oder stillende Mutter nicht, nicht richtig oder nicht vollständig unterrichtet.

Einzelpflicht
D-3-1

(2) Ordnungswidrig im Sinne des § 21 Abs. 1 Nr. 4 des Mutterschutzgesetzes handelt, wer vorsätzlich oder fahrlässig entgegen § 3 Abs. 3 oder § 5 Abs. 1 Satz 1 Nr. 1, 2, 3, 4 oder 6 eine werdende oder stillende Mutter beschäftigt.

D-3-2

(3) Ordnungswidrig im Sinne des § 26 Abs. 1 Nr. 8 Buchstabe b des Chemikaliengesetzes handelt, wer vorsätzlich oder fahrlässig entgegen § 5 Abs. 1 Satz 1 Nr. 5 eine gebärfähige Arbeitnehmerin beschäftigt.

D-3-3

Hinweise betreffend Sanktionsvorschriften zum Pflichtenkatalog D-3:

- **Ordnungswidrig** gem. § 6 Abs. 1 MuSchArbV i. V. m. § 25 Abs. 1 Nr. 1 ArbSchG, wer vorsätzlich oder fahrlässig gegen Vorschriften des § 2 MuSchArbV verstößt; Bußgeldhöhe bis zu 5.000 Euro.
- **Ordnungswidrig** gem. § 6 Abs. 2 MuSchArbV i. V. m. § 21 Abs. 1 Nr. 4 MuSchG, wer vorsätzlich oder fahrlässig gegen Vorschriften des § 3 Abs. 3 oder § 5 Abs. 1 Satz 1 Nr. 1, 2, 3, 4 oder 6 MuSchArbV verstößt; Bußgeldhöhe zu 15.000 Euro.
- **Ordnungswidrig** gem. § 6 Abs. 3 MuSchArbV i. V. m. § 26 Abs. 1 Nr. 8 Buchstabe b ChemG handelt, wer vorsätzlich oder fahrlässig gegen Vorschriften des § 5 Abs. 1 Satz 1 Nr. 5 MuSchArbV verstößt; zur Bußgeldhöhe siehe Abschnitt 2.2.1
- **Strafbar** handelt,
  - wer nach § 6 Abs. 4 MuSchArbV vorsätzlich oder fahrlässig eine in § 6 Abs. 2 bezeichnete Handlung begeht und dadurch eine Frau in ihrer Arbeitskraft oder Ge-

sundheit gefährdet; Strafmaß gem. § 21 Abs. 3 und 4 MuSchG: Freiheitsstrafe bis zu einem Jahr oder Geldstrafe.
– wer nach § 6 Abs. 5 MuSchArbV vorsätzlich oder fahrlässig eine in § 6 Abs. 3 MuSchArbV bezeichnete Handlung begeht und dadurch das Leben oder die Gesundheit einer Frau gefährdet; das Strafmaß gem. § 27 Abs. 2 bis 4 ChemG ist in Abschnitt 2.2.1 dargestellt.

2.4.3.2 Pflichtenkatalog D-3

D-3-1	**Unterrichtung über die Beurteilung der Arbeitsbedingungen sowie weiteren Folgerungen/Maßnahmen aus dieser Beurteilung**

Einzelpflichtbeschreibung:

Der Arbeitgeber muss gem. nachstehender Rechtsquelle 1 (↓) werdende oder stillende Mütter *[sowie die übrigen bei ihm beschäftigten Arbeitnehmerinnen und, wenn ein Betriebs- oder Personalrat vorhanden ist, diesen]* über die Ergebnisse der Beurteilung nach Rechtsquelle 2 (↓) und über die zu ergreifenden Maßnahmen für Sicherheit und Gesundheitsschutz am Arbeitsplatz richtig und vollständig unterrichten, sobald das möglich ist. *Eine formlose Unterrichtung reicht aus.*

Rechtsquellen: MuSchArbV
1. § 2 [Unterrichtung]
2. § 1 [Beurteilung der Arbeitsbedingungen], vgl. „Weiterführende Hinweise"

Weiterführende Hinweise:

§ 1 Beurteilung der Arbeitsbedingungen

(1) Der Arbeitgeber muss rechtzeitig für jede Tätigkeit, bei der werdende oder stillende Mütter durch die chemischen Gefahrstoffe, biologischen Arbeitsstoffe, physikalischen Schadfaktoren, die Verfahren oder Arbeitsbedingungen nach Anlage 1 dieser Verordnung gefährdet werden können, Art, Ausmaß und Dauer der Gefährdung beurteilen. Die Pflichten nach dem Arbeitsschutzgesetz bleiben unberührt.

(2) Zweck der Beurteilung ist es,
1. alle Gefahren für die Sicherheit und Gesundheit sowie alle Auswirkungen auf Schwangerschaft oder Stillzeit der betroffenen Arbeitnehmerinnen abzuschätzen und
2. die zu ergreifenden Schutzmaßnahmen zu bestimmen.

(3) Der Arbeitgeber kann zuverlässige und fachkundige Personen schriftlich damit beauftragen, ihm obliegende Aufgaben nach dieser Verordnung in eigener Verantwortung wahrzunehmen.

Verstoß: ordnungswidrig gem. § 6 Abs. 1 MuSchArbV i. V. m. § 25 Abs. 1 Nr. 1 ArbSchG, die Höhe der Geldbuße kann bis zu 5.000 Euro betragen.

D-3-2	**Beschäftigungsverbote für werdende und stillende Mütter**

Einzelpflichtbeschreibung:

Wer eine werdende oder stillende Frau beschäftigt, muss die unter nachfolgendem Abschnitt I bzw. II dargestellten Pflichten einhalten:
I. Ist dem Arbeitgeber der Arbeitsplatzwechsel der werdenden oder stillenden Mütter aufgrund einer weiteren Folgerung aus der Beurteilung der Arbeitsbedingungen gem.

nachstehender Rechtsquelle 1 (↓) nicht möglich oder nicht zumutbar, darf er die betreffenden Beschäftigten so lange nicht beschäftigen, wie dies zum Schutze ihrer Sicherheit und Gesundheit erforderlich ist.

II. Arbeitgeber dürfen gem. Rechtsquelle 2 (↓) nachfolgende Beschäftigte mit den entsprechend bezeichneten Stoffen bzw. Arbeitsverfahren nicht beschäftigen:

1. werdende oder stillende Mütter mit sehr giftigen, giftigen, gesundheitsschädlichen oder in sonstiger Weise den Menschen chronisch schädigenden Gefahrstoffen, wenn der Grenzwert überschritten wird;

2. werdende oder stillende Mütter mit Stoffen, Gemische oder Erzeugnissen, die ihrer Art nach erfahrungsgemäß Krankheitserreger übertragen können, wenn sie den Krankheitserregern ausgesetzt sind;

3. werdende Mütter mit krebserzeugenden, fruchtschädigenden oder erbgutverändernden Gefahrstoffen;

4. stillende Mütter mit Gefahrstoffen nach Nummer 3, wenn der Grenzwert überschritten wird;

5. [...]

6. werdende oder stillende Mütter in Druckluft (Luft mit einem Überdruck von mehr als 0,1 bar).

Rechtsquellen: MuSchArbV
1. § 3 Abs. 3 [Weitere Folgerungen aus der Beurteilung]
2. § 5 Abs. 1 Satz 1 Nr. 1, 2, 3, 4 oder 6 [Besondere Beschäftigungsbeschränkungen]

Verstoß: **ordnungswidrig** gem. § 6 Abs. 2 MuSchArbV i. V. m. § 21 Abs. 1 Nr. 4 MuSchG; ggf. **strafbewehrt** gem. § 6 Abs. 4 MuSchArbV i. V. m. § 21 Abs. 3, 4 MuSchG

D-3-3	Beschäftigungsverbote für gebärfähige Arbeitnehmerinnen beim Umgang mit blei- bzw. bleialkylhaltigen Gefahrstoffen (bei Grenzwertüberschreitung)

Einzelpflichtbeschreibung:

Arbeitgeber dürfen gebärfähige Arbeitnehmerinnen gem. nachstehender Rechtsquelle nicht mit Arbeiten beschäftigen, d. h. sie nicht im Umgang mit Gefahrstoffen beschäftigen, die Blei oder Quecksilberalkyle enthalten, wenn der Grenzwert überschritten wird.

Rechtsquelle: MuSchArbV

§ 5 Abs. 1 Satz 1 Nr. 5

Verstoß: **ordnungswidrig** gem. § 6 Abs. 3 MuSchArbV i. V. m. § 26 Abs. 1 Nr. 8 Buchstabe b ChemG; ggf. **strafbewehrt** gem. § 6 Abs. 5 MuSchArbV i. V. m. § 27 Abs. 2 bis 4 des ChemG. Strafmaß und Bußgeldhöhe nach dem ChemG ist in Abschnitt 2.2.1 dieses Werkes dargestellt.

2.4.3.3 Gefährdungsbeurteilung nach der MuSchArbV

Ablaufschema zur Gefährdungsbeurteilung[1]		
Schlagwort	**Maßnahmen**	**MuSchArbV**
Zweck der Beurteilung	Prüfen, ob Sicherheit der Arbeitnehmerin gefährdet und Auswirkungen auf Schwangerschaft und Stillzeit zu befürchten sind	§ 1 Abs. 2 Nr. 1
A **Beurteilung**	1. Tätigkeit mit chemischen Gefahrstoffen, *biologischen Arbeitsstoffen, physikalischen Schadfaktoren*	§ 1 Abs. 1 i. V. m. Anlage 1
	2. Verfahren	
	3. Arbeitsbedingungen	
B **Schutzmaßnahmen**	Schutzmaßnahmen bestimmen	§ 1 Abs. 2 Nr. 2
C **Weitere Folgerungen**	1. Ausschluss der Gefährdung durch: einstweilige Umgestaltung der Arbeitsbedingungen der Arbeitszeiten	§ 3 Abs. 1 i. V. m. Abs. 2
	2. falls o. a. Maßnahmen unmöglich: keine derartige Beschäftigung	§ 3 Abs. 3
D.1 **Beschäftigung unter Auflagen**	1. Beschäftigung unter Auflagen möglich	§ 5 Abs. 1 Satz 1, jeweils 2. Halbsatz Nr. 1 und 2, Nr. 3 i. V. m. Satz 3, Nr. 4 und 5 MuSchArbV
oder	2. keine Beschäftigung erlaubt	...
D.2 **Beschäftigungsverbot**	2.1 Verbot der Beschäftigung	§ 4 Abs. 1 i. V. m. Anlage 2
	2.2 Nichtbeschäftigung, weil Ausnahmetatbestände von besonderen Beschränkungen nicht zutreffen[2]	§ 5 Abs. 1 Satz 1, jeweils 1. Halbsatz Nr. 1, 2, 3, 4 und 5

[1] die Tabelle beschränkt sich in ihrer Darstellung auf den Gefahrstoffbezug

2.4.4 Novelliertes Mutterschutzgesetz 2017 gemäß BR/Drucksache Nr. 580/1/16 [Gesetz zum Schutz von Müttern bei der Arbeit, in der Ausbildung und im Studium (Mutterschutzgesetz – MuSchG)]

Mit Inkraftsetzung des novellierten MuSchG wird die MuSchArbV aufgehoben; deren Inhalt wird in veränderter Form in das MuSchG aufgenommen – hier schon mal ein erster Ausblick auf die Entwurfsfassung:

Abschnitt 2 Gesundheitsschutz

Unterabschnitt 1 – Betrieblicher Gesundheitsschutz

§ 3 Schutzfristen vor und nach der Entbindung

§ 4 Verbot der Mehr- und der Nachtarbeit

§ 5 Verbot der Sonn- und Feiertagsarbeit

§ 6 Freistellung für Untersuchungen und zum Stillen

§ 7 Beschränkung von Heimarbeit

§ 8 Gestaltung der Arbeitsbedingungen; unverantwortbare Gefährdung

§ 9 Beurteilung der Arbeitsbedingungen; Schutzmaßnahmen

§ 10 Unzulässige Tätigkeiten und Arbeitsbedingungen für schwangere Frauen

§ 11 Unzulässige Tätigkeiten und Arbeitsbedingungen für stillende Frauen

§ 12 Rangfolge der Schutzmaßnahmen: Umgestaltung der Arbeitsbedingungen, Arbeitsplatzwechsel und betriebliches Beschäftigungsverbot

§ 13 Dokumentation und Information durch den Arbeitgeber

§ 14 Mitteilungen und Nachweise der schwangeren und stillenden Frauen

Unterabschnitt 2 – Ärztlicher Gesundheitsschutz

§ 15 Ärztliches Beschäftigungsverbot

§ 8 Gestaltung der Arbeitsbedingungen; unverantwortbare Gefährdung

(1) Der Arbeitgeber hat bei der Gestaltung der Arbeitsbedingungen einer schwangeren oder stillenden Frau alle aufgrund der Gefährdungsbeurteilung nach § 9 erforderlichen Maßnahmen für den Schutz ihrer physischen und psychischen Gesundheit sowie der ihres Kindes zu treffen. Er hat die Maßnahmen auf ihre Wirksamkeit zu überprüfen und erforderlichenfalls den sich ändernden Gegebenheiten anzupassen. Soweit es nach den Vorschriften dieses Gesetzes verantwortbar ist, ist der Frau auch während der Schwangerschaft, nach der Entbindung und in der Stillzeit die Fortführung ihrer Tätigkeiten zu ermöglichen. Nachteile aufgrund der Schwangerschaft, der Entbindung oder der Stillzeit sollen vermieden oder ausgeglichen werden.

(2) Der Arbeitgeber hat die Arbeitsbedingungen so zu gestalten, dass Gefährdungen einer schwangeren oder stillenden Frau oder ihres Kindes möglichst vermieden werden und eine unverantwortbare Gefährdung ausgeschlossen wird. Eine Gefährdung ist unverantwortbar, wenn die Eintrittswahrscheinlichkeit einer Gesundheitsbeeinträchtigung angesichts der zu erwartenden Schwere des möglichen Gesundheitsschadens nicht hinnehmbar ist. Eine unverantwortbare Gefährdung gilt als ausgeschlossen, wenn der Arbeitgeber alle Vorgaben einhält, die aller Wahrscheinlichkeit nach dazu führen, dass die Gesundheit einer schwangeren oder stillenden Frau oder ihres Kindes nicht beeinträchtigt wird.

(3) Der Arbeitgeber hat sicherzustellen, dass die schwangere oder stillende Frau ihre Tätigkeit am Arbeitsplatz, soweit es für sie erforderlich ist, kurz unterbrechen kann. Er hat darüber hinaus sicherzustellen, dass sich die schwangere oder stillende Frau während der Pausen und Arbeitsunterbrechungen unter geeigneten Bedingungen hinlegen, hinsetzen und ausruhen kann.

(4) Alle Maßnahmen des Arbeitgebers nach diesem Unterabschnitt sowie die Beurteilung der Arbeitsbedingungen nach § 9 müssen dem Stand der Technik, der Arbeitsmedizin und der Hygiene sowie den sonstigen gesicherten wissenschaftlichen Erkenntnissen entsprechen. Der Arbeitgeber hat bei seinen Maßnahmen die vom Ausschuss für Mutterschutz ermittelten und nach § 27 Absatz 4 im Gemeinsamen Ministerialblatt veröffentlichten Regeln und Erkenntnisse zu berücksichtigen; bei Einhaltung dieser Regeln und bei Beachtung dieser Erkenntnisse ist davon auszugehen, dass die in diesem Gesetz gestellten Anforderungen erfüllt sind.

(5) Der Arbeitgeber kann zuverlässige und fachkundige Personen schriftlich damit beauftragen, ihm obliegende Aufgaben nach diesem Unterabschnitt in eigener Verantwortung wahrzunehmen.

(6) Kosten für Maßnahmen nach diesem Gesetz darf der Arbeitgeber nicht den Personen auferlegen, die bei ihm beschäftigt sind. Die Kosten für Zeugnisse und Bescheinigungen,

die die schwangere oder stillende Frau auf Verlangen des Arbeitgebers vorzulegen hat, trägt der Arbeitgeber.

§ 9 Beurteilung der Arbeitsbedingungen; Schutzmaßnahmen

(1) Im Rahmen der Beurteilung der Arbeitsbedingungen nach § 5 des Arbeitsschutzgesetzes hat der Arbeitgeber für jede Tätigkeit
1. die Gefährdungen nach Art, Ausmaß und Dauer zu beurteilen, denen eine schwangere oder stillende Frau oder ihr Kind ausgesetzt ist oder sein kann, und
2. unter Berücksichtigung des Ergebnisses der Beurteilung der Gefährdung nach Nummer 1 zu ermitteln, ob für eine schwangere oder stillende Frau oder ihr Kind voraussichtlich
   a) keine Schutzmaßnahmen erforderlich sein werden,
   b) eine Umgestaltung der Arbeitsbedingungen nach § 12 Absatz 1 Nummer 1 erforderlich sein wird oder
   c) eine Fortführung der Tätigkeit der Frau an diesem Arbeitsplatz nicht möglich sein wird.

Bei gleichartigen Arbeitsbedingungen ist die Beurteilung eines Arbeitsplatzes oder einer Tätigkeit ausreichend.

(1a) Die Gefährdungsbeurteilung darf nur von fachkundigen Personen durchgeführt werden. Verfügt der Arbeitgeber nicht selbst über die entsprechenden Kenntnisse, so hat er sich fachkundig beraten zu lassen. Fachkundig können insbesondere die Fachkraft für Arbeitssicherheit und die Betriebsärztin oder der Betriebsarzt sein.

(2) Sobald eine Frau dem Arbeitgeber mitgeteilt hat, dass sie schwanger ist oder stillt, hat der Arbeitgeber die Gefährdungsbeurteilung nach Absatz 1 unverzüglich zu konkretisieren und die erforderlichen Schutzmaßnahmen festzulegen.

(3) Der Arbeitgeber darf eine schwangere oder stillende Frau nur diejenigen Tätigkeiten ausüben lassen, für die er die Beurteilung der Arbeitsbedingungen nach Absatz 2 vorgenommen und die erforderlichen Schutzmaßnahmen getroffen hat.

§ 10 Unzulässige Tätigkeiten und Arbeitsbedingungen für schwangere Frauen

(1) Der Arbeitgeber darf eine schwangere Frau keine Tätigkeiten ausüben lassen und sie keinen Arbeitsbedingungen aussetzen, bei denen sie in einem Maß Gefahrstoffen ausgesetzt ist oder sein kann, dass dies für sie oder für ihr Kind eine unverantwortbare Gefährdung darstellt. Eine unverantwortbare Gefährdung im Sinne von Satz 1 liegt insbesondere vor, wenn die schwangere Frau Tätigkeiten ausübt oder Arbeitsbedingungen ausgesetzt ist, bei denen sie folgenden Gefahrstoffen ausgesetzt ist oder sein kann:
1. Gefahrstoffen, die nach den Kriterien des Anhangs I der Verordnung (EG) Nr. 1272/ 2008 des Europäischen Parlaments und des Rates vom 16. Dezember 2008 über die Einstufung, Kennzeichnung und Verpackung von Stoffen und Gemischen, zur Änderung und Aufhebung der Richtlinien 67/548/EWG und 1999/45/EG und zur Änderung der Verordnung (EG) Nr. 1907/2006 (ABl. L 353 vom 31.12.2008, S. 1) zu bewerten sind
   a) als reproduktionstoxisch nach der Kategorie 1A, 1B oder 2 oder nach der Zusatzkategorie für Wirkungen auf oder über die Laktation,
   b) als keimzellmutagen nach der Kategorie 1A oder 1B,
   c) als karzinogen nach der Kategorie 1A oder 1B,
   d) als spezifisch zielorgantoxisch nach einmaliger Exposition nach der Kategorie 1 oder
   e) als akut toxisch nach der Kategorie 1, 2 oder 3,

2. Blei und Bleiderivaten, soweit die Gefahr besteht, dass diese Stoffe vom menschlichen Körper aufgenommen werden, oder

3. Gefahrstoffen, die als Stoffe ausgewiesen sind, die auch bei Einhaltung der arbeitsplatzbezogenen Vorgaben möglicherweise zu einer Fruchtschädigung führen können.

Eine unverantwortbare Gefährdung im Sinne von Satz 1 oder 2 gilt insbesondere als ausgeschlossen, wenn für den jeweiligen Gefahrstoff die arbeitsplatzbezogenen Vorgaben eingehalten werden und es sich um einen Gefahrstoff handelt, der als Stoff ausgewiesen ist, der bei Einhaltung der arbeitsplatzbezogenen Vorgaben hinsichtlich einer Fruchtschädigung als sicher bewertet wird, und der nach den Kriterien des Anhangs I der Verordnung (EG) Nr. 1272/2008 nicht als reproduktionstoxisch nach der Zusatzkategorie für Wirkungen auf oder über die Laktation zu bewerten ist. Eine unverantwortbare Gefährdung gilt auch dann als ausgeschlossen, wenn der Gefahrstoff nicht in der Lage ist, die Plazentaschranke zu überwinden, oder aus anderen Gründen ausgeschlossen ist, dass eine Fruchtschädigung eintritt. Die vom Ausschuss für Mutterschutz ermittelten wissenschaftlichen Erkenntnisse sind zu beachten.

(2) bis (6) hier nicht dargestellt

§ 11 Unzulässige Tätigkeiten und Arbeitsbedingungen für stillende Frauen

(1) Der Arbeitgeber darf eine stillende Frau keine Tätigkeiten ausüben lassen und sie keinen Arbeitsbedingungen aussetzen, bei denen sie in einem Maß mit Gefahrstoffen in Kontakt kommt oder kommen kann, dass dies für sie oder für ihr Kind eine unverantwortbare Gefährdung darstellt. Eine unverantwortbare Gefährdung im Sinne von Satz 1 liegt insbesondere vor, wenn die stillende Frau Tätigkeiten ausübt oder Arbeitsbedingungen ausgesetzt ist, bei denen sie folgenden Gefahrstoffen ausgesetzt ist oder sein kann:

1. Gefahrstoffen, die nach den Kriterien der Verordnung (EG) Nr. 1272/2008 als reproduktionstoxisch nach der Zusatzkategorie für Wirkungen auf oder über die Laktation zu bewerten sind oder

2. Blei und Bleiderivaten, soweit die Gefahr besteht, dass diese Stoffe vom menschlichen Körper aufgenommen werden.

(2) bis (5) hier nicht dargestellt

3 Anhang

3.1 Struktur des Technischen Regelwerkes für Gefahrstoffe

TRGS Nr.	Stand (BArbBl.) (GMBl.)	Bezeichnung
Reihe 000		
TRGS 001	Dez. 2006	Das Technische Regelwerk zur Gefahrstoffverordnung Allgemeines – Aufbau – Übersicht – Beachtung der Technischen Regeln für Gefahrstoffe (TRGS)
Reihe 200 (Inverkehrbringen von Stoffen, Zubereitungen und Erzeugnissen)		
TRGS 200	Okt. 2011	Einstufung und Kennzeichnung von Stoffen, Zubereitungen und Erzeugnissen
TRGS 201	Okt. 2011	Einstufung und Kennzeichnung bei Tätigkeiten mit Gefahrstoffen
Reihe 400 (Gefährdungsbeurteilung)		
TRGS 400	Juli 2012	Gefährdungsbeurteilung für Tätigkeiten mit Gefahrstoffen
TRGS 401	Feb. 2011	Gefährdung durch Hautkontakt – Ermittlung, Beurteilung, Maßnahmen
TRGS 402	Sept. 2016	Ermitteln und Beurteilen der Gefährdungen bei Tätigkeiten mit Gefahrstoffen: Inhalative Exposition
TRBA/TRGS 406	Feb. 2009	Sensibilisierende Stoffe für die Atemwege
TRGS 407	Sept. 2016	Tätigkeiten mit Gasen – Gefährdungsbeurteilung
BekGS 408	Jan. 2012	Anwendung der GefStoffV und TRGS mit dem Inkrafttreten der CLP-Verordnung
BekGS 409	Jan. 2012	Nutzung der REACH-Informationen für den Arbeitsschutz
TRGS 410	Juni 2015	Expositionsverzeichnis bei Gefährdung gegenüber krebserzeugenden oder keimzellmutagenen Gefahrstoffen der Kategorien 1A oder 1B
TRGS 420	Aug. 2016	Verfahrens- und stoffspezifische Kriterien (VSK) für die Ermittlung und Beurteilung der inhalativen Exposition
TRGS 430	März 2009	Isocyanate – Gefahrenbeurteilung und Schutzmaßnahmen
TRGS 460	Jan. 2014	Handlungsempfehlung zur Ermittlung des Standes der Technik
Reihe 500 (Schutzmaßnahmen bei Tätigkeiten mit Gefahrstoffen)		
TRGS 500	Mai 2008	Schutzmaßnahmen
TRGS 504	Okt. 2016	Tätigkeiten mit Exposition gegenüber A- und E-Staub
TRGS 505	Feb. 2007	Blei
TRGS 507	März 2009	Oberflächenbehandlung in Räumen und Behältern
TRGS 509	Okt. 2015	Lagerung von flüssigen und festen Gefahrstoffen in ortsfesten Behältern sowie Füll- und Entleerstellen für ortsbewegliche Behälter
TRGS 510	Okt. 2015	Lagerung von Gefahrstoffen in ortsbeweglichen Behältern
TRGS 511	Nov. 2008	Ammoniumnitrat
TRGS 512	Juli 2012	Begasungen

Struktur des Technischen Regelwerkes für Gefahrstoffe

TRGS Nr.	Stand (BArbBl.) (GMBl.)	Bezeichnung
TRGS 513	Okt. 2011	Tätigkeiten an Sterilisatoren mit Ethylenoxid und Formaldehyd
TRGS 517	Jan. 2015	Tätigkeiten mit potenziell asbesthaltigen mineralischen Rohstoffen und daraus hergestellten Gemischen und Erzeugnissen
TRGS 519	Jan. 2015	Asbest – Abbruch-, Sanierungs- oder Instandhaltungsarbeiten
TRGS 520	Jan. 2012	Errichtung und Betrieb von Sammelstellen und zugehörigen Zwischenlagern für Kleinmengen gefährlicher Abfälle
TRGS 521	Feb. 2008	Abbruch-, Sanierungs- und Instandhaltungsarbeiten mit alter Mineralwolle
TRGS 522	Jan. 2013	Raumdesinfektion mit Formaldehyd
TRGS 523	Nov. 2003	Schädlingsbekämpfung mit sehr giftigen, giftigen und gesundheitsschädlichen Stoffen und Zubereitungen
TRGS 524	Okt. 2011	Schutzmaßnahmen bei Tätigkeiten in kontaminierten Bereichen
TRGS 525	Juni 2015	Gefahrstoffe in Einrichtungen der medizinischen Versorgung
TRGS 526	Feb. 2008	Laboratorien
BekGS 527	Juni 2016	Hergestellte Nanomaterialien
TRGS 528	Feb. 2009	Schweißtechnische Arbeiten
TRGS 529	Jan. 2016	Tätigkeiten bei der Herstellung von Biogas
TRGS 530	März 2007	Friseurhandwerk
TRGS 551	Juni 2003	Teer und andere Pyrolyseprodukte aus organischem Material
TRGS 552	Mai 2007	N-Nitrosamine
TRGS 553	Aug. 2008	Holzstaub
TRGS 554	Mai 2009	Abgase von Dieselmotoren
TRGS 555	Jan. 2013	Betriebsanweisung und Information der Beschäftigten
TRGS 557	Aug. 2008	Dioxine
TRGS 558	Juni 2010	Tätigkeiten mit Hochtemperaturwolle
TRGS 559	Juli 2011	Mineralischer Staub
TRGS 560	Jan. 2012	Luftrückführung bei Tätigkeiten mit krebserzeugenden, erbgutverändernden und fruchtbarkeitsgefährdenden Stäuben

Reihe 600 (Ersatzstoffe und Ersatzverfahren)

TRGS 600	Aug. 2008	Substitution
TRGS 602	Mai 1988	Ersatzstoffe und Verwendungsbeschränkungen – Zinkchromate und Strontiumchromat als Pigmente für Korrosionsschutz-Beschichtungsstoffe
TRGS 608	April 1993	Ersatzstoffe, Ersatzverfahren und Verwendungsbeschränkungen für Hydrazin in Wasser- und Dampfsystemen
TRGS 609	Juni 1992	Ersatzstoffe, Ersatzverfahren und Verwendungsbeschränkungen für Methyl- und Ethylglykol sowie deren Acetate
TRGS 610	Jan. 2011	Ersatzstoffe und Ersatzverfahren für stark lösemittelhaltige Vorstriche und Klebstoffe für den Bodenbereich

Struktur des Technischen Regelwerkes für Gefahrstoffe

TRGS Nr.	Stand (BArbBl.) (GMBl.)	Bezeichnung
TRGS 611	Mai 2007	Verwendungsbeschränkungen für wassermischbare bzw. wassergemischte Kühlschmierstoffe, bei deren Einsatz N-Nitrosamine auftreten können
TRGS 614	März 2001	Verwendungsbeschränkungen für Azofarbstoffe, die in krebserzeugende aromatische Amine gespalten werden können
TRGS 615	Mai 2007	Verwendungsbeschränkungen für Korrosionsschutzmittel, bei deren Einsatz N-Nitrosamine auftreten können
TRGS 617	Jan. 2013	Ersatzstoffe und Ersatzverfahren für stark lösemittelhaltige Oberflächenbehandlungsmittel für Parkett und andere Holzfußböden
TRGS 618	Dez. 1997	Ersatzstoffe und Verwendungsbeschränkungen für Chrom(VI)-haltige Holzschutzmittel
TRGS 619	Mai 2013	Substitution für Produkte aus Aluminiumsilikatwolle

Reihe 700 und 800 (Brand- und Explosionsschutz)

TRGS 720	Juni 2006	Gefährliche explosionsfähige Atmosphäre – Allgemeines
TRGS 721	Juni 2006	Gefährliche explosionsfähige Atmosphäre – Beurteilung der Explosionsgefährdung
TRGS 722	März 2012	Vermeidung oder Einschätzung gefährlicher explosionsfähiger Atmosphäre
TRGS 725	Juli 2016	Gefährliche explosionsfähige Atmosphäre – Mess-, Steuer- und Regeleinrichtungen im Rahmen von Explosionsschutzmaßnahmen
TRGS 727	Juli 2016	Vermeidung von Zündgefahren infolge elektrostatischer Aufladungen
TRGS 745	Febr. 2016	Ortsbewegliche Druckgasbehälter – Füllen, Bereithalten, innerbetriebliche Beförderung, Entleeren
TRGS 746	Sept. 2016	Ortsfeste Druckanlagen für Gase
TRGS 751	Sept. 2015	Vermeidung von Brand-, Explosions- und Druckgefährdungen an Tankstellen und Füllanlagen zur Befüllung von Landfahrzeugen
TRGS 800	Dez. 2010	Brandschutzmaßnahmen

Reihe 900 (Grenzwerte, Einstufungen, Begründungen und weitere Beschlüsse des AGS)

TRGS 900	Sept. 2016	Arbeitsplatzgrenzwerte
BekGS 901	April 2010	Kriterien zur Ableitung von Arbeitsplatzgrenzwerten
TRGS 903	Juli 2013	Biologische Grenzwerte
TRGS 905	März 2016	Verzeichnis krebserzeugender, keimzellmutagener oder reproduktionstoxischer Stoffe
TRGS 906	März 2007	Verzeichnis krebserzeugender Tätigkeiten oder Verfahren nach § 3 Abs. 2 Nr. 3 GefStoffV
TRGS 907	Nov. 2011	Verzeichnis sensibilisierender Stoffe und von Tätigkeiten mit sensibilisierenden Stoffen
TRGS 910	Okt. 2016	Risikobezogenes Maßnahmenkonzept für Tätigkeiten mit krebserzeugenden Gefahrstoffen
BekGS 911	Jan 2012	Fragen und Antworten zum Risikokonzept gemäß BekGS 910

3.2 Anwendungshinweise zur Gefahrstoffverordnung

[Schwerpunkt: Betrieblicher Umgang mit gefährlichen Stoffen/Gemischen]

Nr.	Inhalt	Fundstellen GefStoffV, REACH-VO, CLP-VO, DGUV-Vorschrift, andere	TRGS	Bezugnahme auf dieses Werk
1.	**Grundlegende Regelungen**			
1.1	Mitgeltendes Technisches Regelwerk zur GefStoffV	§ 7 Abs. 2 Satz 2 und 3 i. V. m. § 20 Abs. 4 GefStoffV		Abschnitt 3.1
1.2	Vollzugstätigkeit/Anzeigepflichten	§§ 5, 18 und 19 GefStoffV; Art. 122 REACH-VO; § 3 DGUV-1		A-1 ff.
1.3	Beachten der Beteiligungsrechte der Mitarbeiter- bzw. Arbeitnehmervertretungen	§ 6 Abs. 12, § 7 Abs. 8 Satz 4, § 10 Abs. 4, § 14 Abs. 3 Nr. 2 GefStoffV § 89 Abs. 1 bzw. 2 BetrVG bzw. analog gem. PersVG		A-2-26
2.	**Informationen über Gefahrstoffe**			
2.1	Informationsquellen	§ 6 GefStoffV; Art. 31, 32 REACH-VO	TRGS 201 Nr. 2 Abs. 3 und Nr. 4.1, 400 Nr. 4.1 Abs. 6 und Nr. 4.2, 5.2, 5.3 i. V. m. BekGS 409	A-2-1, A-2-2, C-3-2-1.12 bis C-3-2-1.16
2.2	Ermittlung/Prüfung verfügbarer Informationen	§ 3 GefStoffV i. V. m. Art. 5 bzw. 8 CLP-VO	TRGS 401, 406, 526, 905, 906	C-6.1 bis C-6.5
2.3	Informationsermittlung bei Stoffen – ohne AGW – Tätigkeiten mit besonderen Stoffgruppen	§ 6, § 10 Abs. 2 GefStoffV	TRGS 400 Nr. 6.4, 402 Nr. 5.2 und 5.3, 521, 553, 554, ggf. auch i. V. m. TRGS 905, 906, 910	
2.4	Sicherheitsdatenblatt	§ 5 i. V. m. §§ 6 und 18 Abs. 4 GefStoffV Art. 34, Anh. II REACH-VO	BekGS 409, TRGS 400 Nr. 4.1 Abs. 3 und 4, 905, 906	C-3-2-1.12, C-3-2-1.13, C-3-2-1.15, C-4-2.9, C-4-2.10
3.	**Rund um die Gefährdungsbeurteilung**			
3.1	Grundsätzliches	§ 6 GefStoffV	TRGS 400 Nr. 3, 4.2 Abs. 8 und 9 und Nr. 5 und 6, 526 Nr. 3	
3.2	Dokumentation	§ 6 Abs. 8 bis 10 GefStoffV	TRGS 400 Nr. 8, 526 Nr. 3.8	A-2-1

Nr.	Inhalt	Fundstellen		Bezugnahme auf dieses Werk
		GefStoffV, REACH-VO, CLP-VO, DGUV-Vorschrift, andere	TRGS	
3.3	Erfordernis der Fachkunde	§ 6 Abs. 11 GefStoffV		
3.4	Führen eines Gefahrstoffverzeichnisses	§ 6 Abs. 12 GefStoffV	TRGS 400 Nr. 4.7	A-2-2
3.5	Kooperation verschiedener Firmen	§ 15 Abs. 4 GefStoffV; RAB 30		
4.	**Entscheidung über Schutzmaßnahmen**			
4.1	Prüfen, ob es sich um „geringe Gefährdung" handelt	§ 6 Abs. 13 GefStoffV	TRGS 400 Nr. 6.2	
4.2	Entscheidung betr. Schutzmaßnahmen	§§ 8 bis 11 i. V. m. Anh. I bis III GefStoffV	TRGS 201 Nr. 3 Abs. 2, 400 Nr. 6.6, 600 Nr. 5, BekGS 408 Nr. 4.4	A-2 ff., C-3 ff.
5.	**Durchführen der erforderlichen Schutzmaßnahmen**			A-2-5, A-2-20
5.1	Minimierungs- bzw. Substitutionsgebot	§ 7 Abs. 3 und 4 i. V. m. § 6 Abs. 1 Satz 2 Nr. 4, § 9 Abs. 1 und 2, § 10 Abs. 4 GefStoffV	TRGS 400 Nr. 4.4 und 6.4 Abs. 5 und Nr. 6.5 Abs. 5, 500 Nr. 2 und Nr. 5, 526 Nr. 3.7, 600 i. V. m. 600er Serie, 910	
5.2	Betriebsanweisung/Unterweisung	§ 14 Abs. 1 bis 2 GefStoffV	TRGS 555, BekGS 408, TRGS 526 Nr. 4.1, 4.2	A-2-24, A-2-25
5.3	Auswahl der Persönlichen Schutzausrüstung	§ 7 Abs. 4 Nr. 3 und Abs. 5 GefStoffV	TRGS 401, 402, 507 Nr. 7, 519, 521, 524, 526 Nr. 4.5	A-2-15, A-2-15a, A-2-16, A-2-21
5.4	Verschiedene Maßnahmen	§§ 6 und 7 sowie §§ 8 bis 11 GefStoffV	TRGS 400 Nr. 6.6, 500	
6.	**Wirksamkeit der Schutzmaßnahmen überprüfen**			A-2-4, A-2-20
6.1	Wirksamkeitsprüfung	§ 6 Abs. 8 Nr. 6, § 7 Abs. 7 bis 9, Anh. I Nr. 2.3 Abs. 7 GefStoffV	TRGS 400 Nr. 7, 402 Nr. 5 und 6, BekGS 409, TRGS 500 i. V. m. 500er Serie, 910	
6.2	Geeignete Ermittlungsmethode festlegen	§ 7 Abs. 11, § 10 Abs. 3 Nr. 1 GefStoffV	TRGS 402, 420	
6.3	Voraussetzungen für messtechnische Ermittlungen	§ 7 Abs. 10, § 10 Abs. 3 Nr. 1, Abs. 2 bis 3 Nr. 1 GefStoffV	TRGS 402, 910	

Nr.	Inhalt	Fundstellen GefStoffV, REACH-VO, CLP-VO, DGUV-Vorschrift, andere	TRGS	Bezugnahme auf dieses Werk
6.4	Messergebnisse sowie Beschäftigungsverzeichnis	§ 7 Abs. 8 Satz 4, § 14 Abs. 3 Nr. 3 und Nr. 4 GefStoffV	TRGS 400 Nr. 8 Abs. 7	A-2-27, A-2-28
6.5	Verfahrens- und stoffspezische Kriterien (VSK)	§ 7 Abs. 8 Satz 5 GefStoffV	TRGS 400 Nr. 5.2, 420	
7.	**Beachten von Grenzwerten**		TRGS 400 Nr. 5.2, 402, BekGS 409 Nr. 3, TRGS 900, 903, 910	
8.	**Besondere Vorschriften für bestimmte Gefahrstoffe und Tätigkeiten**			
8.1	**Brand- und Explosionsgefährdungen**			
8.1.1	Grundsätzliches	§ 11 i. V. m. Anh. I Nr. 1, ggf. auch Nr. 2.5 GefStoffV	TRGS 720, 721, 722, · 725, 751, 800	A-2-18 bis A-2-19c
8.2	**Partikelförmige Gefahrstoffe**			A-2-8, A-2-9
8.2.1	Grundsätzliches (hier: Asbest)	§ 8 Abs. 8[1] i. V. m. Anh. I Nr. 2 und Anh. I Nr. 2.1, 2.2 GefStoffV, DGUV-Info 201-012	TRGS 517, 519, 521	A-4.2-1, A-4.2-5, A-4.2-6, A-4.2-7
8.2.2	Schutzmaßnahmen	Anh. I Nr. 2.3, 2.4 GefStoffV		
8.2.3	Anzeigepflicht	Anh. I Nr. 2.4.2 GefStoffV		
8.2.4	Unterweisung	Anh. I Nr. 2.4.5 GefStoffV		
8.2.5	Messungen	§ 7 Abs. 11 Nr. 3 GefStoffV		
8.2.6	Verwendungsbeschränkungen	Anh. II Nr. 1 GefStoffV		A-4.2-1
8.3	**Schädlingsbekämpfung**			A-2-10
8.3.1	Grundsätzliches	§ 8 Abs. 8[1] i. V. m. Anh. I Nr. 3.1 bis 3.3 GefStoffV	TRGS 523	A-4.2-2
8.3.2	Anzeigepflicht	Anh. I Nr. 3.4 GefStoffV		
8.3.3	Dokumentation	Anh. I Nr. 3.7 GefStoffV		
8.4	**Begasungen**			
8.4.1	Grundsätzliches	§ 8 Abs. 8[1] i. V. m. Anh. I Nr. 4.1, 4.3 GefStoffV	TRGS 512	A-4.2-3, A-4.2-4
8.4.2	Anzeigepflicht	Anh. I Nr. 4.3.2 GefStoffV		
8.4.3	Dokumentation	Anh. I Nr. 4.3.3 GefStoffV		
8.4.4	Anforderungen	Anh. I Nr. 4.4 GefStoffV		
8.4.5	Verwendungsbeschränkungen	Anh. I Nr. 4.2 GefStoffV		
8.5	**Ammoniumnitrat**			
8.5.1	Grundsätzliches	§ 8 Abs. 8[1] i. V. m. Anh. I Nr. 5.1 bis 5.3 GefStoffV	TRGS 511	A-2-11 bis A-2-14
8.5.2	Vorsorgemaßnahmen	Anh. I Nr. 5.4 GefStoffV		
8.6	**Kühlschmierstoffe und Korrosionsschutzmittel**			
8.6.1		§ 16 Abs. 2 i. V. m. Anh. II Nr. 4 GefStoffV, DGUV-Infos 213-523, 213-562	TRGS 611, 615	A-4.2-10

Nr.	Inhalt	Fundstellen GefStoffV, REACH-VO, CLP-VO, DGUV-Vorschrift, andere	TRGS	Bezugnahme auf dieses Werk
8.7	Biopersistente Fasern			
8.7.1		§ 16 Abs. 2 i. V. m. Anh. II Nr. 5 GefStoffV		A-4.2-11
8.8	Besonders gefährliche krebserzeugende Stoffe			
8.8.1		§ 16 Abs. 2 i. V. m. Anh. II Nr. 6 GefStoffV	TRGS 560, 905, 906, 910	A-4.1-1, A-2-17
8.9	Dieselmotoren-Emissionen			
8.9.1		§ 7 Abs. 4, § 10 Abs. 3 Nr. 2 GefStoffV, DGUV-Infos 213-544	TRGS 402 Nr. 5.2 und Nr. 6 [1], 554	–
8.10	Derivate von Naphthalin, Biphenly [auch Azo-Farbstoffe]			
8.10.1		§ 16 Abs. 2 i. V. m. Anh. II Nr. 2 Abs. 1 GefStoffV DGUV-Infos 213-502, 213-504, 213-509, 213-517, 213-583		A-4.2-8

[1]   Gem. § 8 Abs. 8 GefStoffV muss der Arbeitgeber bei Tätigkeiten mit Gefahrstoffen nach Anhang I Nummer 2 bis 5 sowohl die §§ 6 bis 18 als auch die betreffenden Vorschriften des Anhangs I Nr. 2 bis 5 beachten.

9.	Durchführung bestimmter Pflichten gem. REACH-VO [nicht vollständig]	Akteur	Bezugnahme auf dieses Werk
9.1	Sicherheitsdatenblatt		
9.1.1	Art. 31 Abs. 3, 5 und 6[1]	7	C-3-2-1.12
9.1.2	Art. 31 Abs. 2	4	C-3-2-1.13
9.1.3	Art. 31 Abs. 7	6	C-3-2-1.14
9.1.4	Art. 31 Abs. 9	7	C-3-2-1.15
9.1.5	Art. 32	7	C-3-2-1.16
9.1.6	Art. 33	7	C-3-2-1.17
9.1.7	Art. 14	8	C-3-2-1.5, C-3-2-1.6
9.1.8	Art. 31 Abs. 3, 5 und 6[1]	7	C-3-2-1.12
9.1.9	Art. 31 Abs. 7	6	C-3-2-1.14
9.1.10	Art. 31 Abs. 9	7	C-3-2-1.15
9.1.11	Art. 32	7	C-3-2-1.16
9.1.12	Art. 33	7	C-3-2-1.17
9.1.13	Art. 35	1	C-3-2-1.19
9.2	Gefährdungsbeurteilung		
9.2.1	Art. 37 Abs. 5 und 6[2]	6	A-2-1
9.2.2	§ 9 Abs. 4 GefStoffV[3]	1	A-2-15
9.2.3	Art. 37 Abs. 4 und 7	4-6	C-3-2-1.14
9.2.4	Art. 37 Abs. 7	5, 6	C-3-2-1.23
9.2.5	Art. 38 Abs. 1 und 3	6	C-3-2-1.24
9.2.6	Art. 38 Abs. 4 .	5, 6	C-3-2-1.25
9.2.7	Art. 39	6	–
9.2.8	Art. 49	8	–
9.2.9	Art. 37 Abs. 4	5, 6	–

Anwendungshinweise zur GefStoffV

9.3	Zulassungspflichtige Stoffe		
9.3.1	Art. 65	9	C-3-2-1.27
9.3.2	Art. 66 Abs. 1	6	C-3-2-1.28
9.3.3	Art. 56 Abs. 1 a) bis d[4]	2, 3, 6	–
9.3.4	Art. 56 Abs. 2 bis 6	6	–
9.3.5	Art. 58 Abs. 1 c) i, ii	k/A	–
9.3.6	Art. 58 Abs. 1 e)[4]	k/A	–
9.4	**Verwendungsbeschränkungen[7]**		
9.4.1	Art. 67 Abs. 1[5)7)]	k/A	C-3-1, C-3-2
9.4.2	Art. 3 Nr. 31	k/A	–
9.4.3	Art. 67 Abs. 3[7]	k/A	A-1 bis A-4

[1] Siehe auch Anhang II REACH-VO
[2] ArbSchG, Pflichtenblock A-1 bis A-4 dieses Werkes
[3] Auch i. V. m. Anhang I REACH-VO
[4] Auch i. V. m. Anhang XIV REACH-VO
[5] i. V. m. Anhang XVII REACH-VO
[6] siehe dort befristete Regelung, diese gilt nur bis 01.06.13
[7] Herstellungs- und Verwendungsbeschränkungen für bestimmte Stoffe, Gemische und Erzeugnisse ergeben sich aus Art. 67 i. V. m. Anhang XVII der REACH-VO

Akteure gem. REACH-VO, Tabelle Nr. 9 oben, 3. Spalte	
1 = Arbeitgeber	6 = Jeder nachgeschaltete Anwender
2 = Hersteller	7 = Lieferant
3 = Importeur	8 = Registrant
4 = Jeder Akteur in Lieferkette	9 = Zulassungsinhaber
5 = Jeder Händler	

Art. 3 REACH-VO Begriffsbestimmungen:
Für die Zwecke dieser Verordnung gelten folgende Begriffsbestimmungen:
[...]
[...]
7. **Registrant:** Hersteller oder Importeur eines Stoffes oder Produzent oder Importeur eines Erzeugnisses, der ein Registrierungsdossier für einen Stoff einreicht;
[...]
9. **Hersteller:** natürliche oder juristische Person mit Sitz in der Gemeinschaft, die in der Gemeinschaft einen Stoff herstellt;
[...]
11. **Importeur:** natürliche oder juristische Person mit Sitz in der Gemeinschaft, die für die Einfuhr verantwortlich ist;
[...]
13. **Nachgeschalteter Anwender:** natürliche oder juristische Person mit Sitz in der Gemeinschaft, die im Rahmen ihrer industriellen oder gewerblichen Tätigkeit einen Stoff als solchen oder in einem Gemisch verwendet, mit Ausnahme des Herstellers oder Importeurs. Händler oder Verbraucher sind keine nachgeschalteten Anwender. Ein aufgrund des Artikels 2 Absatz 7 Buchstabe c ausgenommener Re-importeur gilt als nachgeschalteter Anwender;
14. **Händler:** natürliche oder juristische Person mit Sitz in der Gemeinschaft, die einen Stoff als solchen oder in einem Gemisch lediglich lagert und an Dritte in Verkehr bringt; darunter fallen auch Einzelhändler;
[...]
17. **Akteure der Lieferkette:** alle Hersteller und/oder Importeure und/oder nachgeschalteten Anwender in einer Lieferkette;
[...]
32. **Lieferant eines Stoffes oder eines Gemischs:** Hersteller, Importeur, nachgeschalteter Anwender oder Händler, der einen Stoff als solchen oder in einem Gemisch oder ein Gemisch in Verkehr bringt;
33. **Lieferant eines Erzeugnisses:** Produzent oder Importeur eines Erzeugnisses, Händler oder anderer Akteur der Lieferkette, der das Erzeugnis in Verkehr bringt;
34. **Abnehmer eines Stoffes oder eines Gemischs:** nachgeschalteter Anwender oder Händler, dem ein Stoff oder ein Gemisch geliefert wird;
35. *Abnehmer eines Erzeugnisses: industrieller oder gewerblicher Anwender oder Händler, dem ein Erzeugnis geliefert wird; Verbraucher fallen nicht darunter;*
[...]

3.3 Auszugweise Darstellung von LASI-Veröffentlichungen mit Bezug zum Gefahrstoffrecht

LV 24	Umgang mit Lösemitteln im Siebdruck; Handlungsanleitung für die Gefährdungsbeurteilung nach der Gefahrstoffverordnung – August 2014
LV 42	Handlungsanleitung „Schutzmaßnahmen zur Minimierung der Gefahrstoffexposition beim Schutzgasschweißen"
LV 43	Handlungsanleitung „Spritzlackieren von Hand bei der Holzbe- und -verarbeitung"
LV 45	Leitlinien zur Gefahrstoffverordnung, Fragen und Antworten zur Gefahrstoffverordnung, neu: 3. überarbeitete Auflage 2012
LV 51	Handlungsanleitung für die Umsetzung der REACH-Verordnung im Arbeitsschutz
LV 55	Handlungsanleitung für die Umsetzung der Bekanntmachung 910 (BekGS 910), neu: November 2012, Das gestufte Maßnahmenkonzept der BekGS 910 (vergleiche jetzt TRGS 910) für krebserzeugende Gefahrstoffe am Arbeitsplatz

3.4 Wichtige Ausführungen zum Gefahrstoffrecht

3.4.1 Struktur des Sicherheitsdatenblattes

Grobstruktur des Sicherheitsdatenblattes gem. REACH-VO unter Berücksichtigung der VO (EU) Nr. 830/2015	
Das Sicherheitsdatenblatt nach der REACH-Verordnung enthält die folgende Angaben in nachstehender Reihenfolge:	
1.	Bezeichnung des Stoffs bzw. des Gemischs und des Unternehmens
2.	Mögliche Gefahren
3.	Zusammensetzung/Angaben zu Bestandteilen
4.	Erste-Hilfe-Maßnahmen
5.	Maßnahmen zur Brandbekämpfung
6.	Maßnahmen bei unbeabsichtigter Freisetzung
7.	Handhabung und Lagerung
8.	Begrenzung und Überwachung der Exposition/Persönliche Schutzausrüstungen
9.	Physikalische und chemische Eigenschaften
10.	Stabilität und Reaktivität
11.	Toxikologische Angaben
12.	Umweltbezogene Angaben
13.	Hinweise zur Entsorgung
14.	Angaben zum Transport
15.	Rechtsvorschriften
16.	Sonstige Angaben

Hinweis auf eine neue VO (EU) 2015/830 vom 28. Mai 2015, dort: Änderungen zum Sicherheitsdatenblatt – Auszug aus den Vorbemerkungen dieser Verordnung:

„[...]

(3) Die Anforderungen für die Erstellung der Sicherheitsdatenblätter in Anhang II der Verordnung (EG) Nr. 1907/2006 sollten in Einklang mit der fünften Überarbeitung der GHS-Vorschriften für Sicherheitsdatenblätter angepasst werden.

(4) Am 1. Juni 2015 werden zwei widersprüchliche Änderungen von Anhang II der Verordnung (EG) Nr. 1907/2006 gleichzeitig in Kraft treten, die eine durch Artikel 59 Absatz 5 der Verordnung (EG) Nr. 1272/2008 des Europäischen Parlaments und des Rates, die andere durch die Verordnung (EU) Nr. 453/2010 der Kommission. Damit keine Verwirrung darüber aufkommt, welche Fassung von Anhang II gilt, ist dieser Anhang in seiner geänderten Form durch einen neuen Anhang II zu ersetzen.

(5) Von den Wirtschaftsbeteiligten, die bereits Sicherheitsdatenblätter erstellt haben, zu verlangen, diese unverzüglich im Einklang mit dem geänderten Anhang II der Verordnung (EG) Nr. 1907/2006 zu aktualisieren, würde eine unverhältnismäßige Belastung darstellen. Folglich sollte es den Wirtschaftsbeteiligten gestattet sein, die einem Abnehmer vor dem 1. Juni 2015 zur Verfügung gestellten Sicherheitsdatenblätter für einen bestimmten Zeitraum weiterzuverwenden."

3.4.2 Nutzung von Informationen aus dem Sicherheitsdatenblatt für die Erstellung von Betriebsanweisungen

SDB Abschnitt		Betriebsanweisung

Betriebsanweisung
Gefahrstoffbezeichnung

1 Bezeichnung des Stoffs bzw. des Gemischs und des Unternehmens
Stoffbezeichnung
Handelsname des Gemischs

⇨ Siehe auch Nummer 3.2.3 der TRGS 555

3 Zusammensetzung/Angaben zu Bestandteilen
Stoffbezeichnung/Identifikation der Bestandteile

Gefahren für Mensch und Umwelt

2 Mögliche Gefahren
Gefahrenhinweise (R- oder H-Sätze), Sonstige (EUH-Sätze) und besondere Gefahren für Mensch und Umwelt

10 Stabilität und Reaktivität
Reaktivität, chemische Stabilität, unverträgliche Materialien, gefährliche Zersetzungsprodukte

⇨ Siehe auch Nummer 3.2.4 der TRGS 555

Schutzmaßnahmen und Verhaltensregeln

7 Handhabung und Lagerung
Schutzmaßnahmen zur sicheren Handhabung, Bedingungen zur sicheren Lagerung unter Berücksichtigung von Unverträglichkeiten, spezifische Endanwendungen

8 Begrenzung und Überwachung der Exposition/Persönliche Schutzausrüstungen
Maßnahmen zur Expositionsbegrenzung, Persönliche Schutzausrüstung (nach Aufnahmeweg)

⇨ Siehe auch Nummer 3.2.5 der TRGS 555 ergänzt um betriebsspezifische Angaben

15 Rechtsvorschriften
Relevante nationale Vorschriften (z.B. Beschäftigungsbeschränkungen)

Verhalten im Gefahrenfall

5 Maßnahmen zur Brandbekämpfung
Geeignete Löschmittel, verbotene Löschmittel

6 Maßnahmen bei unbeabsichtigter Freisetzung
Personenbezogene Vorsichtsmaßnahmen, Schutzausrüstungen und in Notfällen anzuwendende Verfahren, Umweltschutzmaßnahmen, Methoden und Material für die Rückhaltung und Reinigung

⇨ Siehe auch Nummer 3.2.6 der TRGS 555 ergänzt um betriebsspezifische Angaben

Erste Hilfe

4 Erste-Hilfe-Maßnahmen
Allgemeine Hinweise für den Erste-Hilfe-Leistenden nach oraler, dermaler, inhalativer Exposition

⇨ Siehe auch Nummer 3.2.7 der TRGS 555 ergänzt um betriebsspezifische Angaben

Sachgerechte Entsorgung

13 Hinweise zur Entsorgung
Verfahren der Abfallbehandlung (bezogen auf das Produkt und seine Verpackung)

14 Angaben zum Transport
nur bei Gefahrgut

⇨ Siehe auch Nummer 3.2.8 der TRGS 555 ergänzt um betriebsspezifische Angaben

Informationsermittlung und Gefährdungsbeurteilung durchführen

Quelle: Anlage zur TRGS 555: Betriebsanweisung und Information der Beschäftigten

3.4.3 Darstellung der Gefahrenpiktogramme gem. Anhang V der Verordnung (EG) Nr. 1272/2008 [CLP-Verordnung] – Auszug

Piktogramm	Symbol	Gefahrenklasse und Gefahrenkategorie
Teil 1: Physikalische Gefahren		
GHS 01	1.1 explodierende Bombe	**Abschnitt 2.1:** Instabile explosive Stoffe und Gemische; Explosive Stoffe/Gemische und Erzeugnisse mit Explosivstoff der Unterklassen 1.1, 1.2, 1.3 und 1.4 **Abschnitt 2.8:** Selbstzersetzliche Stoffe und Gemische, Typen A, B **Abschnitt 2.15:** Organische Peroxide, Typen A, B
GHS 02	1.2 Flamme	**Abschnitt 2.2:** Entzündbare Gase, Gefahrenkategorie 1 **Abschnitt 2.3:** Aerosole, Gefahrenkategorien 1, 2 **Abschnitt 2.6:** Entzündbare Flüssigkeiten, Gefahrenkategorien 1, 2, 3 **Abschnitt 2.7:** Entzündbare Feststoffe, Gefahrenkategorien 1, 2 **Abschnitt 2.8:** Selbstzersetzliche Stoffe und Gemische, Typen B, C, D, E, F **Abschnitt 2.9:** Pyrophore Flüssigkeiten, Gefahrenkategorie 1 **Abschnitt 2.10:** Pyrophore Feststoffe, Gefahrenkategorie 1 **Abschnitt 2.11:** Selbsterhitzungsfähige Stoffe und Gemische, Gefahrenkategorien 1, 2 **Abschnitt 2.12:** Stoffe und Gemische, die in Berührung mit Wasser entzündbare Gase entwickeln, Gefahrenkategorien 1, 2, 3 **Abschnitt 2.15:** Organische Peroxide, Typen B, C, D, E, F
GHS 03	1.3 Flamme über einem Kreis	**Abschnitt 2.4:** Oxidierende Gase, Gefahrenkategorie 1 **Abschnitt 2.13:** Oxidierende Flüssigkeiten, Gefahrenkategorien 1, 2, 3 **Abschnitt 2.14:** Oxidierende Feststoffe, Gefahrenkategorien 1, 2, 3
GHS 04	1.4 Gasflasche	**Abschnitt 2.5:** Gase unter Druck: verdichtete Gase verflüssigte Gase teifgekühlt verflüssigte Gase gelöste Gase

Piktogramm	Symbol	Gefahrenklasse und Gefahrenkategorie
GHS 05	1.5 Ätzwirkung	**Abschnitt 2.16:** Korrosiv gegenüber Metallen, Gefahrenkategorie 1
kein Piktogramm	1.6	**Für die folgenden Klassen und Kategorien der physikalischen Gefahren ist kein Piktogramm erforderlich:** **Abschnitt 2.1:** Explosive Stoffe/Gemische und Erzeugnisse mit Explosivstoff der Unterklasse 1.5 **Abschnitt 2.1:** Explosive Stoffe/Gemische und Erzeugnisse mit Explosivstoff der Unterklasse 1.6 **Abschnitt 2.2:** Entzündbare Gase, Gefahrenkategorie 2 **Abschnitt 2.3:** Aerosole, Gefahrenkategorie 3 **Abschnitt 2.8:** Selbstzersetzliche Stoffe und Gemische, Typ G **Abschnitt 2.15:** Organische Peroxide, Typ G
Teil 2: Gesundheitsgefahren		
GHS 06	2.1 Totenkopf mit gekreuzten Knochen	**Abschnitt 3.1:** Akute Toxizität (oral, dermal, inhalativ), Gefahrenkategorien 1, 2, 3
GHS 05	2.2 Ätzwirkung	**Abschnitt 3.2:** Ätzwirkung auf die Haut, Gefahrenkategorie 1 und Unterkategorien 1A, 1B, 1C **Abschnitt 3.3:** Schwere Augenschädigung, Gefahrenkategorie 1
GHS 07	2.3 Ausrufezeichen	**Abschnitt 3.1:** Akute Toxizität (oral, dermal, inhalativ), Gefahrenkategorie 4 **Abschnitt 3.2:** Reizwirkung auf die Haut, Gefahrenkategorie 2 **Abschnitt 3.3:** Augenreizung, Gefahrenkategorie 2 **Abschnitt 3.4:** Sensibilisierung der Haut, Gefahrenkategorien 1, 1A, 1B **Abschnitt 3.8:** Spezifische Zielorgan-Toxizität (einmalige Exposition), Gefahrenkategorie 3 Atemwegreizung narkotisierende Wirkungen

Ausführungen zum Gefahrstoffrecht

Piktogramm	Symbol	Gefahrenklasse und Gefahrenkategorie
GHS 08	2.4 Gesundheits-gefahr	**Abschnitt 3.4:** Sensibilisierung der Atemwege, Gefahrenkategorien 1, 1A, 1B **Abschnitt 3.5:** Keimzellmutagenität, Gefahrenkategorien 1A, 1B, 2 **Abschnitt 3.6:** Karzinogenität, Gefahrenkategorien 1A, 1B, 2 **Abschnitt 3.7:** Reproduktionstoxizität, Gefahrenkategorien 1A, 1B, 2 **Abschnitt 3.8:** Spezifische Zielorgan-Toxizität (einmalige Exposition), Gefahrenkategorien 1, 2 **Abschnitt 3.9:** Spezifische Zielorgan-Toxizität (wiederholte Exposition), Gefahrenkategorien 1, 2 **Abschnitt 3.10:** Aspirationsgefahr, Gefahrenkategorie 1
kein Piktogramm	2.5	Für folgende Kategorien der Gesundheitsgefahren ist kein Piktogramm erforderlich: **Abschnitt 3.7:** Reproduktionstoxizität, Wirkungen auf/über Laktation, zusätzliche Gefahrenkategorie
Teil 3: Umweltgefahren		
GHS 09	3.1 Umwelt	**Abschnitt 4.1:** Gewässergefährdend – Akut gewässergefährdend: Kategorie Akut 1 – Langfristig gewässergefährdend: Kategorien Chronisch 1, Chronisch 2
kein Piktogramm		Für folgende Klassen und Kategorien der Umweltgefahren ist kein Piktogramm erforderlich: **Abschnitt 4.1:** Gewässergefährdend – langfristige Wirkung der Kategorien: Chronisch 3, Chronisch 4
Teil 4: Weitere Gefahren		
GHS 07	4.1 Ausrufezeichen	**Abschnitt 5.1:** Die Ozonschicht schädigend, Gefahrenkategorie 1

3.4.4 Schutz der Arbeitnehmer betr. Nanomaterialien [Inverkehrbringen, Verwendung sowie Auftreten bei Arbeitsprozessen im Betrieb]

3.4.4.1 Verwenden von Nanomaterialien im Betrieb

Im Bereich des Arbeitsschutzes verpflichten die grundlegenden gesetzlichen Regelungen die Arbeitgeber die Gesundheit der Beschäftigten zu schützen:
1. national: Arbeitsschutzgesetz und Gefahrstoffverordnung
2. europarechtlich:
   - Richtlinie 89/391/EWG des Rates über die Durchführung von Maßnahmen zur Verbesserung der Sicherheit und des Gesundheitsschutzes der Arbeitnehmer bei der Arbeit vom 12. Juni 1989 (ABl. EG Nr. L 183, S. 1), zuletzt geändert durch Artikel 1 der Verordnung vom 22. Oktober 2008 (ABl. EG L 311, S. 1), in Kraft getreten am 11. Dezember 2008 [allgemein als Rahmenrichtlinie bekannt]
   - Richtlinie 98/24/EG des Rates zum Schutz von Gesundheit und Sicherheit der Arbeitnehmer vor der Gefährdung durch chemische Arbeitsstoffe bei der Arbeit (vierzehnte Einzelrichtlinie im Sinne des Artikels 16 Absatz 1 der Richtlinie 89/391/ EWG) vom 7. April 1998 (ABl. EU Nr. L 131, S. 11), zuletzt geändert durch Artikel 4 der Richtlinie 2014/27/EU vom 26. Februar 2014 (ABl. L 65 S. 1), in Kraft getreten am 25. März 2014 [allgemein als Gefahrstoffrichtlinie bekannt]

In Klein- und Mittelbetrieben ist der Umgang mit Chemikalien z. T. noch mängelbehaftet. Erschwerend kommt hinzu, dass zzt. kaum spezielle Regelungen für Nanomaterialien vorliegen. Dennoch müssen im Rahmen der betrieblichen Gefährdungsbeurteilung die besonderen „Nanoeigenschaften" berücksichtigt werden. Hier gilt auch bei ungenügender Kenntnislage das Vorsorgeprinzip zur Minimierung der Gefährdung. Soweit möglich sind adäquate Maßnahmen festzulegen.

3.4.4.2 Inverkehrbringen

Wenn ein Produkt Nanostoffe beinhaltet, müssen mangels eigener Regelungen hierzu – analog zur EU-Biozid-Verordnung Nr. 528/2012[1] – bei deren Inverkehrbringen und Verwendung die Risiken für Mensch, Tier und Umwelt abgeklärt werden. Eine entsprechende Kennzeichnung ist ggf. durchzuführen.

3.4.4.3 Publikationen/Regelwerke zu Nanomaterialien [eine Auswahl]

Regelwerke:
- DGUV 213-021 – Nanomaterialien am Arbeitsplatz
- BekGS 527 – Hergestellte Nanomaterialien
- BAuA/VCI-Leitfaden – Empfehlung für die Gefährdungsbeurteilung bei Tätigkeiten mit Nanomaterialien am Arbeitsplatz

Publikationen zu Nanomaterialien:
- Nanomaterialien – Regulierungen (national/international), Landesanstalt für Umwelt, Messungen und Naturschutz, Baden-Württemberg
- Nanomaterialien – Toxikologie/Ökotoxikologie, Landesanstalt für Umwelt, Messungen und Naturschutz, Baden-Württemberg

---

[1] Hinweis hierzu: ChemG – Abschnitt II „Durchführung der Verordnung (EU) Nr. 528/2012"

- Nanomaterialien – Arbeitsschutzaspekte, Landesanstalt für Umwelt, Messungen und Naturschutz, Baden-Württemberg
- Sicherheit und Gesundheit bei Tätigkeiten mit Nanomaterialien, BAuA
- FAQ's Tätigkeiten mit Nanomaterialien (Arbeitshilfe für Betriebsärztinnen und Betriebsärzte), DGUV
- Rechtsgutachten Nanotechnologien, Umweltbundesamt

Ausblick: Die Bedeutung der Nanomaterialien im Arbeitsschutz-/Chemikalienrecht wird zukünftig sicherlich vermehrt in Regulierungen der Gesetzgebung und durch den Stand der Technik in Technischen Regelwerken und Publikationen der Unverfallversicherungsträger (DGUV) ihren Niederschlag finden. Kooperation und Prävention sind hierbei von Inverkehrbringern, Verwendern und den Unfallversicherungsträgern, Aufsichtsbehörden und staatlichen Behörden/Institutionen (BAuA sowie Ausschüssen zur Erstellung und Anpassung der Technischen Regelwerke) gefordert.

3.5 Abkürzungsverzeichnis

AGW	Arbeitsplatzgrenzwert
AMR	Arbeitsmedizinische Richtlinien
ArbMedVV	Verordnung zur arbeitsmedizinischen Vorsorge
ArbSchG	Arbeitsschutzgesetz
ArbStättV	Arbeitsstättenverordnung
ASiG	Gesetz über Betriebsärzte, Sicherheitsingenieure und andere Fachkräfte für Arbeitssicherheit (Arbeitssicherheitsgesetz)
ASR	Arbeitsstättenrichtlinien und Technische Regeln für Arbeitsstätten (Arbeitsstättenregeln)
ASR A1.3	Sicherheits- und Gesundheitsschutzkennzeichnung
BAuA	Bundesanstalt für Arbeitsschutz und Arbeitsmedizin
BekGS	Bekanntmachung zu Gefahrstoffen
BetrSichV	Verordnung über Sicherheit und Gesundheitsschutz bei der Bereitstellung von Arbeitsmitteln und deren Benutzung bei der Arbeit, über Sicherheit beim Betrieb überwachungsbedürftiger Anlagen und über die Organisation des betrieblichen Arbeitsschutzes (Betriebssicherheitsverordnung)
BGW	Biologischer Grenzwert
BImSchV	Bundes-Immissionsschutzverordnung
BImSchG	Bundes-Immissionsschutzgesetz
ChemBiozidMeldeV	Biozid-Meldeverordnung
ChemBiozidZulV	Biozid-Zulassungsverordnung
ChemG	Gesetz zum Schutz vor gefährlichen Stoffen (Chemikaliengesetz)
ChemGiftInfoV	Giftinformationsverordnung
ChemKlimaschutzV	Chemikalien-Klimaschutzverordnung
ChemKostV	Chemikalien-Kostenverordnung
ChemOzonSchichtV	Chemikalien-Ozonschichtverordnung
ChemPrüfV	Prüfnachweisverordnung
ChemSanktionsV	Chemikalien-Sanktionsverordnung
ChemVerbotsV	Chemikalienverbotsverordnung
ChemVOCFarbV	Lösemittelhaltige Farben- und Lack-Verordnung
ChemVwV-GLP	Allgemeine Verwaltungsvorschrift zum Verfahren der behördlichen Überwachung der Einhaltung der Grundsätze der Guten Laborpraxis
CKW	Chlorkohlenwasserstoffe
CLP	Classification, Labelling and Packaging of Substances and Mixtures
CMR	Cancerogen (krebserzeugend), Mutagen (erbgutverändernd), Reproduktionstoxisch (fortpflanzungsgefährdend)
CSA	Chemical Safety Assesment (Stoffsicherheitsbeurteilung)
CSR	Chemical Safety Report (Stoffsicherheitsbericht)
DGUV-Regelwerk	Regelwerk der Deutschen Gesetzlichen Unfallversicherung e. V. (DGUV, früher: BGVR); unterteilt in DGUV-Vorschriften, -Regeln, -Informationen und -Grundsätze.
DNEL	Derived No Effect Level (abgeleitete Expositionshöhe, unterhalb der der Stoff die menschliche Gesundheit nicht beeinträchtigt)
EINECS	European Inventory of Existing (Commercial) Chemical Substances (Altstoffverzeichnis der Europäischen Gemeinschaften)

ELINCS	European List of New Chemical Substances (Europäische Liste neuer Stoffe)
FCKW	Fluorchlorkohlenwasserstoffe
GefStoffV	Gefahrstoffverordnung
GGBefG	Gesetz über die Beförderung gefährlicher Güter
GGVSEB	Gefahrgutverordnung Straße, Eisenbahn und Binnenschifffahrt
GHS	Globally Harmonized System (vgl. auch CLP)
HAG	Heimarbeitsgesetz
H-Sätze	Gefahrenhinweise gem. CLP-VO (früher R-Sätze)
IUPAC	International Union of Pure and Applied Chemistry (Internationale Vereinigung für reine und angewandte Chemie)
JArbSchG	Jugendarbeitsschutzgesetz
KindArbSchV	Verordnung über den Kinderarbeitsschutz (Kinderarbeitsschutzverordnung)
KrWG	Kreislaufwirtschaftsgesetz
LASI	Länderausschuss für Arbeitsschutz und Sicherheitstechnik
LC	Lethal Concentration (Letale Konzentration)
LWG	Landeswassergesetz(e)
MuSchG	Mutterschutzgesetz
OWiG	Gesetz über Ordnungswidrigkeiten
PBT-Stoffe	Persistente, bioakkumulierende und toxische Stoffe
PflSchG	Pflanzenschutzgesetz
PNEC	Predicted No Effect Concentration (Konzentration, bei der noch keine Wirkung in der Umwelt zu erwarten ist)
ProdSG	Produktsicherheitsgesetz
PSA	Persönliche Schutzausrüstung
PSA-BV	Verordnung über die Sicherheit und Gesundheitsschutz bei der Benutzung persönlicher Schutzausrüstung bei der Arbeit – PSA-Benutzungsverordnung
P-Sätze	Sicherheitshinweise gem. CLP-VO (früher S-Sätze)
REACH	Registration, Evaluation, Authorisation and Restriction of Chemicals (Registrierung, Bewertung, Zulassung und Beschränkung von Chemikalien)
SGB	Sozialgesetzbuch
SIEF	Substance Information Exchange Fora
StGB	Strafgesetzbuch
StrlSchV	Strahlenschutzverordnung
TRBA	Technische Regeln für biologische Arbeitsstoffe
TRBS	Technische Regeln für Betriebssicherheit
TRGS	Technische Regeln für Gefahrstoffe
UAG	Umweltauditgesetz
vPvB	sehr persistent und sehr bioakkumulierbar
VSK	Verfahrens- und stoffspezifisches Kriterium
WHG	Wasserhaushaltsgesetz

3.6 Stichwortverzeichnis

265

Stichwortverzeichnis

266

Stichwortverzeichnis

Stichwortverzeichnis

Stichwortverzeichnis

270

Stichwortverzeichnis

Stichwortverzeichnis

Stichwortverzeichnis

Stichwortverzeichnis

Stichwortverzeichnis

Stichwortverzeichnis

Stichwortverzeichnis

Stichwortverzeichnis

Stichwortverzeichnis